Leitfäden des Kriegsrechts

Herausgegeben vom Bayerischen Anwaltsverband

I.

Handels- und Wechselrecht

Von

Dr. Heinrich Frankenburger

Justizrat, Dozent an der Handelshochschule in München.

1919

München, Berlin und Leipzig

J. Schweitzer Verlag (Arthur Sellier).

Einleitung.

Im Februar 1919 habe ich vor Berufsgenossen, die als Kriegsteilnehmer aus dem Felde zurückgekehrt waren, in zwei Vorträgen die während des Krieges eingetretenen, vorzugsweise das handelsrechtliche Gebiet betreffenden Änderungen des geltenden Rechts besprochen. Auf Anregung des Bayerischen Anwaltsverbandes habe ich in gedrängter Kürze diese Änderungen in lexikographischer Form nach alphabetisch geordneten Stichworten zusammengestellt. An dieser Stelle verweise ich noch auf das Übergangsgesetz vom 4. März 1919 (RGBl. 285), inhaltlich dessen die bisherigen Gesetze und Verordnungen des Reichs, des Rats der Volksbeauftragten oder der Reichsregierung bis auf weiteres in Kraft bleiben, soweit nicht das Übergangsgesetz oder das Gesetz über die Reichsgewalt vom 10. Febr. 1919 (RGBl. 169) entgegensteht. Nach dem erwähnten RGes. fallen ferner die Befugnisse des Reichskanzlers dem Reichsministerium, die des Bundesrats dem Staatenausschuß zu.

Aktie: Die Veräußerung von Aktien oder sonstigen Geschäftsanteilen von Kolonialunternehmungen ins Ausland ist untersagt. VO. v. 20. Jan. 1918 (RGBl. 177). Eine solche Veräußerung ist nur mit Genehmigung des Reichskanzlers zulässig. Als solche verbotene Veräußerung gilt auch die im Wege der Zwangsvollstreckung beabsichtigte.

Aktiengesellschaft, Kommanditgesellschaft auf Aktien, G. m. b. H., e. Gen. Nach der Bek. v. 8. Aug. 1914 (RGBl. 365) treten die Vorschriften, die bei Zahlungsunfähigkeit einer dieser Gesellschaften Antrag auf Eröffnung des Konkurses notwendig machen, sowie die einschlägigen Verbots-Bestimmungen von Zahlungen nach Eintritt der Zahlungsunfähigkeit bis auf weiteres außer Kraft. §§ 240, 241, 249, 298, 315, 325 HGB., §§ 64, 71, 84 GmbHG.; §§ 99, 118, 142, 148 GenossGes.

Bei Abschreibungen für Berechnung der Kriegssteuer, soweit diese von Gesellschaften auf Grund des RGes. v. 21. Juni 1916 zu entrichten ist, sind Abschreibungen auf Außenstände, Anlagen insoweit zu berücksichtigen (§ 16 I Ges.), als sie einen angemessenen Ausgleich der Wertsminderung darstellen. Die Generalversammlungen der Gesellschaften sind nicht in der Lage aus wirtschaftlichen Gründen erhöhte Abschreibungen vorzunehmen.

Bilanzen. Bek. v. 25. Febr. 1915 (RGBl. 123). Bei Erschwerungen der Bilanzaufstellung von AG., Kommanditges. auf Akt., G. m. b. H., die zum erheblichen Teil Geschäfte in oder mit dem Ausland, mit deutschen Schutzgebieten betreiben, oder deren Vermögen sich zum erheblichen Teil dort befindet, können von der Landeszentral-Behörde Fristverlängerungen für Aufstellung der Bilanz oder Berufung der Generalversammlung gewährt werden. §§ 260, 265, 319, 14, 320, 325 Ziff. 1 mit 3 HGB.; §§ 41, 46 Ziff. 1, 48 GmbHG.

Errichtung einer AG., Kommanditges. auf Akt., G. m. b. H., wenn Grund- oder Stammkapital mehr als 300 000 Mk. beträgt, oder Erhöhung eines solchen Kapitals um die angegebene Summe, Ausgabe von Genußscheinen ist an staatliche Genehmigung gebunden.

Widersprechende Eintragungen im Handelsregister können gemäß §§ 142, 144 FG. gelöscht werden.

Nachträgliche Genehmigung ist zulässig.

Bek. v. 2. Nov. 1917 (RGBl. 987).

Kraftloserklärung von Aktien, im Inland befindlichen, feindlichen Staatsangehörigen gehörig. Bek. v. 15. Nov. 1917 (RGBl. 1051).

Einzahlungen der auf Aktien eingeforderten Beträge können durch einen von der Reichsbank bestätigten Scheck oder Gutschrift auf ein Konto bei der Reichsbank oder auf ein Postscheckkonto erfolgen. Bek. v. 24. Mai 1917 (RGBl. 431).

Rücklagen für Zahlung der Kriegsgewinnsteuer sind tantiemenfrei. RG. 93, 147.

Befreiung von der Umsatzsteuer nach dem Gesetze v. 26. Juli 1918 (RGBl. 779) tritt gemäß § 3 Ziff. 2, § 4 Abs. 5 AB. für AG. ein, deren Unternehmen als gemeinnützige anzusehen sind.

Unterbrechung des Prozeßverfahrens, wenn das einzige Vorstandsmitglied, der einzige Geschäftsführer Kriegsteilnehmer ist. Bek. v. 4. Aug. 1914, § 2 (RGBl. 328).

Anfechtungsfristen für den Bereich der Gläubigeranfechtung. Der Kriegsteilnehmerschutz in § 8 des Ges. v. 4. Aug. 1914 (RGBl. 328) ist auf diese erstreckt. Bek. v. 5. Juli 1917 (RGBl. 590).

Auslegung des beiderseitigen Parteiwillens unter Berücksichtigung der durch den Krieg geschaffenen Verhältnisse.

Es kann unter Umständen z. B. ein Pachtvertrag durch Einfügung einer von den Parteien als gewollt angenommenen Kriegsklausel ergänzt werden. JW. 1918, 216. Als Regel ist festzuhalten, daß die Auslegung zugunsten der Vertragsaufrechthaltung einzutreten hat. RG. 53, 60; OLG. 17, 386, z. B. durch eine Vertragsklausel, daß bei Eintritt bestimmter Hindernisse die Leistung bis zu deren Hebung verschoben werden soll; es kann hiedurch eine Erleichterung des Leistungsschuldners sowie eine stärkere Bindung beider Vertragsteile als sonst aus dem Vertrage zu folgern sein würde, gewollt sein. JW. 1918, 217.

Ausschlußfristen. Die Vorschriften über Verlängerung der Verjährungsfristen finden auf Ausschlußfristen keine Anwendung, z. B. auf dem Gebiete des Versicherungswesens, s. Bendix, ZtschrVersW. 16, 261.

Ihr Lauf ist gemäß § 8 Abs. 2 des Ges. v. 4. Aug. 1914 (RGBl. 328) für und gegen Kriegsteilnehmer gehemmt.

Vgl. RG. in JW. 1917, 660.

Bankgesetz, Änderung durch Ges. v. 4. Aug. 1914 (RGBl. 327) für den Verkehr der Reichsbank mit Wechseln und Schuldverschreibungen des Reichs.

Banknoten; der Agiohandel mit solchen ist durch das Gesetz vom 1. März 1919 verboten (RGBl. 263).

Beschlagnahme infolge des Krieges. Wenn infolge einer behördlichen Beschlagnahme Ware nicht an den Käufer gelangen kann, so ist der Käufer nicht zur Zahlung verpflichtet. § 447 BGB. ist dabei ohne Einfluß, da er nur eine körperliche Veränderung betrifft. RG. 93, 333.

Die Beschlagnahme seitens der Militärbehörde bewirkt Befreiung von der Leistungspflicht nur aus dem Gesichtspunkt der durch das Eingreifen der Behörde herbeigeführten Unmöglichkeit der Leistung. §§ 275, 323 BGB., DJZ. 1918, 61. Im übrigen aber bringt eine Beschlagnahme auf Grund des Kriegsleistungsgesetzes den Lieferungsanspruch des Käufers nicht ohne weiteres zum Erlöschen. JW. 1916, 1334; OLG. 23, 33; 33, 210.

Über den rechtlichen Charakter der Anordnungen der Kriegsausschüsse, durch welche eingeführte Waren beschlagnahmt werden, s. LZ. 1919, 164. Mathes, Die Beschlagnahme nach Wesen, Art und Wirkungen, Leipzig 1919.

Bestätigung, schriftliche, briefliche, eines mündlich oder durch Telefon geschlossenen Vertrages hat konstitutive Bedeutung hinsichtlich nicht besprochener Nebenpunkte. RG. 88, 380; DJZ. 1907, 1384; OLG. 19, 392.

Bierlieferung: Erhöhung des Bierpreises infolge Steigerung der Kosten. OLG. 38, 76. „Freibleibender Preis, heutiger Preis". OLG. 38, 75. Die Pflicht zur Bezahlung der durch Erhöhung der Biersteuer eingetretenen Erhöhung des Bierpreises seitens der Bierabnehmer ist ausdrücklich festgestellt, s. § 71 des BierstGes. v. 26. Juli 1918 (RGBl. 863).

Bilanzen von AG., KommAG. u. G. m. b. H. Bei Erschwerungen infolge von Geschäftsverbindungen mit dem Ausland, infolge Auslandsaktiven kann die Landeszentralbehörde des Bezirks des Sitzes der Ges. die Frist für Aufstellung und Vorlage der Bilanz verlängern oder von der Pflicht, auch von der Notwendigkeit der Abhaltung der Generalversammlung befreien. Bek. v. 25. Febr. 1915 (RGBl. 123).

Börsenhandel. Die Landeszentralbehörde kann die Zulassungsstelle ermächtigen, bei Anträgen auf Zulassung zum Börsenhandel von der Aufnahme von gewissen Angaben im Prospekt zu entbinden, wenn Geheimhaltung im Interesse der Landesverteidigung geboten ist. VO. v. 30. Nov. 1917 (RGBl. 1089).

Börsentermingeschäfte: Zwangsliquidation aller bei Kriegsausbruch schwebenden Warentermingeschäfte, einschließlich Getreide- und Mehl-Zeitgeschäfte aus § 67 BG. Ges. v. 4. August 1914 (RGBl. 334).

Feststellung des Liquidationspreises (Abrechnungs)-Preises. VO. v. 24. August 1914 (RGBl. 381). Es wurde so angesehen, wie wenn ein Vertragsteil zurückgetreten wäre.

Einstellung des Verkehrs an den Handelsbörsen mit 30. Juli 1914. Entwicklung eines freien Wertpapierhandels ohne Mitwirkung der Kursmakler. VO. v. 25. Febr. 1915 (RGBl. 111). Untersagte Veröffentlichung aller zahlenmäßigen Angaben über Kurspreise. Seit Juni 1915 durften die Kursmakler ihre Tätigkeit, wenn auch nicht in amtlicher Eigenschaft, wieder aufnehmen.

Die bei Kriegsbeginn schwebenden Ultimo-Geschäfte wurden immer wieder prolongiert und zwar durch Erlasse des betreffenden Börsenvorstandes, jedoch nicht durch Reportierungen, sondern durch Hinausschiebung der Fälligkeit. Mit 30. Nov. 1915 ließ man die Fälligkeit aller seit Kriegsausbruch schwebenden Ultimogeschäfte eintreten. Anfang Dez. 1917 erfolgte nur für Dividenden-Papiere die Wiedereinführung einer amtlichen Börsennotiz (vgl. Ges. 9. Nov. 1916, RGBl. 1269 über Kriegssteuer). Für festverzinsliche Werte finden keinerlei amtliche Kursfeststellungen statt.

Das Verbot öffentlicher Mitteilung der Börsenpreise blieb aufrecht; Ausnahme für den Verkehr unter Bankiers Bek. v. 8. Nov. 1917 (RGBl. 1019), 9. Nov. 1917 (l. c. 1019), 2. Febr. 1918 (l. c. 71); 11. Nov. 1918 (1316). Vollständig außer Kraft gesetzt waren die Vorschriften über Ultimogeschäfte; andere als unmittelbare Kassengeschäfte durften nicht gemacht werden.

Während des Krieges war allgemein die Kommission durch den Eigenhandel ersetzt worden. Seit Dez. 1917 war für diejenigen Werte, in denen amtliche Kursnotierung stattfindet, die Form der Kommission mit Selbsteintritt des Bankiers wieder eingeführt worden.

Zulassung von Wertpapieren zum Börsenhandel §§ 44 BG.; Bek. v. 30. Nov. 1917 (RGBl. 1089). Die Landeszentralbehörde kann die Zulassungsstelle anweisen, die Aufnahme von Angaben im Prospekte und die Vorlage von Beweisstücken nicht zu fordern, wenn diese Geheimhaltung im Interesse der Landesverteidigung liegt.

Bürge. Wirkung der dem Hauptschuldner gewährten Zahlungsfrist zu seinen Gunsten. LZ. 1916, 929; 1918, 1227; RG. 93, 91; DJZ. 1918, 129; vgl. auch § 6 HypVO. v. 8. Juni 1916 (RGBl. 455). Einrede der Vorausklage bei Unterbrechung des Verfahrens gegen Hauptschuldner; Lesser, JW. 1914, 847; Bendix, JW. 1914, 1113, nicht aber wegen Geschäftsaufsicht über Hauptschuldner R. 15, 453.

Dienstvertrag. Die Folge-Erscheinungen des Krieges können einen wichtigen Grund zur fristlosen Kündigung des Dienstverhältnisses, für den einen, wie für den anderen Teil eine Härte mit sich bringen; aber ein Rücktritt ist deshalb wegen veränderter Umstände nicht gegeben; letztere bewirken auch keine Unmöglichkeit der Leistung. RG. 86, 397; 87, 349.

Ist in einem Dienstvertrag der Rücktritt infolge des Krieges vorgesehen, so ist die Berufung auf die Kriegsklausel zeitlich nicht unbeschränkt zulässig, sondern nur binnen der Frist zuzugestehen, deren der Dienstberechtigte bedarf, um nach Kriegseintritt seine Lage zu überblicken und zu erwägen, ob ihm die Erfüllung des Vertrages trotz Krieges möglich ist. RG. 91, 58.

Eisenbahnen. Die deutsche Annahmebahn haftet, wenn ein Gut, das unmittelbar vor Kriegsausbruch nach Brüssel aufgegeben wurde und in das Kriegsgebiet geraten, dort verloren gegangen ist; aber die Ersatzpflicht ist auf das in Art. 34 des Intern. Übereink. vorgesehene Maß beschränkt. RG. 89, 344, 347. Ist aber das Gut nicht auf Grund eines durchgehenden Frachtbriefes aus dem Gebiete eines der vertragschließenden Staaten in das Gebiet eines anderen vertragschließenden Staates befördert worden, so besteht die Haftung nicht, wenn der Verlust auf den unter Militärverwaltung stehenden belgisch-französischen Eisenbahnstrecken eingetreten ist. RG. 93, 177.

Exceptio doli generalis wird begründet durch ein Verhalten der Gegenpartei, das gegen Treu und Glauben (§§ 157, 242, 826 BGB., § 346 HGB.), oder sei es auch nur objektiv, gegen die guten Sitten verstößt. JW. 1917, 461; sie kann auch gegenüber der absoluten Wirkung der eingetretenen Nichtigkeit eines Vertrages unter Umständen zulässig sein. JW. 1917, 460.

Berechtigt ist der Einwand illoyalen Verhaltens, wenn der Lieferungsberechtigte erst lange nach Ablauf der für den Abruf einer Ware bestimmten Frist und unter veränderten Marktverhältnissen abruft. LZ. 1917, 537.

Gattungsschuld s. auch unter „Unmöglichkeit". Erfüllung derselben beim Distanzkauf (§ 447 BGB.) erfolgt durch Übergabe der ausgeschiedenen Ware an den Frachtführer zur Versendung. RG. 57, 141. Konzentration einer Gattungsschuld erfordert, daß vertragsmäßige Ware Gegenstand der vom Schuldner vorgenommenen Leistungshandlung ist und daß sie dem Gläubiger angeboten ist. RG. 69, 407; JW. 1913, 130. Die Klausel „Glückliche Ankunft vorbehalten" enthält keine Konzentration der Gattungsschuld. RG. 93, 172.

Beschlagnahme auf Grund des Kriegs-Leistungs-Gesetzes bringt nicht ohne weiteres den Lieferungsanspruch des Käufers zum Erlöschen. JW. 1916, 1333; s. OLG. 33, 210. Der Surrogationsanspruch des Leistungsberechtigten im Sinne des § 281 BGB. entsteht auch beim Gattungskauf, wenn die Gattungssache ausgesondert war, oder wenn der ganze Bestand der Gattungssache dem Leistungspflichtigen gegen Entschädigung durch behördliche Anordnung entzogen wird. RG. 91, 261; JW. 1918, 300, 550. Der § 281 l. c. betrifft nur schuldrechtliche, nicht sachenrechtliche Verhältnisse. JW. 1919, 187.

Gehalts-, Lohnbezüge, Beschränkung der Pfändbarkeit durch Bek. v. 17. Mai 1915 (RGBl. 285); durch § 1 ist die pfandfreie Grenze auf 2000 Mk. festgesetzt; nach Bek. v. 13. Dez. 1917 (RGBl. 1102) ist der die Summe von 2000 Mk. übersteigende Betrag zu 1/10 des Mehrbetrages der Pfändung nicht unterworfen.

Die Mehrzahl der Vollstreckungsgerichte hat die Teuerungszulagen und Beihilfen für pfändungsfrei erklärt. Bayer. Zeitschrift 1918, 76; durch Bek. v. 2. Mai 1918 (RGBl. 382) sind solche Zulagen nun jeder Vollstreckung entzogen, damit auch der Abtretung. § 400 BGB.; § 851 ZPO. Aufrechnung gegenüber vollstreckungsfreien Gehalts- und Lohnbezügen ist ebenso unzulässig, wie ein Zurückbehaltungsrecht, soferne letzteres denselben wirtschaftlichen Erfolg wie Aufrechnung haben würde.

Ältere Gehaltspfändungen sollen nach Seuffert (R. 15, 497) und Kastner (DJZ. 1915, 813) nicht von selbst unwirksam werden, sondern gemäß § 766 ZPO. von Schuldnern angegriffen werden können. A. M. Lesser, PosMSchr. 1915, 122.

Genossenschaften s. s. auch bei AG

Die Frist für Revision der Genossenschaft (§ 53 d. Ges.) kann um 4 Monate verlängert werden. Bek. v. 8. Sept. 1914 (RGBl. 400). Vertretung eines Genossen in den Generalversammlungen ist nach Bek. v. 17. Dez. 1914 (RGBl. 518) zulässig; wenn der Genosse zu den durch Ges. v. 4. Aug. 1914 (RGBl. 328) geschützten Personen gehört.

Gesellschaften mit beschränkter Haftung s. a. bei AktGes. Zum Zwecke der Ladung zur Gesellschafter-Versammlung ist die Bestellung eines Vertreters für einen Gesellschafter, auch für einen ausländischen, durch Bek. v. 8. Okt. 1914 (RGBl. 428) dem Amtsgerichte übertragen, in dessen Bezirk die Gesellschaft ihren Sitz hat. JW. 1918, 234.

Gesetzgebung geänderte; ihre Einwirkung auf Vertragserfüllung ist dann nur anzuerkennen, wenn Vertragsfortdauer bei sachverständiger Würdigung mit dem von den Parteien bezweckten Erfolg nicht vereinbar anzusehen ist. RG. 85, 105

Das Prozeßgericht muß ein neues Gesetz, das nach der letzten mündlichen Verhandlung, aber vor der Urteilsverkündung in Kraft tritt, berücksichtigen. JW. 1915, 409; Art. V Abs. 3 d. Nov. z. RStGes v. 26. Juni 1916.

Die Aufrechterhaltung der bis zum 4. März 1919 von der Reichsregierung, dem Rate der Volksbeauftragten erlassenen Gesetze und Verordnungen ist nach Maßgabe des Gesetzes v. 4. März 1919 (RGBl. 285) verordnet.

Gute Sitte, widerrechtliche Handlungsweise. §§ 138, 826 BGB. Sittenwidrig ist: Übermäßige Höhe einer, wenn auch versprochenen Provision RG. 93, 207; unzulässige Ausbeutung der allgemeinen wirtschaftlichen Notlage, besonders während des Krieges, RG. 93, 27; übermäßiger Gewinn, RG. 93, 106, besonders wenn der Verkäufer sich verwerflicher, unlauterer Mittel bedient, um einen ungewöhnlich hohen Preis zu erzielen oder die durch unlautere Machenschaften anderer hervorgerufene außerordentliche Preissteigerung bewußt ausnützt oder die durch den Krieg geschaffene Notlage in selbstsüchtigem Geldinteresse zum Schaden des gemeinen Wohls und der vaterländischen Interessen ausbeutet, RG. 90, 400; Holdheim 1918, 193; Rechtsgeschäfte unter Umgehung der Höchstpreise nur dann, wenn die Parteien ihres Vorteils wegen darauf ausgingen, die verkaufte Ware dem Zwecke der Volksernährung, für den sie nötig war, zu entfremden, JW. 1917, 354; planmäßige Ausnützung des Vertragsbruchs eines anderen zu eigenem Vorteil, DJZ. 1916, 439; Vertrag zu dem Zwecke geschlossen, um mittels Täuschung der Behörde einen gesetzlich verbotenen Tiefstand herbeizuführen, z. B. Konzession an einen Unberechtigten RG. 63, 143; OLG. 15, 315; Verabredung unmäßig hoher Vertragsstrafen, auch unter Vollkaufleuten, RG. 85, 100; Schenkung eines feindlichen Ausländers während des Krieges, um das Geschenkte der Zwangsverwaltung zu entziehen. LZ. 1917, 535.

Als nicht sittenwidrig wurde angesehen: Vertrag zur Verletzung eines ausländischen, durch deutsche Interessen nicht gedeckten Ausfuhrverbots. LZ. 1917, 388.

Handelsbücher. Verpflichtung zur Buchführung gemäß dem UmsStGes. v. 26. Juli 1918 (RGBl. 779) tritt auch insoferne für die Kaufleute minderen Rechts ein (§ 4 HGB.) als sie Steuerbuch und Lagerbuch führen müssen. §§ 8, 17 Abs. 7 Ges., §§ 23, 30 ff. AB. Aufbewahrungszeit für solche Bücher. § 15 Ges., § 23 Abs. 4 AB.

Handelsregistereintragungen: über Veröffentlichungen von Eintragungen kann nach Bek. v. 11. Febr. 1915 (RGBl. 71) der Reichskanzler, wenn AG. und G. m. b. H. während des Krieges gegründet sind oder gegründet werden, besondere Bestimmungen über Einsichtnahme des Registers und der eingereichten Schriftstücke treffen, sowie über Erteilung von Abschriften, über Verpflichtung des Vorstandes zur Veröffentlichung von Änderungen in den Personen der Mitglieder des Aufsichtsrats. Diese Anordnungen wurden erweitert durch Bek. v. 30. August 1917 (RGBl. 746) auf Prüfungsbericht über Gründungshergang, Einsichtnahme des Revisorenberichts, Bekanntmachung der Bilanzen, Gewinn- und Verlustrechnung.

Handlungsgehilfen. Aus der Rechtsprechung während der Kriegsdauer über die vertraglichen Beziehungen zwischen Prinzipal und Handlungsgehilfen sind hier besonders zu erwähnen:

Für außerkontraktlichen, von Gehilfen in Ausführung ihrer Verrichtungen (RG. 91, 364) zugefügten Schaden haftet der Geschäftsherr nur gemäß § 831 BGB. RG. 87, 3; LZ. 1917, 866.

Anspruch des Kriegsteilnehmer-Gehilfen auf Wiederindienststellung. VO. v. 24. Januar 1919 (RGBl. 101).

Zu **§ 59** HGB. Ein Abkommen, inhaltlich dessen der Gehilfe in bestimmten Fällen seiner nur in Gewinnanteil bestehenden Bezüge verlustig gehen soll, ist nach § 138 BGB. nichtig. RG. 90, 181. Zurückhaltung des Gehalts ist unzulässig, wenn sie den Charakter der unzulässigen Aufrechnung an sich trägt. RG. 85, 110; Hartmann, JW. 1915, 210. Unterschied zwischen Zurückhaltung und Aufrechnung. JW. 1914, 918. Für Ansprüche aus Delikt ist Aufrechnung gegen Gehaltsanspruch erlaubt. § 394 BGB.; JW. 1914, 919; Mantry, LZ 1917, 450.

Zu **§ 60**. Dieser findet auf den Geschäftsführer einer G. m. b. H. keine Anwendung. LZ. 1917, 938.

Das formlos gegebene Ruhegehaltsversprechen ist Zusicherung für geleistete Dienste, ist nicht an die Form des Leibrentenvertrags gebunden. JW. 1919, 184.

§ 62 wird dadurch nicht unanwendbar, daß der Gehilfe zur schädigenden Arbeit sich bereit erklärt hat. LZ. 1917, 1341; Einfluß eines

Zwangsvergleichs im Konkurs des Geschäftsherrn auf die Ersatzansprüche des Gehilfen. JW. 1915, 1029.

Zu § 63. Der Krieg ist als unverschuldetes Unglück nicht anzusehen. LZ. 1915, 1260; 1916, 261, 968; Salamon, DJZ. 1915, 1016.

Zu § 66. Die Kündigung muß zwar unbedingt sein. LZ. 1915, 748; JW. 1918, 219; sie kann aber vertragsmäßig von dem Eintritt oder Nichteintritt eines zukünftigen Ereignisses abhängig gemacht werden. RG. 91, 309.

Zu § 70. Für den Fall des Vorliegens eines wichtigen Grundes, kann Einhaltung einer Kündigungsfrist vereinbart werden. LZ. 1914, 1846; vgl. RG. 56, 372.

Kriegsausbruch gilt als wichtiger Grund nur dann, wenn die Weiterführung des Geschäftsbetriebs dem Geschäftsherrn durch den Krieg unmöglich gemacht ist. LZ. 1916, 160, 401.

Auch erst nach der Entlassung des Gehilfen eingetretene Gründe können für die außerordentl. Entlassung beachtlich sein. RG. 88, 128.

Hat der Gehilfe nach seiner plötzlichen Entlassung vergeblich seine Dienste dem Geschäftsherrn angeboten, so darf er in einem Konkurrenzgeschäft seine Dienste verwerten, JW. 1916, 744; auch wenn er hiedurch einen in wirksamer Weise ausgeschlossenen Wettbewerb verursacht, RG. 88, 129; LZ. 1918, 696, und obwohl er dem Geschäftsherrn sich zur Verfügung stellt. BayZeitschr. 1918, 151.

Der Schadensersatzanspruch gegen den Geschäftsherrn unterliegt der kurzen Verjährung aus § 196 Ziff. 8 BGB., JW. 1918, 550; LZ. 1918, 1077; jedoch ist gegen den Verjährungseinwand die Einrede der Arglist zulässig. LZ. 1918, 1078.

Zu § 72. Ein Rücktrittsrecht gemäß § 326 BGB. besteht für den vertragstreuen Teil nicht. RG. 92, 159.

Zu § 73. Haftung des Geschäftsherrn wegen wissentlich unrichtigen, dem Handlungs-Gehilfen behändigten Zeugnisses gegenüber Dritten; JW. 1916, 1190; OLG. 36, 137; Warneyer, Holdheim 1918, 115; nicht aber wegen nur gelegentlicher Äußerungen über den Gehilfen. DJZ. 1915, 517.

Die Novelle zum 1. Buch 6. Abschn. HGB. v. 10. Juni 1914 (RGBl. 209) brachte eine Einengung des Wettbewerbsverbots der Handlungsgehilfen für die Zeit nach Beendigung des Dienstverhältnisses. Eine Konkurrenz des Gehilfen ist während des Dienstverhältnisses schon durch §§ 60, 61 HGB. ausgeschlossen. Die neuen §§ 74—76 HGB. schränken jede Vereinbarung über Ausschluß einer Wettbewerbtätigkeit (WBV.) des Gehilfen wesentlich ein. Sie ist nur gültig,

a) wenn sie schriftlich festgesetzt und dem Gehilfen in einer vom Geschäftsherrn unterzeichneten Erklärung ausgehändigt wird; § 74 Abs. 1 und

b) wenn der Geschäftsherr sich verpflichtet für die Dauer des Verbots eine gesetzlich geregelte Entschädigung zu bezahlen. § 74 Abs. 2.

Der WBV. ist nichtig: Wenn die gesamten Bezüge des Gehilfen den Betrag von 1500 Mk. jährlich nicht übersteigen; wenn der Gehilfe zur Zeit des Abschlusses minderjährig ist oder durch feierliche Beteuerungen der Geschäftsherr die Einhaltung sich hat versprechen lassen; wenn die Verabredung mit dem Gehilfen zu einer Zeit geschlossen wurde, als er in die Lehre eintrat; wenn die Verabredung den guten Sitten widerstreitet, z. B. der Gehilfe in der Notlage mangels anderweitigen Verdienstes unter der erschwerenden Verabredung des WVB. die Stellung anzunehmen sich entschließt. § 74a Abs. 2 und 3, § 76. Die Nichtigkeit erstreckt sich auf Vereinbarungen mit Dritten, die für den Fall der Verletzung des — nichtigen — Verbots seitens des Gehilfen bestimmte Verpflichtungen übernommen haben. § 74a Abs. 2 i. f. Alle diese Bestimmungen gelten auch für die sogenannten Volontäre. § 82a. Unverbindlich ist das WVB., wenn es nicht dem Schutze eines geschäftlichen Interesses dient; soweit es nach Zeit, Ort, Gegenstand eine unbillige Erschwerung des Fortkommens des Gehilfen enthält. § 74a Abs. 1. Zeitlich ist ein WVB. auf 2 Jahre eingeschränkt. l. c. Abs. 1 i. f.

Über die Art der Bemessung der Vergütung, die im Konkurs des Geschäftsherrn das Vorrecht des § 61 KO. genießt und nur beschränkt pfändbar ist (§ 75c) ist die besondere Vorschrift in § 74b zu beachten. Ist die Wirksamkeit der Verabredung an die Entrichtung dieser Vergütung gebunden, so kann der Geschäftsherr an Stelle einer vereinbarten Vertragsstrafe auch Schadensersatz oder Erfüllung fordern, § 75c; beachte die Einzelbestimmungen in § 74c über Anrechnung eines erzielten oder böslich nicht erzielten anderweitigen Erwerbs, die Sonderbestimmungen in dem § 75 über Außerkraftsetzung des WVB. im Falle einer Kündigung des Vertragsverhältnisses.

Schriftlicher Verzicht auf das WVB. seitens des Geschäftsherrn (§ 75a) vor Beendigung des Vertragsverhältnisses befreit ihn ein Jahr später von der Entrichtung der Entschädigung. §§ 74 Abs. 2, 74b, 75d.

Im übrigen hat das neue Recht im wesentlichen es bei den vorher bestandenen Vorschriften über WVB. belassen. Gemäß Art. 3 Abs. 2 der Novelle ist § 75 Abs. 2 schon am 11. Sept. 1914 in Kraft getreten, dagegen die §§ 74 mit 76 Abs. 1 mit dem 1. Jan. 1915 (Art. 3 Abs. 1 der Nov.). Den neuen Vorschriften ist, abgesehen von der Formvorschrift des § 74 Abs. 1, rückwirkende Kraft beigelegt; entgegenstehende ältere Verabredungen bleiben nur in Kraft, soferne der Geschäftsherr vor 1. April 1915 dem Gehilfen gegenüber schriftlich sich zur Zahlung der Entschädigung (§ 74 Abs. 2), sowie zur Erhöhung der vertragsmäßigen Jahresleistungen auf mehr als 1500 Mk. (§ 74a Abs. 2) verpflichtet hatte.

Das neue Recht erstreckt sich nicht nur auf die Verträge mit Handlungsgehilfen, sondern es ist davon auszugehen, daß es sinngemäß auf diejenigen Gehilfen eines Kaufmanns anzuwenden ist, deren Vertrag nach den Grundsätzen der GewO. oder des BGB. zu beurteilen ist.

Im übrigen sei auf den Kommentar zur Novelle von Potthoff, einem der besten Kenner des deutschen Arbeitsrechts, verwiesen, sowie die 4. Aufl. der Handausgabe des HGB. vom Schreiber dieser Zeilen. Die Arbeitszeit ist während der wirtschaftl. Demobilmachung auf täglich 8 Stunden beschränkt. VO. v. 18. März 1919 (RGBl. 315).

Hinausschiebung der Erfüllung. Eine während des Krieges getroffene Vereinbarung über Hinausschiebung der Lieferung des Verkäufers schließt nicht aus, daß dieser später Unmöglichkeit der Leistung wegen der nach Beendigung des Krieges eintretenden Verhältnisse geltend machen kann, LZ. 1918, 760; RG. 93, 341, z. B. wegen unterbliebener Einführung von Baumwolle infolge Eintritts Nordamerikas in den Krieg, LZ. 1919, 115; das gleiche gilt, wenn ein Vergleich nach Kriegsausbruch über Lieferungspflicht aus einem vor Kriegsausbruch geschlossenen Vertrage verabredet wird. Holdheim 1918, 125. In solchen Fällen nimmt die Ausübung des hinausgeschobenen Rechts des Käufers auf Lieferung dem Verkäufer nicht das aus dem Gesetz sich ergebende Recht die Lieferung gänzlich zu verweigern, wenn die infolge der kriegerischen Ereignisse notwendige Verschiebung das Wesen der Leistung in erheblichem Maße ändert. JW. 1917, 715; 1919, 44; RG. 92, 87.

Höchstpreise. Ist einer Höchstpreisfestsetzung rückwirkende Kraft nicht beigelegt, JW. 1918, 313, so werden hievon Kaufverträge nicht ergriffen, die vor der Anordnung der Höchstpreise zu höheren als den nachträglich festgesetzten Preisen gutgläubig abgeschlossen und beim Inkrafttreten der Höchstpreise noch von keiner Seite erfüllt sind. RG. 93, 316. Überschreitung der Höchstpreise bewirkt nicht Nichtigkeit des abgeschlossenen Geschäftes; vielmehr ist der Preis auf das normale Maß herabzusetzen. DJZ. 1918, 67.

Wenn eine Ware aus einem Orte, für den ein bestimmter Höchstpreis festgesetzt ist, nach einem anderen Orte verkauft wird, für den andere Höchstpreise bestehen, so bestimmt sich der Höchstpreis, was seine Höhe und die ergangenen Nebenbestimmungen betrifft, grundsätzlich nach dem Orte, wo die gekaufte Ware sich befindet. JW. 1917, 368; DJZ. 1919, 277. Es ist unerheblich, wenn ein anderer Ort als Abnahmeort bezeichnet ist. Der Höchstpreis für diesen letzterer Ort ist nicht beachtlich. DJZ. 1919, 277.

Höchstpreisbestimmungen; Höchstpreisüberschreitung. Ges. v. 4 Aug. 1914 (RGBl. 339), Bek. v. 28. Okt. 1914 (l. c. 458), 23. Sept. 1915 (l. c. 603). Hiezu Oertmann, JW. 1917, 255.

Nach Urteil RG. (JW. 1916, 915) liegt ein Verstoß gegen Höchstpreisgesetze dann vor, wenn zwischen der Festsetzung und dem Inkrafttreten des Höchstpreises zu einem den Höchstpreis überschreitenden Preise abgeschlossen wird. Der vereinbarte Preis ist auf den geltenden Höchstpreis herabzusetzen, das Geschäft aber aufrecht zu halten. RG. 88, 250; JW. 1917, 354. Nur dann wäre das Geschäft als nichtig, weil sittenwidrig, zu erachten, wenn die Vertragsteile um ihres privaten Vorteils wegen im Augenblick einer nationalen Gefahr den Bestimmungen zum Schutze des Vaterlandes in den Rücken gefallen wären. JW. 1917, 354. Sittenwidrig ist es, wenn die Parteien ihres Vorteils wegen darauf ausgegangen wären, die verkaufte Ware dem Zwecke der Volksernährung, für den sie nötig war, zu entfremden.

Höchstpreisbestimmungen haben keine Einwirkung auf laufende Verträge. JW. 1918, 313.

Kauf. Der Kauf einer mit Einfuhrverbot in Deutschland belegten Auslandsware ist nicht rechtsungültig, OLG. 7, 459; auch nicht der Kauf einer unter Verletzung ausländischen Verbotsgesetzes hergestellten Ware; §§ 134 BGB. findet hierauf keine Anwendung Holdheim 1912, 226.

Die Freizeichnungsklausel des Verkäufers von der Lieferungspflicht z. B. wegen Betriebsstörung bewirkt Entbindung von der Pflicht schon infolge der Störung, LZ. 1918, 761, entbindet aber nicht, wenn der Leistungspflichtige zur Zeit der Geltendmachung der Klausel schon im Verzuge war. OLG. 37, 19.

„Beschlagnahme- und Verwendungsfrei". Die Freiheit muß noch zur Zeit des Eintreffens der von auswärts übersendeten Ware beim Käufer bestehen. JW. 1918, 767.

Wird ein verkaufter Gegenstand (z. B. Kraftwagen) von der Heeresverwaltung beim Verkäufer beschlagnahmt, so hat der Käufer Anspruch auf den den Vertragspreis übersteigenden Betrag, den der Verkäufer von der Heeresverwaltung für den ihm von dieser abgeforderten Gegenstand erhalten hat. §§ 324, 300, 281 BGB. Holdheim 1918, 158.

Beim Zustandekommen eines Kaufvertrages mittels Telefons unter Vorbehalt konformer Bestätigung (S. A. 57 Nr. 205) trifft denjenigen, der im Gegensatz zum Vertragsgegner den Abschluß ohne diesen Vorbehalt behauptet, die Beweislast. LZ. 1918, 1060.

Beim Kauf einer Ware während des Krieges hat im Falle behördlicher Beschlagnahme der Inlandskäufer die Freigabe zu erwirken, Holdheim 1918, 144, auch die Erwirkung der Einfuhrerlaubnis für Auslandsware, LZ 1919, 146; es kann der Käufer nicht Erfüllung begehren, wenn er die Zahlung in der verabredeten Weise z. B. Begleichung des Kaufpreises durch Akzept eines an einem bestimmten Handelsplatz ansässigen Bankiers nicht leisten kann. RG. 91, 47. Unmöglichkeit der vom Verkäufer übernommenen Versendungspflicht befreit den Käufer von der Pflicht zur Zahlung des Kaufpreises. RG. 88, 37.

Kaufpreis. Ist Festsetzung des Preises auf Grund von Börsennotizen vereinbart und es haben diese infolge des Kriegsausbruchs aufgehört (DJZ. 1907, 131), so hat die Festsetzung auf gleichwertigem Wege gemäß §§ 157, 242 BGB. zu erfolgen. DJZ. 1916, 629, nämlich durch Ermittlung des gemeinen Verkaufswerts. JW. 1916, 903.

Vgl. über die Klausel „Preis freibleibend" LZ. 1918, 947.

Kettenhandel. VO. 24. Juni 1916 (RGBl. 581).

Begriff: Wesentlich ist, daß eine Mehrzahl von Personen sich mit dem Umlauf der Ware befaßt, so daß dieses Eingreifen mehrerer preissteigernd wirkt und dies auf einer unlauteren Ausnützung der Kriegswirtschaftsverhältnisse beruht. LZ. 1919, 434. Entschuldigend kann hiebei für Beteiligte nur ein Irrtum und damit die Berufung auf die VO. v. 18. Jan. 1917

(RGBl. 58) in Frage kommen, wenn der Irrtum unverschuldet ist. Kommissionsgeschäfte fallen in der Regel nicht unter die VO. v. 24. Juni 1916. LZ. 1919, 428.

Klauseln, besondere in einem Vertrage. „Vorbehaltlich Lieferungsmöglichkeit" LZ. 1916, 748; schon erhebliche Beeinträchtigung der Lieferungsmöglichkeit wirkt befreiend. Holdheim 1916, 250. „Freizeichnungsklausel", LZ. 1916, 750; „freibleibend", LZ. 1916, 1329; „zirka", OLG. 24, 180; „Ausfuhrverbot und sichere Ankunft der Ware in Deutschland vorbehalten", JW. 1916, 1186; „glückliche Ankunft vorbehalten" bedeutet auflösend bedingten Kaufvertrag, LZ. 1918, 1272; RG. 93, 171; „beschlagnahme- und verwendungsfrei", RG. 93, 333. „Zahlung gegen Verladepapiere"; Bedeutung, wenn der Dampfer, auf den die Papiere lauten, kondemniert ist. LZ. 1919, 275

„Netto Kassa gegen Duplikatfrachtbrief" LZ. 1919, 243.

„Arbeiterausstände, Betriebsstörung". Sache der Auslegung im einzelnen Fall ist es festzustellen, was hierunter zu verstehen ist. DJZ. 1919, 274.

Kriegs-Klauseln (Beweis derselben, RG. 88, 379) wie „Krieg, Streik, höhere Gewalt, Betriebsstörung" entbinden von Lieferungspflicht, räumen dem Lieferungspflichtigen ohne weiteres das Recht ein, die Lieferung abzulehnen. RG. 87, 92; JW. 1915, 912; 1916, 316, 487, 958, 1017, 1035, 1547; LZ. 1916, 699, 875; 1917, 329, 349; 1918, 1145; Holdheim 1917, 150. Der Verkäufer ist nicht verpflichtet „gleiche Ware" in einem solchen Falle zu liefern. Holdheim 1917, 69.

Dabei ist „Kriegszustand" nicht dem Krieg gleichzustellen. LZ. 1917, 401.

Die Berufung auf unbedingte Kriegsklausel bildet ohne Rücksicht darauf, ob die Erfüllung durch den Krieg eine Erschwerung gefunden hat oder nicht, keinen Verstoß gegen §§ 157, 242 BGB. JW. 1915, 741, 907, 912.

Beschränkte Wirkung einer bedingten Kriegsklausel. LZ. 1916, 1172. Solcher einseitig zugunsten des Verkäufers verfaßten Formularbedingung über Beifügung einer Kriegsklausel darf gemäß § 157 BGB. nur der Sinn beigemessen werden, den der Käufer ohne weiteres aus dem Wortlaute entnehmen muß. JW. 1916, 1187; Holdheim 1916, 186. Der Verkäufer muß auch eine solche Klausel alsbald geltend machen, sobald die Lage überblickt werden kann. Verspätete Geltendmachung verstoßt gegen Treu und Glauben. RG. 88, 146; LZ. 1916, 1328; 1917, 729, 761, 1250; 1918, 208; wenn sie in der Absicht erfolgt, auf Kosten des anderen Teils zu spekulieren. JW. 1919, 237. Dabei ist Kriegszustand nicht dem Kriege gleichzustellen. LZ. 1917, 401.

Die zugunsten des Käufers vereinbarte Klausel, daß Krieg den Vertrag nicht auflöst, beseitigt nicht den Einwand des Verkäufers, daß die Lieferung der den Vertragsgegenstand bildenden Fabrikate nach Friedensschluß für ihn unmöglich sein werde, weil dann unter gänzlich geänderten Verhältnissen seine Leistung eine wesentlich andere sein würde als die vertragliche. JW. 1917, 232; 1919, 44.

Hat ein Verkäufer mit Abnehmern Verträge mit Kriegsklausel und wieder andere ohne Kriegsklausel geschlossen, so kann es seine Pflicht sein, um die ohne Kriegsklausel erfüllen zu können, die mit Kriegsklausel durch Geltendmachung des Vorbehalts zur Lösung zu bringen. JW. 1918, 262; RG. 91, 334.

Eine Klausel „kriegsüblicher Vorbehalt" hat keinen Anspruch auf Beachtung, weil ihr jede nähere Bestimmung fehlt. LZ. 1918, 698.

Bloße Erschwerung der Erfüllung, ohne Vereinbarung einer besonderen Klausel, befreit den Leistungspflichtigen nicht. DJZ. 1916, 534; JW. 1916, 118, 257, 830; s. hiezu Cahn, LZ. 1916, 1165; in jedem Falle aber müßte er alsbald erklären, ob er von dem Rechte, Befreiung von der Leistungspflicht in Anspruch zu nehmen, Gebrauch machen will. RG. 88, 261; LZ. 1916, 673; 1917, 268; Holdheim 1916, 110; 1918, 65. Schweigt in einem solchen Falle der Vertragsgegner auf die Erklärung des Rücktritts oder der Erfüllungsverweigerung seitens des Leistungspflichtigen wegen der durch den Krieg hervorgerufenen schwierigen Verhältnisse längere Zeit, so kann der Leistungsberechtigte Erfüllung nicht mehr verlangen. LZ. 1916, 1009; DJZ. 1916, 898; JW. 1916, 1189.

An und für sich aber befreit eine bloße durch den Krieg verursachte ungewöhnliche Preissteigerung nicht von der vor dem Krieg übernommenen Pflicht zur Lieferung einer Gattungsware. DJZ. 1916, 534, 815. Hueck, DJZ. 1916, 855; hiezu JW. 1917, 900.

Die lange Dauer des Krieges, die Unabsehbarkeit seiner Beendigung, sowie die Unsicherheit der künftigen Wirtschaftslage können die Unmöglichkeit der Leistung im Sinne des § 275 BGB. begründen. Holdheim 1917, 233; JW. 1918, 33.

Krieg. Einfluß auf Vertragsverhältnisse; s. Krückmann; LZ. 1915, 879; 1918, 961; denselben Verfasser über Stillschweigen und ausdrückliche Kriegsklausel LZ. 1918, 1310; claus. reb. sic stant. Kriegsstreikklausel, Tübingen; Ewald, Erlangen; Blum, Berlin; denselb. JW. 1916, 1359; 1917, 943; Heymann, DJZ. 1915, 758; 1917, 614.

Wer in unsicherer Kriegszeit Waren verkauft, muß sie in seinem Besitz oder dergestalt in seiner Verfügungsmacht haben, daß er sie zur Erfüllung seiner Verpflichtung jederzeit ergreifen kann. Verläßt er sich auf Deckungsverträge mit Dritten, von denen er nicht bestimmt weiß, daß sie im Besitze der Waren, zu deren Lieferung imstande und verlässig sind, so tut er dies auf seine Gefahr. LZ. 1918, 760; hiezu Krückmann, l. c. 961.

Kriegsaufträge, Abwicklung; Hachenburg, JW. 1919, 14; Marquardt, l. c. 181.

Kriegswucher. Das preiswucherische Geschäft ist nicht nichtig (§ 138 BGB.), sondern bleibt unter Herabminderung des Preises auf das zulässige Maß (RG. 88, 250; 89 197) bestehen. R. 1918, 186; RGSt. 51, 425; LZ. 1918, 221.

Maklergebühr. Die Vereinbarung unverhältnismäßigen Maklerlohnes für die Vermittlung von Kriegslieferungen begründet einen Verstoß gegen die guten Sitten. RG. 90, 401; 93, 207.

Mietrecht: Die Beschränkung der Polizeistunde berechtigt nicht zu dem Verlangen auf Herabsetzung des Pachtpreises (RG. 93, 144; auch nicht, daß durch Einschränkung der Biererzeugung im Bierabsatz der Pächter beeinträchtigt ist. §§ 581, 537 BGB.; RG. 87, 279; 90, 374; dagegen hat einen solchen Anspruch auf Minderung: der Mieter, Pächter einer Wirtschaft, wenn ein Teil der Räume für Tanzwirtschaft, zum Betriebe eines Ballhauses bestimmt und vermietet ist. RG. 89, 203; auch der Pächter einer mit einem Ausstellungsunternehmen verbundenen Ausstellungswirtschaft, §§ 323, 325 BGB.; RG. 88, 108; der Pächter einer als sogenanntes Nachtlokal betriebenen Weinwirtschaft. RG. 88, 96; JW. 1919, 239; OLG 38, 123.

Kündigung seitens der Hinterbliebenen eines infolge der Teilnahme am Kriege Verstorbenen ist erleichtert gegenüber entgegenstehenden Mietverträgen durch Bek. v. 7. Okt. 1915 (RGBl. 642).

Münzgesetz; durch Bek. v. 4. August 1914 (RGBl. 326) ist Verpflichtung zur Annahme von Reichskassenscheinen und Reichsbanknoten anstatt der Goldmünzen begründet.

Patent, Gebrauchsmuster; Erteilung ohne Bekanntmachungen ist zulässig, wenn die Erfindung im Interesse der Verteidigung geboten ist. Bek. v. 8. Febr. 1917 (RGBl. 221); Vereinfachung des Verfahrens, Erleichterung in Zahlung der Gebühren, Bek. v. 9. u. 8. März 1917 (RGBl. 221, 222); Stundung der Gebühren, Bek. v. 10. Sept. 1914 (RGBl. 403); Hüfner, LZ. 1915, 1074; s. DJZ. 1916, 443; Anwendung auf Ausländer, DJZ. 1918, 128.

Postproteste. Die Vorschriften über den Postprotest sind vielfach geändert durch Bek. v. 31. Dez. 1914 (RGBl. 549), 25. Jan. 1915 (RGBl. 47), 16. März 1915 (RGBl. 302); für in Elsaß-Lothringen und in den östlichen Provinzen Preußens zahlbare Wechsel, v. 9. Jan. 1916 (RGBl. 11), 9. Okt 1916 (RGBl. 1153), 7. Jan. 1917 (RGBl. 23), 3. Juli 1917 (RGBl. 587), 29. Dez. 1917 (RGBl. 1918 S. 1), 30. April 1918 (RGBl. 367), 6. Aug. 1918 (RGBl. 1061), Nov. 1918 (RGBl. 1289). Die letzte Regelung erfolgte durch Bek. v. 18. Febr. 1919 (RGBl. 215) dahin: daß Postprotestaufträge über in Elsaß-Lothringen zahlbare Wechsel, soferne der Zahlungstag in der Zeit vom 30. Juli 1914 bis einschließlich 28. Mai 1919 eingetreten, am 31. Mai 1919, soferne der genannte Tag nach dem 28. Mai 1919 eintritt, am 2. Werktage nach dem Zahlungstag nochmal zur Zahlung vorzulegen sind; daß solange hienach die Fristenverlängerung besteht, der Auftraggeber verlangen kann: ein davon betroffener Wechsel ist mit dem Postprotestauftrag schon am 2. Werktag nach dem Zahlungstag des Wechsels nochmal zur Zahlung vorzuzeigen, und wenn dies erfolglos bleibt, zu protestieren. Um dem zu genügen, müssen die in der Bekanntmachung enthaltenen Erklärungen auf der Rückseite des Postprotestauftrags enthalten sein; s. a. a. O.

Preissteigerung, allgemeine. Die infolge des Krieges eingetretene Erschwerung der Erfüllung, Preissteigerung befreit den Verkäufer nicht von der Lieferungspflicht. RG. 88, 172; § 242 BGB. entschuldigt nicht. Auf die während des Krieges durch Erhöhung der Höchstpreise eingetretenen Steigerung der Rohprodukte und damit des herzustellenden Produktes ist kein Gewicht zu legen. Die Schwierigkeit der Beschaffung des Rohproduktes gewährt nicht den Einwand der Unmöglichkeit.

Preistreiberei. VO. v. 23. Juli 1915 (RGBl. 467); sie übt keinen Einfluß auf die Schadensberechnung des Käufers aus, der einen Deckungskauf wirklich vorgenommen hat, also konkreten Schaden berechnet. RG. 93, 133.

Preiswucher. Bek. v. 23. Juli 1915 (RGBl. 467), 22. Aug. und 23. Sept. 1915 (RGBl. 514, 603), 23. März 1916 (RGBl. 183), 8. Mai 1918 (RGBl. 395). Hiegegen verstoßende Geschäfte unterliegen nicht der Nichtigkeit nach § 138 BGB.; sie bleiben bestehen unter Herabsetzung des Preises auf das zulässige Maß. RG. 88, 250; 89, 197.

Der Käufer darf bei der abstrakten Berechnung seines Schadens wegen Nichterfüllung nicht den Unterschied zwischen seinem Einkaufspreis und dem Marktpreis zur Zeit der Lieferung fordern, wenn es ihm nach der VO vom 23 Juli 1915 verboten ist, zu dem übermäßig hohen Preis weiter zu verkaufen. JW. 1918, 225. Dagegen ist die konkrete Schadensberechnung ohne Rücksicht hierauf zulässig, auch wenn der für Deckungsware bezahlte Preis übermäßig war. R 18 22

Prioritätsfristen. Art. 4 der Pariser Übereinkunft (RGBl. 1913, 209) zum Schutze gewerblichen Eigentums, von Patenten, Modellen, Fabrik- und Handelsmarken verlängert während des Krieges, in Belgien, Dänemark, Frankreich, Mexiko, Niederlande, Norwegen, Österreich, Schweden, Schweiz, Spanien, Vereinigte Staaten von Nordamerika.

Durch Bek. v. 10. Sept. 1914 (RGBl 403) wurden vorübergehende Erleichterungen über Entrichtung von Gebühren, Wahrung von Fristen auf dem Gebiete des Patent-, Gebrauchsmuster- und Warenzeichenrechts gewährt. Wiedereinsetzung in den vorigen Stand gegen Fristversäumung § 2.

Quittung. Die Pflicht zur Ausstellung eines Empfangsbekenntnisses der Leistung (§§ 368, 369, 126, 1144, 1167 BGB.; §§ 415 bis 419 ZPO.) ist durch § 25 UmsStG. v. 26. Juli 1918 wesentlich erweitert.

Wer außerhalb einer gewerblichen Tätigkeit Luxussachen (§ 8 des Ges.) an einen anderen liefert, muß gemäß § 25 Abs 1 l. c. ein schriftliches Empfangsbekenntnis binnen 2 Wochen nach Zahlungsempfang, auch über jede Teilzahlung ausstellen. Leistet der Abnehmer ohne Empfang einer Quittung, so muß er von der Unterlassung der Ausstellung innerhalb eines Monats nach der Zahlung die Steuerbehörde verständigen. § 25

Abs. 3 l. c. Wird aber der Empfänger der Lieferung von dem Lieferer — trotz seiner erfolgten Zahlung — auf Entrichtung des Entgelts für die Sache belangt, so kann er den Einwand der Zahlung **nur** dann geltend machen, wenn er nachweist, daß die Steuer für die Lieferung entrichtet ist oder die Lieferung steuerfrei war. § 25 Abs. 5 des Ges.

Rücktritt von einem Vertrage. Krückmann, clausula rebus sic stantibus, Kriegs-Streitklausel, Tübingen 1918. Wegen Änderung der allgemeinen Verhältnisse, die zur Zeit eines Vertragsabschlusses bestanden haben, ist Rücktritt nicht gestattet; das Gegenteil ist nur anzunehmen, wenn es als stillschweigend vereinbart gilt. RG. 86, 398. Aus begleitenden Umständen kann das Einverständnis des Vertragsgegners hiebei gefolgert werden; z. B. infolge eintretenden Ausfuhrverbots, LZ. 1916, 1423; 1918, 991; infolge Erschwerung der Biererzeugung wegen Herabsetzung des Malzkontingents. JW. 1917, 776.

Für zulässig wurde angesehen: Rücktritt von Versicherungsverträgen versicherter Deutscher gegenüber feindlichen Versicherungsgesellschaften, JW. 1916, 1184; LZ. 1917, 669; von einem Stundungsabkommen bis zum Eintritt eines gewissen Ereignisses, wenn der Schuldner vor Eintritt des letzteren die gegnerische Forderung bestreitet. RG. 90, 180. Jederzeitige Aufkündigungsmöglichkeit eines Vertrags aus wichtigem Grunde. JW. 1919, 181. Als unberechtigt wurde angesehen der Rücktritt: Wegen ungewöhnlicher Preissteigerung im Großhandel, RG. 92, 322; von einem Abkommen über Stundung einer Schuld bis Kriegsende wegen langer Dauer des Krieges. Bayer. Ztschr. 1919, 36.

Schadensersatz bei zweiseitigen Rechtsgeschäften; Einfluß der Höchstpreisbestimmungen auf dessen Berechnung. Der Schadensersatzberechtigte hat die Wahl, ob er für die Schadensberechnung den Zeitpunkt der Inverzugssetzung oder denjenigen des Ablaufes der Nachfrist zugrunde legen will. RG. 90, 424; LZ. 1918, 66. Begriff des Deckungskaufs LZ. 1918, 583. Der Käufer kann den Mehraufwand aus einem Deckungskauf auch zur Zeit der VO. v. 23. Juli 1915 (RGBl. 467) gegen den Verkäufer geltend machen, auch wenn vorheriger Weiterverkauf nicht stattgefunden hat. JW. 1918, 556; RG. 93, 134. Den aufgewendeten Eindeckungspreis kann der Käufer als positiven Schaden fordern, auch wenn er die Eindeckung nur zum Zwecke der Spekulation vorgenommen hat. Holdheim 1918, 175. Er darf aber den Unterschied zwischen seinem Einkaufspreis und dem Marktpreis zur Zeit der schuldigen Lieferung dann nicht fordern, wenn ihm nach der VO. v. 23. Juli 1915 verboten ist, zu dem übermäßig hohen Marktpreis weiter zu verkaufen. JW. 1918, 225; LZ. 1918, 1139.

Während die VO. v. 23. Juli 1915 bei **konkreter** Schadensberechnung keinen Einfluß auf die Schadensberechnung des Käufers ausübt, der einen Deckungskauf vorgenommen hat, RG. 93, 133, gilt der entgegengesetzte Satz für die **abstrakte** Schadensberechnung, RG. 91, 101; LZ. 1918, 221, 1013; abgesehen von der VO. v. 23. Juli 1915 ist die Schadensberechnung wegen übermäßigen Gewinns nicht als gegen die guten Sitten verstoßend anzusehen. JW. 1918, 556, 779; LZ. 1918, 1331; 1919, 198.

Schecks, s. auch unter Wechsel.

Bestätigungsvermerke seitens der Reichsbank verpflichten diese zur Einlösung, Bek. v. 31. Aug. 1916 (RGBl. 985); Bedeutung der Bestätigung Michaelis, LZ. 1917, 572; GenossBl. 1917, 149.

Schiffe. Schiffahrtsgesellschaften. Rechtsgeschäfte über Aktien oder sonstige Geschäftsanteile, bei denen Ausländer oder Auslandsdeutsche Erwerber sind oder sein würden, ist verboten, Bek. v. 23. Dez. 1916 (RGBl. 1429). Die hierauf sich beziehenden Rechtsgeschäfte sind nichtig. DJZ. 1917, 210; eine ähnliche Vorschrift wurde für die Veräußerung von Binnenschiffen ans Ausland durch Bek. v. 17. Jan. 1918 (RGBl. 40) erlassen; in § 1 Abs. 5 dieser Bek. und in § 1 Abs. 3 einer Bek. v. 20. Jan. 1918 (RGBl. 42) ist dem rechtsgeschäftlichen Erwerb der Erwerb im Wege der Zwangsvollstreckung gleichgestellt.

Seerecht, Verjährungsfristen. Die Verjährung der in den §§ 901 f., 904 Abs. 3 HGB. erwähnten, noch nicht verjährten Ansprüche wurde erstreckt bis 31. Dezember 1916, mit Ausnahme der Ansprüche nach § 738 HGB.; durch Bek. v. 31. Okt. 1918 (RGBl. 1283) wurde bis 31. Dez. 1919 die Verjährungsfrist verlängert.

Sicherheitsleistung. Gemäß Bek. v. 22. Dez. 1914 (RGBl. 541) ist der Kurs der hiezu dienenden Wertpapiere vom 25. Juli 1914 maßgebend. §§ 234, 236 BGB.

Stillschweigen. Gegenüber einer Erklärung des anderen Vertragsteiles kann als Einverständnis mit letzterem ausgelegt werden, wenn der Empfänger der Erklärung nach Treu und Glauben zu widersprechen verpflichtet ist, um nicht als zustimmend angesehen zu werden, LZ. 1913, 255; RG. 88, 262; 91, 346; oder wenn der Schweigende die Erklärung so verstehen muß, daß eine Antwort erwartet wird, erforderlich erscheint, JW. 1918, 64. Beispiele: JW. 1912, 476; 1904, 286; RG. 54, 181. Über Nichterfüllung eines Vertrages im Verhältnis zwischen Deutschen und Ausländern während des Krieges. DJZ. 1919. 182.

Stundungsabkommen. Bei unverschuldetem Rückstande des Zahlungspflichtigen mit einer im Verhältnis zum Ganzen geringen Leistung darf ein unbedeutender Rückstand nicht zur Annahme der Verwirkung führen. LZ. 1916, 1292.

Teilschuldverschreibungen. Ausgabe nur mit staatlicher Genehmigung zulässig. Bek. v. 8. März 1917 (RGBl. 220). Die Wirkung der Bek. ist auch auf Namen lautende Darlehensschuldverschreibungen, die an einzelne Personen weitergegeben werden, als erstreckt anzusehen.

Unmöglichkeit der Vertragserfüllung. Fischer, Unmöglichkeit als Nichtigkeitsgrund bei Urteilen und Rechtsgeschäften, München; Adler,

Grundsätze der Unmöglichkeitslehre im Krieg DJZ. 1918, 533; Unmöglichkeit bei wahlweisem Verkauf bestimmter Warensorten während des Krieges s. Holdheim 1918, 144

Objektive Unmöglichkeit ist gegeben, wenn infolge obrigkeitlicher Anordnungen nicht geleistet werden kann, JW. 1906, 55, infolge solcher Anordnungen während des Krieges, LZ. 1916, 1086; RG. 92, 273; oder wenn die Ware aus einer bestimmten Fabrik vertragsgemäß zu liefern ist, diese aber den Betrieb eingestellt hat. Holdheim 1912, 22.

Beweislast bei einer Klage auf Feststellung der Nichtigkeit eines Vertrags aus § 306 BGB. LZ. 1919, 319.

Der Verkäufer hat nicht die Pflicht eine von der Probe abweichende, wenn auch andienungsfähige Ware zu liefern, wenn die Lieferung der Vertragsware objektiv unmöglich ist. Holdheim 1916, 227.

Höhere Gewalt als Grund der Unmöglichkeit ist nicht nur dann anzunehmen, wenn das Ereignis die Leistung unmöglich macht; es genügt der Nachweis einer ernstlichen Störung des Geschäftsbetriebes und eine erhebliche Beeinträchtigung der Erfullungsmöglichkeiten. DJZ. 1917, 129; RG. 92, 371. Objektive Unmöglichkeit kann auch durch die Folgen des Krieges eintreten. LZ. 1918, 65, 379, 1363, z. B. durch Verhinderung der Zufuhr von Rohmaterialien, Kupfer, Baumwolle infolge Eintritts von Nordamerika in den Krieg. In einem solchen Falle ist anzunehmen, daß der Leistungspflichtige von der Lieferungspflicht auch nach Friedensschluß entbunden ist. LZ. 1918, 115, 240; 1919, 116. Einfluß der langen Kriegsdauer. LZ. 1918, 162. Über Bedeutung der vertraglichen Einräumung „entsprechender Lieferungsfrist" bei Unmöglichkeit im Hinblick auf die Kriegsdauer s. LZ. 1919, 249.

Ein Leistungsurteil darf vom Richter nicht erlassen werden, wenn zur Zeit der Erlassung die Unmöglichkeit, es zu vollstrecken, bereits feststeht. JW. 1919, 188.

Subjektive, relative Unmöglichkeit im Sinne des § 275 BGB. ist nur gemäß § 242 BGB. nach Treu und Glauben zu berücksichtigen. Wird dem Erzeuger die Herstellung des Fabrikats in der Fabrik unmöglich, so liegt nicht nur subjektives Unvermögen, sondern zugleich objektive Unmöglichkeit der Leistung vor Der Einwand der Unmöglichkeit ist dann nach § 275 BGB. zu beurteilen. RG. 92, 370. Kann der Verkäufer infolge der eingetretenen Erschwerungen nicht alle seine Käufer infolge höherer Gewalt aus der anderswo nicht zu beschaffenden beschränkten Gattung befriedigen, so genügt er seiner Leistungspflicht, wenn er die vorhandene Warenmenge auf alle Käufer anteilsmäßig verteilt. §§ 242, 279 BGB.; JW. 1914, 464. § 306 ist nicht zwingender Natur; auf die Einrede kann verzichtet werden, JW. 1917, 656; auch versagt die Einrede gegenüber dinglichen Ansprüchen. LZ. 1918, 770.

Bloße subjektive Unmöglichkeit der Vertragserfüllung auf Seite eines Kontrahenten beeinträchtigt die Gültigkeit eines Vertrags an und für sich nicht. LZ. 1917, 121. Der Leistungspflichtige kann zwar nicht mehr auf den ursprünglichen Leistungsgegenstand belangt werden,

JW. 1916, 669, wird aber schadensersatzpflichtig ohne Rücksicht darauf, ob ihn ein Verschulden bei Eingehung des Vertrages trifft oder nicht. RG. 52, 95. Bestand die Unmöglichkeit schon zur Zeit des Vertragsabschlusses z. B. wegen Unterlassung der Bereitstellung der Erfüllung, so kann nicht nur Schadensersatz verlangt werden, RG. 69, 356, sondern auch der ursprüngliche Vertragsgegenstand, LZ. 1909, 544, aber auch Anfechtung gemäß § 119 BGB. erhoben werden, JW. 1905, 171, auch der Rücktritt vom Vertrag erklärt und die schon erfolgte Leistung nach den Grundsätzen der ungerechtfertigten Bereicherung zurückverlangt werden. §§ 325 Abs. 1, 327, 346 ff. BGB.; Holdheim 1906, 75.

Im Falle beiderseitigen Verschuldens der Unmöglichkeit hat Ausgleichung gemäß § 254 BGB. einzutreten. RG. 71, 191.

Zeitweilige Unmöglichkeit kann, wie teilweise Unmöglichkeit, nach § 323 BGB. behandelt werden. DJZ. 1912, 1355; JW. 1913, 752; RG. 90, 104.

Außerordentliche Preissteigerung entbindet im Großhandel nicht von der Leistungspflicht, LZ. 1916, 801, 870; RG. 92, 322; JW. 1916, 831, solange ein wirklicher Marktpreis besteht. DJZ. 1916, 816.

Wer in entschuldbarer Nichtkenntnis einer Schuldverbindlichkeit durch eigene Handlung die Unmöglichkeit der Leistung nach Entstehung der Schuldverbindlichkeit herbeigeführt hat, wird von der Leistungspflicht frei. §§ 275, 276 BGB.; RG. 67, 235. Ob subjektive Unmöglichkeit vorhanden ist, ist mit Rücksicht auf die gesamten, die Unmöglichkeit mittelbar herbeiführenden Umstände zu beurteilen. JW. 1910, 805. Aber auf Unmöglichkeit kann sich nicht berufen — auch nicht beim Abladegeschäft, LZ. 1918, 1204 —, wer Waren verkauft, auf deren Beschaffung er wegen der Kriegsverhältnisse nicht sicher rechnen kann. Bayer. Ztsch. 1918, 188; JW. 1918, 552; obwohl dies, wenn auch mit Opfern, möglich gewesen wäre. RG. 93, 17; LZ. 1918, 1204.

Klauseln, wie „Befreiung im Falle von force majeure" entbinden nicht unbegrenzt; vielmehr ist die Geltendmachung der Klausel zeitlich begrenzt. RG. 91, 109.

Im Falle subjektiver Unmöglichkeit ist der Leistungspflichtige, wenn er aus dem Grunde, der die Leistung unmöglich macht, infolge der durch den Krieg veränderten Verhältnisse, LZ. 1918, 1138, 1332, 1336, z. B. durch behördliche Beschlagnahme, einen Ersatz oder Ersatzanspruch erlangt, gegenüber dem Leistungsberechtigten zur Herausgabe des Ersatzes oder Abtretung des Ersatzanspruchs verpflichtet. Surrogationsanspruch. § 281 BGB. Muß z. B. der Leistungspflichtige infolge behördlicher Beschlagnahme den geschuldeten Gegenstand an die Behörde abgeben, so ist er verpflichtet, an den Leistungsberechtigten den über den Vertragspreis erzielten Mehrerlös herauszugeben oder abzutreten. LZ. 1918, 1138. Dies gilt auch für den Gattungskauf, wenn die Gattungssache schon ausgesondert war; gilt aber auch dann, wenn der ganze Bestand der Gattungssache gegen Entschädigung ihm entzogen wird. JW. 1918, 300, 550.

Unmöglichkeit der Erfüllung mit Fertigware ist bei unvorhergesehener Steigerung des Preises des Rohmaterials im Falle der Fortsetzung des Betriebes nicht anzunehmen. LZ. 1918, 1063. Lieferungsverträge über überseeische Rohstoffe aus der Zeit vor Kriegsausbruch sind der Regel nach, als durch den Krieg hinfällig, unmöglich zu erachten. Dies gilt auch für den Fall, daß in den ersten Kriegsjahren Hinausschiebung der Vertragserfüllung bis nach Kriegsende verabredet worden ist. Holdheim 1918, 171. Unmöglichkeit der Leistung tritt durch ein feindliches Verbot des Handels mit dem Feinde ein. RG. 93, 182.

Verjährungsfristen. Verlängerung der Fristen aus §§ 196, 197 BGB. wurde zunächst bis Ende 1915 verfügt, Bek. v. 22. Dez. 1914 (RGBl. 543); in den folgenden Jahren trat dann Erstreckung der Wirksamkeit der Verlängerung der Verjährungsfristen ein durch Bek. v. 4. Nov. 1915 (RGBl. 732) bis 1916. Eine Ausdehnung ist auch hinsichtlich der Fristen angeordnet, die durch andere reichsgesetzliche Vorschriften als der §§ 196 ff. vorgesehen sind. Verlängerung der Fristen ist dann eingetreten durch Bek. v. 26. Okt. 1916 (RGBl. 1198) bis 1917, durch Bek. v. 22. Nov. 1917 (RGBl. 1068) bis Ende 1918, durch Bek. v. 31. Okt. 1918 (RGBl. 1283) bis 31. Dez. 1919.

Vorteilsausgleichung gegenüber Schadensersatzansprüchen. LZ. 1919, 435. Die Verfolgung der Ersatzforderung eines Geschädigten darf nie zu dessen Bereicherung führen. Danach ist ein Schaden im Rechtssinne insoweit nicht vorhanden, als die eingetretene Vermögensminderung durch einen Nutzen wieder aufgehoben wird, welchen das schädigende Ereignis für den Geschädigten mit sich gebracht hat. Dabei müssen Schaden und Nutzen aus einer einheitlichen Quelle entspringen; doch ist der Begriff der Einheit nicht zu eng zu fassen. RG. 93, 145.

Wechsel- und Scheckrecht. Wechsel, Hypotheken, Lebensversicherungspolicen, Sparkassa- oder ähnliche Einlagebücher sind von der Beleihung durch die Darlehenskassen ausgeschlossen. § 4 Ges. v. 4. August 1914 (RGBl. 340), Bek. v. 11. Nov. 1914 (RGBl. 475); sie sind auch keine Waren im Sinne des UmsStG. Auch Auslandsansprüche aus Wechseln werden durch die Bek. v. 7. August 1914 (RGBl. 360) von dem Verbote der Geltendmachung betroffen. Sieskind, Prozeßrechtlicher Schutz der Kriegszeit S. 4.

Wechselprotest. Abhilfe gegen die nachteiligen Folgen der im Ausland vorzunehmenden unterbliebenen Handlungen bietet schon das RG. v. 13. April 1914 (RGBl. 107). Aber gegen Versäumung solcher Handlungen im deutschen Inland waren Notverordnungen geboten, die erlassen wurden:

Auf Grund des ErmächtigungsG. v. 14. August 1914 (RGBl. 361), §§ 1, 3, hat der Bundesrat wiederholt die für Erhaltung der Wechselrechte und Regreßrechte aus Wechseln und Schecks zu wahrenden Fristen erstreckt durch Bek. v. 7. August 1914 (RGBl. 361); v. 29. August 1914

(RGBl. 387); Erstreckung der Fristen in § 1 des ersterwähnten Ges. von 6 Werktagen auf 2 Wochen; v. 6. August 1914 (RGBl. 357) Verlängerung um 30 Tage ab 31. Juli 1914, welch letztere Frist dann gemäß Bek. v. 17. Mai 1915 (RGBl. 284) mit 30. Juni 1915 ihr Ende erreichen sollte.

Die für Aufnahme von Formal-Handlungen von Wechseln und Schecks (Proteste) vorgesehenen gesetzlichen Fristen wurden für das Gebiet von Elsaß-Lothringen und der östlichen Provinzen von Preußen in Abänderung der Bek. vom 17. Dez. 1914 (RGBl. 519) durch Bek. v. 4. März 1915 (RGBl. 129) auf 31. Mai 1915 festgesetzt; wurden am 17. Mai 1915 (RGBl. 284) auf 31. Juli 1915 verlängert.

Durch Bek. v. 19. Juli 1917 (RGBl. 635) wurde gegen den Akzeptanten eines im Inlande zahlbaren, noch nicht verjährten Wechsels unter den dort erwähnten Bedingungen die Verjährungsfrist bis 31. Dez. 1918 erstreckt. Die Bek. v. 31. Okt. 1918 (RGBl. 1283) hat die Frist bis 31. Dez. 1919 verlängert. Über die Auslegung s. RG. 91, 130.

Fristen zur Erhaltung des Wechselrechts, soweit sie nicht am 31. Juli 1914 abgelaufen waren, für in Elsaß-Lothringen zahlbare Papiere liefen erst mit 31. Aug. 1918 ab. Bek. v. 25. April 1918 (RGBl. 360). Die Bek. v. 31. Okt. 1918 (RGBl. 183) erstreckt sie bis 31. Dez. 1919. Wegen der Postproteste s. Bek. v. 30. April 1918 (RGBl. 367).

Laut Bek. v. 4. August 1914 (RGBl. 327) ist, wenn durch kriegerische Ereignisse oder höhere Gewalt die rechtzeitige Vornahme einer Handlung zur Erhaltung des Wechselrechts verhindert wird, die Frist um so lange verlängert, bis nach Wegfall des Hindernisses die Handlung vorgenommen werden kann.

Als Verhinderung durch höhere Gewalt ist anzunehmen: feindliche Besetzung des Orts, Unterbrechung der Postverbindung.

Durch Bek. v. 16. Jan. 1916 (RGBl. 2) wurden die Fristen für Elsaß-Lothringen bis 1. Mai 1916 verlängert, unterm 5. Okt. 1916 (RGBl. 1133) bis 31. Jan. 1917, v. 28. Juni 1917 (RGBl. 566) bis 31. Okt. 1917, v. 20. Dez. 1917 (RGBl. 1114) bis 31. Mai 1918, v. 25. April 1918 (RGBl. 360) bis 31. August 1918, v. 1. Aug. 1918 (RGBl. 992) bis 30. Nov. 1918, v. 31. Okt. 1918 (RGBl. 1283) bis 31. Dez. 1919.

Die VO. v. 20. Jan. 1919 (RGBl. 91) sagt allgemein, daß die Bestimmung in § 1 Abs. 1 des Ges. v. 4. August 1914 (RGBl. 327) „durch den Anlaß kriegerischer Ereignisse verhinderte rechtzeitige Vornahme bestimmter Handlungen zur Erhaltung des Wechsel- und Scheckrechts" dahin geändert wird, daß die Fristen solange verlängert sein sollen, als nötig ist, um nach Wegfall des Hindernisses die Handlung vorzunehmen. Im Anschluß an die Bek. v. 31. Okt. 1918 (RGBl. 1282) wurde verordnet, daß die Fristen für die Vornahme von formalen Handlungen in Beziehung auf Wechsel und Schecks, soweit sie nicht am 31. Juli 1914 abgelaufen waren, und zwar für die in Elsaß-Lothringen zahlbaren Wechsel oder Schecks in der Weise verlängert werden, daß sie mit 31. Mai 1919 ablaufen, soferne nicht aus anderen Vorschriften ein späterer Ablauf sich ergibt. Bei Wechseln, bei denen die Frist zur Erhebung des Protestes mangels Zahlung hienach verlängert ist, verjährt der wechselmäßige Anspruch gegen den Akzeptanten oder gegen den Aussteller eines eigenen Wechsels frühestens am 31. Mai 1920. Bek. v. 9. Febr. 1919 (RGBl. 186).

Wertpapiere, ausländische, Zwang zu deren Überlassung an das Reich auf Grund Anordnung des Reichskanzlers, Bek. v. 22. März 1917 (RGBl. 260, 429); Verbot der Verbringung nach dem Auslande kann erlassen werden (RGBl. 1919, 264).

Zahlungsfristen: Erwirkung seitens eines Schuldners, auch für nach dem 31. Juli 1914 begründete Schulden, wenn infolge der Verkehrserschwerung die wirtschaftliche Lage des Schuldners wesentlich verschlechtert ist. Ges. v. 3. März 1919 (RGBl. 281). Bezeichnung der Gebiete, mit denen der Verkehr erschwert ist, erfolgte durch Bek. vom 6. März 1919 (RGBl. 283).

Zeitliche Verschiebung der Leistung, durch den Krieg notwendig geworden, bewirkt als ein der Unmöglichkeit gleichkommender Umstand die dauernde Befreiung des Schuldners mit der Folge einer Auflösung des Vertragsverhältnisses, soferne die Leistung durch die Verschiebung derart verändert wird, daß sie nicht mehr als die beim Vertragsabschluß erwartete und gewollte Leistung zu erachten ist. Das gilt auch dann, wenn während des Kriegs anläßlich der durch ihn hervorgerufenen Behinderung der Leistung eine Einigung über die Ausführung nach Beendigung des Krieges erzielt ist. Eine Ausnahme hievon ist nur dann anzunehmen, wenn nach dem Willen der Parteien die Leistung nach dem Kriege ohne Rücksicht auf irgendwelche infolge des Krieges eingetretene Veränderungen der Verhältnisse unter allen Umständen erfolgen sollte. Die Übernahme einer derartigen Gefahr ist aber nie zu vermuten. JW. 1918, 552; 1919, 44.

Zins-, Renten- und Gewinnanteilscheine. Die Vorlegungsfrist wurde verlängert, soweit sie nicht am 31. Juli 1914 abgelaufen war, durch Bek. v. 28. März 1918 (RGBl. 153) bis Ende 1918, und durch Bek. v. 31. Okt. 1918 (RGBl. 1283) bis Ende Dezember 1919.

Leitfäden des Kriegsrechts
Herausgegeben vom Bayerischen Anwaltsverband

II.

Bürgerliches Recht

einschl.

Stundungs-Verordnungen, Einigungsämter und gewerblichem Arbeitsrecht.

Von

Ludwig Erlanger

Rechtsanwalt in München.

1919

München, Berlin und Leipzig

J. Schweitzer Verlag (Arthur Sellier).

Die vom Bayerischen Anwaltsverband herausgegebenen „Leitfäden des Kriegsrechts“ sollen in erster Linie den Kriegsteilnehmern und allen denjenigen, welche während der Kriegszeit die neue Rechtsentwicklung nicht oder nicht immer zu verfolgen vermochten, ein Wegweiser durch die wichtigsten Gebiete des Kriegsrechtes sein. Das soll in gedrängtester und zugleich übersichtlichster Form geschehen. Der Leser soll nur auf die Hauptgesichtspunkte der einzelnen Materien hingewiesen, auf die Spezialliteratur aufmerksam, mit den auftauchenden Fragen kurz bekannt gemacht werden. Auch diejenigen Gebiete, auf welchen der Krieg zwar keine neue Gesetzgebung, wohl aber eine belangreiche Rechtsprechung gebracht oder sonst neue Fragen gezeitigt hat (z. B. Erfüllung von Lieferungsverträgen, Unmöglichkeit der Leistung usw.) sollen möglichst Berücksichtigung finden. Die einzelnen Heftchen werden, um ihren Zweck zu erfüllen, von möglichst geringem Umfang und tunlichst wohlfeil sein.

Zunächst werden ausgegeben:

Handels- und Wechselrecht, bearbeitet von Justizrat Dr. Hch. Frankenburger in München,

Bürgerliches Recht einschl. Stundungs-Verordnungen und Einigungsämter, bearbeitet von Rechtsanwalt Ludwig Erlanger in München,

Zivilprozeß, bearbeitet von Justizrat Dr. Bernhard Mayer II in München,

Militärversorgungsrecht, bearbeitet von Rechtsanwalt Chr. Meisner in Würzburg,

Direkte Steuern, bearbeitet von Rechtsanwalt Dr. Otto Kahn in München,

Strafrecht und Strafprozeß, bearbeitet von Rechtsanwalt Dr. Fröschmann und Rechtsanwalt Heilmeier in Nürnberg,

Anwaltsgebühren, Gerichtskosten und Vollmachtsstempel, bearbeitet von Rechtsanwalt Dr. Alfred Bloch II in München,

Geschäftsaufsicht und Zwangsvergleich, bearbeitet von Justizrat Dr. Hugo Cahn in Nürnberg.

Leitfäden des Kriegsrechts
Herausgegeben vom Bayerischen Anwaltsverband

II.

Bürgerliches Recht

einschl.

Stundungs-Verordnungen, Einigungsämter und gewerblichem Arbeitsrecht.

Von

Ludwig Erlanger

Rechtsanwalt in München.

1919

München, Berlin und Leipzig

J. Schweitzer Verlag (Arthur Sellier).

[1]) Allgemeine Literatur: Kriegsbuch von Güthe-Schlegelberger, Bd. 1—7 (bis Ende Juni 1918).

Heß, Kriegsgesetze zur Abhilfe wirtschaftlicher Schädigungen, 4. Aufl., 1917 mit ErgBd. v. August 1918.

Warneyer, Die Kriegsgesetze prozeßrechtlichen Inhalts (ErgBd. zu Gaupp-Stein ZPO) 1917.

Wassermann-Erlanger, Die Kriegsgesetze privatrechtlichen Inhalts, 3. Aufl., 1917.

Abtretung von Arbeits-Dienstlohn und ähnlichen Forderungen ist (vor Fälligkeit) gemäß § 400 BGB. (gilt nicht für Treuhand-Abtretung RG. Bd. 94 S. 137) — ebenso wie Aufrechnung nach § 394 BGB. und Verpfändung nach § 1274 Abs. II BGB. — nur mit folgenden für die Pfändung dieser Ansprüche geltenden Einschränkungen zulässig:

a) Diensteinkommen der Beamten und Offiziere usw., wie deren Pensionen (im Sinne des § 850 Ziff. 7 und 8 ZPO.): nur 1/3 des 2000 Mk. für das Jahr übersteigenden Betrags (§ 850 Abs. II ZPO. mit BRBek. vom 17. Mai 1915 RGBl. S. 285), wobei Kriegsbeihilfen und Teuerungszulagen (die selbst unpfändbar und nicht abtretbar sind, soweit nicht bevorrechtigte Forderungen im Sinne des § 850 Abs. IV ZPO. in Frage kommen, OLG. München, LZ. 1918 S. 1228) außer Betracht bleiben (BRBek. v. 2. Mai 1918 RGBl. S. 382).

b) Arbeits- und Dienstlohn (im Sinne des § 1 des LohnbeschlG.): frei sind 2000 Mk. und 1/10 des Lohnes bis zum Höchstbetrag von 2500 Mk., ferner soweit unterhaltsberechtigte (und tatsächlich Unterhalt empfangende) Ehefrau (nicht, wenn geschieden) oder eheliche (bez. der Mutter auch uneheliche nach § 1705 BGB) Abkömmlinge unter 16 Jahren vorhanden sind, je ein weiteres 1/10 bis zum Höchstbetrag von 3600 Mk. (BRBek. vom 13. Dezember 1917 RGBl. S. 1102); die gleichen Bestimmungen gelten für den Ruhegehalt der Arbeiter und Angestellten (§ 3 a. a. O), soweit nicht andere weitergehende Vorschriften bestehen (vgl. § 850 Abs. I Ziff. 7 ZPO., § 119 RVO., §§ 25, 93 AngestVersG.). Für die Teuerungszuschläge der Privatangestellten bestehen keine gesetzlichen Vorschriften; für unbeschränkte Pfändbarkeit: OLG. Düsseldorf, DJZ. 1918 S. 131;

[1]) Die Arbeit entspricht dem Stande von Mitte Mai 1919.

OLG. Cöln, LZ. 1918 S. 793; OLG. Dresden, LZ. 1918 S. 957; a. M. OLG. Dresden, LZ. 1918 S. 957; OLG. Bamberg, JW. 1918 S. 104; vgl. auch Dittrich, BayZfR. 1918 S. 45, 76 und 200.

c) Beschädigtenrente nach § 843 BGB., 850 Abs. III ZPO., soweit 2000 Mk. übersteigt (Bek. vom 17. Mai 1915, RGBl. S. 285).

Rückwirkende Kraft: § 2 Abs. II Bek. vom 17. Mai 1915, § 3 Abs. II Bek. vom 22. April 1917, § 5 Abs. 2 Bek. vom 13. Februar 1917, § 2 Abs. 2 Bek. vom 2. Mai 1918.

Abtretung der Forderungen an die Kriegskasse aus der Überlassung von Pferden, Fahrzeugen und Geschirren bedarf nach der BRBek. vom 12. August 1914 (RGBl. S. 370) außer dem Abtretungsvertrage der Übergabe der Anerkenntnisurkunde. Vgl. hiezu Bek. vom 24. August 1914 RGBl. S. 384, wonach der Inhaber der Anerkenntnisurkunde als zum Empfang der Zahlung berechtigt gilt.

Adoption s. Annahme an Kindes Statt.

Angestellte (s. auch Dienstvertrag).

Literatur: Syrup, Die Regelung der Anstellung, Entlassung und Entlohnung Angestellter, 4. Aufl., Berlin 1919.

Angestelltenausschüsse, s. unter Arbeiter- und Angestelltenausschüsse.

Arbeitslose (Einstellungszwang) s. dort.

Die Arbeitszeit darf während der Zeit der wirtschaftlichen Demobilmachung nach der Verordnung vom 18. März 1919 RGBl. S. 313 [1]) für kaufm., technische, Büroangestellte aller Art (auch Anwaltsangestellte und öffentliche Körperschaften) einschließlich Lehrlingen (§§ 11—15) — vorbehaltlich anderweitiger Regelung durch Tarifvertrag, § 7 — täglich regelmäßig 8 Stunden nicht übersteigen (§ 1). Pausen s. § 2; Festsetzung im Einverständnis mit dem Angestelltenausschuß oder der Angestelltenschaft (§ 3). Beschränkung der Überstunden und Pflicht zur Anlegung von Verzeichnissen hierüber (§§ 4 und 5); offene Verkaufsstellen, außer Apotheken, müssen von 7 Uhr abends bis 7 Uhr morgens geschlossen sein § 9. Sonntagsruhe § 8. Vgl. hiezu Gottschalk, JW. 1919 S. 353.

Kriegsteilnehmer und Zivilinternierte — gleichgestellt sind gem. Bek. vom 6. Februar 1919 RGBl. S. 167 aus Elsaß-Lothringen Ausgewiesene — müssen von ihrem früheren (letzten) Arbeitgeber (Betriebsunternehmer und Büroinhaber aller Art) oder deren Rechtsnachfolger oder, nach Weisung des Demobilmachungsausschusses, von Inhabern während des Krieges entstandener oder wesentlich vergrößerter Büros, eingestellt werden mit tunlichst gleicher oder anderer, zumutbarer Beschäftigung und den derzeitigen Verhältnissen entsprechender Vergütung, wenn sie sich bis zum 22. Febr. 1919 oder 14 Tage nach ihrer späteren Entlassung bzw. nachdem sie die Befugnis zur freien Ortswahl in Deutsch-

---

[1]) Hiezu VollzBek. vom 5. Juni 1919 Bayer. Staatsanz. Nr. 147.

land erlangt haben, zur Aufnahme der Tätigkeit melden; die jeweils beschäftigten Angestellten sind grundsätzlich — Ausnahme bei Unmöglichkeit mit Rücksicht auf die Betriebsverhältnisse im Benehmen mit dem Angestelltenausschuß — weiter zu beschäftigen. VO. v. 24. Jan. 1919 RGBl. S. 100 mit Ergänz. v. 4. April 1919 RGBl. S. 373 und bayer. VollzBek. vom 4. Febr. 1919, bayer. Staatsanz. Nr. 38 v. 8. Febr. 1919. Streitigkeiten entscheidet der Schlichtungsausschuß.

Sondervorschriften für die bei Kriegsbeginn Stellenlosen, im Ausland oder in nunmehr aufgelösten Büros tätige oder damals selbständige Angestellte s. VO. v. 4. April 1919 RGBl. S. 374 (=Bayer. Staatsanz. Nr. 124) und Angehörige der Volkswehr Bek. v. 14. April 1919 (Bayer. Staatsanz. Nr. 117 v. 7. Mai 1919) Ziff. III Abs. 7 und v. 5. Mai 1919 (Freistaat Nr. 22 = Bayer. Staatsanz. Nr. 126).

Kündigung[1]: Ab 31. Jan. 1919 sind wieder die gewöhnlichen Bestimmungen des BGB., HGB., Gewerbeordnung, Tarifvertrag oder Dienstvertrag maßgebend (betr. Übergangsregelung s. bayer. Bek. v. 23. Nov. 1918, Staatsanz. Nr. 274 und v. 28. Dez. 1918 Staatsanz. Nr. 302).[2]

Nur für die nach obenstehender Bestimmung wieder eingestellten Kriegsteilnehmer usw. kann die Kündigung frühestens zum Schluß des auf das Monat der Wiedereinstellung folgenden dritten Kalender-Monats erfolgen. (Auch wenn das Monatsende nicht mit einem Kalendervierteljahr-Schluß zusammenfällt) § 3 d. VO. v. 24. Jan. 1919 RGBl. S. 100. Ausnahme bei Kündigung aus wichtigem Grund § 14 a. a. O. Über Kündigung zwecks Freimachung von Arbeitsstellen für Arbeitslose s. §§ 8—11 d. VO. v. 28. März 1919 (RGBl. S. 355) mit bayer. MinBek. v. 16. April 1919 (Freistaat Nr. 10 = Bayer. Staatsanz. Nr. 117); über Kündigung von zwangsweise eingestellten Arbeitslosen s. „Arbeitslose“.

Schlichtungsausschüsse, s. dort.

Tarifverträge, s. dort.

Annahme an Kindes Statt: Für die Befreiung von den Erfordernissen des § 1744 BGB. ist nun das Amtsgericht zuständig. Bek. v. April 1919 (Bayer. Staatsanz. Nr. 117 v. 7. Mai 1919) Ziff. 6 c u. d und Bek. v. 16. Mai 1919 (Bayer. Staatsanz. Nr. 130 v. 22. Mai 1919).

Arbeiter, gewerbliche. Literatur: Syrup, Die Regelung der Arbeitszeit, Einstellung, Entlassung und Entlohnung gewerblicher Arbeiter, 5. Aufl. Berlin 1919.

Arbeiterausschüsse, s. nachstehend Arbeiter- u. Angestelltenausschüsse.

---

[1]) Über Mitwirkungsrechte der Betriebsräte s. S. 7 Fußnote 1.

[2]) Zurzeit bestehen ein grundsätzliches Entlassungsverbot bis zum 12. Juli 1919 (Bek. d. Demobilmachungsstelle Süd vom 14. Juni 1919 [Bayer. Staatsanz. Nr. 151, 152] und vom 25. Juni 1919 [Bayer. Staatsanz. Nr. 157] und Nord vom 6. April 1919 [Bayer. Staatsanz. Nr. 147], Kündigungsverbot nach d. gleich. Bek. in Nordbayern bis 15. Juni 1919, in Südbayern bis 28. Juni 1919.

Arbeitslose (Einstellungszwang) s. dort.

Arbeitszeit in allen gewerblichen Betrieben (einschl. landwirtschaftlicher Nebenbetriebe, s. aber nun Land-Arbeiterordnung) 8 Stunden: Festsetzung — soweit nicht Tarifvertrag — im Einverständnis mit dem Arbeiterausschuß oder der Arbeiterschaft. Bek. v. 23. Sept. 1918 RGBl. S. 1334 / 17. Dez. 1918 RGBl. S. 1436. Ausnahmen s. Ziff. V—VII a. a. O. (bayer. VollzBek. v. 23. April 1919 Bayer. Staatsanz. Nr. 119). Im übrigen gelten die Bestimmungen der Gewerbeordnung.

Kriegsteilnehmer müssen von dem früheren Arbeitgeber-Unternehmer mit mehr als 20 Arbeitern oder dem Rechtsnachfolger wieder angestellt werden, wenn sie sich bis zum 13. Febr. 1919 oder 14 Tage nach ihrer später erfolgten Entlassung aus dem Heeresdienste zur Arbeitsaufnahme meldeten unter grundsätzlicher Weiterbeschäftigung der jeweils in dem Unternehmen beschäftigten Arbeiter; ausnahmsweise Entlassung s. unter Kündigung. (VO. v. 4. Jan. 1919 RGBl. S. 8 mit Ergänzungen v. 13. Jan. 1919, RGBl. S. 38, v. 24. Jan. 1919, RGBl. S. 99 v. 30. Jan. 1919, RGBl. S. 110 v. 20. März 1919, RGBl. S. 328 und Art. 1 d. Bek. v. 4. April 1919, RGBl. S. 374 m. bayer. VollzBek. v. 20. Jan. 1919 und v. 4. Febr. 1919, Bayer. Staatsanz. Nr. 21 und 38. Sondervorschrift für die derzeit besetzten Gebiete s. Bek. v. 4. April 1919 RGBl. S. 373 = Bayer. Staatsanz. Nr. 124 und für Angehörige der Volkswehr, Bek. v. 14. April 1919 (Bayer. Staatsanz. Nr. 117 v. 7. Mai 1919) Ziff. III Abs. 7 und Bek. v. 5. Mai 1919 (Freistaat Nr. 22 = Bayer. Staatsanz. Nr. 126).

Kündigung. Ab 2. Jan. 1919 gelten wieder die gewöhnlichen Kündigungsfristen nach Gewerbeordnung, Tarifvertrag oder Dienstvertrag [1]); nur für wiedereingestellte Kriegsteilnehmer (s. Vorstehend) und am 4. Jan. 1919 beschäftigte Arbeiter in Betrieben mit mindestens 20 Arbeitern ist Kündigung nur mit Mindestfrist von 14 Tagen zulässig (§ 8 d. VO. v. 4. Jan. 1919 RGBl. S. 8) und nur bei Notwendigkeit der Betriebseinschränkung (§ 5) und im Benehmen mit dem Arbeiterausschuß [2]) (§§ 6 und 7). Entscheidung steht dem Unternehmer zu. Ausnahmen bei Kündigung aus wichtigem Grund und bei Aushilfarbeitern § 9. Über Kündigung zwecks Freimachung von Arbeitsstellen für Arbeitslose s. §§ 8—11 d. VO. v. 28. März 1919 (RGBl. S. 355) mit bayer. MinBek. v. 16. April 1919 (Freistaat Nr. 20 = Bayer. Staatsanz. Nr. 117). Über Kündigung von zwangsweise eingestellten Arbeitslosen s. „Arbeitslose".

Militärpersonen dürfen nur mit Genehmigung der Dienstbehörde angestellt werden; bei Arbeitsuchenden in Uniform Erkundigungspflicht zur Meidung von Strafe. VO. v. 25. Jan. 1919 RGBl. S. 109.

Schlichtungsausschuß, s. dort.

Schwerbeschädigte, s. dort.

Tarifvertrag, s. dort.

---

[1]) Über derzeitige Entlassungs- und Kündigungsverbote s. Fußnote 2 S. 3

[2]) Bezw. nun Betriebsrat s. dort.

Arbeits- und Dienstlohn, s. „Abtretung".

Arbeitslose Arbeiter und Angestellte müssen auf Antrag einer Demobilmachungsstelle oder eines hiezu ermächtigten Demobilmachungsausschusses durch die Arbeitgeber in Industrie, Gewerbe und Handel, sowie die staatlichen und kommunalen Betriebe, die bei Ausbruch des Krieges (soferne Betrieb erst während des Krieges eröffnet: am 1. April 1918) mindestens 10 Arbeiter oder Angestellte (zusammengerechnet) beschäftigten, bis zur Höhe von 1/10 der in jenem Zeitpunkt beschäftigten Arbeitnehmer (bei Beschäftigungs- und Leistungsmöglichkeit auch mehr) eingestellt und unkündbar mindestens 3 Monate beschäftigt werden unter grundsätzlicher Fortbeschäftigung der übrigen Arbeiter und Angestellten. Über Streitigkeiten entscheiden die Schlichtungsausschüsse; event. Buße bis zu 3000 Mk. gegen Arbeitgeber. Bayer. VO. v. 14. April 1919 (Freistaat Nr. 6 = Bayer. Staatsanz. Nr. 115) mit ErgVO. v. 21. Mai 1919 (Bayer. Staatsanz. Nr. 131) und AusfBek. der Demobilmachungsstelle Nord v. 19. April 1919 und Süd v. 16. Mai 1919 (Bayer. Staatsanz. Nr. 118 und 128).

Vgl. ferner VO. v. 28. März 1919 (RGBl. S. 355) betr. Freimachung von Arbeitsstellen mit bayr. VollzBek. v. 16. April 1919 (Freistaat Nr. 10 = Bayer. Staatsanz. Nr. 116) und v. 23. April 1919 (Freistaat Nr. 13 = Bayer. Staatsanz. Nr. 119), wonach auf Verlangen des Demobilmachungsausschusses nicht auf Erwerb angewiesene oder früher anderweitig beschäftigte Arbeitnehmer zu entlassen und dafür Arbeitslose einzustellen sind; hiezu Bek. der Demobilmachungsstelle München betr. Handlungsgehilfen, Schreibpersonal, Ingenieure, Architekten und Techniker v. 16. Mai 1919 (Bayer. Staatsanz. Nr. 130 v. 22. Mai 1919). Literatur: „Die Freimachung von Arbeitsstellen von Dr. Lehfeldt, Berlin 1919.

Arbeitszeit, s. „Angestellte", „Arbeiter, gewerbl.", „Hausgehilfen" „Landarbeiter".

Arbeiter- und Angestelltenausschüsse sind nach der VO. der Volksbeauftragten v. 23. Dez. 1918 (RGBl. S. 1456 mit bayer. VollzBek, v. 8. Jan. 1919; Bayer. Staatsanz. Nr. 9 v. 10. Jan. 1919; v. 20. Jan. 1919 Bayer. Staatsanz. Nr. 21 v. 22. Jan. 1919; v. 22. März 1919; Bayer. Staatsanz. Nr. 78 v. 24. April 1919) in allen Betrieben, Verwaltungen und Büros, die — wenn auch nur zu gewissen Zeiten des Jahres — regelmäßig mindestens 20 Arbeiter bzw. Angestellte (ohne Rücksicht auf Alter, Geschlecht, Wahlfähigkeit) beschäftigen (§§ 8—10), vom Betriebsunternehmer (bei Meidung von Verwaltungsstrafmaßnahmen vgl. preuß. AusfBest. v. 31. Dez. 1917 § 18) zu bilden (Ausnahme § 12), durch unmittelbare und geheime Verhältniswahl der Arbeiter oder Angestellten n. § 11 a. a. O. Aufgabe der Ausschüsse s. § 13 a. a. O. (Vertretung der wirtschaftlichen Interessen der Arbeiter, Überwachung und Durchführung bestehender Tarifverträge, ev. Mitwirkung bei der Regelung der Löhne und sonstigen Arbeitsverhältnisse, ev. Anrufung des Schlichtungsausschusses, Bekämpfung der Unfall- und Gesundheitsgefahren), ferner Mitwirkung bei der Entlassung von Arbeitern oder Angestellten zugunsten von Kriegsteilnehmern, Schwerbeschädigten und Arbeitslosen während der Übergangszeit nach § 6 d. VO. v. 4. Jan. 1919. (RGBl. S. 8), § 5 d. VO. v. 9. Jan. 1919 (RGBl. S. 28), § 9 d. VO. v. 24. Jan. 1919 (RGBl. S. 100), § 9 d. VO v. 28. März 1919 (RGBl. S. 355) und bayer. VollzBek. v. 16. April 1919 (Freistaat Nr. 10 = Bayer. Staatsanz. Nr. 115) s. auch „Betriebsräte".

Aufrechnung gegen Arbeits- und Dienstlohn s. „Abtretung".

Aufruhrschaden: Haftung der Gemeinde, soweit durch (nicht beurlaubte) Soldaten verursacht des Staates nach dem bayer. Ges. v. 12 März 1850 (GesBl. 1849/1850 S. 73) daneben der Teilnehmer und Anstifter nach §§ 823 ff. BGB. und die Beamten nach § 839 BGB., des Staates nach Art. 60 bayer. AG. BGB. Näheres vgl. Buff, BayerZfR. 1919 S. 125, Gierke DJZ. 1919 S. 7, auch Eckstein, Zur rechtl. Stellung der A.- u. SR. und die Haftung für ihre Maßnahmen, JW. 1919 S. 137, ferner Caro, JW. 1919 S. 271, Wolff, JW. 1919 S. 272, Kock, JW. 1919 S. 364.

Auslandsansprüche s. „Verjährung", im übrigen Prozeßrecht.

[1]) **Beschädigtenrente** (n. § 843 BGB.) s „Abtretung".

Beschlagnahme. (Vgl. Plum, JW. 1919 S 346). Ob die Kriegsbeschlagnahme ein Veräußerungsverbot im Sinne der §§ 134 oder 135 BGB. (§ 306) darstellt, ist bestritten, kann aber auf jeden Fall immer nur auf Grund des Wortlautes der betreffenden Beschlagnahmeverfügung festgestellt werden. RG. Recht 1917 S. 591 Nr. 1130; RG. Warn. E. 1918 Nr. 176; OLG. Dresden LZ. 1918 S. 864 [2]); gültig ist aber ein Verkauf unter Vorbehalt der behördlichen Genehmigung, RG. DJZ. 1918 S. 126/127, LZ. 1918 S. 373.

Die Erfüllung des Kaufvertrags (Übergabe und Eigentumsübertragung) wird dem Verkäufer durch die Beschlagnahme unmöglich, wenn die Beschlagnahme nicht alsbald wieder aufgehoben wird (RG. Warn. E. 1916 Nr. 338, auch JW. 1919 S. 103) und er wird regelmäßig nach § 323 BGB. frei, RG. Bd. 92 S. 34. Dagegen haftet der Verkäufer:

a) wenn er sich bei Eintritt der Beschlagnahme schon im Verzug befand (§§ 387, 325 BGB.) RG. Warn. E. 1918 Nr. 84; Recht 1917 Nr. 1969, 1918 S. 195 Nr. 416;

b) wenn er Beschlagsfreiheit zugesichert hat. OLG. Hamburg LZ. 1918 S. 226, auch RG. Recht 1918 S. 196 Nr. 417; im Zweifel ist diese Zusicherung dahin zu verstehen, daß die Ware nicht nur zur Zeit des Vertragsabschlusses, sondern in dem Zeitpunkt, in dem die Ware

---

[1]) **Banken:** Schutz gegen Folgen der Stillegung, VO. vom 19. April 1919, RGBl. S. 397.

[2]) Ankaufsmonopol einer Kriegsgesellschaft, RG. Bd. 95 S. 22.

in die Hand des Verkäufers kommt, beschlagsfrei ist; Beschlagnahme auf dem Transport geht daher zu Lasten des Verkäufers. RG. Bd. 93 S. 332, RG. JW. 1918 S. 218 (mit weiteren Nachweisen);

c) wenn der Verkäufer nicht, soweit möglich, um Freigabe der Ware bei den Behörden nachgesucht hat (wobei ihn der Käufer nach § 242 BGB. insbesondere durch Nachweis der Verwendung der Ware zu unterstützen hat) RG. JW. 1917 S. 847; Warn. E. 1916 Nr. 243, 1918 Nr. 109;

d) bei Verkauf von Gattungssachen, wenn noch beschlagsfreie Waren auf dem Markte (Schleichwege braucht der Kaufmann nicht zu gehen, RG. Bd. 33 S. 184), wenn auch zu höheren Preisen zu haben sind, RG. Warn. E. 1917 Nr. 246. Vgl. im übrigen bei „Kauf", „Unmöglichkeit" und bei „Kriegsklausel".

Betriebsräte müssen nach bayer. Bek. v. 22. April 1919 (Freistaat Nr. 12 = Bayer. Staatsanz. Nr. 118) in allen (auch staatlichen, militärischen und gemeindlichen [1]) Betrieben, Verwaltungen und Büros gebildet werden, in denen 10 Arbeiter oder Angestellte im Sinne d. VO. d. Volksbeauftragten v. 23. Dez. 1918 (RGBl. S. 1456, s. hier unter „Arbeiter- und Angestelltenausschüsse") beschäftigt sind (§ 1). Soweit Arbeiter- und Angestelltenausschüsse schon bestehen, bilden diese in ihrer Gesamtheit den Betriebsrat, anderenfalls hat die Wahl eines Betriebsrates nach den für die Wahl jener Ausschüsse geltenden Bestimmungen zu erfolgen (§ 2) nach Maßgabe der Bek. vom 27. Mai 1919, Bayer. Staatsanz. Nr. 137.

Ausführendes Organ des Betriebsrates ist der von ihm zu wählende Ausschuß von 3 (bis zu 100 Beschäftigten) oder 5 (über 100 Beschäftigte) Mitgliedern (§ 3).

Aufgaben und Befugnisse des Betriebsrates (§ 4 bis § 8): Mitbestimmungsrecht beim Erlaß oder der Änderung von Arbeits- und Betriebsordnungen. Mitwirkung (durch Anträge oder Vorstellungen beim Betriebsleiter oder bei der Demobilmachungsstelle): Bei der Durchführung der Gesetze, Verordnungen und Vereinbarungen über Lohn- und Arbeitsverhältnisse; bei der Einstellung und Entlassung von Arbeitern und Angestellten, jedoch nur soweit in Gesetz und Verordnungen oder Tarifverträgen eine derartige Mitwirkung vorgesehen ist [2]); bei der Regelung des Lehrlingswesens und der sozialen Einrichtungen des Betriebes (insbesondere Wohnungs- und Ernährungsverhältnisse). Überwachung des Vollzugs der Arbeiter-(Angestellten-)Schutzbestimmungen und der Bestimmungen für Lehrlinge. Unterstützung der Betriebsleitung bei Auf-

---

[1]) Hiezu nun Bek. vom 31. Mai 1919, Bayer. Staatsanz. Nr. 141.

[2]) So nunmehr auch Bek. vom 4. Juni 1919, Bayer. Staatsanz. Nr. 143. — Durch VO. vom 30 Mai 1919 (RGBl. S. 493 = Bayer. Staatsanz. Nr. 151) darf allen Angestellten nur im Benehmen mit der Angestelltenvertretung gekündigt werdeu; Entscheidung liegt beim Betriebsinhaber, eventuell beim Schlichtungsausschuß.

rechterhaltung der Ordnung und Disziplin. Prüfung und Begutachtung der Fragen über Lohn- und Arbeitszeit, Arbeitsbeschaffung und Produktionsmethoden.

Streitigkeiten zwischen Betriebsrat und Betriebsleiter entscheiden die Demobilmachungsstellen oder von diesen eingesetzte Kommissionen, soferne nicht ein Schlichtungsausschuß oder eine sonstige Schlichtungsstelle zuständig ist (§ 7).

Betriebsstörungsklausel s. Kriegsklausel.

Bierlieferungsvertrag: Einfluß des neuen Biersteuergesetzes s. § 71 RG. vom 26. Juli 1918 (RGBl. S. 863 ff.; gilt nicht für Bayern) vgl. für Bayern Bek. der 3 stellv. Generalkommandos vom 18. Juli 1917 (Handel mit Malz-Kontingenten) und vom 2. Jan. 1918, Bayer. Staatsanz. Nr. 14 vom 17. Jan. 1918 betr. Bier.

Einfluß der Kriegsteuerung berechtigt zum Rücktritt bei einem für ganze Vertragsdauer fest vereinbarten Bierpreis, OLG. München JW. 1917 S. 776, OLG. Darmstadt Neumanns Jahrb. Bd. 16 S. 62; berechtigt nicht zur Preiserhöhung OLG. München OLG. Bd. 38 S. 76.

Bürgschaft. Aussetzung und Unterbrechung des Verfahrens gegen einen Kriegsteilnehmer-Schuldner auf Grund §§ 2 und 3 KTSchG. hat auf die Verpflichtung des Bürgen keinen Einfluß, insbesondere findet § 773 BGB. keine Anwendung. Wassermann-Erlanger S. 294.

Geschäftsaufsicht — Anordnung über das Vermögen des Hauptschuldners berührt die Verpflichtung des Bürgen nur insofern, als dieser die Einrede der Vorausklage nach § 773 Ziff. 4 BGB. verliert. Über Ausfallbürgschaft vgl. OLG. Hamburg Recht 1917 Nr. 814; Cahn, Geschäftsaufsicht S. 96 Anm. 3 zu § 6.

Zahlungsfristen kann der Bürge für seine Schuld selbständig beanspruchen, soweit die persönlichen und sachlichen Voraussetzungen gegeben sind nach d. allg. ZahlFrV. (s. „Zahlungsfristen"), nicht aber auf Grund der HypV. (s. „Hypotheken-Geltendmachung" und RG. Bd. 93 S. 91). Außerdem kann sich der Bürge und zwar auch der selbstschuldnerische nach §§ 767, 768 BGB auf die dem Hauptschuldner bewilligte Zahlungsfrist (RG. Bd. 93 S. 91, OLG. Nürnberg LZ. 1919 S. 1227) oder Rechtsfolgenbeseitigung (RG. DJZ 1918 S. 129), nicht aber auf eine diesem bewilligte Einstellung der Zwangsvollstreckung berufen vgl. Stillschweig, JW. 1919 S. 420.

Clausula rebus sic stantibus = Rücktritt vom Vertrag wegen nicht voraussehbarer, völliger oder wesentlicher Veränderung der Vertragsgrundlage, wird vom Reichsgericht grundsätzlich als allgemein gültiges Rechtsinstitut (Ausnahmen §§ 321, 605 Nr. 1, 610 BGB.; 323 ZPO.) abgelehnt: RG. Bd. 50 S. 252, Bd. 60 S. 58, JW. 1915 S. 700, 1916 S. 1184 (im Gegensatz zur neueren Literatur vgl. Stahl, Die sog. Cl. r. s. st.

im BGB., München 1909; Boeckel: Wirkungen des Krieges auf R. d. Elektr. und Gaswerke, München 1918; Krückmann: Cl. r. s. st. Kriegsklausel, Streikklausel, Tübingen 1918 und im ArchZivPrax., Bd 116 S. 157 ff.; Plum, JW. 1919 S. 340); unter Berufung auf §§ 157, 242 BGB. hat jedoch das Reichsgericht (und andere obere Gerichte) in zahlreichen Fällen anerkannt, daß auch der Grundsatz, daß Verträge zu wahren sind, nicht dahinführen darf, ihre Ausführung auch unter völlig veränderten, bei ihrem Abschluß nicht voraussehbaren Verhältnissen zu verlangen. RG. JW. 1919 S. 44 (Kauf), JW. 1918 S. 215 (Pacht), JW. 1905 S. 168 (Stundungsvertrag), Warn. E. 1911 Nr. 225 (Unterhaltsvereinbarung), LZ. 1916 S. 1100 (Versicherungsvertrag), Gruchot Bd. 60 S. 693 (Ausbietungsvertrag); ferner die obenangeführten Entscheidungen, die bei „Kauf" unter zeitlicher Unmöglichkeit, bei „Kriegsklausel" unter aufschiebender Kriegsklausel und die unter „Bierlieferungsvertrag" angeführten Entscheidungen, andererseits aber auch RG. Bd. 88 S. 172 Bd. 92 S. 322 (Kauf), JW. 1916 S. 1526, KammGer. DJZ. 1916 S. 245 (Annoncenvertrag), Warn. E. 1913 Nr. 206 (Unterhalt).

Dinglicher Ersatz s. „Surrogation".

Diensteinkommen, Dienstlohn s. „Abtretung".

Dienstboten s. „Hausgehilfen", „Landarbeiter".

Dienstvertrag: Kündigung: Lange Kriegsdauer ist Grund zur außerordentlichen Kündigung eines Einberufenen, auch wenn bei Kriegsbeginn Fortdauer der Dienstverhältnisse vereinbart. RG. Bd. 92, S. 318, LZ. 1917 S. 1178; über Wiedereinstellungspflicht s. unter „Angestellte und Arbeiter". Daß Betrieb unlohnend und deshalb eingestellt wird, kein Grund zur a. o. K., da Betriebsrisiko den Unternehmer trifft. Anders, wenn Fortführung des Betriebs unmöglich. RG. Bd. 87 S. 351, LZ. 1916 S. 401, Recht 1917 S. 398.

Unmöglichkeit. Für die Dauer der Einberufung nach § 323 BGB. kein Gehaltsanspruch, sofern nicht die Ausnahmebestimmungen des § 616 Platz greifen, SeuffArch. Bd. 71 S. 403; für die Anwendbarkeit des § 616 ist sowohl die Dauer der Behinderung und deren Verhältnis zur ganzen Vertragszeit, wie auch der Wert der Dienste zur Zeit der Behinderung maßgebend, OLG. Bd. 34 S. 33, LZ. 1916 S. 213 und S. 968, JW. 1916 S. 212 ff.

Eheschließung. Haager Abkommen v. 12. Juni 1902 (RGBl. 1904 S. 221 u. 231) von Belgien gekündigt laut Bek. v 16. Febr. 1919, RGBl. S. 197.

Ehehindernisse gemäß §§ 1303 und 1313 BGB.: für Befreiung nunmehr die Amtsgerichte zuständig, Bek. v. 1. Mai 1919 (Bayer. Staatsanz. Nr. 117 v 7. Mai 1919) Ziff. 6, a, b u. d und Bek. vom 16. Mai 1919, Bayer. Staatsanz. Nr. 130 vom 22. Mai 1919.

Einberufung zum Heeresdienst: Kündigung und Gehaltsverlust, s. Dienstvertrag.

Ein- und Ausfuhrverbote (vgl. Plum, JW. 1919 S. 345 Ziff. 10), die zur Zeit des Vertragsschlusses schon bestehen, bewirken Nichtigkeit des Kaufvertrags (§ 306 BGB.)[1], war jedoch in Kenntnis des Ausfuhrverbotes sofortige Lieferung zugesichert, so haftet der Verkäufer wie aus einer Gewährszusage, RG. Recht 1918 S. 149 Nr. 417, OLG. Hamburg LZ. 1917 S. 937 = OLG. Bd. 34 S. 22; bei fahrlässiger Unkenntnis Haftung nach § 307 BGB, OLG. München LZ. 1918 S. 290. Tritt das Ein- oder Ausfuhrverbot erst nach Vertragsabschluß in Kraft und ist Aufhebung in absehbarer Zeit nicht zu erwarten, so liegt regelmäßig unverschuldete Unmöglichkeit vor. RG., JW. 1919 S. 103. Hiebei ist auch ein feindliches Handelsverbot als ein die Erfullung tatsächlich unmöglich machendes Hindernis (trotz Art. 36 EinfGBGB.) zu berücksichtigen. RG. Bd. 93 S. 184. Zur Lieferung inländischer Ersatzware ist der Verkäufer einer Auslandsware nicht verpflichtet, RG Warn. Erg. 1918 Nr. 176, OLG. München 1918 S. 290, wohl aber berechtigt. RG. im Recht 1917 S. 74, vgl. im übrigen über die Haftung des Verkäufers die Ausführungen unter „Beschlagnahme" Buchstabe a—d. Im Falle c a. a. O. ist jedoch, wenn der Verkäufer im Auslande wohnt, der den Verhältnissen näherstehende inländische Käufer nach §§ 157, 242 BGB. zur Beschaffung der Einfuhrbewilligung verpflichtet. RG. LZ. 1919 S. 146.

Einigungsämter in Miet- und Hypothekensachen.

I. Zuständigkeit.

1. Nach §§ 1—3 der BundesrBek. vom 15. Dez. 1914 (RGBl. S. 511) mit bayer. VollzBek. vom 31. Dez. 1914 JMBl. 1915 Beibl. S. 41 zur Vermittlung zwischen Mietern und Vermietern, sowie zwischen Grundstückseigentümern und Hypotheken- usw. Gläubigern.

2. Zur gutachtlichen Aeußerung in den bei den ordentlichen Gerichten anhängigen Rechtsstreitigkeiten zwischen den unter 1 genannten Personen nach § 4 der BundesrBek. v. 15. Dez. 1914 und § 13 der HypVO. v. 8. Juni 1916 (RGBl. S. 457).

3. Nach § 4 der MietSchVO. v. 23. Sept. 1918 (RGBl. S. 1140) für die Gestattung der Untermiete bei Widerspruch des Vermieters (§§ 549, 553 BGB.).

4. In sog. Notstandsbezirken nach § 6 dar MietSchVO. v. 23. Sept. 1918 und § 1 der WohnMangVO. v. 23. Sept. 1918 (RGBl. S. 1143). Durch bayer. MinBek. v. 15. Okt. 1918 (Bayer. Staatsanz. Nr. 240 v. 16. Okt. 1918) und v. 28. Sept. 1918 (Bayer. Staatsanz. Nr. 228 v. 1. Okt. 1918) sind alle Gemeindebezirke, in denen ein Mieteinigungsamt errichtet ist, als Notstandsbezirke erklärt.

a) Auf Antrag des Vermieters zur Erteilung der nach § 6 Ziff. 1 MietSchVO. z. Meidung der Nichtigkeit erforderlichen vorherigen

---

[1]) Ebenso Einfuhrmonopol einer Kriegsgesellschaft, OLG. Köln LZ. 1919 S. 492.

Zustimmung zu jeder ordentlichen und außerordentlichen Kündigung (Mietsteigerung ist Kündigung vgl. aber auch Stern Anm. II 1 zu § 2, Mittelstein JW. 1919 S. 225, für Bayern s. nachfolgenden Abschn. b) von Wohnungen (auch bei Untermietern) seitens des Vermieters und der nach § 6 Ziff. 2 a. a. O. zur Meidung der gesetzlichen Verlängerung des Mietvertrages auf unbestimmte Zeit (vgl. § 564 Abs. 2 BGB.) erforderlichen Zustimmung zur Beendigung eines vertragsgemäß ohne Kündigung ablaufenden Mietverhältnisses; Höchstdauer der Verlängerung 1 Jahr; Auferlegung neuer Verpflichtungen insbes. höheren Mietzinses zulässig (§ 6 Abs. 2 mit § 2 Abs. 2 a. a. O.).

b) Nach bayer. Bek. April 1919 (Freistaat Nr. 20 = Bayer. Staatsanz. Nr. 125 v. 16. Mai 1919) mit VollzBek. (Freistaat Nr. 20 = Bayer. Staatsanz. Nr. 126 v. 17. Mai 1919): zur Erteilung der bei Meidung von Nichtigkeit (§ 1) und Strafe (§ 4) erforderlichen Zustimmung zu jeder Mietpreis-Erhöhung für Wohnungen (auch bei Mieterwechsel und auch, wenn Mieter mit Erhöhung einverstanden; Verfahren formlos § 3 d. Bek. u. Abs. A 2 d. VollzBek.).

c) Soweit es sich nicht um Wohnräume sondern um Geschäftsräume (oder Mobilien? ja: Unger-Dittrich Anm. 3 zu § 2; nein: Stern Anm. I 3 zu § 2) handelt nach § 2 MSchVO. auf unverzüglichen Antrag des Mieters eine ordentliche oder außerordentliche Kündigung des Vermieters oder die kündigungslose Beendigung eines Mietverhältnisses auf die Dauer eines Jahres für unwirksam zu erklären; auf Antrag des Vermieters einen Mietvertrag mit einen neuen Mieter, der wegen Unwirksamkeit der Kündigung nicht erfüllt werden kann, aufzuheben (kommt im Falle 4 a nicht in Betracht).

d) Nach Ziff. 1 Abs. 1 bayer. VO. v. 22. Nov. 1918 (Bayer. Staatsanz. Nr. 275 v. 26. Nov. 1918) zur Entscheidung über die Gültigkeit einer gemeindlichen Aufforderung zur Räumung unbenützter Wohnungen (entgegenstehender Mietvertrag wird ungültig evtl. administrative Räumung nach bayer. Bek. v. 19. Okt. 1918 Bayer. Staatsanz. Nr. 245 v. 20. Okt. 1918 und polizeiliche Beschlagnahme nach bayer. Bek. v. 18. März 1919 Bayer. Staatsanz. Nr. 74 v. 20. März 1919).

e) Nach bayer. VO. v. 22. Sept. 1918 (Bayer. Staatsanz. Nr. 275 v 26. Nov. 1918) Ziff. 1 A 4 mit VollzBek. v. 25. Okt. 1918 a. gl. O. über die Verpflichtung des Hausbesitzers auf Aufforderung der Gemeindebehörde Wohnräume bewohnbar herzurichten und die Kosten hiefür zu tragen oder der Gemeinde zu ersetzen.

f) Nach § 5 der WohnMangBek. v. 23. Sept. 1918 (RGBl. S. 1143) mit bayer. VollzBek. v. 28. Sept. 1918 (Bayer. Staatsanz. Nr. 228 v. 1. Okt. 1918) zur Entscheidung über die von der Gemeinde für die Überlassung von Räumen zu Wohnzwecken zu zahlende Entschädigung.

g) Nach § 4 der WohnMangBek. mit Ziff. I A 1 bayer. VO. v. 22. Nov. 1918 auf Anruf der Gemeindebehörde zum Abschluß und zur Festsetzung der Bedingungen des Mietvertrags für einen in eine unbenützte oder zwangsweise geräumte und hergerichtete Wohnung eingewiesenen Mieter (nur Mieter widerspruch- und damit rücktrittsberechtigt evtl. unter erneuter Anrufung der Gemeindebehörde).

h) Nach bayer. VO. v. 28. Nov. 1918 Ziff. 1 A 3 und VollBek. v. 25. Nov. 1918 zur Entscheidung über die von der Gemeinde für die Inanspruchnahme unbenützter Geschäftsräume für Geschäftszwecke (als Ersatz für die zu Wohnzwecken verwendeten bisherigen Geschäftsräume) zu zahlende Entschädigung.

i) Nach § 2 WohnMangBek. v. 23. Sept. 1918 mit bayer. VollzBek. v. 28. Sept. 1918 (Bayer. Staatsanz. Nr. 228 v. 1. Okt. 1918) über die Zulässigkeit eines gemeindlichen Verbots ein Gebäude abzubrechen oder Wohnräume zu anderen Zwecken zu verwenden (nur verwaltungsrechtliche, nicht unmittelbar privatrechtliche Wirkung der Entscheidung).

5. In Gemeinden ohne Einigungsamt gelten auch für Wohnungen bzw. Kündigung die Bestimmungen unter obiger Ziff 4 c; Einigungsamt ist hier das Amtsgericht (§ 11 Abs. 2 MietSchVO.); ferner sind hier die Befugnisse in obigem 4 b durch die dort angegeb. VO. einem besonderen Ausschuß und durch bayer. Bek. v. 6. Dez. 1918 (Bayer. Staatsanz. Nr. 286 v. 8. Dez. 1918) die Befugnisse nach obigem Abschnitt 4 f und g den Amtsgerichten als Einigungsämtern, die Befugnisse nach 4 i den Gemeindeaufsichtsbehörden übertragen; Ziff. 4 b ist durch den an § 5 der MietSchVO. sich anschließenden § 4 der Bek. v. 6. Dez. 1918 ersetzt.

6. Über die Zulässigkeit der Kündigung und die Herabsetzung des Zinses bei der Miete für Musikinstrumente s. bayer. Bek. v. 17. März 1919 (Bayer. Staatsanz. Nr. 273 v. 19. März 1919).

II. Verfahren: Anordnung des Reichskanzlers v. 23. Sept. 1918 (RGBl. S. 1146), Auswahl d. Beisitzer s. bayer. Bek. v. 23. April 1919 (Freistaat Nr. 17 = Bayer. Staatsanz. Nr. 119), Vergleiche sind vollstreckbar (§ 13 MietSchV.) Entscheidungen sind unanfechtbar (§ 7 Abs. 1 S. 3 MietSchVO.) aber nicht vollstreckbar, hiezu Klage (insbes. auf Räumung und Zahlung, s. auch unter „Miete" Ziff. 2) beim Amtsgericht; das Gericht ist an die Anordnungen des Einigungsamtes nach § 7 Abs. 2 MietSchVO. gebunden; ist aber Kündigung oder Ablauf des Mietverhältnisses vom Einigungsamt nach § 2 oder § 6 a. a. O. — wirtschaftlich gestattet, so hat das Gericht selbständig nachzuprüfen ob auch rechtlich das Vertragsverhältnis beendigt ist (bestritten: vgl. JW. 1917 S. 984, 1918 S. 762, 1919 S. 100 und S. 225, LZ. 1919 S. 361, Stern Anm. II 3 zu § 2, Anm. 5 zu § 7, Unger-Dittrich Anm. 3 u. E. zu § 7; a. M. JW. 1918 S. 259, 1919 S. 99)

Einstellungszwang s. „Arbeitslose", „Schwerbeschädigte", ferner unter „Angestellte" und „Arbeiter gewerbl." die Unterabschnitte „Kriegsteilnehmer", Zivilinternierte".

Enteignung s. „Beschlagnahme", „Ersatzanteil", „Surrogation".

Erbbaurecht. Verordnung über das Erbbaurecht v. 15. Jan. 1919 RGBl. S. 72 (in Kraft seit dem 22. Jan. 1919) unter Aufhebung der §§ 1012—1017 BGB. und § 7 GBO. und Abänderung der §§ 20 und 84 GBO. (§§ 35—37 d. VO.) Über Berichtigung des § 37 s. RGBl. 1919 S. 22; Übergangsvorschrift s. § 38.

Der gesetzliche Inhalt (§ 1) deckt sich im wesentlichen mit den bisherigen Begriffen des Erbbaurechts (§§ 1012 und 1014 BGB.); Abweichung in § 1 Abs. 2 gegen § 1013 BGB. Daneben (neu) zugelassen vertragsmäßige Ausgestaltung des Inhalts mit der Möglichkeit der Verdinglichung durch Eintragung ins Grundbuch: Vereinbarungen über das Bauwerk § 2 Ziff. 1 und 2, Tragung der Lasten und Abgaben § 2 Ziff. 3. Vorrecht auf Erneuerung des Erbbaurechts § 2 Ziff. 6 mit § 31 und Vorkaufsrecht am Grundstück § 2 Ziff. 7. Auflösende Bedingung gesetzlich unzulässig (§ 1 Abs. 4), wohl aber Endtermin (§ 27) und Verpflichtung zur Übertragung des Erbbaurechts an den Grundstückseigentümer beim Eintritt bestimmter Bedingungen („Heimfallrecht" § 2 Ziff. 4 §§ 3 und 4, Entschädigung nur beim sogenannten sozialen Erbbaurecht unabdingbar, §§ 32 und 33; Bauwerk darf nicht weggenommen werden (§ 34); Bindung der Veräußerung und Belastungsbefugnis an die Zustimmung des Eigentümers, evtl. des Amtsgerichts (§§ 5—8).

Erbbauzins wird als Reallast behandelt und ist für die ganze Erbbauzeit vorauszubestimmen (§ 9).

Das Erbbaurecht gilt als Grundstück (§ 11 = § 1017 Abs. 1 BGB.), Bauwerk als sein wesentlicher Bestandteil (§ 12 mit §§ 93 ff. BGB., bisher bestritten) [1]), Beleihbarkeit mit mündelsicheren und Hypothekenbank-Tilgungs-Hypotheken, s. §§ 18—22.

Begründung des Erbbaurechts: Für den schuldrechtlichen Vertrag gilt § 313 BGB. (§ 11 Abs. 2), für den dinglichen Vertrag nicht Auflassung nach § 925 BGB. sondern nur Nachweis der Einigung nach § 873 BGB., §§ 20 und 29 Satz 1 GBO. (§ 1 Satz 1). Zwangsbestellung eines Erbbaurechts; § 5 der WohnungsnotVO. vom 15. Jan. 1919 (RGBl S. 69). Bei der Bestellung des Erbbaurechts ist Beifügung von Zeitbestimmungen und aufschiebenden Bedingungen statthaft, bei der Übertragung — die im übrigen wie die Bestellung erfolgt — unzulässig (§ 1 Abs. 1 Satz 2). Nach § 10 kann nunmehr das Erbbaurecht grundsätzlich nur zur ausschließlichen ersten Rangstelle bestellt werden; (Ausnahmen § 10 Abs. 1 Satz 2 und Abs. 2).

Das Erbbaurecht erlischt durch Aufhebung und Zeitablauf, §§ 26 bis 30; der Erbbaunehmer ist nicht berechtigt das Bauwerk oder Bestandteile desselben wegzunehmen, § 34.

Literatur: Sauerländer LZ. 1919 S. 306, Michaelis BayZfR. 1919 S. 167, v. d. Pfordten, BayGemZ. 1919 S. 221, Günther und Cruse, JW. 1909 S. 357 ff.

---

[1]) Vgl. hiezu Marcuse und Sauerländer, LZ. 1919 S. 580 ff.

Ersatz, dinglicher, s. „Surrogatien".

Ersatzvorteil. Erhält der Verkäufer im Fall der Beschlagnahme und Enteignung (dieser steht Verkauf einer beschlagnahmten Sache an einer behördlich vorgeschriebenen Setlle gleich, RG. Bd. 91 S. 262, OLG. Breslau OLG. Bd. 33 S 211, KammG. a. gl. O. S. 213; a. M. OLG. Hamburg a. gl. O. S. 210.) einen den Kaufpreis übersteigenden Mehrerlös, so ist er nach § 281 BGB. zur Herausgabe an den Käufer verpflichtet, wenn es sich um Speziesschuld handelt, RG. Bd. 93 S. 396. Bei Gattungsschulden und zwar auch bei beschränkten Gattungsschulden lehnt das Reichsgericht (im Gegensatz zu einem großen Teil der Literatur) die Anwendung des § 281 ab, RG. Bd. 88 S. 287, soferne nicht Individualiesierung nach § 243 Abs. 2 BGB. erfolgt ist, RG. Bd. 91 S. 261; abweichend neuerdings RG. Bd. 93 S. 142[1]) (unter Aufgabe v. JW. 1917 S. 463 und S. 968), für den Fall, daß dem Verkäufer der gesamte Bestand seiner Ware enteignet wurde, unter denen sich notwendigerweise auch die an den Käufer zu liefernden Waren befanden. (Vgl. Plum, JW. 1919 S. 346 Ziff. V 1).

Forstwirtschaftliche Arbeiter, s. „Landarbeiter"

Gesinde, s. „Hausgehilfen", „Landarbeiter".

Geschäftsaufsicht (BRBek. vom 14. Dez. 1916 RGBl. S. 1363) s. „Bürge", „Verjährung", im übrigen Cahn, Geschäftsaufsicht und Konkurs.

Grundstücke landwirtschaftl. 1. Die BRBek. vom 15. März 1918 (RGBl. S. 123, Erläuterungen: Riehl DJZ. 1918 S. 276, Redlich DJZ. 1918 S. 529, Bendix LZ. 1918 S. 665, ferner JW. 1919 S. 50 und S. 95) ist auf Grund der Ermächtigung des § 8 in Bayern nicht eingeführt, sondern es sind auf Grund des § 8 die landesrechtl. Vorschriften in Kraft belassen. Es gelten: Bek. d bayer. Kriegs-Min. vom 15. Okt. 1917 Bayer. Staatsanz. Nr. 241 = Beiblatt zum bayer. JMBl. 1917 S. 260 mit VollzBek. vom 23. Okt. 1917 Beibl. z. bayer. JMBl. 1917 S. 257 und ErgBek. des Kriegsm. vom 15. März 1918 Bayer. Staatsanz. Nr. 67 = Beibl. z. bayer. JMBl. 1918 S. 48. Hienach bedarf die Eigentumsübertragung (obligatorisch. Vertrag und Auflassung), die Bestellung eines Erbbaurechts, Nießbrauchs und Verkaufsrechts und der Abschluß eines Miet- und Pachtvertrags hinsichtlich eines landwirtschaftlichen (Katasterbetrieb, evtl. Auskunft der Gemeindebehörde oder des Feldgeschworenen, Entscheidung d. DistriktsverwBeh.) Grundstücks bei Meidung der Nichtigkeit (n. § 134 BGB. BayObLG. Bd. 18 S. 280 = BayZfR. 1918 S. 155) der Genehmigung der für das Grundstück (evtl. Betriebssitz) örtlich zuständigen DistriktsverwBeh. (Beschwerden binnen 8 Tagen an Kreisregierung, Kamm. d. Inn.), wenn der Erwerber (Prüfungs- und Feststellungspflicht des Notars evtl. Grundbuchamts) nicht eine die Landwirtschaft selbständig oder unselbstständig im

[1]) und ebenso RG. Bd. 95 S. 23.

Hauptberuf ausübende Person ist (keine Ausnahme für Abkömmlinge des Veräußerers, BayObLG. a. a. O.) s. auch Hypothek, öffentliche Lasten.

2. Gesetzliches Vorkaufs- und Wiederkaufsrecht und Zwangspachtrecht zugunsten gemeinnütziger Siedlungsunternehmungen. VO. vom 29. Jan. 1919 (RGBl. S. 115 §§ 4—11, 20, 21 und 22). Vgl. Pesl BayZfR. 1919 Heft 8 und 9.

Gute Sitten, s. „Höchstpreis", Kriegswucher", „Mäklervertrag".

Haager Abkommen, s. „Eheschließung".

Handelsverbot, s. „Ein- und Ausfuhrverbot", im übrigen Zivilprozeß.

Hausgehilfen: Die Gesindeordnungen (Art. 106—110 Pol.-StGB. insbes. die Vorschriften über Dienstbücher) sind aufgehoben durch Verkündung des Rates der Volksbeauftragten vom 12. November 1918 (RGBl. S. 1303) Ziff. 8, Anordnung des Demobilmachungskommissärs vom 13. Dez. 1918 (Bayer. Staatsanzeiger Nr. 295 vom 19. Dez. 1918), die Art. 15—31 bayer. AusfG. BGB. durch Gesetz des Zentralrats vom 6. März 1919 (Bayer. Staatsanzeiger Nr. 60 vom 6. März 1919)[1]): nunmehr maßgebend für die unter Aufnahme in die häusliche Gemeinschaft des Arbeitgebers mit häuslichen, nicht auch mit landwirtschaftlichen Diensten beschäftigten Angestellten, ist die Anordnung des Demobilmachungskommissärs vom 13. Dez. 1918 §§ 4—11 a. a. O. Richtlinien des Ministeriums für soziale Arbeiten vom 31. Dez. 1918 (Bayer. Staatsanzeiger Nr. 4 vom 4. Januar 1919) und Gesetz des Zentralrates vom 6. März 1919 a. a. O.: regelmäßige Arbeitszeit von 6 Uhr vormittags bis 8 Uhr nachmittags mit Ruhepausen von 1 1/2 Stunden für Essen und 1 Stunde für Erholung, wirkliche Arbeitszeit regelmäßig nicht über 10 Stunden, für Leistungen nach 9 Uhr abends besondere Vergütung, Ausgangszeit für Jugendliche unter 18 Jahren mindestens an einem Werktag 4, an jedem zweiten Sonntag 6 Stunden, für Erwachsene an einem Werktag von 3—12 Uhr, jeden zweiten Sonntag von 2—12 Uhr und grundsätzlich freie Verfügung über den Abend, nach einjähriger Dienstzeit mindestens 8 Tage Erholungsurlaub, Anspruch auf schriftliches Zeugnis (nur auf Verlangen auch über Dienstleistung) und polizeiliche Wohnungsabmeldungsbescheinigung; zwingendes Recht bei Meidung von Geldstrafen bis 3000 Mk. Zuständig für Streitigkeiten sind die ordentlichen Gerichte, Schlichtungsausschüsse sollen gebildet werden.

Heizung, s. „Miete".

Hilfsdienstpflichtige sind, soweit sie im Inland beschäftigt wurden, immobilen, soweit sie im Ausland beschäftigt wurden, mobilen Kriegsteil-

[1]) Dieses Gesetz ist laut Bek. vom 27. Mai 1919, Bayer. Staatsanz. Nr. 141 unwirksam; die Art. 15—21 bayer. AusfG. BGB. sind daher noch in Kraft, im übrigen entspricht das Gesetz des Zentralrats vollkommen der Anordnung des Demobilm.-Komm. mit Ausnahme der Strafbestimmung, die daher wegfällt.

nehmern gleichgestellt. BRBek. v. 3. Mai 1917 (RGBl. 392) s. auch „Zahlungsfristen" (im übrigen Zivilprozeß).

Höchstpreis-Überschreitung (maßgebend ist der Ort, wo die gekaufte Sache sich befindet, RG. JW. 1917 S 368, DJZ. 1919 S. 278)[1] bewirkt keine Nichtigkeit des ganzen Geschäftes, sondern nur Herabsetzung des Preises auf den Höchstpreis, da der positive Zweck des Gesetzes ist, die Waren zu den festgesetzten Preisen dem Volke zuzuführen, RG. Bd. 88 S. 250, JW. 1917 S. 354, OLG. Bd. 36 S. 129 (st. Rechtssp.); auch verstößt nicht jede Höchstpreisüberschreitung gegen die guten Sitten, sondern nur, wenn eine bewußte selbstsüchtige Ausnützung der Notlage der Allgemeinheit oder Einzelner insbesondere bei Gegenständen des Kriegsbedarfs oder der Volksernährung vorliegt; in diesem Falle tritt Nichtigkeit nach § 138 BGB. ein, RG. Bd. 89 S 196, Bd. 90 S. 400, Bd. 93 S. 207, RG. DJZ. 1918 S. 193, JW. 1917 S. 354, 1918 S. 556. Höchstpreisfestsetzung zwischen Vertragsabschluß und Erfüllung berührt die Gültigkeit des Geschäfts nicht, RG. Bd. 93 S. 316, RG. Recht 1915 S. 519, RGSt. JW. 1916 S. 915, anders bei Geschäften zwischen Bekanntmachung und Inkrafttreten der Höchstpreise RG. Bd. 89 S. 196, aber auch RG. Bd. 94 S. 282. Die Bek. vom 11. Nov. 1915 RG. S. 758 betr. Einwirkung von Höchstpreisen auf laufende Verträge betrifft nur bestimmte Gegenstände (Fleisch, Fische, Kartoffel, Milch, Butter, Gemüse und Obst); über Web-, Wirk- und Strickwaren s. BRBek. v. 30. März 1916 (RGBl. S. 214 und 216) und v. 16. Jan. 1919 (RGBl. S. 91) und hiezu Wassermann LZ. 1919 S. 582; vgl. im übrigen „Kriegswucher", „Kettenhandel", „Schadensersatz".

Höhere Gewalt s. „Kriegsklausel".

Hypotheken, Geltendmachung. BRBek. über die Geltendmachung der Hypotheken-, Grund- und Rentenschulden v. 8. Juni 1916 RGBl. 1916 Nr. 454 (mit BRBek. v. 11. April 1918 RGBl. 1918 S. 183)[2]) gilt für den dinglichen Anspruch aus der Hypothek (auch Sicherungs-, Höchstbetrag-Zwangs- und Arresthypothek), Grund und Rentenschulden gegen den Eigentümer (§ 1 Abs. 1 S. 1) und für die persönliche Forderung für die eine Hypothek (oder Vormerkung Warneyer Anm. II 2 zu § 1) bestellt ist, soweit sie sich gegen den Eigentümer des Grundstücks richtet. (§ 1 Abs. 1 Nr. 2). Die ZahlFristVO. und die KriegsTZahlFristVO. finden auf diese Ansprüche keine Anwendung (§ 19).

Die HypothekVO. findet keine Anwendung auf Reallasten u. öffentliche Lasten (§ 10 Nr. 3 ZVG.), auf die persönliche, der Hypothek zugrunde liegende Forderung, wenn sie sich gegen einen Nichteigentümer richtet und auf die persönliche Forderung, für die eine Grundschuld bestellt ist

---

[1]) Ebenso RG. LZ. 1919 S. 587. Zeitlich ist der bei Vertragsabschluß, nicht der bei Erfüllung geltende Höchstpreis maßgebend.

[2]) Literatur: Kommentare von Stillschweig und Zweigert; Wassermann-Erlanger S. 170; Heß S. 144; Warneyer S. 124.

und auf die einfache (nicht hypothekarisch gesicherte) persönliche Forderung gegen den Eigentümer, auch nicht auf die Forderung gegen den Bürgen, der sich aber auf die dem Schuldner gewährte Frist berufen kann, RGBd. 93 S. 91, KammG. DJZ. 1918 S. 129, vgl. Stillschweig, JW. 1919 S. 420.

Wenn glaubhaft gemacht wird, daß die Lage des Schuldners (Eigentümers) es rechtfertigt und der Gläubiger nicht unverhältnismäßige Nachteile z. B. (Rangverlust für Zinsrückstände, OLG. München JW. 1918 S. 148), glaubhaft macht, kann (nach Anhörung des Hypothekeneinigungsamtes, § 13)

a) das Prozeßgericht dem beklagten Eigentümer Zahlungsfristen mit der Wirkung einer Stundung gewähren nach §§ 1—3, 6 u. 7 (Amortisationsraten, sind nach herrschender Meinung Kapital, a. M. Stillschweig Anm. 3d zu § 2, Reinhard JW. 1918 S. 678; über Zinsen bei Höchstbetragshyp. s. RG. Bd. 90 S. 151; Prozeßkosten sind Nebenleistungen). Bedingung, die Zahlung erhöhter Zinsen zu übernehmen, Erlanger-Wassermann Anm. III zu § 2, a. M. Stillschweig Anm. 5 c u. d zu § 2; Kosten § 15.

b) Das Amtsgericht des dinglichen Gerichtsstandes (über Bestellung eines gemeinsamen Gerichts nach § 36 ZPO. s. RG. Bd. 91 S. 41) kann für einen anerkannten Anspruch nach §§ 4, 5 u. 6 Zahlungsfrist gewähren und, wenn ein rechtskräftiger Vollstreckungstitel vorliegt zugleich die Unzulässigkeit der Zwangsvollstreckung aussprechen, wenn die Zwangsvollstreckung schon begonnen, die Zwangsvollstreckung einstellen, wobei bereits erfolgte Vollstreckungsmaßregeln bestehen bleiben. (Kosten § 16).

c) Das Vollstreckungsgericht (nicht der Notar, LG. Regensburg, BayZfR. 1916 S. 248) kann nach §§ 10 u. 11 auch vor Beginn der Vollstreckung und auch noch im Versteigerungstermin (mit der notwendigen Folge der Vertagung, s. § 13, Nußbaum JW. 1916 S. 1000), aber nur bis zum Schluß (§ 73 Abs. 2 ZVG.) der Versteigerung (OLG. Dresden, LZ. 1916 S. 485, Stillschweig Anm. 8b zu § 11; a. M. OLG. Frankfurt LZ. 1918 S. 457, Reinhard JW. 1918 S. 679) und nicht mehr in der Beschwerdeinstanz, die Zwangsversteigerung (nicht die Zwangsverwaltung und nicht die Mobiliar- oder Forderung-Pfändung) mit der Wirkung der §§ 30 ff. ZVG. einstellen, soweit nicht fällige Ansprüche auf wiederkehrende Leistungen (insbesondere Zinsen und Annuität) für 2 Jahre in Frage kommen (für das Kapital ist auch hier Einstellung zulässig, Stillschweig a. a. O. u. JW. 1917 S. 528, Scholz JW. 1916 S. 996, a. M. OLG. Colmar DJZ. 1917 S. 343, OLG. Nürnberg BayZfR. 1917 S. 228, vgl. auch OLG. Nürnberg Recht 1917 Nr. 453) Kosten § 16. Über den Schutz der nachstelligen Hyp.-Gläubiger durch Versagung des Zuschlags §§ 12 u. 18 d. VO. s. Mayer, Zivilprozeßrecht.

d) Rechtsfolgen [1]), die infolge Nicht-(rechtzeitiger) Zahlung oder auf Grund einer Verwirkungseinrede oder (nach Art. 1 der Bek. v. 11. April 1918, RGBl. S. 183) infolge einer durch kriegswirtschaftlicher Maßnahmen (Betriebseinstellung, Entfernung von Zubehör und Bestandteilen, Entfernung beschlagnahmter Sachen) veranlaßten Verschlechterung des Grundstücks kraft Gesetzes (Verzugszinsen, Schadenersatz, §§ 1133—1135 BGB.) oder kraft Vereinbarung eintreten, können nach § 9 im Initiativverfahren vom Amtsgericht des dinglichen Gerichtsstandes ganz, teilweise oder unter Bedingung beseitigt, evtl. bereits erfolgte Vollstreckungsmaßregeln aufgehoben werden. (Kosten und Gebühren §§ 15, 16, 17).

Hypotheken. Haftung der Ersatzforderungen auf Grund Einwirkung kriegswirtschaftlicher (des auf dem belasteten Grundstück betriebenen Unternehmens betreffender) Maßnahmen s. BRBek. v. 11. April 1918 (RGBl. S. 183) und hier unter „Surrogation" Ziff. 2.

Hypotheken. Haftung der Miet- und Pachtzinsforderungen s. RG. v. 8. Juni 1915. (RGBl. S. 327) u. hier unter „Miete" Ziff. 5.

Individualisierung s. „Kauf".

Initiativverfahren s. „Zahlungsfristen", „Hypotheken".

Kauf: Literatur Starke: Lieferungsverträge unter Einwirkung des Kriegs Berlin 1917, Plum JW. 1919 S. 340 ff.

Individualisierung nach § 245 II BGB. und Gefahrübergang § 477 BGB. beim Versendungskauf, insbes. bei Abladegeschäft vgl. RG. Bd. 88 S. 389, Bd. 92 S. 128.

Klauseln: „Beschlagsfrei" oder verwendungsfrei s. Beschlagnahme unter b.

„Glückliche Ankunft vorbehalten" RG. LZ. 1918 S. 1136 und 1271.

„Lieferungsmöglichkeiten vorbehalten" OLG. Hamburg Recht 1917 S. 323, „Lieferungsmöglichkeit unseres Werkes vorbeh." RG. LZ. 1919 S. 471, auch RG. Bd. 95 S. 99.

„Preis freibleibend (heutiger Preis ..... Mk.)" OLG. Hamburg LZ. 1918 S. 947.

Über Kriegs- und höhere Gewalt-Klauseln s. unter Kriegsklausel.

Preis: Eine gegen § 13 d. UmsatzsteuerG. verstoßende Abwälzung der Steuer auf den Käufer macht nicht das ganze Geschäft nichtig, sondern nur die Vereinbarung über die Zahlung des Steuerbetrags. Hallbauer JW. 918 S. 591, Frankenburger HoldheimsMSchr. 1919 S. 3.

Vgl. im übrigen unter: „Höchstpreis", „Kriegswucher", „Kettenhandel" „Schadensersatz".

---

[1]) Thier: Die Beseitigung der Rechtsfolgen nach der HypVO. vom 8. Juni 1916 (Leipzig 1918).

Unmöglichkeit, die nach §§ 275, 279, 323 BGB. vom Verkäufer nicht zu vertreten ist, liegt auch vor, wenn die Beschaffung der Ware mit so außergewöhnlichen Schwierigkeiten verbunden ist, daß dies der Unmöglichkeit der Beschaffung nach der Auffassung des Verkehrs gleich zu erachten ist. RG. Bd. 57 S. 116, auch RG. Bd. 93 S. 312. Dagegen befreit eine noch so hohe Preissteigerung (insbes. im Großhandel) niemals, solange die Ware überhaupt noch einen Marktpreis hat, RG. Bd. 88 S. 174, Bd. 92 S. 322[1]), auf Schleichwegen braucht sich der Verkäufer die Ware aber nicht zu beschaffen. RG. Bd. 93 S. 184. Verkauf eigener Fabrikate s. „Werklieferungsvertrag"; s. ferner „Beschlagnahme", „Ein- und Ausfuhrverbote".

Zeitliche Unmöglichkeit wird dann zur dauernden Unmöglichkeit mit der Folge der Auflösung des Vertragsverhältnisses, wenn infolge der durch den Krieg notwendigen zeitlichen Verschiebung der Leistung deren wirtschaftliche Bedeutung vollkommen geändert ist (regelmäßig bei allen Lieferungsverträgen über überseeische Rohstoffe) RG. Bd. 88 S. 74, Bd. 90 S. 104, RG. WarnE. 1918 Nr. 55, 88 u. 125, LZ. 1918 S. 832, JW. 1917 S. 42 und insbes. JW. 1919 S. 44 = RG. Bd. 94 S. 45. Dies gilt selbst dann, wenn die Parteien während des Krieges vereinbart haben, daß nach dem Krieg Nachlieferung erfolgen solle, RG. Bd. 93 S. 341, JW. 1918 S. 552, 1919 S. 44, LZ. 1918 S. 760[2])[3]), es sei denn, daß zur Zeit der Vereinbarung die Entwicklung der Verhältnisse schon übersehbar war, RG. JW. 1918 S. 33, oder daß festgestellt wird, daß die Parteien an der Lieferung nach dem Kriege unter allen Umständen ohne Rücksicht auf die Entwicklung der Verhältnisse festhalten wollten, JW. 1917 S. 899 (s. auch unter „Kriegsklausel"). Über Geltendmachung der Unmöglichkeit s. Mühsam DJZ. 1918 S. 441.

Zu vertreten hat der Verkäufer die Umöglichkeit, wenn er sich bei Eintritt der Unmöglichkeit schon in Verzug befand, § 287 BGB., RG. 91 S. 101, WarnE. 1917 Nr. 916, 1918 Nr. 46, Recht 1918 S. 195 Nr. 485, wenn er seine nicht für alle Kunden reichenden Vorräte nicht gleichmäßig verteilt (§ 242 BGB.) RG. Bd. 84 S. 125, Bd. 94 S. 16, Recht 1918 S. 15?, Nr. 306 S. 412, Nr. 851 (Abnehmer mit Kriegsklausel dürfen nicht berücksichtigt werden RG. Bd. 91 S. 332) wenn er während des Kriegs schwer beschaffbare Ware verkauft, ohne sie schon in Händen zu haben. RG. Bd. 93 S. 17 und S. 19 Fußnote.

Über Schadensersatz s. dort.

Kettenhandel ist nach § 11 BRBek. vom 24. Juni 1916 (RG. S. 581) und § 1 Nr. 4 PreistreibVO. vom 8. Mai 1918 (RG. S. 395) jedes ohne Erfüllung einer notwendigen volkswirtschaftlichen Aufgabe erfolgende Einschieben eines Zwischengliedes in den Weg der Ware vom Erzeuger zum Verbraucher, wodurch die Ware verteuert wird (nicht jeder

[1]) Ebenso RG. Bd. 95 S. 41.

[2]) Ebenso RG. LZ. 1919 S. 482.

[3]) Oder wenn Vertrag während des Krieges erst abgeschlossen wurde RG. LZ. 1919 S. 473.

Verkauf vom Großhändler an den Großhändler vgl. RG. LZ. 1919 S. 238, BayZfR 1918 S. 358, aber auch JW. 1917 S. 938); Kettenhandelsgeschäfte sind nach § 134 und 138 BGB. nichtig LZ. 1918 S. 1011 und Plum JW. 1919 S. 351.

Klauseln, s. „Kauf", „Kriegsklauseln".

Krieg. Einfluß auf Verträge, s. „Kauf", Dienstvertrag", Werklieferungsvertrag", „Miete", „Pacht", auch „Beschlagnahme", „Ein- und Ausfuhrverbote". Einfluß auf Unfallrente RG. Bd. 95 S. 1 u. S. 87.

Kriegsanleihe, s. „Sicherheitsleistung".

Kriegsaufträge (im weitesten Sinne) können nach der VO. des Demobilmachungsamtes vom 21. Nov. 1918 (RGBl. S. 1323) durch die Beschaffungsstellen gegenüber dem Lieferer und Unterlieferer mit Wirkung ab 10. November 1918 aufgelöst werden mit der Wirkung, daß nur der positive Schaden ersetzt wird; soweit die Aufträge als Notstandsarbeiten aufrecht erhalten werden, wird der Preis auf die tatsächlichen Beschaffungskosten herabgesetzt. Streitigkeiten entscheiden unter Ausschluß des Rechtsweges die Demobilmachungskommissäre, vgl. Hachenburg JW. 1919 S. 14, Marquardt JW. 1919 S. 180, Pollack und Comparz JW. 1919 S. 255, Hueck DJZ. 1919 S. 223 s. auch „Kauf".

Kriegsbeihilfen, s. „Abtretung".

Kriegsflüchtlinge sind durch BRBek. v. 8. Febr. 1917 (RGBl. S. 113) ReichskBek. v. 26. Febr. 1917 (RGBl. S. 192) im wesentlichen immobilen Kriegsteilnehmern gleichgestellt, s. auch „Zahlungsfristen" (im übrigen Zivilprozeß).

Kriegskasse-Forderungen s. „Abtretung".

Kriegsklausel. Literatur: Krückmann, Clausula reb. s. stant., Kriegsklausel, Streikklausel, Tübingen 1918 = ArchZivPrax. Bd. 116 S. 396 ff., Plum JW. 1919 S. 340.

Allgemein: Bedeutung der Klausel ist im Einzelfalle nach §§ 133, 157 BGB. festzustellen und zwar bei einer vom Verkäufer verfaßten Formularbedingung so wie der Käufer sie vernünftigerweise verstehen mußte. RG. Bd. 88 S. 144, Bd. 92 S. 87, JW. 1916 S. 1186 u. 1187, DJZ. 1918 S. 123. Über sog. stillschweigende Kriegsklausel s. „Clausula rebus sic stantibus".

Einzelfälle[1]): „Krieg, Feuer, Streik usw. sowie sonstige Fälle höherer Gewalt vorbehalten" befreit bei erheblicher Einwirkung des Kriegs auf den liefernden Betrieb, auch wenn kein Unvermögen vorliegt, RG. Bd. 87 S. 92, Bd. 88 S. 143, LZ. 1916 S. 54 = JW. 1916 S. 118 = DJZ. 1916 S. 129, und deshalb andere (spätere) Käufer befriedigt wurden. RG. LZ. 1918 S. 742. Der Verkäufer ist sogar berechtigt beim Versendungskauf die schon unterwegs befindliche, aber noch nicht abgelieferte Ware zurückzurufen. RG. Bd. 92 S. 271.

[1]) Vgl. auch oben unter „Kauf".

Gleiche Bedeutung haben Klauseln ohne das Wort „Krieg“ wie „höhere Gewalt, Streik usw. entbinden von der Lieferpflicht“ RG. LZ. 1915 S. 316, 1916 S. 317, 1917 S. 329, JW. 1916 S. 316 u. 958, 1918 S. 85. Bei diesen Klauseln befreit auch Beschlagnahme der fraglichen Warenart (falls der Krieg als solcher nicht störend wirkte) ohne Unmöglichkeit. RG. JW. 1917 S. 355, LZ. 1917 S. 729, WarnE. 1917 Nr. 101.

Unter die (reine) Betriebsstörungsklauseln fallen regelmäßig (s. aber RG. DJZ. 1919 S. 273) nur technische Unfälle und Störungen, nicht der Krieg als solcher. RG. Recht 1917 Nr. 119 u. 346, WarnE. 1917 Nr. 293, 1918 Nr. 107 u. 46 („Betriebsstörung und Betriebeinschränkung“), LZ. 1918 S. 831, DJZ. 1919 S. 274. Über die neuerdings von den Banken eingeführte Betriebsstörungsklausel s. Abshagen, JW. 1919 S. 298

„Krieg, Streik usw. welche (soweit sie) die Erfüllung unmöglich machen“: hier ist zweifelhaft und im Einzellfall zu prüfen, ob sich der Relativsatz auch auf den Krieg bezieht; falls nicht, genügt erhebliche Störung der Lieferungsmöglichkeit. RG. JW. 1916 S. 118 u. 257, LZ. 1916 S. 259. „Kriegsüblicher Vorbehalt“ hat mangels eines bestimmten Handelsgebrauchs keinen greifbaren Sinn. RG. LZ. 1918 S. 698. Über „Lieferungsmöglichkeit vorbehalten“ vgl. OLG. Hamburg Recht 1917 S. 323. „Lieferungsmöglichkeit unseres Werkes vorbeh.“ RG. LZ. 1919 S. 471, auch RG. Bd. 95 S. 99.

Die aufschiebende Kriegsklausel befreit bei störender Einwirkung auf die Lieferungsmöglichkeit grundsätzlich nur für die Dauer des Krieges usw. RG. JW. 1916 S. 316, schließt aber nicht aus, daß eine dauernde Befreiung kraft Gesetzes eintritt, wenn die zeitliche Verschiebung der Leistung, deren wirtschaftliche Bedeutung und Inhalt so wesentlich ändert, daß Unmöglichkeit der Erfüllung (s. unter „Unmöglichkeit“) anzunehmen ist, RG. Bd. 90 S. 102, JW. 1916 S. 487, soferne nicht ausnahmsweise im Einzelfalle anzunehmen ist, daß nach dem Willen der Vertragschließenden die beiderseitigen Vertragspflichten ohne Rücksicht auf die Dauer der Verzögerung nach Behebung der Hindernisse auf alle Fälle erfüllt werden sollten. RG. Bd. 92 S. 87.

Während der Kriegszeit vereinbarte Freizeichnungsklauseln erstrecken sich nicht auf Erschwernisse, die schon beim Vertragsschluß bestanden, sondern nur auf neu eintretende Erschwerungen. RG. Recht 1917 Nr. 301, LZ. 1918 S. 377 u. 742, WarnE. 1918 Nr. 102.

Geltendmachung des Rechts aus der Klausel muß nach Treu und Glauben erfolgen, sobald der Berechtigte die Lieferungsschwierigkeiten erkennt. RG. Bd. 88 S. 143, Bd. 91 S. 108 auch Bd. 91 S. 57 (Bühnenvertrag); dagegen liegt kein Verzicht und kein Verstoß gegen Treu und Glauben vor, wenn Verkäufer erst nach einiger Zeit infolge der allmählich sich ergebenden Schwierigkeiten die Lieferungen einstellt. RG. LZ. 1917 S. 1249, JW. 1919 S. 237, auch RG. Bd. 90 S. 105.

Versicherungs-Kriegsklauseln s. Versicherungsverträge.

Kriegsteilnehmer. Sonderbestimmungen: Gesetz betreffend den Schutz der infolge des Krieges an der Wahrnehmung ihrer Rechte behinderten Personen v. 4. Aug. 1914 (RGBl. S. 328) enthält mit Ausnahme des § 7 Abs. II Ziff 1 (Bereicherungsanspruch im Falle des Versäumnis- oder Ausschlußurteils in einem Konkurs-, Aufgebots-, Verteilungs-, Zwangsversteigerungs- oder Zwangsverwaltungsverfahren) und des § 8 (s. Verjährung) nur prozessuale Bestimmungen. Die materiale Rechtslage der Kriegsteilnehmer wird durch die Teilnahme am Krieg grundsätzlich nicht berührt, Willenserklärungen (insbes. Mahnung, Kündigung, Rücktritt, Wandlung, Anfechtung — über Anfechtung auf Grund der KO. u. AnfG. s. BRBek. v. 5. Aug. 1917 RGBl. S. 590) konnten ihnen, soweit tatsächlich möglich, mit allen gesetzlich oder vertragsmäßig sich ergebenden Folgen, zugehen, wie auch im übrigen die Folgen von Nichterfüllung von Verbindlichkeiten eintraten (vgl. aber auch „Zahlungsfristen" und „Rechtsfolgen"), soweit nicht die tatsächlichen Verhältnisse ein Verschulden (und damit Verzug und Schadensersatz) ausschließen; das KTSchG. ist außerdem ein SchutzG. im Sinne des § 823 Abs. II BGB. Vgl. Wassermann-Erlanger, Anm. 2 zu § 1, Warneyer, Vorbem. II zu § 1.

BRBek. v. 14. Jan. 1915 (RGBl. S. 17) über die Vertretung von Kriegsteilnehmern in bürgerlichen Rechtsstreitigkeiten, BRBek. v. 20. Jan. 1916 zum Schutz von Angehörigen immobiler Truppenteile, BRBek. v. 22. Dez. 1915 (RGBl. S. 833) betr. das Verfahren bei Zustellungen (insbesondere an Rechtsanwälte), VO. v. 14. Dez. 1918 (RGBl. S. 1427) über die Zwangsvollstreckung enthalten nur prozessuale Bestimmungen, s. Mayer, Zivilprozeß.

BRBek. v. 14. Jan. 1915 (RGBl. S. 18) und v. 8. März 1917 (RGBl. S. 219) betr. freiw. Gerichtsbarkeit in Heer und Marine (insbes. Militärtestament nach § 44 RMilG. auf Marine ausgedehnt; bei Urkunden im Felde Ortsangabe entbehrlich) s. auch Militärtestament; BRBek. v. 8. Juni 1916 (RGBl. S. 431) über die Bewilligung von Zahlungsfristen an Kriegsteilnehmer s. „Zahlungsfristen"; BRBek. v. 7. Okt. 1915 (RGBl. S. 612) über die Kündigungsfristen von Hinterbliebenen von Kriegsteilnehmern s. „Miete"; BRBek. v. 9. August 1917 über die Todeserklärung Kriegsverschollener s. „Todeserklärung." Über Pflicht zur Wiedereinstellung von Arbeitern und Angestellten s. „Arbeiter, gewerbliche" und „Angestellte".

Kriegsunterstützung s. „Uneheliche Kinder."

Kriegsverschollenheit s. „Todeserklärung".

Kriegswirtschaftliche Maßnahmen s. „Surrogation".

Kriegswucher: Vereinbarung eines gegen § 1 Nr. 1 d. PreistreibVO. v. 8. Mai 1918 (RGBl. S. 395) verstoßenden übermäßig hohen Preises hat keine Nichtigkeit des Geschäfts zur Folge, sondern führt nur zur Herabsetzung des Preises auf das zulässige Maß, da sich das Verbot nur gegen den Verkäufer richtet und da Zweck des Gesetzes ist, die Ware zu angemessenen Preisen dem Volke zuzuführen. RG. Bd. 93 S. 107; RG. LZ. 1918 S. 62, 1919 S. 434. Das Geschäft kann aber gegen die guten Sitten verstoßen und deshalb nach § 138 BGB. nichtig sein, insbesondere wenn unlautere Machenschaften angewendet werden oder die allgemeine Kriegsnot zur Erreichung außergewöhnlicher Vorteile auf Kosten der Allgemeinheit ausgenützt wird, RG. Bd. 93 S. 27 u. 106, auch JW. 1918 S. 556, vgl. auch im übrigen „Höchstpreis“, „Kettenhandel“, „Schadensersatz“, „Mäkler-Vertrag.“

Kündigung s. „Angestellte“, „Arbeiter, gewerbliche“, „Dienstvertrag“, „Einigungsämter“, „Hausgehilfen“, „Landarbeiter“, „Miete“, „Pacht“.

Landarbeiter. Die Gesindeordnungen und die Ausnahmegesetze für Landarbeiter (Art. 106—110 PolStGB., Art. 95 EG. BGB. mit Art. 15—31 Bayer. AusfG. BGB.) sind durch Ziff. 8 der Verkündung des Rates der Volksbeauftragten v. 12. Okt. 1918 (RGBl. S. 1303) aufgehoben. Für land- und forstwirtschaftliche Arbeiter einschließlich ihrer Nebenbetriebe (deren Arbeiter bisher der Gewerbeordnung oder dem HGB. unterworfen waren) nicht aber für das Hausgesinde (s. „Hausgehilfen“) gilt nunmehr die vorläufige Landarbeitsordnung vom 24. Jan. 1919 RGBl S. 111: Schriftzwang für Verträge von mehr als halbjähriger Dauer mit Naturallohn (§ 2), Höchstarbeitszeit und Pausen §§ 3—5, Art und Zeit der Leistung des Bar- und Naturallohns §§ 6—10, Verbot der Anrechnung von Kriegsrenten § 19, Vergütung der Überstunden §§ 11 und 12, Arbeitsordnung mit Arbeiterausschuß § 13, Sonderbestimmungen für Arbeiterinnen mit Hauswesen § 14, Arbeiterwohnung § 15 mit § 618 Abs. 2 BGB., außerordentliche Kündigung, insbesondere Fortbenützung der Wohnung und Leistung des Naturallohns, in diesem Falle (§§ 16—18); bei Streitigkeiten über Geldbewertung von Naturallohn, Leistung des Naturallohnanteils bei vorzeitiger Auflösung des Vertrags und über Angemessenheit des Lohns für Kriegsbeschädigte und andere Minderleistungsfähige ist zunächst der Schlichtungsausschuß anzurufen; kommt hier eine Einigung nicht zustande, so entscheiden, wie in allen anderen Fällen ohne weiteres, die ordentlichen Gerichte.

Vgl. Böttger JW. 1919 S. 210 und Gewerbe- und Kaufmannsgericht Nr. 6 vom 1. März 1919.

Lebensvermutung s. „Todeserklärung“.

Legitimation s. „Uneheliche Kinder“.

Lieferungsverträge s. „Kauf“, „Werklieferungsvertrag“.

Mahnverfahren s. „Zahlungsfrist“.

Mäkler-Vertrag. Eine übermäßige Vermittlungsgebühr (vgl. Lobe JW 1918 S. 391, Schäfer JW. 1919 S. 96) für Geschäfte des täglichen Bedarfs und des Kriegsbedarfs verstößt gegen § 1 Nr. 2 PreistreibVO. v. 8. Mai 1918 (RGBl. S. 339) und ist auf die angemessene Höhe herabzusetzen; verstößt das ganze Geschäft gegen die guten Sitten, so ist das Versprechen nichtig RG. Bd. 90 S. 400, Bd. 93 S. 29 u. 203, vgl. auch „Höchstpreis“, „Kriegswucher“, „Kettenhandel“.

Über Berechnung der Provision bei nachträglichen Zuschlägen zum Kaufpreis s. RG. Bd. 94 S. 236.

Miete.

1. Außerordentliche Ereignisse wie Kriegsverordnungen (z. B. Zuzugsverbot insbes. an Badeorten, Spiel- und Tanzverbote) die den Mietern einen vertragsmäßigen Gebrauch unmöglich machen, werden als Gründe zur Minderung des Mietzinses oder Kündigung (Rücktritt nach §§ 537, 542 und 323 BGB.) anerkannt in: RG. Bd. 91 S. 54, RG. JW. 1919 S. 239,[1]) OLG. Frankfurt JW. 1915 S. 1380, OLG. Celle LZ. 1915 S. 1041; vgl. auch RG. Bd. 88 S. 108 und Bd. 90 S. 374; a. M. unter Berufung auf § 552 BGB.: RG. JW. 1918 S. 88, JW. 1918 S. 169 = LZ. 1918 S. 155, LZ. 1918 S. 40 = BayZfR. 1918 S. 155, OLG. Hamburg OLGRspr. Bd. 31 S. 366, OLG. Königsberg DJZ. 1916 S. 252 = OLGRspr. Bd. 23 S. 302, vgl. auch RG. Bd. 79 S. 91 ff. Über Pacht s. dort Ziff. 1.
2. Gewährung von Zahlungsfristen für die Mietzinsschuld gemäß ZahlFristVO., KriegsstZahlFristVO. v. 8. Juli 1916 (RGBl. S. 451 und 452) und Gesetz über Gewährung von Zahlungsfristen wegen Verkehrserschwerung v. 3. März 1919 (RGBl. S. 281) s. hier unter „Zahlungsfrist", ferner Beseitigung von Rechtsfolgen wegen Nichtzahlung oder nicht rechtzeitiger Zahlung (Verpflichtung zur Räumung wegen Nichtzahlung des Mietzinses) gemäß RechtsfBesVO. v. 8. Juli 1916 (RGBl.) S. 451) s. hier unter „Rechtsfolgen". Zuständig sind die ordentlichen Gerichte; gutachtliche Äußerung des Einigungsamtes gemäß § 4 der BundesrBek. v. 15. Dez. 1914 (RGBl. S. 511).
3. Die Verordnungen zum Schutz der Mieter und gegen Wohnungsmangel s. unter „Mieterschutz".
4. Über Heizung und Warmwasserversorgung von Mieträumen s. BundesrBek. über Sammelheizungs und Warmwasserversorgungsanlagen in Mieträumen vom 2. Nov. 1917 RGBl. S. 989, und v. 1. Aug. 1918 RGBl. S. 991, Anordnung des Reichskanzlers für das Verfahren vor den Schiedsstellen v. 2. Dez. 1917 RGBl. S. 991). Die Entscheidungen der Schiedsstellen sind für die Gerichte bindend. LG. III Berlin JW. 1919 S. 258.
5. Durch RG. v. 8. Juni 1915 (RGBl. S. 327) wurden in Abänderung der §§ 573, 574 (und damit 575), 1123, 1124 (u. damit 1125) BGB. die Gültigkeit von Vorausverfügungen des Vermieters (Verpächters) über den Miet-(Pacht-)zins durch Rechtsgeschäfte mit Dritten oder mit dem Mieter zugunsten des Grundstückserwerbers und des beschlagnahmenden Hypothekengläubigers auf das z. Zt. der Veräußerung (§ 573), der Kenntnis hiervon (§ 574) oder der Beschlagnahme (§§ 1123, 1124) laufende Kalendervierteljahr beschränkt, nur für innerhalb des letzten halben Monats eines Kalendervierteljahres (bestritten ob Fristberech-

[1]) Nunmehr auch RG. Bd. 94 S. 267.

nung nach § 189 Abs. I BGB. oder nach § 192 BGB. vgl. Wassermann-Erlanger S. 215 ff., Bayer. JMEnt. v. 27. Dez. 1915 Bayer. JMBl. S. 55) erfolgenden Verfügungen verbleibt es bei der (früher allgemeinen) Erstreckung auf das nächstfolgende Kalender-Vierteljahr. Entsprechend abgeändert sind die § 57 ZVG (numehr §§ 57, 57 a und 57 b, wobei auch der bisher maßgebende Zeitpunkt des Zuschlages durch den der Beschlagnahme ersetzt wurde), § 183 ZVG. und § 21 KO.

Literatur: Trendelenburg, Gesetz zur Einschränkung der Verfügungen über Miet- und Pachtzinsforderungen, Berlin 1915; Hagelberg, Abtretung und Pfändung von Mieten, Berlin 1915, Wassermann-Erlanger S. 210 ff.; Heß S. 449 ff.

6. Wenn der Mieter infolge seiner Teilnahme am Krieg gestorben ist, kann sich der Vermieter den Erben und der Ehefrau gegenüber auf eine von den Vorschriften des § 569 BGB. abweichende Regelung des Kündigungsrechts nicht berufen BRBek. v. 7. Okt. 1915 (RGBl. S. 642).

7. Miete von Musikinstrumenten s. Bek. v. 17. März 1919 Bayer. Staatsanz. Nr. 373 v. 19. März 1919.

Mieterschutz und Bekämpfung der Wohnungsnot: Abschluß von Mietverträgen über Wohnungen und Wohnräume ist bei Meidung von Nichtigkeit (§ 1) und Strafe (§ 6) nur mit Genehmigung der Behörde (Ortspolizeibehörde oder delegierte Behörde § 4, z. B. in München Wohnungsamt) zulässig. Bayer. VO. betr. Wohnungsnot v. 29. April 1919 (Freistaat Nr. 20 = Bayer. Staatsanz. Nr. 125 v. 16. Mai 1919 u. VollzBek. Freistaat Nr. 20 = Bayer. Staatsanz. Nr. 126 v. 17. Mai 1919), Beschwerde § 4 Abs. 3 d. VO. u. Abschnitt B 4 Abs. 3 d. VollzBek.

Mietpreissteigerung jeder Art (bei alten und neuen Mietern, auch bei Einverständnis des Mieters) ist bei Meidung von Nichtigkeit (§ 1) und Strafe (§ 4) nur mit Genehmigung des Mieteinigungsamtes, event. des hiezu bestellten Ausschusses zulässig; Nachprüfung und event. Herabsetzung der derzeitigen Mietpreise (§ 2). Bayer. VO. betr. Mietpreissteigerung v. 29. April 1919 (Freistaat Nr. 20 = Bayer. Staatsanz. Nr. 125 v. 16. Mai 1919) u. VollzBek. Freistaat Nr. 20 = Bayer. Staatsanz. Nr. 126 v. 17. Mai 1919.

Kündigung (ordentliche und außerordentliche) von Wohnungen seitens des Vermieters ist in sog. Notstandsbezirken (d. h. Gemeinden mit Mieteinigungsämtern) nur nach vorheriger Zustimmung des Mieteinigungsamtes rechtsgültig (Antrag vom Vermieter so rechtzeitig zu stellen, daß er vor Ablauf der Kündigungsfrist verbeschieden wird), in anderen Gemeinden kann die Kündigung auf unverzüglichen Antrag des Mieters vom Amtsgericht als Einigungsamt als unwirksam erklärt werden. Vgl. hiezu unter „Einigungsämter“ Abschn. I 4a u. 5; für Geschäftsräume usw. a. a. O. Abschn. I 4c.

Untermiete kann bei Widerspruch des Vermieters (§§ 549, 553

BGB.) durch das Mieteinigungsamt gestattet werden. § 4 MieterschO. v. 23. Sept. 1918 (BGBl. S. 1141).

Zwangsmiete: Leerstehende Wohnungen sind auf Verlangen der Behörde (Ortspolizeibehörde oder delegierte Behörde z. B. Wohnungsamt in München) an bestimmte Wohnungssuchende zu vermieten. § 1 Abs. 2 d. Bayer. VO. über Wohnungsnot v. 29. April 1919 (Freistaat Nr. 20 = Bayer. Staatsanz. Nr. 125 v. 16. Mai 1919) u. Abschn. B 1 VollzBek. Freistaat Nr. 20 = Bayer. Staatsanz. Nr. 126 v. 17. Mai 1919. Beschwerde: § 4 Abs. 3 d. VO. u. Abschn. B 4 Abs. 3 d. VollzBek. Festsetzung des Mietvertrages durch das Mieteinigungsamt (event. Amtsgericht) s. unter „Einigungsämter" Abschn. I 4 g u. 5, über Räumung und Herstellung von Wohnräumen s. a. gl. O. Abschn. I 4 d—f, über Geschäftsräume a. gl. O. 4 h.

Zwangseinquartierung: Besitzer übermäßig großer Wohnungen müssen die nicht unbedingt benötigten, zur Unterbringung fremder Personen geeigneten Räume auf behördliche (Ortspolizeibehörde oder delegierte Behörde) Anforderung an obdachlose oder ungenügend untergebrachte Familien oder Einzelpersonen event. mit Möbeln und Kochgelegenheit abgeben. Feststetzung der Vergütung durch die Behörde. § 2 bayer. VO. der Wohnungsnot v. 29. April 1919 (Freistaat Nr. 20 = Bayer. Staatsanz. Nr. 125 v. 16. Mai 1919) u. Abs. B 2 d. VollzBek. Freistaat Nr. 20 = Bayer. Staatsanz. Nr. 126 v. 17. Mai 1919. Beschwerde: § 4 Abs. 3 d. VO. u. Abschn. B 4 Abs. 3 d. VollzBek.

Zahlungsfristen für Mietzins s. „Miete".

Militärtestament: Vgl. § 44 RMilG. mit Art. 44 EG. BGB. (eigenhändiges Testament bedarf nicht der Orts- und Zeitangabe, ist auch für Minderjährige zulässig, Erleichterungen für öffentliche Testamente) BRBek. vom 14. Jan. 1915 RGBl. S. 18 § 2 (Ausdehnung auf Marine) BRBek. vom 8. März 1917 RGBl. S. 219 § 1 (Ortsangabe allgemein bei Urkunden im Felde, insbes. also auch bei ordentlichen eigenhändigen Testamenten mit zeitlich unbeschränkter Dauer entbehrlich). Über Zeit der Zulässigkeit: BayObLG., OLG. Bd. 34 S. 303 und ferner BayObLG. Entsch. Bd. 17 S. 115 (erst von der Abstellung zum Regiment ab, noch nicht vom Einrücken als Ersatzreservist oder zum Ersatz-Batl. ab) KammG. Recht 1918 Nr. 609, OLG. Celle LZ. 1918 S. 228 (im Heimaturlaub).

Namensänderung, s. „Uneheliche Kinder".

Öffentliche Lasten, für welche das Grundstück haftet, behalten bis auf weiteres ihren dinglichen Rang (nach § 10 Ziff. 3 ZVG. in der ZwVersteig. und in der Zwangsverw.) und zwar einmalige, soweit sie am 1. Jan. 1915 noch nicht zwei Jahre rückständig waren; BRBek. vom 22. April 1915 (RGBl. S. 135) mit bayer. AusfG. v. 14. März 1917 GVBl. S. 58), wiederkehrende, soweit nach dem 1. August 1914 von der zuständigen Behörde Ausstand gewährt worden ist, BRBek. vom 12. Juli 1917 (RGBl. S. 235) mit bayer. AusfG. v. 17. Febr. 1918 (GVBl. S. 604). Näheres s. Dittrich BayZfR. 1918 S. 10 und S. 109.

Österreich-Ungarische Kriegsteilnehmer: Gleichstellung mit deutschen Kriegsteilnehmern s. BRBek. vom 22. Aug. 1914, RGBl. S. 450 und vom 4. Februar 1915 RGBl. S. 90, ferner vom 8. Nov. 1917 RGBl. S. 1021 mit 16. Jan. 1918 RGBl. S. 33 s. „Zahlungsfristen".

Pacht.

1. Unmöglichkeit. Behördliche Maßnahmen, welche die Möglichkeit der vertraglichen Fruchtziehung ganz oder teilweise aufheben — polizeiliche Tanzverbote und Beschränkung der Polizeistunde für Unternehmungen, die in ihrer Eigenschaft als Tanz- oder Nachtwirtschaften verpachtet sind[1]) — berechtigen zur Kündigung oder Pachtzinsminderung sowohl nach den §§ 537, 542, 581 BGB. wie nach den §§ 323, 275 BGB., RG. Bd. 87 S. 277, Bd. 88 S. 56, Bd. 89 S. 203, RG. LZ. 1919 S. 42 = BayZfR. 1919 S 14 (Anrechnung von Ersparnissen s. RG. Bd. 93 S. 144); nicht aber wenn unter Aufrechterhaltung der vertragsgemäßen Bewirtschaftung nur eine Minderung der Erträgnisse eintritt, RG. Bd. 87 S. 279, Bd. 90 S. 279, Bd. 93 S. 146, RG. BayZfR. 1919 S. 139.

   Über Miete s. dort Ziff. 1; ob Miete oder Pacht s. RG. Bd. 87 S. 278, Bd. 91 S. 310; über Jagdpacht s. LZ. 1916 S. 897 = OLG. Bd. 33 S. 321, DJZ. 1917 S. 250, LZ. 1918 S. 460, Frentz DJZ. 1919 S. 268.
2. Die während der Kriegs- und Demobilmachungszeit erlassenen Vorschriften zum Schutz der Mieter (vgl. Stein, Die neue MieterschO. Anm. I b zu § 2, Mittelstein JW. 1919 S. 225) und über das Kündigungsrecht der Hinterbliebenen der Kriegsteilnehmer (s. Miete Ziff. 3, RG. Bd. 89 S. 116) finden auf Pacht keine Anwendung.
3. Über Vorausverfügungen über den Pachtzins s. „Miete" Ziff. 5.
4. Über Zahlungsfristen s. dort.

Pension (Pfändbarkeit) s. „Abtretung".

Pfändbarkeit von Arbeits- und Dienstlohn usw. s. „Abtretung".

Polizeiverbote, s. „Miete", „Pacht".

Rechtsfolgen, die wegen Nichtzahlung oder nicht rechtzeitiger Zahlung einer Geldforderung nach Gesetz (z. B. §§ 284, 286, 288, 321, 326, 455, 554 BGB., §§ 1, 4 Abs. 2 AbzG., § 219 HGB., § 21 GmbHG. — §§ 38, 39 VersVG. bestritten, bejahend RG. Bd. 91 S. 17 —) oder Vertrag (Kündigungsrecht, Verfallklausel, Rücktrittsrecht, Strafzinsen, Vertragsstrafen) eintreten, können beseitigt werden nach der BRBek. v. 20. Mai 1915 RGBl. S. 292 mit BRBek. v. 6. Juni 1916 RGBl. 451 wenn die Forderung vor dem 31. Juli 1914 entstanden und die Rechtsfolge vor

---

[1]) Militärische Beschlagnahme eines Wirtschaftsanwesens RG. LZ. 1919 S. 476.

diesem Zeitpunkt eingetreten. Für Kriegsteilnehmer s. BRBek. v. 8. Juni 1916 RGBl. S. 452 § 4, für Hilfsdienstpflichtige BRBek. v. 3. Mai 1917 RGBl. S. 392 § 1, für Kriegsflüchtlinge BRBek. v. 8. Febr. 1917 RGBl. S. 113 § 8, für die durch die gegenwärtige Verkehrserschwerung mit Teilen des Reichs betroffenen Schuldner RG. v. 3. März 1919, RGBl. S. 281 § 4 mit Bek. v. 6. März 1919 RGBl. S. 283, ferner bez. Banken.[1])

Im übrigen gelten für die Voraussetzungen und das Verfahren die Zahlungsfristenverordnungen, s. hier unter „Zahlungsfristen". Für die Zwangsvollstreckungsinstanz s. § 3 der BRBek. v. 29. Mai 1915 RGBl. S. 292.

Rechtspflege = Stillstand, s. „Verjährung".

Reichsstempelabgaben s. „Verjährung".

Rente, Ruhegehalt (Abtretbarkeit usw) s. „Abtretung".

Schadensersatz wegen Nichterfüllung. Vgl. Blum JW. 1919 S. 347 Ziff. V, 3; Voraussetzungen s. unter „Kauf".

Preisbeschränkungsvorschriften: Bei abstrakter Schadensberechnung des Käufers, d. h. wenn der Unterschied zwischen Vertragspreis und Marktpreis, zu dem die Weiterveräußerung hätte erfolgen können, als entgangener Gewinn verlangt wird, sind Höchstpreise und die nach PreisTreibVO. für die Preisbestimmung maßgebenden Vorschriften und Grundsätze einzuhalten. RG. Bd. 90 S. 305, RG. JW. 1917 S. 901, 1918 S. 225; LZ. 1918 S. 1139; OLG. Nürnberg, BayZfR. 1918 S. 291 (mit Nachweisen); OLG. München LZ. 1918 S. 649 (Beschränkung gilt nicht, wenn Schadensersatzforderung vor der Herrschaft der PreisTreibVO. entstanden, RG. LZ. 1918 S 1331, 1919 S. 198). Bei konkreter Schadensberechnung, d. h. wenn der Unterschied zwischen dem Kaufpreis und dem Preis, zu dem der Käufer sich tatsächlich eingedeckt hat, verlangt wird, kann dieser positive Schaden nach § 249 ohne Rücksicht auf die PreisBeschrV. verlangt werden, selbst wenn der Käufer nicht durch Weiterverkaufsverträge zur Eindeckung genötigt war. RG. Bd. 90, S. 160, Bd. 93 S. 133, RG. JW. 1918 S. 556 u. 557 = LZ. 1918 S. 1065, vgl. aber auch KammG. LZ. 1918 S. 221.

Über Vorteilsausgleichung bei Schadensberechnung des Verkäufers RG. JW. 1917 S. 355, vgl. auch RG. Bd. 93 S. 144.

Zeitpunkt für die Berechnung des Schadensersatzes nach Wahl des Gläubigers entweder der des Eintritts des Verzugs oder der Zeitpunkt des Entstehens des Schadensersatzanspruchs d. i. des Eintritts der zu vertretenden Unmöglichkeit oder bei § 326 BGB. des Endes der Nachfrist RG. Bd. 90 S. 423, Bd. 91 S. 30; RG. JW. 1917 S. 847, 1918 S. 35.

Schleichhandelsgeschäfte (s. BRBek. v. 7. März 1918 RGBl. S. 112) sind nach §§ 134, 138 BGB. nichtig.

---

[1]) Wird ein Schuldner durch Stillegung eines Bankbetriebs unverschuldet an der Erfüllung gehindert, so gelten nach VO. vom 19. April 1919, RGBl. S. 397 die Rechtsfolgen als nicht eingetreten. Hiezu Weisbecker, JW. 1919 S. 440.

Schlichtungsausschüsse sind nach der VO. d. Volksbeauftr. v. 23. Dez. 1918 §§ 15 ff. (RGBl. S. 1456 mit bayer. VollzBek. v. 8. Jan. 1919 Bayer. Staatsanzeiger Nr. 9 v. 10. Nov. 1919, v. 20. Nov. 1919 Bayer. Staatsanzeiger Nr. 21 v. 22. Jan. 1919, v. 22. März 1919 Bayer. Staatsanzeiger Nr. 78 v. 24. März 1919) in allen Bezirken, für die durch das Gesetz über den vaterländischen Hilfsdienst Schlichtungsausschüsse errichtet waren (durch die Kreisregierung, Kammer des Innern), nötigenfalls auf Antrag der Arbeitgeber oder Arbeitnehmer, neu zu bilden; sie sind zuständig zur Entscheidung über Streitigkeiten (grundsätzlicher Art, nicht über Einzelfälle) über Lohn- oder sonstige Arbeitsverhältnisse und über die Durchführung von Tarifverträgen. Anweisung über die Zusammensetzung der Schlichtungsausschüsse und des Verfahrens von den Ausschüssen v. 25. April 1919 sowie Zusammenstellung des Sitzes und der Verwaltungsgrenzen der Schlichtungs-Ausschüsse in Bayern s. Freistaat Nr. 14 = Bayer. Staatsanz. Nr. 120 v. 10. Mai 1919 mit Abänderung v. 9. Mai 1919, Bayer. Staatsanz. Nr. 124. Antragsberechtigung s. § 20 a. a. O. Vertretung der Parteien s. JW. 1919 S. 231. Schiedssprüche sind nur verbindlich, wenn beide Parteien sich dem Spruch unterwerfen. § 28 a. a. O.[1]) Während der Übergangszeit ist jedoch der Demobilmachungskommissar (Demobilmachungsstellen in München, Nürnberg und Speyer) nach § 14 der VO. v. 4. Jan. 1919 (RGBl. S. 8) und nach § 17 der VO. v. 24. Jan. 1919 (RGBl. S. 100) berechtigt Schiedssprüche für verbindlich zu erklären,

Weitere Zuständigkeit der Schlichtungsausschüsse s. § 12 Abs. 2. § 15 der VO. v. 4. Jan. 1919 (RGBl. S. 8), §§ 15, 18 der VO. v. 24. Jan. 1919 (RGBl. S. 100) betr. Wiedereinstellung von Kriegsteilnehmern, § 6 der VO. v. 9. Jan. 1919 (RGBl. S. 28), § 13 der VO. v. 24. Jan. 1919 RGBl. S. 100 (Auferlegung von Bußen wegen Nichteinstellung von Schwerbeschädigten oder Kriegsteilnehmer-Angestellten).

Schwerbeschädigte, die infolge Kriegsdienst-Beschädigung oder Unfallverletzung eine Rente von 50% oder mehr beziehen, müssen in allen öffentlichen und privaten Betrieben, Büros und Verwaltungen auf je 100 einer, in der Landwirtschaft auf je 50 einer (einschließlich der schon im Betriebe tätigen) angestellt werden. Darüber hinaus sollen weitere geeignete Arbeitsplätze durch Schwerbeschädigte besetzt werden. Meldung der zu besetzenden Arbeitsplätze bei den Hauptfürsorgestellen, die sofort geeignete Personen nachweisen. VO. v. 9. Jan 1919 RGBl. S. 28. Kündigungssperre bis zum 1. Juli 1919 (VO. v. 1. Febr. 1919 RGBl. S. 132, VO. v. 11. März 1919 RGBl. S. 301, VO. v. 10. April 1919 RGBl. S. 389), sodann Kündigungsfrist für alle Schwerbeschädigten mindestens 14 Tage, Anhörung des Arbeiter- oder Angestelltenausschusses (§ 5); Überwachung durch Fürsorgestellen und Demobilmachungsausschüsse event. Buße durch Schlichtungsausschuß.

Literatur: Pflicht zur Beschäftigung Schwerbeschädigter (Einstellungszwang) von Dr. Bergwiedt, Berlin 1919.

---

[1]) Antragsrecht des Demobilmachungs-Kommissärs nach VO. v. 30. Mai 1919 (RGBl. S. 493 Bayer. Staatsanz. Nr. 151) Art. 1 Ziff. 3.

Seerecht s. „Verjährung“.

Siedlungsunternehmungen s. „Grundstücke, landw.

Sicherheitsleistung mit Wertpapieren: Als Papiere mit Kurswert gelten diejenigen, welche vor Kriegsausbruch einen Kurswert hatten, ferner die Reichskriegsanleihen; maßgebend war Kurs vom 25. Juli 1914 bzw. Ausgabekurs. BRBek. v. 22. Dez. 1914 RGBl. S. 541.

Stillstand der Rechtspflege s. „Verjährung“.

Stundung s. „Zahlungsfristen“.

Surrogation (dinglicher Ersatz). Allgemeines: Eine Rechtsregel, daß in allen Fällen der Enteignung die Entschädigungssumme für alle Eigentums-, Nutzungs- und sonstige Realansprüche an Stelle der enteigneten Sache tritt, besteht nicht, insbesondere nicht für Entziehung des Eigentums an beweglichen Sachen auf Grund des KrLeistG.; Art. 52, 53 EG. BGB. und die landesrechtlichen Enteignungsgesetze betr. nur Grundeigentum; § 281 BGB. betr. nur schuld- nicht sachenrechtliche Verhältnisse, RG. Bd. 70 S. 226, RG. JW. 1917 S. 452 u. 653, 1919 S. 186.

Kriegswirtschaftliche Maßnahmen: Ersatzansprüche, die einem Grundstückseigentümer zufolge kriegswirtschaftlicher Maßnahmen für die Wegnahme von Bestandteilen oder Zubehörstücken oder für die Betriebseinstellung zustehen, werden durch die Art. 2—5 der BRBek. v. 11. März 1918 RGBl. S. 183 (in Ergänzung der Art. 52, 53 EG. BGB.) der dinglichen Haftung für die Hypotheken des Grundstücks unterstellt. Durch VO. vom 23. März 1919 (RGBl. S. 349) § 8 Abs. 1 sind diese Bestimmungen für entsprechend anwendbar erklärt, wenn Maschinen, die aus Belgien oder Frankreich weggenommen worden waren, wieder zurückgegeben und gegen Entschädigung vom Grundstück entfernt werden. Über Enteignung von Grundstücksteilen vgl. auch BRBek. v. 16. März 1918 RGBl. S. 126.

Tarifverträge sind nach d VO. d. Volksbeauftragten v. 23. Dez. 1918 (RGBl. S. 1456) mit Bayer. VollzBek. v. 8. Jan. 1919 (Bayer. Staatsanz. Nr. 9. v. 10. Jan. 1919), v. 20. Jan. 1919 (Bayer. Staatsanz. Nr. 21 v. 22. Jan. 1919) nicht nur für die vertragsschließende Partei, sondern auch für die zur Zeit des Abschlusses diesen Vereinigungen angehörenden und für die ihnen später beitretenden Mitglieder zivilrechtlich bindend (§ 1 Abs. 2) und sind zuungunsten der Arbeitnehmer unabdingbar. (Verträge, welche dem Arbeitnehmer mindere Rechte gewähren, gelten kraft des Gesetzes als zu den Bedingungen des Tarifvertrages abgeschlossen) § 1 Abs. 1; sie können bei „überwiegender Bedeutung“ für den Berufskreis durch das Reichsarbeitsamt auf Antrag einer Vertragspartei oder Berufsvereinigung, außerdem während der Übergangszeit auch des Demobilmachungskommissärs (nach § 11 d. VO. v. 4. Jan. 1919 RGBl. S. 8, § 16 d. VO. v. 24. Jan. 1919, RGBl. S. 100), für allgemein (auch für am Vertrag nicht beteiligte Arbeitgeber und Arbeitnehmer der Arbeitsart) verbindlich innerhalb eines bestimmten räumlichen Geltungsbereichs erklärt werden. (§§ 2—6).

Literatur: Baum JW. 1919 S. 70, Junk JW. 1919 S. 75, Wölbling DJZ. 1919 S. 299; Giesberts-Sitzler, Tarifverträge, Arbeiter- und Angestelltenausschüsse und Schlichtungsausschüsse, 2. Aufl. Berlin 1919; Max v. Schulz, Tarifverträge usw., Berlin 1919.

Teuerung und Unterhalt s. „Uneheliche Kinder".

Teuerungszulagen s. „Abtretung".

Todeserklärung Kriegsverschollener. Nach d. BRBek. v. (18. Okt. 1916, nun in der Fassung v.) 9. Aug. 1917 (RGBl. S. 704) kann ein deutscher Kriegsteilnehmer, der während des Krieges vermißt wurde, für tot erklärt werden, wenn er 1 Jahr verschollen ist (§ 1); als Zeitpunkt des Todes ist der Ablauf des Verschollenheitsjahres festzusetzen, es sei denn, daß die Ermittlungen ein anderes ergeben, insbesondere hienach anzunehmen ist, daß der Verschollene ein bestimmtes Kriegsereignis nicht überlebt hat (§ 2), Lebensvermutung bis zu dem hienach anzunehmenden Zeitpunkt des Todes (§ 3). Die Vorschriften der §§ 15, 18 BGB., insbesondere die weitergehende Lebensvermutung des § 19 ist dadurch aufgehoben, RG. Bd. 93 S. 108. Verfahren nach §§ 945 ff. insbes. §§ 960 ff. ZPO. soweit nicht die §§ 5—23 d. VO. ein anderes ergeben; Mitwirkung der Staatsanwaltschaft §§ 5, 9, 14, 19, 21; Aufgebotsfrist mindestens 1 Monat (§ 6). Besonders Beschlußverfahren für Aufhebung der Todeserklärung auf Antrag des Verschollenen §§ 13—17, sowie für die Berichtigung des Zeitpunktes des Todes (§§ 18—20) sei es wegen unrichtiger Würdigung des Beweismaterials oder wegen neuer Tatsachen (Begr.).

Über Beweispflicht für das Fortleben im Prozeß s. RG. Bd. 93 S. 108, andererseits OLG. Dresden LZ. 1918 S. 1008. Über Bedeutung einer Vollmacht, die durch den Tod des Vollmachtgebers nicht erlöschen soll, RG. Bd. 88 S. 345 ff.

Tumultschaden s. „Aufruhrschaden".

Uneheliche Kinder.

1. Legitimation durch nachträgliche Ehe kann, wenn eine öffentliche Urkunde (§ 26 PerſStG.) von einem verstorbenen Kriegsteilnehmer nicht vorliegt, durch das Vormundschaftsgericht auf Grund jeglicher Art von Beweismitteln festgestellt werden. BRBek. v. 18. Jan. 1917 RGBl. S. 57.
2. Namensänderung nach § 1706 Abs. 2 BGB. Zur öffentlichen Beglaubigung der Erklärung des Ehemannes wurden durch bayer. Bek. v. 1. Juli 1918, bayer. JMBl. Beibl. 1918 S. 106 auch die Kriegsgerichtsräte und militärischen Vorgesetzten, sowie Gerichtsoffiziere im Felde für zuständig erklärt.
3. Kriegsunterstützung nach § 2 d. G. v. 4. August 1914 RGBl. S. 333 / 21. Jan. 1916 RGBl. S. 55 ist auf die vom Kindsvater zu zahlende Unterhaltsrente (gem. §§ 267, 363 BGB.) anzurechnen; Differenzbetrag ist (nach § 1711 BGB.) nachzuzahlen, LG. Straßburg LZ. 1916 S. 709, LG. Heilbronn JW. 1917 S. 670, LG. Halle (bei Mantey) LZ. 1918 S. 678, Caspari DJZ. 1918

S. 123, Köhler ZBlFG. 1918 S. 405, Stern im Recht 1918 S. 117; a M.[1]) Hertel DRichtZ. 1915 S. 600, Kreß BayZfR. 1918 S. 268 (volle Nachzahlungspflicht), noch weiter gehend wie hier: Deumer DJZ. 1914 S. 1205, Friedberger ZBlVorm. 1915 S. 205, Mantey LZ. 1918 S. 678: durch die Kriegsunterstützung wird jede Nachzahlung, auch des Differenzbetrages, ausgeschlossen.

4. **Unterhaltsanspruch:** Erhöhung der Rente wegen allgemeiner Teuerung (Sinken des Geldwertes) ist bei Urteil nach § 323 ZPO. zulässig, LG. Berlin JW. 1916 S. 615, vgl. Gaupp-Stein Anm. II, 3 zu § 323; a M Bleicher, Recht 1918 S. 206, bei Vergleichen (Vereinbarung nach § 1714 Abs. I) unzulässig. OLG. Nürnberg BayZfR. 1919 S. 21; OLG. München v. 25. März 1919 BerReg. Nr. 96/19 III (Münch. Neueste Nachr. Nr. 158 u. Bayer. Staatszeitung Nr. 128)[2]); a. M. OLG. München BayZfR 1918 S. 363, LG. I und AG. München i. Bl. f Armen-Pfl 1918 S. 177, Markuse LZ. 1918 S 1252, Weitpert Bayer. Staatszeitung Nr. 128 v. 20 Mai 1919[3]) (auf Grund des § 1714 Abs. II BGB. u § 157 BGB.); vgl. auch RG. WarnE. 1918 Nr. 140, OLG Colmar LZ. 1916 S. 1065; § 323 ZPO. findet auf Vergleiche keine Anwendung; es entscheiden die Vertragsgrundsätze d. bürgerl. Rechts f. Gaupp Stein, Anm. II, 2 zu § 323 ZPO.

5. **Vaterschaftsklage** nach dem Tod des Kindsvaters gegen dessen Erben (zwecks Erlangung einer Waisenrente — Ersatzzuwendung sofern die Klage gegen die Erben aus § 1712 BGB. mangels Nachlasses aufsichtslos ist und andere Beweismittel für die Vaterschaft nicht vorliegen, vgl. Nußbaum JW. 1919 S. 177) ist zulässig. LG. Augsburg BayZfR. 1917 S. 295, Tuch und Schüler JW. 1917 S. 277, Dittmann BayZfR. 1917 S. 112; a. M. Lersch BayZfR. 1917 S. 272, LG. Aschaffenburg (nach Schwarzmann) JW. 1916 S. 1594.

Unmöglichkeit s. „Dienstvertrag“, „Kauf“, „Miete“ „Pacht“, „Werklieferungsvertrag“, Des Zwecks einer Gesellschaft, OLG. Hamburg LZ. 1919 S. 599.

Verfallklausel s. „Rechtsfolgen“.

Verjährung.

Allgemein: Durch BRBek. v. 22. Dez. 1914 RGBl. S. 543 ist die Verjährung der in §§ 196, 197 BGB. bezeichneten Ansprüche bis zum Schluß des Jahres 1915 erstreckt, soweit diese am 22. Dez. 1914, wenn auch infolge Unterbrechung oder Hemmung der Verjährung noch nicht verjährt waren. Durch BRBek. v. 4. Nov. 1915 RGBl. S. 732 weitere Erstreckung bis zum Schluß des Jahres 1916 und Ausdehnung, soweit für die in §§ 196, 197 bezeichneten Ansprüche in anderen Reichsgesetzen Verjährungsfristen

---

[1]) LG. Kassel JW. 1919 S. 390.

[2]) Zölch, BayZfR. 1919 S. 230.

[3]) Und dgl. Blätter für Säuglings- u. Kleinkinderfürsorge 1919 S. 107 (mit Nachweisen).

bestimmt sind, OLG. Nürnberg LZ. 1918 S. 1368 (die Ausdehnungsvorschrift hat keine rückwirkende Kraft für die im Laufe des Jahres 1915 verjährten Ansprüche OLG. Dresden LZ. 1919 S. 333, OLG. Karlsruhe OLG. Bd. 37 S. 49); über die Verjährung von Frachtzuschlägen vgl. OLG. Nürnberg LZ. 1919 S. 277, OLG. Dresden LZ. 1919 S. 333, ferner DJZ. 1918 S. 444, BayZfR. 1919 S. 135 und nun RG. Bd. 95 S. 33.

Weitere Erstreckung der Verjährung durch BRBek. v. 26. Okt. 1916 (RGBl. S. 1198) bis Schluß 1917, BRBek. v. 22. Nov. 1917 (RGBl. S. 1068) bis Schluß 1918 und BRBek. v. 31. Okt. 1918 (RGBl. S. 1238) bis 31. Dez. 1919.

Auslandsansprüche: Verjährung ist, soweit Geltendmachung durch Gegenmoratorium (BRBek. v. 7. Aug. 1914 RGBl. S. 360 mit ErgBek. s „Zivilprozeß") unmöglich ist, gehemmt. OLG. Köln DJZ. 1917 S. 1250, Wassermann-Erlanger Anm. IV S. 418 (herrschende Ansicht); a. M. Heß Anm. 9 S. 291, BayZfR. 1917 S. 252.

Geschäftsaufsicht. Anordnung hemmt die Verjährung gemäß BRBek. v. 14. Dez. 1916 (RGBl. S. 1363 § 7).

Kriegsteilnehmer: nach § 8 KrTSchG. ist die Verjährung zugunsten der Kriegsteilnehmer und ihrer Gegner gehemmt bis zur Beendigung des Kriegszustandes oder der Beendigung der Kriegsteilnehmereigenschaft. Nach § 8 Abs. II gilt dies auch für Ausschlußfristen, auf die § 203 BGB. entsprechend Anwendung findet und für sonstige gesetzliche Fristen für die Beschreitung des Rechtsweges. Zusammenstellung der in Betracht kommenden Fristen s. Wassermann-Erlanger, Anm. III zu § 8, Warneyer S. 63.

Reichsstempelabgaben verjähren nach BRBek. v. 21. Dez. 1918 (RGBl. S. 1468), soweit sie noch nicht verjährt sind, nicht vor Schluß 1920.

Seerecht: über die Verlängerung der Fristen der §§ 901, 902, 904 Abs. II HGB. vgl. BRBek. v. 9. Dez. 1915 RGBl. S. 811, v. 26. Okt. 1916, v. 22. Nov. 1917, v. 31. Okt. 1918 (s. oben).

Stillstand der Rechtspflege und Verhinderung der Rechtsverfolgung durch höhere Gewalt bewirkt Hemmung der Verjährung nach § 203 BGB. — dagegen prozessuale Wirkung: Unterbrechung des Verfahrens mit Neubeginn des Laufes der Fristen §§ 245, 249 ZPO.

Vorlegungsfristen für Zins-, Renten- und Gewinnanteilscheine vgl. BRBek. v. 28 März 1918 RGBl. S. 153 und BRBek. v. 31. Okt. 1918 (RGBl. S. 1283 § 2); Rückwirkung für die nach dem 31. Juli 1914 abgelaufenen Fristen.

Wechsel-Verjährung s. Frankenburger, Handelsrecht.

Zahlungsfrist-Bewilligung bewirkt Hemmung der Verjährung für die Dauer der Frist gemäß § 202 BGB.; Unterbrechung tritt gemäß § 209 BGB. ein, im Initiativverfahren (s. „Zahlungsfrist") schon durch Antrag des Schuldners gem. § 208 BGB.

Verkehrserschwerung s. „Zahlungsfristen".

Verpfändung v. Arbeits- und Dienstsachen s. „Abtretung".

Verschollenheit s. „Todeserklärung".

Versicherungsverträge. Bedeutung der Kriegsklausel bei Lebensversicherung RG. Bd. 93 S. 84, RG. Warn. E 1917 Nr. 230, bei Schadensversicherung RG. Bd. 90 S. 278, Bd. 92 S. 398, bei Seeversicherung RG. Bd. 89 S. 68, 139, 315, Bd. 91 S. 84, Bd. 92 S. 15, 247, 414, Unfallversicherung RG. Bd. 90 S. 319, LZ. 1917 S. 1078.

Vertragsstrafe s. „Rechtsfolgen".

Vorausverfügungen über Miet- und Pachtzins s. „Miete".

Vorkaufsrecht s. „Grundstücke", „Erbbaurecht".

Vorlegungsfrist s. „Verjährung".

Warmwasserversorgung s. „Miete".

Werklieferungsvertrag. Verkauft jemand Waren, die in seiner Fabrik herzustellen sind (dies ist beim Verkauf durch Fabrikanten zu vermuten RG. Bd. 88 S. 288, Warn. E. 1917 Nr. 99, OLG. Hamburg LZ. 1917 S. 1279 aber auch RG. Recht 1919 S. 223) so ist die Unmöglichkeit nicht nach § 279 BGB. sondern nach § 275 BGB. zu beurteilen; er haftet für Unmöglichkeit nur wenn er bei Anwendung pflichtmäßiger Sorgfalt entweder den Eintritt der Umstände, die tatsächlich die Herstellung verhindert haben, oder diese Wirkung der Umstände abwenden konnte und mußte. RG. JW. 1918 S. 150, LZ. 1918 S. 38, RG. Gruchot Bd. 61 S. 627; OLG. Hamburg Bd. 33 S. 208. Vgl. auch Plum JW. 1919 S. 344 Ziff. 7.

Wertpapiere s. „Sicherheitsleistung".

Wiedereinstellungspflicht s. „Angestellte", „Arbeiter gewerbl."

Wohnungsnot s. „Mieterschutz".

Zahlungsfristen können gewährt werden:

1. Allgemein: Nach den ZahlFristVO. v. $\frac{\text{20. Mai 1915 (RGBl. S. 290)}}{\text{8. Juni 1916 (RGBl. S. 451)}}$ jedem Schuldner für vor dem 31. Juli 1914 entstandene (entscheidend ist die Zeit der Begründung des grundlegenden Schuldverhältnisses, z. B. Kauf, Mietvertrag, Pacht-, Dienst-, Darlehens-, Versicherungsvertrag, Bürgschaftsübernahme, nicht der Zeitpunkt der Fälligkeit [RG. 91, 17] der Forderung) Geldforderungen (auch Anspruch auf Duldung oder Zulässigkeit der Zwangsvollstreckung, §§ 722, 731, 1042 ZPO. wegen einer Geldforderung. Wassermann-Erlanger Anm. I B e zu § 1 ZahlFristVO.) bis zur Höchstdauer von 3 Monaten, wenn die Lage des Schuldners (Glaubhaftmachungspflicht) es rechtfertigt und der Gläubiger keinen unverhältnismäßigen Nachteil (hiefür ist dieser beweispflichtig) erleidet;
2. nach der KrZahlFristVO. v. 8. Juni 1916 (RGBl. S. 452) Kriegsteilnehmern (d. h. nach § 5 derzeitigen oder ehemaligen Angehörigen

mobiler oder immobiler Teile der deutschen oder nach BRBek. v. 8. Nov. 1917 RGBl. S. 1021 mit Reichskanzler-Bek. v. 16. Jan. 1918 RGBl. S. 33 österreichisch-ungarischen Land- und Seemacht, Personen, die aus Anlaß des Krieges dienstlich im Ausland, auch besetzten Gebiet sind oder waren, derzeitigen und ehemaligen Kriegs-, auch Zivil-Gefangenen und Geiseln), im vaterländischen Hilfsdienst ehemals verwendeten (BRBek. v. 3. Mai 1917 RGBl. S. 392) u. Kriegsflüchtlingen (BRBek. v. 8. Febr. 1917 RGBl. S. 113 § 5) für vor oder während der Kriegsteilnahme (bzw. der Hilfsdiensttätigkeit oder vor der Flucht) entstandene (s. 1) Geldforderungen bis zur Höchstdauer von 6 Monaten, wenn das Fortkommen des Schuldners infolge der Kriegsteilnahme gefährdet ist (ohne Rücksicht auf die Lage des Gläubigers);

3. nach dem RG. vom 3. März 1919, GVOBl. 281 für Schuldner, deren wirtschaftliche Lage infolge der derzeitigen Erschwerung des Verkehrs mit den in der Bek. v. 6. März 1919 RGBl. S. 283 aufgeführten Teilen des Reichsgebiets wesentlich (auch im Vergleich zur Lage des Gläubigers) verschlechtert ist für vor dem 6. März 1919 (oder event. späteren Bestimmung verkehrserschwerter Gebiete) entstandenen Geldforderungen (s. 1) bis zur Höchstdauer von 6 Monaten; Vgl. hiezu Stillschweig, JW. 1919 S. 278.
4. für Hypotheken, Grund- und Hypothekenschulden ausschließlich nach der HypVO. v. 8. Juni 1916 (RGBl. 454) s. unter „Hypothek".

Verfahren, Inhalt und Wirkung:

a) Im ordentlichen Rechtsstreit — auch in der Berufungs- (Fristbeginn vgl. RG. Bd. 90 S. 147) nicht aber in der Revisions- (RG. LZ. 1916 S. 591) Instanz — dessen Gegenstand die fragliche Forderung bildet (§ 1 ZahlFristVO.) auf Antrag (auch Eventualantrag) des Beklagten (Anwaltszwang) in der Urteilsformel, auch für Teile der Forderungen (Nebenforderungen) und mit Bedingungen (Ratenzahlungen mit kassatorischer Klausel, Sicherheitsleistung irgendwelcher Art) Rechtsmittel: Berufung, ausnahmsweise nach § 3 ZahlFristVO. Beschwerde (Beschwerdesumme 50 *M* § 21 GerichtsentlastBek. v. 9. Sept. 1915 RGBl. S. 562), auch Revision (RG. Bd. 90 S. 147).

Liegt vorläufig vollstreckbares Urteil vor, dann für die Dauer des Rechtsstreits nur Einstellung der Zwangsvollstreckung nach Buchstabe d.
b) Im sog. Initiativverfahren nach § 4 ZahlFristVO. (Beschlußverfahren mit fakultativer mündlicher Verhandlung) des Amtsgerichts ohne Rücksicht auf den Streitwert; Kosten s. § 6 Abs. 3 ZahlFristVO. v. 8. Inni 1916 RGBl. S. 451.
c) Im Mahnverfahren kann nach § 2 d. ZahlFristVO. für jede Forderung ohne Rücksicht auf die Zeit der Entstehung und auf die Lage der Beteiligten und ohne Prüfung durch das Gericht auf

Antrag des Schuldners eine Zahlungsfrist von gesetzlich nicht beschränkter Dauer gewährt werden, wenn der Gläubiger seine Zustimmung erteilt, anderenfalls Überleitung ins ordentliche Verfahren nach Buchstabe a.

Die Fristgewährung nach a—c hat die Wirkung einer vom Gläubiger gewährten Stundung (§ 1 Abs. 3 ZahlFristVO. v. 8. Juni 1916 RGBl. S. 451), wirkt auch zugunsten des selbstschuldnerischen Bürgen (Frankenburger LZ. 1916 Nr. 929), schließt Aufrechnung und außergerichtliche Befriedigung aus Pfandrechten für die Dauer der Stundung aus; zulässig ist Vollstreckbarkeitserklärung (bei Anerkenntnis der Hauptsache auch nach § 708 Ziff 1 ZPO.) und Erteilung vollstreckbarer Ausfertigung, unzulässig Vollstreckungshandlungen und Konkursantrag während der Frist, bestritten ob und wie vor der Bewilligung vorgenommene Vollstreckungshandlungen aufzuheben sind. S. Wassermann-Erlanger Anm. VI b 3 zu 1, Heß Anm. 10 zu § 1, LG. Karlsruhe, Recht 1915 S. 177 Nr. 365, LG. Hirschberg LZ. 1917 S. 357.

d) Durch das Vollstreckungsgericht kann Einstellung der Zwangsvollstreckung (allgemein, bezüglich einzelner Vollstreckungsarten oder bezüglich bestimmter Vollstreckungshandlungen) erfolgen, nicht aber Aufhebung schon erfolgter Vollstreckungshandlungen. Vorläufige Anordnungen s. § 5 Abs. 1 S. 5 ZahlFristVO. v. 8. Juni 1916 RGBl. S. 451. Rechtsmittel: sofortige Beschwerde — § 793 ZPO. (für Zwangsversteigerung vgl. § 100 ZVG. u. OLG. Marienwerder Recht 1914 S. 706). Nach der allgemeinen ZahlFristVO. (obige Ziff. 1) kann Einstellung nur einmal erfolgen und ist neben Fristgewährung nach a—c ausgeschlossen, für Kriegsteilnehmer (einschließlich Hilfsdienstpflichtige und Kriegsflüchtlinge) und bei Verkehrserschwerung ist Wiederholung zulässig, weshalb hier Aufhebung der Maßnahmen wegen veränderter Umstände nach § 3 KrTZahlFristVO. u. § 7 Bek. betr. KrFlüchtlinge § 3 Ges. v. 3. März 1919 möglich ist. Kosten und Gebühren § 6 ZahlFristVO. v. 8. Juni 1919 RGBl. S. 451.

Zeitliche Verschiebung der Leistung, s. „Kauf" (Unmöglichkeit).

Zentralheizung s. „Miete".

Zwangseinquartierung, Zwangsmiete s. „Mieterschutz u. Bekämpfung der Wohnungsnot".

Zwangsversteigerung, Zwangsverwaltung s. „Hypothek", „Öffentliche Lasten".

Zwangsvollstreckung, Fristbewilligung s. „Zahlungsfrist" „Hypothek-Geltendmachung".

Leitfäden des Kriegsrechts
Herausgegeben vom Bayerischen Anwaltsverband

III.

Zivilprozeßrecht

Von

Dr. Bernhard Mayer
Rechtsanwalt, Justizrat in München.

1919
München, Berlin und Leipzig
J. Schweitzer Verlag (Arthur Sellier).

Die vom Bayerischen Anwaltsverband herausgegebenen „Leitfäden des Kriegsrechts" sollen in erster Linie den Kriegsteilnehmern und allen denjenigen, welche während der Kriegszeit die neue Rechtsentwicklung nicht oder nicht immer zu verfolgen vermochten, ein Wegweiser durch die wichtigsten Gebiete des Kriegsrechtes sein. Das soll in gedrängtester und zugleich übersichtlichster Form geschehen. Der Leser soll nur auf die Hauptgesichtspunkte der einzelnen Materien hingewiesen, auf die Spezialliteratur aufmerksam, mit den auftauchenden Fragen kurz bekannt gemacht werden. Auch diejenigen Gebiete, auf welchen der Krieg zwar keine neue Gesetzgebung, wohl aber eine belangreiche Rechtsprechung gebracht oder sonst neue Fragen gezeitigt hat (z. B. Erfüllung von Lieferungsverträgen, Unmöglichkeit der Leistung usw.) sollen möglichst Berücksichtigung finden. Die einzelnen Heftchen werden, um ihren Zweck zu erfüllen, von möglichst geringem Umfang und tunlichst wohlfeil sein.

Zunächst werden ausgegeben:

Handels- und Wechselrecht, bearbeitet von Justizrat Dr. Hch. Frankenburger in München,

Bürgerliches Recht einschl. Stundungs-Verordnungen und Einigungsämter, bearbeitet von Rechtsanwalt Ludwig Erlanger in München,

Zivilprozeß, bearbeitet von Justizrat Dr. Bernhard Mayer II in München,

Militärversorgungsrecht, bearbeitet von Rechtsanwalt Chr. Meisner in Würzburg,

Direkte Steuern, bearbeitet von Rechtsanwalt Dr. Otto Kahn in München,

Strafrecht und Strafprozeß, bearbeitet von Rechtsanwalt Dr. Fröschmann und Rechtsanwalt Heilmeier in Nürnberg,

Anwaltsgebühren, Gerichtskosten und Vollmachtsstempel, bearbeitet von Rechtsanwalt Dr. Alfred Bloch II in München,

Geschäftsaufsicht und Zwangsvergleich, bearbeitet von Justizrat Dr. Hugo Cahn in Nürnberg.

Leitfäden des Kriegsrechts
Herausgegeben vom Bayerischen Anwaltsverband

III.

Zivilprozeßrecht

Von

Dr. Bernhard Mayer
Rechtsanwalt, Justizrat in München.

1919
München, Berlin und Leipzig
J. Schweitzer Verlag (Arthur Sellier).

Druck von Dr. F. P. Datterer & Cie. (Inh. Arthur Sellier) München und Freising.

Vorwort.

Die nachstehende Darstellung verfolgt lediglich den Zweck einer kurzen Übersicht über die während des Kriegszustandes eingetretenen Veränderungen des Zivilprozeß- und Zwangsvollstreckungsrechtes mit Ausnahme der Bestimmungen über Konkursverfahren und Geschäftsaufsicht; auch die kosten- und gebührenrechtlichen Bestimmungen sind nicht berücksichtigt.

Hinzuweisen ist auf das Übergangsgesetz vom 4. März 1919 (Reichsgesetzblatt S. 285), wonach die bisherigen Gesetze und Verordnungen des Reiches in Kraft bleiben.

München, Mai 1919.

Justizrat Dr. **Bernhard Mayer.**

Abtretung der Forderung des Eigentümers von Pferden, Fahrzeugen oder Geschirren für Überlassung derselben gegen den Militärfiskus s. Pfändung.

Abwesenheitspflegschaft s. Kriegsteilnehmer.

Änderung der Verhältnisse.

Durch die infolge des Kriegszustandes eingetretene Verteuerung aller Lebensverhältnisse ist die Frage brennend geworden, ob der Kriegszustand nach § 323 ZPO. zu einer nachträglichen Abänderung eines auf Verurteilung zu wiederkehrenden Leistungen lautenden Urteils führen kann.

Diese Frage ist zu bejahen (JW. 1916, 615 Nr. 2).

Die urteilsmäßige Abänderung kann wegen der Unklarheit über die Gestaltung der Verhältnisse nach dem Krieg auch auf dessen Dauer beschränkt werden (Soergel-Warneyer, Rechtsprechung 1918, 243).

Die Frage, ob die Bestimmung in § 323 ZPO. auch auf Vergleiche und insbesondere auf Unterhaltsabkommen zwischen unehelichen Kindern und ihrem außerehelichen Vater anwendbar ist (§ 1714 BGB.), ist bestritten; die allgemeine Meinung geht dahin, daß § 323 ZPO. nur auf Urteile Anwendung findet, und daß es bei Vergleichen und Unterhaltsübereinkommen darauf ankommt, ob dieselben den Vorbehalt gleichbleibender Verhältnisse ausdrücklich oder stillschweigend enthalten, widrigenfalls eine nachträgliche Abänderung ausgeschlossen ist (Recht 1919, 104 Nr. 196; BayZfR. 1919, 21; s. hiezu auch OLG. 30, 141).

Anfechtung von Rechtshandlungen (s. auch Ausschlußfristen).

Nach § 8 RG., betreffend den Schutz der infolge des Krieges an Wahrnehmung ihrer Rechte behinderten Personen vom 4. August 1914 (RGBl. 328) in Verbindung mit der Verordnung des Bundesrats v. 5. Juli 1917 (RGBl. 590) ist die Frist zur Anfechtung von Rechtshandlungen nach den Vorschriften der Konkursordnung oder des Gesetzes, betreffend die Anfechtung von Rechtshandlungen eines Schuldners außerhalb des Konkursverfahrens während der Zeit gehemmt, während welcher der Schuldner zahlungsunfähig ist und zu den Kriegsteilnehmern nach § 2 KTSchG. gehört, oder, falls der Kriegszustand vor Ablauf dieses Zeitraumes endet, während der Zeit bis zur Beendigung des Kriegszustandes.

Wegen der Erstreckung der Anfechtungsfristen bei Geschäftsaufsicht s. Geschäftsaufsicht.

Anwalt s. Rechtsanwalt.

Arbeits- und Dienstlohn s. Pfändungsbeschränkungen.

Armenrecht (s. auch Haager Abkommen und Entlastung der Gerichte).

Die Zulassung von feindlichen Ausländern zum Armenrecht nach Art. 20 ff. des Haager Abkommens über den Zivilprozeß v. 17. Juli 1905 unterbleibt, da dieses Abkommen durch den Kriegszustand außer Wirksamkeit getreten ist.

Polen haben keinen Anspruch auf Bewilligung des Armenrechtes. (Recht 1916, 409 Nr. 861).

Engländer haben keinen Anspruch auf Bewilligung des Armenrechtes. (DJZ. 1916, 350; Recht 1916, 204 Nr. 479; a. M. dagegen für den Fall des Wohnsitzes in Deutschland Recht 1916, 362 Nr. 692, 1918, 417 Nr. 914; DJZ. 1918, 644; OLG. 32, 300).

Arrestgrund: Zahlungsverbote feindlicher Staaten sind Arrestgrund gegen einen feindlichen Ausländer im Inland (JW. 1916, 286 Nr. 1, Recht 1916, 152, 382; OLG. 32, 302). Wohnsitz in Elsaß-Lothringen ist genügender Arrestgrund (Recht 1919, 106 Nr. 212; DJZ. 1919, 188). Kriegsteilnahme und Bewilligung einer Zahlungsfrist sind nicht Arrestgrund (Soergel, Rechtsprechung 1917, 409).

Aufgebotsverfahren s. Kriegsteilnehmer.

Ausfertigung der Urteile s. Entlastung der Gerichte.

Ausländische Forderungen. Nach der Verordnung des Bundesrates v. 7. Aug. 1914 (RGBl. 360) und der Verordnung der Reichsregierung v. 24. Mai 1919 (RGBl. 475) können Personen, die im Ausland ihren Wohnsitz haben, sowie juristische Personen, die im Ausland ihren Sitz haben, sowie deren Rechtsnachfolger, vermögensrechtliche Ansprüche, die vor dem 31. Juli 1914 entstanden sind, vor inländischen Gerichten bis 1. Sept. 1919 nicht geltend machen.

Nach dieser Verordnung besteht eine Ausnahme für solche Ansprüche, die aus einer im Inland unterhaltenen gewerblichen Niederlassung entstanden sind. (Sogenanntes Gegenmoratorium gegen gleiche Maßnahmen ausländischer Staaten.)

Der Reichskanzler ist ermächtigt, von diesen Vorschriften Ausnahmen zuzulassen; diese Befugnis ist nach dem Übergangsgesetz v. 4. März 1919 (RGBl. 285) nunmehr auf das Reichsministerium übergegangen.

Eine allgemeine Ausnahme gilt nach den Bekanntmachungen des Reichskanzlers v. 20. April 1915 (RGBl. 231) und v. 25. Juni 1915 (RGBl. 361) zugunsten der Personen, welche ihren Wohnsitz, oder der juristischen Personen, welche ihren Sitz in Österreich-Ungarn beziehungsweise der Schweiz haben, bezüglich der letzteren aber nur, soweit es sich nicht um die in der Verordnung bezeichneten feindlichen Staatsangehörigen handelt.

Eine Ausnahme gilt ferner nach der Bekanntmachung v. 18. Febr. 1916 (RGBl. 109) für die Vollstreckung der in Art. 18 des Haager Abkommens über den Zivilprozeß v. 17. Juli 1905 bezeichneten Kostenentscheidungen von Gerichten nicht feindlicher Staaten.

Eine Forderung ist vor dem 31. Juli 1914 entstanden, wenn die sie begründenden Tatsachen vor diesem Zeitpunkt eingetreten sind; auf die spätere Fälligkeit einzelner Teilbeträge oder fortlaufender Beträge (Zinsen usw.) kommt es nicht an.

Unzulässig ist die Geltendmachung solcher Forderungen in jedem gerichtlichen, auch im Konkursverfahren; die Vorschrift bezieht sich aber nicht auf das schiedsgerichtliche Verfahren. Die Vorschrift ist von Amts wegen zu beachten.

Näheres bei Wassermann-Erlanger, Die Kriegsgesetze privatrechtlichen Inhalts, 3. Aufl., S. 405 ff.

Forderungen, welche nach dem 31. Juli 1914 entstanden sind, kann also der Ausländer und zwar auch der feindliche Ausländer im Inlande geltend machen.

Abgesehen von der Unzulässigkeit der Geltendmachung von vor dem 31. Juli 1914 entstandenen Forderungen im Auslande befindlicher Personen und juristischer Personen sind jedoch gegenüber einer Reihe von feindlicher Staaten für Forderungen aller Art Zahlungsverbote erlassen worden.

Es kommen hiezu folgende Zahlungsverbote in Betracht:

1. gegen England mit Irland und Kolonien und gegen Ägypten nach den Verordnungen des Bundesrates v. 30. Sept. 1914 (RGBl. 421), v. 22. Dez. 1914 (RGBl. 542) und v. 14. Okt. 1915 (RGBl. 673);
2. gegen Frankreich und Marokko nach den Verordnungen des Bundesrates v. 20. Okt. 1914 (RGBl. 443), v. 26. März 1915 (RGBl. 185) und v. 14. Okt. 1915 (RGBl. 673);
3. gegen Rußland nach der Bundesratsverordnung v. 19. Nov. 1914 (RGBl. 479);
4. gegen Portugal und dessen Kolonien nach der Verordnung des Bundesrates v. 14. Mai 1916 (RGBl. 375);
5. gegen Rumänien nach der Verordnung v. 28. Aug. 1916 (RGBl. 971);
6. gegen Italien, die italienischen Kolonien und auswärtigen Besitzungen und von Italien besetzte Gebiete, nach den Verordnungen v. 24. Nov. 1916 (RGBl. 1289) und v. 7. Juni 1917 (RGBl. 483);
7. gegen die Vereinigten Staaten von Amerika nach der Verordnung v. 9. Aug. 1917 (RGBl. 708);
8. gegen Siam, Liberia und China nach der Verordnung v. 12. Sept. 1917 (RGBl. 831);
9. gegen Brasilien nach der Verordnung v. 10. Jan. 1918 (RGBl. 38).

Nach diesen Verordnungen ist es verboten, Zahlungen nach diesen feindlichen Ländern in irgend einer Weise zu leisten oder Geld und Wertpapiere dorthin abzuführen; außerdem gelten Ansprüche solcher natürlicher oder juristischer Personen oder deren Rechtsnachfolger, die in diesen

Ländern ihren Wohnsitz oder Sitz haben, v. 31. Juli 1914 oder dem späteren Fälligkeitstage an als zinslos gestundet.

Außerdem gelten Rechtsfolgen, die durch Nichterfüllung seit 31. Juli 1914 eingetreten wären (Verfallklausel usw.), als nicht eingetreten.

Eine Ausnahme besteht für die Erfüllung von im Betriebe von inländischen Niederlassungen entstandenen Ansprüchen, wobei jedoch wiederum nach der Verordnung vom 22. Dez. 1914 (RGBl. 542) eine Einschränkung für Bankniederlassungen gilt.

Erleichterungen gelten nach den Bekanntmachungen v. 13. Okt. 1914 (Deutscher Reichsanz. Nr.242), v.16. Dez.1914 (Deutscher Reichsanz. Nr. 295), v. 20. Dez. 1914 (RGBl. 550), v. 26. März 1915 (RGBl. 185), v. 20. Okt. 1915 (deutscher Reichsanz. Nr. 248), v. 19. April 1916 (RGBl. 312), v. 17. Jan. 1917 (RGBl. 51), v 3. Febr. 1917 (RGBl. 103), v. 2. Mai 1918 (RGBl. S. 383) und vom 26. Juni 1918 (RGBl. 670).

Zur Erleichterung der Zahlungen für deutsche Staatsangehörige und deutsche Gesellschaften im Ausland kommen insbesondere die Verordnungen v. 20. Dez. 1914 und 17. Jan. 1917 in Betracht.

Für die Einschränkung der Zahlungsverbote s. auch JW. 1917 251 ff., 275.

Soweit die Zahlung nach dem feindlichen Ausland verboten ist, kann sich der Schuldner dadurch befreien, daß er die geschuldeten Beträge oder Wertpapiere bei der Reichsbank für Rechnung des Berechtigten hinterlegt.

Der von dem Zahlungsverbot betroffene feindliche Ausländer kann deshalb, wenn die Voraussetzungen für eine Feststellungsklage gegeben sind, und es sich um eine nach dem 31. Juli 1914 entstandene Forderung handelt, auf Feststellung klagen; einer Klage auf Leistung stünde jedoch die Einrede der Stundung entgegen, ebenso wie gegenüber einer Zwangsvollstreckung aus einem von früher bestehenden Vollstreckungstitel die Vollstreckungsgegenklage nach §§ 767, 795 ZPO. erhoben werden könnte.

Näheres bei Wassermann-Erlanger, Die Kriegsgesetze privatrechtlichen Inhalts, 3. Aufl., 405 ff. und 435 ff.

Als neuere Entscheidungen kommen insbesondere in Betracht:

a) für das Gegenmoratorium.

Die Unterbrechung des Verfahrens ist von Amts wegen auch noch in der Revisionsinstanz zu beachten (LZ. 1918, 251 Nr. 1; a. M. Recht 1917, 514 Nr. 927), ebenso die Frage, ob ausländischer Wohnsitz vorliegt (Recht 1918, 62 Nr. 112).

Eine Klagestellung auf Schuldbefreiung ist zulässig (Recht 1917, 324 Nr. 631) ebenso negative Feststellungsklage (DJZ. 1917, 342).

Antrag auf Eintragung von Hypotheken, welche schon vor dem 31. Juli 1914 bestellt waren, ist zulässig (Recht 1917, 366 Nr. 710).

Dagegen bezieht sich das Verbot der Geltendmachung der Forderung auch auf das Konkursverfahren (Recht 1918, 149 Nr. 292), sowie auf die Klage wegen Widerspruchs gegen eine Pfändung (OLG. 35, 106).

Gegen eine in unzulässiger Weise betriebene Zwangsvollstreckung sind Einwendungen gegen die Zwangsvollstreckung zulässig (OLG. 35, 104).

Während der Unterbrechung des Verfahrens ist die Verjährung gehemmt (DJZ. 1917, 250).

Maßgebend ist bei Handelsgesellschaften der Sitz der Gesellschaft, nicht der Wohnsitz der Gesellschafter (Recht 1917, 402 Nr. 836; JW. 1918, 58 Nr. 4).

Die Frage des Wohnsitzes ist nach deutschem Recht zu beurteilen (Recht 1918, 62 Nr. 111).

Für den Begriff einer im Inland unterhaltenen gewerblichen Niederlassung s. LZ. 1917, 664 Nr. 2; Recht 1917, 227 Nr. 436, 326 Nr. 678, Nr. 679; DJZ. 1917, 530; OLG. 35, 68; 38, 172; WarnE. 17, 151; RG. 89, 387).

Nach Erteilung der Erlaubnis des Reichskanzlers ist eine förmliche Aufnahme des Verfahrens nicht erforderlich (Recht 1919, 99 Nr. 175).

Die Rechtsmittelfristen laufen während der Unterbrechung nicht (LZ. 1917, 936).

Die Einlegung der Berufung während der Unterbrechung ist wirkungslos (Recht 1917, 514 Nr. 928); ein während der Unterbrechung eingelegtes Rechtsmittel bleibt auch nach der Erteilung der Erlaubnis des Reichskanzlers ohne Wirkung (Recht 1919, 99 Nr. 176).

b) für das Zahlungsverbot:

Dasselbe erstreckt sich auf vermögensrechtliche Ansprüche aller Art (RG. 89, 214).

Maßgebend ist auch hier der Sitz oder Wohnsitz des Gläubigers im Ausland (WarnE. 17, 151) und zwar zur Zeit der Klagestellung (LZ. 1917, 586 Nr. 1 und 587 Nr. 3; Recht 1917, 227 Nr. 431).

Das Zahlungsverbot wirkt auch gegenüber dem Vollstreckungsgläubiger, dem die Forderung des Schuldners überwiesen ist, wenn das Zahlungsverbot gegen den Schuldner besteht (LZ. 1917, 586 Nr. 2; Recht 1917, 227 Nr. 432; RG. 89, 214), sowie gegenüber dem Vollstreckungsgläubiger, dem eine Forderung eines feindlichen Ausländers im Zwangswege überwiesen ist (JW. 1916, 1291 Nr. 1).

Andere Entscheidung als Verurteilung zur Zahlung ist zulässig (JW. 1916, 288 Nr. 3).

Die Stundung wirkt gegen alle aus dem Wechsel beteiligten Gläubiger (Recht 1917, 68 Nr. 109; 1919, 105 Nr. 207; LZ. 1919, 483 Nr. 15).

Rechtsnachfolge liegt auch beim Erwerb durch Indossament vor (JW. 1916, 1277 Nr. 11; Recht 1919, 68 Nr. 109, 110, 105 Nr. 207).

Die Verjährung ist während der Stundung der Forderung gehemmt (Recht 1919, 68 Nr. 108).

Die Stundung kann auch noch in der Berufungsinstanz geltend gemacht werden (Recht 1917, 230 Nr. 477).

Wegen der inländischen Niederlassung s. die obigen Entscheidungen für das Gegenmoratorium.

Wegen des Agenten s. JW. 1917, 349 Nr. 1.

Ausländische Ansprüche, welche vor dem 31. Juli 1914 entstanden sind, können also im allgemeinen bis 1. Sept. 1919 vor den inländischen Gerichten nicht geltend gemacht werden; Ansprüche feindlicher im Ausland befindlicher Personen gelten zudem, gleichviel wann sie entstanden sind, für die Zeit vom 31. Juli 1914 oder einem späteren Fälligkeitstage an als zinslos gestundet und es kann deshalb für sie eine Leistungsklage nicht gestellt und eine Vollstreckung überhaupt nicht betrieben werden.

Ist die Einrede der Stundung an sich nicht begründet, weil der feindliche Ausländer im Inland wohnt oder seinen Sitz hat, besteht aber die Gefahr, daß die Zahlung ins feindliche Ausland abgeführt werde, so hat der Schuldner die Verpflichtung zur Hinterlegung bei der Reichsbank, ebenso der pfändende Gerichtsvollzieher (JW. 1916, 567/568, 1917, 746 Nr. 17).

Ausschlußfristen (s. auch Anfechtung von Rechtshandlungen und Verjährungsfristen).

Die Fristen zur Klageerhebung bei der Notwendigkeit der Vorentscheidung einer Behörde oder der Bestimmung des zuständigen Gerichtes durch ein höheres Gericht, oder bei früherer Zurücknahme der Klage oder Abweisung der Klage durch ein nicht in der Sache selbst entscheidendes Urteil oder nach Streitverkündung (BGB. §§ 210, 212, 215) sind nach §§ 203 Abs 2, 206 und 207 BGB. gehemmt, solange der Berechtigte durch den Kriegszustand an der Einhaltung derselben verhindert ist.

Das gleiche findet statt nach § 124 BGB. für die Anfechtung einer Willenserklärung, für die Anfechtung und Scheidung der Ehe, für die Anfechtung der Ehelichkeit eines Kindes und für die Anfechtung der Anerkennung der Ehelichkeit (BGB. §§ 1339, 1571, 1594, 1599), für die Fristen des Erbrechtes (BGB. §§ 1944, 1954, 1956, 1996, 1997, 2082, 2283, 2308, 2340, 2345), sowie für die Fristen nach § 41 KO. und § 12 des Gesetzes betreffend die Anfechtung von Rechtshandlungen außerhalb des Konkursverfahrens.

Nach § 8 KTSchG. v. 4. Aug. 1914 (RGBl. 328) sind diese und reichs- oder landesgesetzlich für die Beschreitung des Rechtswegs vorgeschriebenen Ausschlußfristen überdies zugunsten der Kriegsteilnehmer und ihrer Gegner bis zur Beendigung des Kriegszustandes oder des Kriegsteilnehmerverhältnisses gehemmt (s. auch Kriegsteilnehmer und Verjährungsfristen).

Aussetzung des Verfahrens s. Unterbrechung.

Aussetzung der Zwangsvollstreckung s. Zwangsvollstreckung.

Berichtigung des Tatbestandes s. Entlastung der Gerichte.

Berufung s. Entlastung der Gerichte.

Beschwerde s. Entlastung der Gerichte.

Dienstlohn s. Pfändungsbeschränkungen.

Entlastung der Gerichte. Maßgebend ist die Verordnung des Bundesrates zur Entlastung der Gerichte v. 9. Sept. 1915 (RGBl. 562) in der Fassung d. VO. v. 18. Mai 1916 (RGBl. 393).

Hiernach gelten folgende Vorschriften:

Für die Klagestellung zum Landgericht gelten besondere Vorschriften nicht mehr, da die Bestimmungen in §§ 1—12 VO. in der früheren Fassung nunmehr gestrichen sind.

Für die Klagestellung zum Amtsgericht gelten im wesentlichen folgende Vorschriften:

Ein Anspruch, der zur Zuständigkeit des Amtsgerichtes gehört, soll, wenn dies gemäß § 688 ZPO. zulässig ist, im Mahnverfahren geltend gemacht werden; die Befugnis zur mündlichen Erhebung der Klage nach §§ 500, 510c ZPO. wird durch diese Vorschrift nicht berührt.

Wird bei dem Amtsgericht eine Klage eingereicht, obwohl der Anspruch im Mahnverfahren geltend gemacht werden könnte, so wird Termin zur mündlichen Verhandlung nur bestimmt, wenn der Kläger glaubhaft macht, daß der Beklagte den Anspruch bestreiten werde. Wenn das Gericht dem Zahlungsbefehlsantrage nicht entsprechen will, so wird das Gesuch nicht gemäß § 691 ZPO. zurückgewiesen, sondern Termin zur mündlichen Verhandlung bestimmt.

Andernfalls ergeht ein Zahlungsbefehl, der die nach Maßgabe der Einlassungsfrist zu bemessenden Widerspruchsfrist zu enthalten hat, und der mit der Klageschrift dem Beklagten zugestellt wird und die Berechnung der Kosten enthält, die der Kläger der Klage beifügen soll.

Ist die Klage oder das Gesuch um Zahlungsbefehl als im Urkunden- oder Wechselprozeß erhoben bezeichnet und werden die Urkunden in Urschrift oder Abschrift beigefügt, so ergeht der Zahlungsbefehl im Urkunden- oder Wechselprozeß.

In diesem Fall kann der Beklagte den Widerspruch auf den Vorbehalt der Ausführung seiner Rechte im ordentlichen Verfahren beschränken, in welchem Fall der Vollstreckungsbefehl mit diesem Vorbehalt zu erlassen ist; erhebt der Beklagte unbeschränkt Widerspruch, so gilt die Klage als im Urkunden- oder Wechselprozeß erhoben.

Im amtsgerichtlichen Verfahren soll, wenn im Termin beide Parteien erscheinen, das Gericht vor Eintritt in die mündliche Verhandlung die Sühne versuchen.

Die Zulässigkeit der Berufung ist, wenn nicht das Landgericht ohne Rücksicht auf den Wert des Streitgegenstandes in erster Instanz ausschließlich zuständig war, bei Ansprüchen auf Zahlung einer Geldsumme durch einen den Betrag von 50 Mk. übersteigenden Wert des Beschwerdegegenstandes (nicht des Streitgegenstandes) bedingt.

Die Zulässigkeit der sofortigen Beschwerde nach § 99 Abs. 3 ZPO. (Urteil lediglich im Kostenpunkt) ist von einer den Betrag von 50 Mk. übersteigenden Beschwerdesumme abhängig.

Im Verfahren vor dem Amts- und Landgerichte kann, wenn beide Parteien durch Rechtsanwälte vertreten sind, mit deren Einverständnis ohne mündliche Verhandlung entschieden werden, wenn das Gericht auf Grund einer früheren Verhandlung oder einer Beweisaufnahme die Sache für hinreichend geklärt erachtet; in diesem Falle wird das Urteil nicht verkündet, sondern schriftlich mitgeteilt.

Die Darstellung des Tatbestandes kann durch eine Bezugnahme auf den Inhalt der vorbereitenden Schriftsätze und der Sitzungsprotokolle ersetzt werden.

Ein Verzeichnis der verkündeten Urteile wird nicht mehr ausgehängt; die in § 320 ZPO. bestimmte einwöchige Frist zum Antrag auf Berichtigung des Tatbestandes beginnt mit der Zustellung des Urteils. Nach Ablauf von drei Monaten seit der Verkündung des Urteils ist der Antrag ausgeschlossen.

Die Vorschrift in § 496 Abs. 6 ZPO., wonach sämtliche Urteile ohne besonderen Antrag in abgekürzter Form ausgefertigt werden, gilt nunmehr auch für das landgerichtliche Verfahren.

Die Bestimmung in § 505 ZPO., wonach bei örtlicher oder sachlicher Unzuständigkeit des Gerichtes auf Antrag des Klägers der Rechtsstreit an das zuständige Gericht zu verweisen ist, gilt nunmehr auch im Verfahren vor den Landgerichten.

Wenn für ein uneheliches Kind Anspruch auf Unterhalt gegen seinen Vater geltend gemacht wird (was wohl auch auf die Klage auf Anerkennung der Vaterschaft zu beziehen ist) ist zur Bewilligung des Armenrechtes die Vorlage eines Armutszeugnisses nicht notwendig.

Im einzelnen s. zu der Entlastungsverordnung Wassermann-Erlanger 52 ff.

An neueren Entscheidungen kommen insbesondere in Betracht:

Über das Verfahren, wenn das Amtsgericht dem Zahlbefehlsantrag wegen der Kostenberechnung nicht stattgeben will, s. JW. 1915, 1248, 1916, 652.

Auch bei einer Zwangsvollstreckungsgegenklage nach § 767 ZPO. findet die Vorschrift Anwendung, wonach die Beschwerdesumme mehr als 50 Mk. betragen muß, da es sich auch hier um einen Streit wegen der Zahlung einer Geldsumme handelt (JW. 1918, 521).

Die sofortige Beschwerde gegen ein Urteil im Kostenpunkt ist auch bei einem höheren Kostenbetrag als 50 Mk. nicht zulässig, wenn wegen eines Beschwerdegegenstandes von nicht mehr als 50 Mk. die Berufung unzulässig wäre (JW. 1916, 1434 Nr. 3).

Wenn ohne mündliche Verhandlung entschieden wird, können nur diejenigen Richter bei der Urteilsfällung mitwirken, die an der letzten mündlichen Verhandlung teilgenommen haben (Recht 1917, 324 Nr. 634).

Wenn das Urteil ohne mündliche Verhandlung erlassen wird, wird es erst durch die schriftliche Mitteilung an die Parteien wirksam (Recht 1917, 370 Nr. 741; JW. 1917, 853; DJZ. 1917, 900, RG. 90, 295).

Auch wenn von der Gerichtsschreiberei eine abgekürzte Ausfertigung des Urteils nicht erteilt ist, genügt die Zustellung einer von dem Anwalt der betreibenden Partei abgekürzten Abschrift (JW. 1918, 569 Nr. 1; LZ. 1918, 224 Nr. 3; a. M. JW. 1919, 328 Nr. 9; LZ. 1919, 500 Nr. 13.

Über die Frage, ob § 27 der Entlastungsverordnung, wonach auch im landgerichtlichen Verfahren an das zuständige Gericht verwiesen werden kann, auch noch in der Berufungsinstanz beim Oberlandesgerichte angewendet werden kann, und wie in diesem Falle zu verfahren ist, herrscht lebhafter Streit (s. hiezu JW. 1917, 303 und 804; Recht 1917, 370 Nr. 742; LZ. 1917, 415 Nr. 2, 820 Nr. 4, 1233).

Das Landgericht kann in der Berufungsinstanz den Rechtsstreit an sich selbst als zuständiges Gericht verweisen (Recht 1918, 66 Nr. 137).

Über die Verweisung an das zuständige Gericht überhaupt s. auch JW. 1919, 33.

Durch die nunmehr zugelassene Verweisung des Rechtsstreites an das zuständige Gericht auch im landgerichtlichen Verfahren wird jedoch eine Ausschlußfrist nur dann gewahrt, wenn vor deren Ablauf der Verweisungsbeschluß bereits ergangen war (Recht 1917, 78 Nr. 114, 177 Nr. 329 JW. 1918, 818 Nr. 7).

Feindliche Staaten s. ausländische Forderungen.

Fristen s. Ausschlußfristen, Verjährungsfristen, Zahlungsfristen, Anfechtung von Rechtshandlungen, Geschäftsaufsicht.

Gegenmoratorium s. ausländische Forderungen.

Gehalt s. Pfändungsbeschränkungen.

Gerichtsstand der Militärperson. An den Bestimmungen hiefür hat sich nichts geändert; es verbleibt also insbesondere bei den Bestimmungen in §§ 13, 14, 20 ZPO.

Geschäftsaufsicht. Nach §§ 6, 7, 75 und 80 der Verordnung des Bundesrates über die Geschäftsaufsicht zur Abwendung des Konkurses vom 14. Dezember 1916 (RGBl. 1363) ist während der Dauer der Geschäftsaufsicht die Eröffnung des Konkursverfahrens unzulässig und der Vollzug einer Zwangsvollstreckung einschließlich des Arrestes für die von dem Geschäftsaufsichtsverfahren betroffenen Gläubiger unzulässig; in die Fristen zur Anfechtung von Rechtshandlungen innerhalb und außerhalb des Konkursverfahrens wird die Zeit des Bestehens der Geschäftsaufsicht nicht eingerechnet, soweit es sich nicht um Gläubiger handelt, die von der Geschäftsaufsicht nicht betroffen werden.

Haager Abkommen über den Zivilprozeß vom 17. Juli 1905 ist durch den Kriegszustand mit den feindlichen Staaten außer Kraft getreten (Soergel, Rechtspr. 1916, 476, 1917, 324 und 523, 1918, 340).

Auch das oberste Gericht des tschechoslowakischen Staates nimmt den Standpunkt der Aufhebung der Haager Konvention ein (JW. 1919, 332).

Das Haager Abkommen über das internationale Privatrecht v. 12. Juni 1902 ist übrigens von Belgien ausdrücklich gekündigt worden (RGBl. 1919, 197).

S. auch Armenrecht, ausländische Forderungen, Sicherheitsleistung.

Justitium s. Stillstand der Rechtspflege.

Klagestellung zum Amtsgericht s. Entlastung der Gerichte.

Konkursverfahren s. Kriegsteilnehmer, Geschäftsaufsicht.

Kriegsteilnehmer. Nach dem Gesetz betreffend den Schutz der infolge des Krieges an der Wahrnehmung ihrer Rechte behinderten Personen (KTSchG.) v. 4. Aug. 1914 RGBl. 328) und der Verordnung des Bundesrates v. 14. Jan. 1915 über die Vertretung des Kriegsteilnehmers in bürgerlichen Rechtsstreitigkeiten (RGBl. 17) gelten im wesentlichen folgende Bestimmungen:

In allen bürgerlichen Rechtsstreitigkeiten bei den ordentlichen Gerichten, Gewerbe- und Kaufmannsgerichten und bei den nach § 14 des Gerichtsverfassungsgesetzes zugelassenen besonderen Gerichten wird das Verfahren unterbrochen, wenn eine Partei zu den mobilen Land- oder Seetruppen gehört, sich aus Anlaß des Krieges dienstlich im Ausland aufhält oder als Kriegsgefangener oder Geisel in der Gewalt des Feindes ist.

Die Unterbrechung bezieht sich auf alle Verfahren, also auch auf Arreste und einstweilige Verfügungen.

Eine Unterbrechung des Verfahrens tritt nicht ein, wenn der Kriegsteilnehmer einen persönlichen Sicherungsarrest gegen seinen Gegner erwirkt hat und es sich um die Frage der Aufrechthaltung oder Aufhebung dieses Arrestes handelt.

Eine Unterbrechung des Verfahrens tritt ferner nicht ein, wenn der Kriegsteilnehmer durch einen Prozeßbevollmächtigten vertreten ist oder einen andern zur Wahrung seiner Rechte berufenen Vertreter hat.

Einem Kriegsteilnehmer, der ohne Vertreter ist, kann vom Vorsitzenden des Prozeßgerichtes auf Antrag des Gegners ein geeigneter Vertreter bestellt werden, wenn dies zur Verhütung „offenbarer Unbilligkeit" erforderlich erscheint; soweit jedoch durch die Bestellung eines solchen Vertreters „besondere Kosten" entstehen, die nicht entstanden wären, also insbesondere Kosten anwaltschaftlicher Vertretung in amtsgerichtlichen Prozessen, hat der Gegner des Kriegsteilnehmers sie auch im Falle des Obsiegens zu tragen.

Auf Antrag des Prozeßbevollmächtigten oder sonstigen Vertreters des Kriegsteilnehmers hat das Prozeßgericht auf Antrag desselben die Aussetzung des Verfahrens anzuordnen; der Antrag ist abzulehnen, wenn es sich um einen vermögensrechtlichen Anspruch handelt und die Aussetzung nach den Umständen des Falles für den Gegner des Kriegsteilnehmers „offenbar unbillig" ist.

Die Unterbrechung oder Aussetzung des Verfahrens hört auf mit der Beendigung des Kriegszustandes und schon vor diesem Zeitpunkt mit der Aufnahme des Verfahrens durch den Kriegsteilnehmer und nach Beendigung des Kriegsteilnehmerverhältnisses auch durch Aufnahme seitens des Gegners des Kriegsteilnehmers.

Diese Bestimmungen ergeben sich aus §§ 2, 3, 4, 14 KTSchG. und §§ 1—4 der VO. v. 14. Jan. 1915.

Durch die Verordnung des Bundesrates v. 20. Jan. 1916 (RGBl. 47) ist bestimmt, daß in bürgerlichen Rechtsstreitigkeiten das Verfahren auf Antrag auch dann ausgesetzt werden kann, wenn eine Partei zu den immobilen Teilen der Land- oder Seemacht gehört und durch diese Zugehörigkeit an der Wahrnehmung ihrer Rechte behindert ist, sofern nicht die Aussetzung des Verfahrens nach den Umständen des Falles für die Gegenpartei „offenbar unbillig" ist; bei späterem Eintritt solcher Unbilligkeit ist die Aussetzung auf gegnerischen Antrag wieder aufzuheben.

Bestehen bleiben die Bestimmungen in § 57 ZPO. wonach einer nicht prozeßfähigen Militärperson vom Vorsitzenden ein Vertreter bestellt werden kann, die Bestimmungen in § 247 ZPO., wonach, wenn sich eine Partei zu Kriegszeiten im Militärdienst befindet, das Prozeßgericht auf Antrag oder von Amts wegen die Aussetzung des Verfahrens anordnen kann, sowie die übrigen Bestimmungen der Zivilprozeßordnung über die Aussetzung des Verfahrens.

Wegen der Bestellung eines Vertreters für eine durch einen Kriegsteilnehmer gesetzlich vertretene nicht prozeßfähige Person s. weiter unten.

Eine Unterbrechung der Zwangsvollstreckung tritt nach den Bestimmungen der ZPO. nicht ein.

Die Zwangsvollstreckung ist nach dem Kriegsschutzgesetz an sich auch gegen Kriegsteilnehmer zulässig; jedoch ist nach § 5 KTSchG. die Versteigerung beweglicher Gegenstände unzulässig, außer wenn es sich um verbrauchbare oder einer beträchtlichen Wertminderung unterliegende oder unverhältnismäßig hohe Aufbewahrungskosten verursachende Gegenstände handelt, und ferner ist die Versteigerung unbeweglicher Gegenstände unzulässig.

Diese Beschränkungen gelten auch für die Zwangsvollstreckung in das Vermögen der Ehefrauen und Kinder von Kriegsteilnehmern, wenn durch dieselbe die Vermögensrechte des Kriegsteilnehmers auf Grund des ehelichen Güterrechtes oder der elterlichen Gewalt berührt werden.

Nach der Verordnung zum Schutze der Kriegsteilnehmer gegen Zwangsvollstreckungen vom 14. Dezember 1918 (RGBl. 1327) ist jedoch nunmehr allgemein bestimmt, daß die Zwangsvollstreckung gegen einen Kriegsteilnehmer vor 1 Juli 1919 nur mit Bewilligung des Vollstreckungsgerichtes zulässig ist, welche nur zu erteilen ist, wenn die Versagung nach den Umständen des Falles für die Gegenpartei „offenbar unbillig" wäre.

Kriegsteilnehmer im Sinne dieser Verordnung sind die Personen, welche zu den mobilen und immobilen Teilen der Land- oder Seemacht gehören oder gehört haben, sowie diejenigen Personen, die sich in Ausübung des vaterländischen Hilfsdienstes im Ausland aufhalten.

Diese Verordnung bezieht sich auf alle Personen, die in irgendeinem Zeitpunkt während des Krieges zu den Kriegsteilnehmern im Sinne der Verordnung gehört haben, auch wenn sie jetzt nicht mehr Kriegsteilnehmer sind, und sie bezieht sich auch auf die Zwangsvollstreckung für solche Forderungen, die erst nach der Entlassung des Kriegsteilnehmers entstanden sind. Näheres hierüber insbesondere bei Arrest und einstweiliger Verfügung s. JW. 1919, 13 und 232 ff. Wegen Unzulässigkeit der Zwangsvollstreckung bei Geschäftsaufsicht s. Geschäftsaufsicht.

Gegen die im Kriegsschutzgesetz selbst als Kriegsteilnehmer bezeichneten Personen ist nach § 6 KTSchG. während des Kriegszustandes beziehungsweise während des Kriegsteilnehmerverhältnisses die Eröffnung oder Weiterführung des Konkursverfahrens ohne Antrag des Gemeinschuldners nicht zulässig.

Wegen der Unzulässigkeit der Konkurseröffnung bei Geschäftsaufsicht s. Geschäftsaufsicht.

Ist ein Kriegsteilnehmer im Sinne des Kriegsschutzgesetzes an einem Konkurs-, Aufgebots- oder Verteilungsverfahren oder an einem Verfahren auf Zwangsversteigerung oder Zwangsverwaltung beteiligt, so ist er, wenn er keinen zur Wahrnehmung seiner Rechte berufenen Vertreter hat, gegen nachteilige Folgen nach Maßgabe der Bestimmung in § 7 KTSchG. geschützt.

Wegen des Schutzes der Kriegsteilnehmer im Sinne des Kriegsschutzgesetzes und ihrer Gegner in bezug auf Ausschluß- und Verjährungsfristen s. Ausschlußfristen und Verjahrungsfristen.

Die sämtlichen im Kriegsschutzgesetz zugunsten der Kriegsteilnehmer enthaltenen Bestimmungen mit Ausnahme der Bestimmungen über Einschränkung der Zwangsversteigerung von beweglichen und unbeweglichen Gegenständen und des Konkursverfahrens finden nach § 9 KTSchG. auch Anwendung, wenn es sich um nicht prozeßfähige Personen handelt, welche durch einen Kriegsteilnehmer im Sinne des Kriegsschutzgesetzes gesetzlich vertreten sind.

Einer solchen Person kann vom Vorsitzenden des Prozeßgerichtes bei Gefahr auf Verzug auf Antrag ein besonderer Vertreter bestellt werden, wobei dann eine Aussetzung des Verfahrens nicht stattfindet.

Die Bestimmungen des Kriegsschutzgesetzes finden auch auf offene Handelsgesellschaften und Kommanditgesellschaften Anwendung, wenn deren sämtliche geschäftsführende Gesellschafter Kriegsteilnehmer im Sinne des Kriegsschutzgesetzes sind; ob das Kriegsschutzgesetz auch auf juristische Personen (Aktiengesellschaften, Gesellschaften mit beschränkter Haftung usw.) Anwendung findet, wenn deren Vorstandsmitglieder, Geschäftsführer usw. Kriegsteilnehmer sind, ist bestritten.

Wegen der Hemmung der Ausschluß- und Verjährungsfristen für Kriegsteilnehmer und ihre Gegner s. Ausschluß- und Verjährungsfristen.

Die Bestimmungen des Kriegsschutzgesetzes und infolgedessen auch der Verordnung v. 14. Jan. 1915 über die Vertretung der Kriegsteilnehmers in bürgerlichen Rechtsstreitigkeiten, sowie die Bestimmungen der Verordnung v. 20. Jan. 1916 zum Schutz von Angehörigen immobiler Truppenteile finden nach der Verordnung über die Ausdehnung des Kriegsschutzgesetzes v. 22. Okt. 1914 (RGBl. 450) mit der Bek. v. 4. Febr. 1915 (RGBl. 70) und nach der Verordnung v. 28. Juni 1917 (RGBl. 567), auch auf die Angehörigen von Österreich-Ungarn Anwendung.

Näheres über das Kriegsschutzgesetz und die ergänzenden Verordnungen s. Wassermann-Erlanger 265—350.

An neueren Entscheidungen sind die folgenden hervorzuheben:

1. Kriegsteilnehmereigenschaft.

Immobile Landsturmbataillone im Bahn- und Grenzschutz sind keine gegen den Feind verwendete Landmacht (JW. 1919, 256 Nr. 7).

Bei Erteilung längeren Urlaubs endigt die Unterbrechung (LZ. 1917, 344 Nr. 1; DJZ. 1917, 442; Recht 1917, 83 Nr. 171, 179 Nr. 348 und 349, 271 Nr. 572).

Wegen Lazarettinsassen s. JW. 1918, 812.

Fahnenflüchtige genießen den Schutz des Gesetzes nicht (LZ. 1917, 685 Nr. 1; JW. 1917, 867; Recht 1918, 282 Nr. 592), wohl aber Vermißte (Recht 1917, 325 Nr. 655).

Daß die Voraussetzungen der Todeserklärung vorliegen, steht der Aussetzung nicht entgegen (LZ. 1918, 1008 Nr. 3).

Im Falle der notwendigen Streitgenossenschaft wird das Verfahren unterbrochen, wenn auch nur e i n Streitgenosse Kriegsteilnehmer ist (LZ. 1917, 1145 Nr. 2).

Der Nebenintervenient hat keinen Anspruch auf Aussetzung (Recht 1918, 111 Nr. 228; Schlegelberger-Güthe, Kriegsbuch 1917, 3).

2. Verfahren, auf die sich die Unterbrechung bezieht.

Auch das Verfahren auf Bewilligung des Armenrechts wird unterbrochen (LZ. 1917, 817 Nr. 1).

Die Erlassung eines Zahlbefehls ist zulässig (Recht 1917, 410 Nr. 889); alsdann tritt auch Unterbrechung des Mahnverfahrens ein (LZ. 1917, 1192 Nr. 1).

Nach Erlaß einer einstweiligen Verfügung kann das die Erlassung der einstweiligen Verfügung betreffende Verfahren nicht mehr ausgesetzt werden (LZ. 1917, 1144 Nr. 1).

Nach Rechtskraft des Urteils ist die Aussetzung nicht mehr zulässig (Recht 1917, 170 Nr. 352, DJZ. 1917, 343).

Die Anwendung auf das Beweissicherungsverfahren ist bestritten (s. DJZ. 1917, 251; OLG. 35, 90).

Der Anspruch eines unehelichen Kindes gegen den unehelichen Vater auf Feststellung der Vaterschaft und Zahlung von Unterhalt ist ein vermögensrechtlicher Anspruch (Recht 1917, 325 Nr. 658).

Die Aussetzung kann nur der Kriegsteilnehmer, nicht der Gegner beantragen (Recht 1917, 230 Nr. 46ff.; DJZ. 1917, 441); auf das Recht der Aussetzung kann verzichtet werden (LZ. 1918, 884 Nr. 1; DJZ 1917, 689).

3. Bestellung eines Vertreters des Kriegsteilnehmers.

Ob die Bestellung eines Vertreters vor Zustellung der Klage erfolgen kann, ist bestritten (LZ. 1917, 214 Nr. 1 und 885 Nr. 2; Recht 1919, 70 Nr. 123).

Der Termin zur mündlichen Verhandlung ist schon vor der Bestellung eines Vertreters anzusetzen (Recht 1918, 415 Nr. 889; JW. 1918, 574).

Die Bestellung eines Vertreters ist unzulässig, wenn der Kriegsteilnehmer selbst schon einen Vertreter bestellt hat (Recht 1917, 179 Nr. 353, 1918, 312 Nr. 671).

Ein Vertreter kann auch im Ehescheidungsprozeß bestellt werden (LZ. 1917, 713 Nr. 1).

Gegen die Verweigerung der Bestellung eines Vertreters ist Beschwerde zulässig (LZ. 1917, 1146 Nr. 4).

Gegen die Bestellung eines Vertreters ist Beschwerde nicht zulässig (Recht 1917, 271 Nr. 580 und 411 Nr. 893).

Ein Zwang zur Übernahme der Vertretung besteht nicht (Recht 1917, 325 Nr. 653).

Die Bestellung eines Abwesenheitspflegers für den Kriegsteilnehmer ist zulässig, wenn dadurch nicht die Bestimmungen des Kriegsschutzgesetzes zu seinem Nachteil umgangen werden sollen (Recht 1917, 121 Nr. 218); über die Bestellung eines Abwesenheitspflegers im allgemeinen s. JW. 1917, 211, 347, 651.

4. „Besondere Kosten" bei Aufstellung eines Vertreters.

Zu den besonderen Kosten, die bei Bestellung eines Vertreters für den Kriegsteilnehmer der Gegner auch im Falle des Obsiegens zu tragen hat, gehören nicht die Kosten des Anwaltes des Kriegsteilnehmers im Anwaltsprozeß. (Recht 1917, 82 Nr. 139, 273 Nr. 602, 326 Nr. 664, 411 Nr. 895; LZ. 1917, 885 Nr. 4; JW. 1917, 617, 1918, 574 und 743; DJZ. 1917, 620; Recht 1919, 23 Nr. 43; OLG. 35, 35 und 37).

Die Kosten eines im amtsgerichtlichen Verfahren für den Kriegsteilnehmer bestellten Anwaltes sind im allgemeinen besondere Kosten (Recht 1918, 415 Nr. 890).

Der bestellte Vertreter des Kriegsteilnehmers hat gegen den Gegner keinen Anspruch auf Kostenvorschuß (DJZ. 1917, 251; Recht 1917, 123 Nr. 238, 522 Nr. 1004).

Über die Verpflichtung zur Tragung der besonderen Kosten muß im Urteil entschieden werden (Recht 1917, 271 Nr. 574).

Kostenfestsetzungsantrag auf die besonderen Kosten ist zulässig und zwar im eigenen Namen des Vertreters (Recht 1917, 411 Nr. 894, 522 Nr. 1005).

Jedoch ist der Kostenfestsetzungsantrag nicht möglich, wenn nicht im Urteil über die besonderen Kosten entschieden ist (Recht 1917, 271 Nr. 581; LZ. 1917, 551 Nr. 2).

5. „Offenbare Unbilligkeit". (Recht 1917, 81 Nr. 137, 179 Nr. 350, 351, 354, 270 Nr. 567—571, 575; 325 Nr. 659, 660, 663; 411 Nr. 890, 891; 521 Nr. 996, 997; 558 Nr. 1076, 1078; 1918, 198 Nr. 429; 242 Nr. 503; 282 Nr. 593, 595; 341 Nr. 722; 415 Nr. 886; LZ. 1917, 344 Nr. 2; 663 Nr. 1; 884 Nr. 2 und 3; 885 Nr. 3; 1056 Nr. 1; 1145 Nr. 2; 1146 Nr. 4; 1272 Nr. 1; 1918, 1008 Nr. 3; 1919, 104 Nr. 202; DJZ. 17, 340, 342; JW. 1918, 234, 459, 522; WarnE. 17, 146, 242, 289; OLG. 35, 57, 59, 167.

Für die Frage der offenbaren Unbilligkeit bei Anwendung der Verordnung zum Schutze der Kriegsteilnehmer vom 14. Dezember 1918 LZ. 1919, 396 Nr. 1.

6. Dauer der Unterbrechung.

Ob eine Unterbrechung des Verfahrens nach § 3 Abs. 1 Ziff. 2 KTSchG. während des Zeitraumes von der Anzeige der Kündigung des Anwaltes des Kriegsteilnehmers bis zur Bestellung eines anderen Anwaltes eintritt, ist bestritten (LZ. 1917, 287 Nr. 1; Recht 1918, 67 Nr. 152; DJZ. 1918, 67).

7. Wirkungen der Unterbrechung.

Eine während der Unterbrechung eingelegte Berufung ist wirkungslos (LZ. 1917, 936 Nr. 2).

8. Wiederaufnahme des unterbrochenen Verfahrens.

Die Entscheidnng über die Wiederaufnahme des Verfahrens erfolgt nur auf Antrag und nur auf Grund mündlicher Verhandlung durch Zwischenurteil (LZ. 1917, 685 Nr. 2 und 1145 Nr. 3; Recht 1917, 558 Nr. 1079; 1918, 198 Nr. 430 und 199 Nr. 431).

Gegen das Zwischenurteil, das die Aufhebung der Aussetzung ablehnt, ist Beschwerde zulässig (Recht 1917, 411 Nr. 897; LZ. 1918, 181 Nr. 13 und 405 Nr. 1); gegen das Zwischenurteil, das den Antrag auf Aufhebung der Aussetzung anordnet, ist Beschwerde zulässig (Recht 1918, 111 Nr. 229); erscheint der Kriegsteilnehmer im Termin nicht, so ergeht Versäumniszwischenurteil auf Wiederaufnahme des Verfahrens. Dies gilt auch im Eheprozeß gegen den Kläger. (Recht 1918, 199 Nr. 431; WarnE. 17, 289; Soergel-Warneyer, Jahrbuch 1918, 432 Nr. 4).

9. Zwangsvollstreckung.

Vorbereitungshandlungen der Zwangsvollstreckung sind selbstverständlich zulässig (LZ. 1917, 1192 Nr. 1).

Die Zwangsversteigerung ist auch dann unzulässig, wenn der Kriegsteilnehmer, im vorausgehenden Erkenntnisverfahren vertreten war (Recht 1917, 271 Nr. 576; 1918, 282 Nr. 594).

Die Unzulässigkeit der Zwangsversteigerung ist von Amts wegen zu beachten (Recht 1917, 411 Nr. 892; LZ. 1918, 551 Nr. 1).

Der Antrag auf Aufhebung des Zuschlages kann auch mittels Beschwerde gestellt werden (Recht 1917, 82 Nr. 138, 281 Nr. 577).

Wegen der Zulässigkeit der Wiederversteigerung bei Kriegsteilnehmereigenschaft des Erstehers s. JW. 1916, 1296 und 1444.

Die Zwangsversteigerung in das Gesamtgut der allgemeinen Gütergemeinschaft ist auch dann unzulässig, wenn nur einer der am Gesamtgut Beteiligten Kriegsteilnehmer ist (LZ. 1918, 588 Nr. 1; BayZfR. 1918, 159; LZ. 1918, 588; Recht 1919, 144 Nr. 261).

Zwangsversteigerung zum Zwecke der Aufhebung einer Gemeinschaft ist zulässig (Recht 1917, 271 Nr. 578; 1918, 415 Nr. 888; JW. 1918, 523).

Zwangsvollstreckung auf Herausgabe von Sachen ist zulässig (Recht 1917, 522 Nr. 998).

Der Vollzug einer einstweiligen Verfügung ist zulässig (Recht 1917, 558 Nr. 1086).

Der Kriegsteilnehmer kann auf den Schutz des Verbotes der Zwangsversteigerung verzichten (Recht 1917, 522 Nr. 999; JW. 1917, 778).

Gegen die Ehefrau eines Kriegsteilnehmers kann Klage gestellt werden; dieselbe kann nicht Aussetzung beanspruchen; doch wirkt das Urteil nicht gegen das eingebrachte Gut (Recht 1917, 521 Nr. 995; LZ. 1918, 204 Nr. 1).

Trotz der Verordnung zum Schutze der Kriegsteilnehmer vom 14. Dezember 1918 ist Pfändungsbenachrichtigung zulässig (BayZfR. 1919, 146).

10. Gesetzliche Vertretung und juristische Person.

Das Verfahren wird auch dann unterbrochen, wenn der durch einen gesetzlichen Vertreter vertretene Minderjährige Kriegsteilnehmer ist (LZ. 1918, 406 Nr. 2); das Kriegsschutzgesetz findet auch auf juristische Personen Anwendung (Recht 1918, 282 Nr. 596).

Bei juristischen Personen ist die Aussetzung nur zulässig, wenn kein weiterer Vertreter vorhanden ist (Recht 1917, 325 Nr. 654).

Kriegsverschollenheit s. Todeserklärung.

Lohn s. Pfändungsbeschränkungen.

Mahnverfahren s. Entlastung der Gerichte.

Miete s. Rechtsweg, sowie Zwangsvollstreckung und Zwangsverwaltung von unbeweglichen Gegenständen,

Mündliche Verhandlung s. Entlastung der Gerichte.

Öffentliche Lasten s. Zwangsversteigerung und Zwangsverwaltung unbeweglicher Gegenstände.

Öffentliche Zustellung. Die Zustellung einer Klage gegen einen feindlichen Ausländer kann, auch wenn sein Aufenthalt bekannt ist, nach § 202 ZPO. öffentlich erfolgen (LZ. 1918, 877 Nr. 15, JW. 1918, 830).

Österreich-Ungarn s. ausländische Forderungen, Kriegsteilnehmer, Zahlungsfristen.

Pacht s. Zwangsversteigerung und Zwangsverwaltung von unbeweglichen Gegenständen.

Pension s. Pfändungsbeschränkungen.

Pfändung s. Pfändungsbeschränkungen.

Pfändung der Forderung, welche dem Eigentümer von Pferden, Fahrzeug oder Geschirr für deren Überlassung gegen den Militärfiskus zusteht.

Nach §§ 23, 25 des Reichsgesetzes über die Kriegsleistungen v. 13. Juni 1873 sind die Besitzer von Pferden und Fahrzeugen verpflichtet, dieselben zur Benützung für Kriegszwecke der Militärverwaltung gegen Ersatz deren Wertes zur Verfügung zu stellen; die Vergütung ist nach § 2 Abs. 2 dieses Gesetzes aus Reichsmitteln zu gewähren. Soweit nicht nach § 26 Abs. 3 des Gesetzes der festgestellte Wert in bar vergütet wird, wird nach § 21 für den Vergütungsanspruch ein Anerkenntnis auf den Namen des Vergütungsberechtigten ausgestellt.

Durch Verordnungen des Bundesrates v. 12. u. 24. Aug. 1914 (RGBl. 370 und 384) ist bestimmt, daß für den Inhaber die Vermutung der Empfangsvollmacht gilt, und daß zur Übertragung der Forderung außer dem Abtretungsvertrage die Übergabe der Urknnde erforderlich ist, und daß deshalb zur Pfändung einer solchen Forderung außer dem Pfändungsbeschluß die Übergabe der Urkunde an den Gläubiger erforderlich ist; es ist weiter bestimmt, daß wenn die Herausgabe der Urkunde im Wege der Zwangsvollstreckung nach § 836 Abs. 3 ZPO. erfolgt, sie als erfolgt gilt, wenn der Gerichtsvollzieher die Urkunde zum Zwecke der Ablieferung an den Gläubiger wegnimmt, und daß, wenn der Pfändungsbeschluß vor der Übergabe der Urkunde dem Drittschuldner zugestellt wird, die Pfändung diesem gegenüber mit der Zustellung als bewirkt gilt.

Die Abtretung oder Verpfändung der Forderung ist also nur wirksam, wenn zum Abtretungs- oder Verpfändungsvertrag die Übergabe der Urkunde hinzutritt, oder wenn gemäß § 931 BGB. der Anspruch auf Herausgabe derselben abgetreten wird.

Pfändungsbeschränkungen. Es ist zunächst auf die Bestimmungen in §§ 811, 850 ZPO. und auf die Kommentare hiezu zu verweisen.

Über die durch den Kriegszustand entstandenen Fragen ist besonders zu bemerken:

Vorräte, welche der Rationierung unterliegen (Nahrungs-, Feuerungs-, Beleuchtungsmittel, ZPO. § 811 Ziff. 2) sind nicht pfändbar (JW. 1918, 109 Ziff. 2).

Bezüglich der Pfändung von Erntefrüchten s. JW. 1915, 1148, DJZ. 1915, 1144, JW. 1916, 974 Nr. 3.

Die zur Sicherstellung des Kriegsbedarfes beschlagnahmten Gegenstände sind nicht pfändbar (JW. 1916, 973 Ziff. 2 und 1405).

Bezüglich der Zwangsversteigerung von Gegenständen, welche durch kriegsrechtliche Verordnungen der öffentlichen Versteigerung entzogen sind, s. JW. 1918, 127.

Die Zustellung des Pfändungsbeschlusses an den Drittschuldner kann auch durch öffentliche Zustellung erfolgen (JW. 1918, 382 Nr. 2).

Über die Pfändung des Anspruches auf Ersatz von im besetzten Gebiet enteigneten Gütern s. JW. 1915, 1037; 1916, 974 Nr. 3.

Bezüglich der Pfändung von Ansprüchen aus dem Kriegsleistungsgesetz s. JW. 1916, 1268.

Über die Erwirkung von Pfändungsbeschlüssen gegen Militärpersonen im allgemeinen s. JW. 1916, 1102 und 1329.

Zu § 850 Abs. 1 Ziff. 5 und 8 ZPO. ist zu bemerken, daß die Feldwebelleutnants zu den Offizieren, die Offiziersstellvertreter dagegen zu den Unteroffizieren gehören (JW. 1917, 892 und 1918, 31).

Über Pfändung der Dienstprämien s. JW. 1919, 178.

Wegen Berechnung des pfändungsfähigen Betrages bei gleichzeitigem Bezug von Zivil- und Militärgehalt s. JW. 1917, 32.

Unterstützungsansprüche der in den Heeresdienst eingetretenen Mannschaften sind nicht pfändbar (Recht 1917, 372 Nr. 810), ebenso nicht Mietbeihilfen für Angehörige der in Dienst getretenen Mannschaften (JW. 1918, 495).

§ 850 ZPO. ist während des Krieges mehrfach abgeändert worden.

Nach der Verordnung des Bundesrates vom 17. Mai 1915 (RGBl. 285) ist die Grenze der Pfändbarkeit des Arbeits- und Dienstlohnes nach § 4 Ziff. 4 des Gesetzes v. 21. Juni 1869, 29. März 1897 und nach § 850 Abs. 2 und 3 ZPO. von dem Betrage von 1500 Mk. auf den Betrag von 2000 Mk. erhöht worden.

Nach der Verordnung des Bundesrates v. 22. März 1917, RGBl. 254, ist diese Erhöhung auch auf das Ruhegeld der im Privatdienst angestellten Personen erstreckt worden; dabei finden die Bestimmungen des Lohnbeschlagnahmegesetzes v. 21. Juni 1869, 29. März 1897 entsprechende Anwendung, wonach die Beschränkung für die Beitreibung von nicht länger als drei Monate fälligen Steuern und Umlagen wie für die Beitreibung von Unterhaltsforderungen der Verwandten, Ehegatten und unehelichen Kinder nicht gilt.

Nach der Verordnung des Bundesrates v. 13. Dez. 1917 (RGBl. 1102) ist die pfandfreie Grenze des Arbeits- und Dienstlohnes und des Ruhegeldes der im Privatdienst beschäftigten Personen nochmals in der Weise erhöht worden, daß 1/10 des Mehrbetrages über 2000 Mk. jährlich der Pfändung nicht unterworfen ist, und daß, insoweit der Schuldner seinem Ehegatten oder ehelichen noch nicht 16 Jahre alten Abkömmlingen Unterhalt zu gewähren hat, der unpfändbare Teil des Mehrbetrages über 2000 Mk. für jeden dieser Unterhaltsberechtigten um ein weiteres Zehntel, jedoch auf höchstens 5/10 des Mehrbetrages sich erhöht; dabei gilt jedoch die weitere Einschränkung, daß, falls der Schuldner für unterhaltsberechtigte Personen nicht zu sorgen hat, der Betrag über 2500 Mk. unbeschränkt pfändbar ist, und im Falle er für unterhaltsberechtigte Personen zu sorgen hat, der Betrag von über 3600 Mk. unbeschränkt pfändbar ist.

Für den Fall einer Änderung der für die Bestimmung des unpfändbaren Teiles des Lohnes maßgebenden Verhältnisse ist der Pfändungsbeschluß auf Antrag des Gläubigers oder Schuldners mit Wirkung für die Zeit des nächstfälligen Lohnes entsprechend zu berichtigen.

S. über diese Verordnung im allgemeinen LZ. 1918, 144 und Schlegelberger-Güthe, Kriegsbuch 7, 43 ff.

Nach der weiteren Verordnung des Bundesrates vom 2. Mai 1918 (Reichsgesetzblatt 382) sind Beihilfen und Zulagen, die aus Anlaß der Kriegsteuerung zu den in § 850 Abs. 1 Ziff. 7 und 8 ZPO. bezeichneten Bezügen bewilligt sind, weder der Pfändung unterworfen noch bei der Ermittlung des pfändbaren Betrages mitzurechnen; auf die bevorrechtigten Forderungen nach § 850 Abs. 4 ZPO. bezieht sich die Verordnung nicht (LZ. 1918, 1228 Nr. 2; OLG. 38 S. 224).

Eine Zusammenrechnung der Teuerungszulagen der Beamten mit dem Gehalt soll nicht stattfinden; eine Pfändung kann deshalb nur erfolgen, soweit der Gehalt oder die Teuerungszulage je für sich der Pfändung unterliegen (OLG. 37, 180).

Die Kriegszulage eines immobilen Militärbeamten ist als Dienstaufwandsentschädigung nicht pfändbar (DJZ. 1916, 515 Nr. 5; Recht 1916, 364 Nr. 706; LZ. 1916, 84; OLG. 32, 326).

Für Teuerungszulagen von im Privatdienst angestellten Personen oder solchen Personen, die nicht zu den in § 850 Abs. 1 Ziff. 7 und 8 bezeichneten Personen gehören, besteht keine gesetzliche Bestimmung.

Sie sind also pfändbar (Recht 1918, 111 Nr. 230, 342 Nr. 741, 374 Nr. 808; DJZ. 1918, 131; LZ. 1918, 793 Nr. 15, 957 Nr. 19; OLG. 97, 183; a. M. LZ. 1917, 23; JW. 1917, 556; OLG. 38 S. 224).

Es ist noch darauf hinzuweisen, daß, soweit die Forderungen nach den während des Kriegszustandes erlassenen Bestimmungen nicht pfändbar sind, sie nach §§ 394, 400 und 1274 Abs. 2 BGB. auch der Aufrechnung nicht unterliegen, nicht abgetreten und nicht verpfändet werden können.

Für die Pfändungsbeschränkungen, die für Kriegsteilnehmer gelten s. Kriegsteilnehmer.

Für die Pfändungsbeschränkungen, welche bei Bewilligung von Zahlungsfristen gelten s. Zahlungsfristen.

Für die übrigen Pfändungsbeschränkungen s. Zwangsvollstreckung.

Prozessuale Bestimmungen: a) im allgemeinen, s. Entlastung der Gerichte,

b) zum Schutz der Kriegsteilnehmer s. Kriegsteilnehmer.

Rechtsanwalt s. Stellvertretung und Zustellung.

Rechtsweg (s. auch Ausschlußfristen). Die Frage der Zulässigkeit des Rechtsweges ist durch den Kriegszustand in verschiedenen Fragen zu erhöhter Bedeutung gelangt.

Es ist hiezu auf folgende Ausführungen und Entscheidungen Bezug zu nehmen:

a) bezüglich der Frage auf Entschädigung aus dem Kriegsleistungsgesetz JW. 1916, 626, 711, 805; RG. 87, 357; 90, 257; 91, 291; 92, 95 und 172;

b) bei Verschulden von Reichsbeamten JW. 1919, 197 Nr. 4;

c) bei Verfügung und Beschlagnahme der Militärbehörde RG. 89, 207; 91, 185;

d) bei Ansprüchen aus der Ausübung militärischer Hoheitsrechte JW. 1918, 163 und 681; RG. 92, 240 und 304;

e) bei Ansprüchen gegen kriegswirtschaftliche Organisationen JW. 1918, 163; Recht 1918, 371 Nr. 783.

f) bei Requisitionen im Feindesland JW. 1916, 981;

g) für Ersatz von Kriegsschäden JW. 1917, 29; RG. 89, 221; Warneyer, Rechtsprechung des Reichsgerichts 1919 S. 1.

h) bei behördlicher Übernahme von Waren JW. 1918, 225; RG. 91, 388; 92, 373; Recht 1918, 371 Nr. 783.

i) bei Streitigkeiten zwischen amtlichen Aufkäufern von Vieh wegen Fleischversorgung JW. 1918, 626;

k) bei Ansprüchen der Offiziere aus ihrem Dienstverhältnis RG. 68, 250 und 253; Recht 1918, 67 Nr. 111.

l) bei dem Anspruch auf die Verstümmelungszulage JW. 1918, 698.

Es ist ferner darauf hinzuweisen, daß nach den Verordnungen des Bundesrates zum Schutze der Mieter in der Fassung v. 23. Sept. 1918 (RGBl. 1140) und über die Sammelheizungs- und Warmwasserversorgungsanlagen v. 2. Nov. 1917 (RGBl. 989) und v. 1. Aug. 1918 (RGBl. 991), die nicht in den Rahmen dieser Darstellung gehören, der Rechtsweg zugunsten der Mieteinigungsämter und Schiedsstellen ausgeschlossen bzw. eingeschränkt ist.

Ruhegehalt s. Pfändungsbeschränkungen.

Schiedsgerichtliches Verfahren. Die Vereinbarung der Zuständigkeit eines im feindlichen Ausland befindlichen Schiedsgerichtes ist als durch den Kriegszustand aufgehoben zu erachten (Recht 1918, 374 Nr. 809); s. auch ausländische Forderungen.

Schweiz s. ausländische Forderungen.

Sicherheitsleistung (s. auch Haager Abkommen).

Da das Haager Abkommen über den Zivilprozeß v. 17. Juli 1905 durch den Kriegszustand mit den feindlichen Staaten außer Kraft getreten ist, ist die nach Art. 17 ff. desselben vorgesehene Befreiung der feindlichen Ausländer von der Verpflichtung zur Sicherheitsleistung weggefallen.

Die Sicherheit kann auch nach Kriegsausbruch nachträglich gefordert werden (Soergel, Rechtsprechung 1918, 221).

Polen sind sicherheitspflichtig (Soergel, Rechtsprechung 1918, 221; JW. 1918, 698), dagegen auch jetzt nicht Atgehörige des früheren österreichisch-ungarischen Staates (DJZ. 1919, 188). Für Angehörige des tschechoslowakischen Staates s. JW. 1919, 332; Recht 1919, 105 Nr. 208, DJZ. 1919, 188.

Durch Verordnung des Bundesrates v. 22. Dez. 1914 (RGBl. 451) ist bestimmt, daß mit Wertpapieren, welche vor Ausbruch des Krieges einen Kurswert hatten, Sicherheit geleistet werden kann nach dem Kurswert v. 25. Juli 1914 oder dem zuletzt vorher notierten Kurs, und daß mit Kriegsanleihe des Deutschen Reiches zum Ausgabe-Kurs Sicherheit geleistet werden kann; die prozessualische Sicherheit kann nach § 232 ZPO. infolgedessen bis zur Höhe von 3/4 dieses Kurswertes geleistet werden; die Sicherheitsleistung nach § 69 des Gesetzes über die Zwangsversteigerung und Zwangsverwaltung kann mit der vollen Höhe dieses Kurswertes geleistet werden.

Stellvertretung s. auch Vertretung.

Nach § 1 der Verordnung des Bundesrates v. 9. März 1916 (RGBl.

156) sind Rechtshandlungen, die von dem gemäß § 25 RAO. für einen Anwalt bestellten allgemeinen Stellvertreter oder gegenüber einem solchen vor der Löschung des Rechtsanwaltes vorgenommen worden sind, nicht deshalb unwirksam, weil der Rechtsanwalt zur Zeit der Bestellung des Vertreters oder der Vornahme der Rechtshandlung nicht mehr gelebt hat; die in § 244 ZPO. vorgesehene Unterbrechung des Verfahrens tritt nicht schon mit dem Zeitpunkt des Todes des Rechtsanwaltes, sondern erst mit der Löschung desselben ein.

Stillstand der Rechtspflege (justitium) kann durch den Kriegszustand eintreten (ZPO. § 245).

Sühneversuch s. Entlastung der Gerichte.

Tatbestand s. Entlastung der Gerichte.

Todeserklärung. Die Todeserklärung Kriegsverschollener und das Verfahren hiefür ist durch die Verordnung des Bundesrates v. 18. April 1916 (RGBl. 296) in der Fassung v. 9. Aug. 1917 (RGBl. 703) erleichtert (s. hiezu LZ. 1916, 727 ff.).

Neben dieser Verordnung finden die durch dieselbe abgeänderten Bestimmungen des bürgerlichen Gesetzbuches keine Anwendung (Recht 1918, 313 Nr. 676). Die Verordnung regelt alle Rechtsbeziehungen des Verschollenen und zwar nicht bloß zugunsten der Hinterbliebenen; bei einer Gehaltsklage hat daher der Abwesenheitspfleger die Beweislast für das Fortleben des Verschollenen (Recht 1918, 313 Nr. 677).

Unpfändbarkeit s. Pfändungsbeschränkungen.

Unterbrechung des Verfahrens s. ausländische Forderungen, Kriegsteilnehmer, Stellvertretung.

Urkunden- und Wechselprozeß s. Entlastung der Gerichte.

Urteil s. Entlastung der Gerichte.

Vereinbarung der Zuständigkeit s. Zuständigkeit.

Verjährungsfristen (s. auch Ausschlußfristen und ausländische Forderungen).

Nach §§ 203, 205 BGB. ist die Verjährung gehemmt, solange der Berechtigte durch Stillstand der Rechtspflege (justitium) innerhalb der letzten 6 Monate der Verjährungsfrist an der Rechtsverfolgung verhindert ist (ZPO. § 245).

In diesem Falle tritt auch der nach § 211 BGB. eintretende Weiterlauf der Verjährung nicht ein.

Die Verjährung ist ferner gehemmt nach § 8 KTSchG. v. 4. Aug. 1914 (RGBl. 328) zugunsten der Kriegsteilnehmer und ihrer Gegner bis zur Beendigung des Kriegszustandes oder des Kriegsteilnehmerverhältnisses (s. Kriegsteilnehmer).

Die Verjährung ist ferner nach § 7 der Verordnung über die Geschäftsaufsicht v. 14. Dez. 1916 (RGBl. 1763) für die vom Verfahren betroffenen Gläubiger während der Dauer der Geschäftsaufsicht gehemmt.

Es wird ferner auf die allgemeine Erstreckung der kurzfristigen Verjährung nach §§ 196, 197 BGB. bis 31. Dez. 1919 hingewiesen, soweit solche Forderungen nicht schon am 31. Dez. 1914 verjährt waren (Verordnung des Bundesrates v. 31. Okt. 1918 RGBl. 1283), sowie auf die Erstreckung der Verjährungsfristen bei Auslandswechseln (VO. v. 19. Juli 1917 RGBl. 635) und bei Zinsscheinen (VO. v. 28. März 1918 RGBl. 153) und bei der Seeversicherung (VO. v. 24. Mai 1919, 476).

Verpfändung der Forderung des Eigentümers von Pferden, Fahrzeugen und Geschirr für Überlassung derselben gegen den Militärfiskus s. Pfändung.

Verteilungsverfahren s. Kriegsteilnehmer.

Vertretung s. Kriegsteilnehmer und Stellvertretung.

Verweisung des Rechtsstreites an das zuständige Gericht s. Entlastung der Gerichte.

Vollstreckung s. Zwangsvollstreckung.

Wechselprozeß s. Entlastung der Gerichte.

Zahlungsbefehl s. Entlastung der Gerichte.

Zahlungsfristen. Dieselben gehören nicht in den Rahmen dieser Darstellung.

Es kann deshalb nur auf dieselben verwiesen werden.

In Betracht kommen:

Die Verordnung des Bundesrates über die gerichtliche Bewilligung von Zahlungsfristen in der Fassung der Bekanntmachung v. 8. Juni 1916 (RGBl. 451) mit der Ergänzung durch § 21 d. VO. zur Entlastung der Gerichte v. 18. Mai 1916 (RGBl. 393).

Die Verordnung über die Folgen der nicht rechtzeitigen Zahlung einer Geldforderung v. 18. Aug. 1914 in der Fassung der Bekanntmachung v. 8. Juni 1916 (RGBl. 451).

Die Verordnung über die Geltendmachung von Hypotheken, Grundschulden und Rentenschulden v. 8. Juni 1916 (RGBl. 454) mit der Verordnung vom 11. April 1918 (RGBl. 183).

Die Verordnungen über Bewilligung von Zahlungsfristen an Kriegsteilnehmer v. 8. Juni 1916 (RGBl. 452), welche auch für die Kriegsteilnehmer von Österreich-Ungarn gelten (VO. v. 8. Nov. 1917 RGBl. 1021 und v. 16. Jan. 1918, S. 33).

Es kommen ferner in Betracht die Verordnungen des Bundesrates v. 8. und 26. Febr. 1917 über die Bewilligung von Zahlungsfristen an Kriegsflüchtlinge (RGBl. 113 und 192) und das Gesetz zum Schutz gegen die Folgen der Verkehrserschwerungen v. 3. März 1919 (RGBl. 281) mit der zugehörigen Bekanntmachung des Reichsministers der Justiz v. 6. März 1919 (RGBl. 283).

Zahlungsverbot s. ausländische Forderungen.

Zuständigkeit (s. auch Gerichtsstand und Entlastung der Gerichte).

Die Vereinbarung der Zuständigkeit eines im feindlichen Ausland befindlichen Gerichtes ist als durch den Kriegszustand aufgehoben zu erachten.

Zustellungen. Nach § 172 ZPO. erfolgt die Zustellung an einen

Unteroffizier oder Gemeinen des aktiven Heeres oder der aktiven Marine zu Handen des militärischen Vorgesetzten.

Da die Frage, ob Ersatzzustellungen trotz dieser Vorschrift gültig seien, bestritten ist, hat der Bundesrat durch § 1 der Verordnung v. 22. Dez. 1915 (RGBl. 833) bestimmt, daß Ersatzzustellungen an einen als Unteroffizier oder Gemeinen zum aktiven Militär oder zur aktiven Marine eingezogenen Rechtsanwalt auch im Wege der Ersatzzustellung erfolgen können; für die Wirksamkeit früherer Zustellungen und für die Wiedereinsetzung gegen Fristversäumnis hat der Bundesrat in §§ 2 und 3 Übergangsbestimmungen getroffen.

Gehört ein Prozeßbevollmächtigter, der nicht Rechtsanwalt ist, dem aktiven Heer oder der aktiven Marine an, so hat nach § 4 der Verordnung das Prozeßgericht auf Antrag ohne mündliche Verhandlung zu bewilligen, daß eine Zustellung, die nach §§ 176, 178 ZPO. an ihn erfolgen müßte, statt an ihn an einen Zustellungsbevollmächtigten und in Ermangelung eines solchen an den Gegner selbst erfolgen darf; gegen einen abweisenden Antrag findet nach § 567 ZPO. Beschwerde statt.

Daß auch bei den Zustellungen nach § 176 ZPO. die Ersatzzustelluug gültig ist, ist nunmehr übrigens ausgesprochen (JW. 1918, 190) und insbesondere Recht 1919, 27 Nr. 59, JW. 1917, 298, WarnE. 17, 49, woselbst ausgesprochen ist, daß auch bisher schon trotz § 172 ZPO. Ersatzzustellung zulässig war (a. M. BayZfR. 1919 S. 215). Zustimmend wieder JW. 1919 460 Nr. 4.

Entscheidungen für die Übergangszeit der Verordnung s. LZ. 1917, 129 Nr. 4, DJZ. 1917, 342 und RG. 89, 18.

Über die Verordnung im allgemeinen s. auch JW. 1916, 91.

Zwangsversteigerung beweglicher Gegenstände.

Durch Verordnung des Bundesrates v. 8. Okt. 1914 (RGBl. 427) ist bestimmt, daß bei einer zwangsweisen Versteigerung körperlicher Sachen der gewöhnliche Verkaufswert derselben vor der Versteigerung zu schätzen ist und zwar durch den Gerichtsvollzieher; im Falle des § 813 ZPO. durch den zugezogenen Sachverständigen, bei Wertpapieren, die einen Börsen- oder Marktpreis nicht haben, durch einen kaufmännischen Sachverständigen wobei mindestens der letzte Kurswert vor Kriegsausbruch anzunehmen ist.

Die Bestimmung in § 814 ZPO. über die Schätzung von Kostbarkeiten ist bestehen geblieben.

Auf Antrag des Gläubigers oder Schuldners kann das Vollstreckungsgericht die Schätzung durch einen Sachverständigen anordnen.

Nach der Verordnung ist weiter bestimmt, daß unbeschadet der Bestimmung in § 820 ZPO. über die Versteigerung von Gold- und Silbersachen der Zuschlag bei der Zwangsversteigerung nur erteilt werden darf, wenn das Gebot mindestens die Hälfte des gewöhnlichen Verkaufswertes erreicht, wobei bei Wertpapieren, die von den Darlehenskassen beliehen werden, das Mindestgebot mindestens den Betrag erreichen muß, zu dem die Darlehenskassen Wertpapiere dieser Art beleihen.

Diese Bestimmungen gelten auch dann, wenn die Verwertung nach § 825 ZPO. erfolgen soll.

Bezüglich der Schutzbestimmungen, die für Kriegsteilnehmer besonders gelten, s. Kriegsteilnehmer.

Zwangsversteigerung und Zwangsverwaltung unbeweglicher Gegenstände.

Nach der Verordnung des Bundesrates v. 22. April 1915 (RGBl. 235) gewähren die Ansprüche auf Entrichtung von öffentlichen Lasten eines Grundstückes, die nicht in wiederkehrenden Leistungen bestehen, bis auf weiteres ein Recht auf Befriedigung im Rang der dritten Klasse des § 10 Ziff. 3 des Gesetzes über die Zwangsversteigerung und Zwangsverwaltung, soweit sie am 1. Jan. 1915 noch nicht zwei Jahre rückständig waren.

Diese Bestimmung gilt bis zur Beendigung des Kriegszustandes, in einem Zwangsversteigerungsverfahren auch darüber hinaus, soweit die Beschlagnahme des Grundstückes vor diesem Zeitpunkt erfolgt war.

Nach der Verordnung des Bundesrates v. 12. Juli 1917 (RGBl. 604) gelten ferner Ansprüche auf Entrichtung wiederkehrender öffentlicher Lasten eines Grundstückes, für die nach dem 1. August 1914 von der zuständigen Behörde Ausstand gewährt worden ist, im Sinne des § 10 Note 3 des Gesetzes über die Zwangsversteigerung und Zwangsverwaltung als Ansprüche auf Entrichtung laufender Beträge; nach dieser Verordnung hat, wenn wiederkehrende Leistungen der bezeichneten Art für zwei Jahre nicht gezahlt sind, die zuständige Behörde dem Grundbuchamt und dieses den Grundstücksgläubigern Mitteilung zu machen.

Auch diese Bestimmung gilt bis zur Beendigung des Kriegszustandes und darüber hinaus, wenn vor dem Außerkrafttreten der Verordnung die Beschlagnahme des Grundstückes zum Zwecke der Zwangsversteigerung oder Zwangsverwaltung erfolgt ist. Näheres zu dieser Verordnung JW. 1917, 953 ff., 1918, 120 ff.

Nach der Verordnung des Bundesrates v. 24. Mai 1917 (RGBl. 432) steht einer Hinterlegung im Sinne des § 49 Abs. 3 und des § 65 Abs. 1 Satz 4 des Gesetzes über die Zwangsversteigerung und Zwangsverwaltung die Einzahlung an die Gerichtskasse oder eine von der Landeszentralbehörde bestimmte Kasse gleich; ebenso steht eine Anweisung auf den eingezahlten Betrag einer Anweisung auf den hinterlegten Betrag nach § 117 Abs. 3 gleich.

Durch das Gesetz zur Einschränkung der Verfügungen über Miet- und Pachtzinsforderungen v. 8. Juni 1915 (RGBl. 327) ist das Gesetz über die Zwangsversteigerung und Zwangsverwaltung geändert worden.

An die Stelle des § 57 sind die §§ 57, 57 a und b getreten und außerdem ist § 183 abgeändert worden.

Die Änderungen gegenüber dem früheren Rechtszustand liegen darin daß die Wirksamkeit einer Verfügung, die der Vermieter oder Verpächter vor dem Übergang des Eigentums auf den Ersteher über den auf die Zeit der Berechtigung des Erstehers entfallenden Miet- oder Pachtzins getroffen hat, gegenüber dem bisherigen Rechtszustand in bezug auf die Zeit der Vorausverfügung eingeschränkt ist, und daß die Wirsamkeit eines Rechtsgeschäftes, das zwischen Vermieter oder Verpächter und Mieter oder Pächter in Ansehung der Miet- oder Pachtzinsforderung vorgenommen wird, insbesondere die Entrichtung des Miet- oder Pachtzinses, gegenüber dem Ersteher entgegen dem bisherigen Rechtszustand in Bezug auf die Zeit der Vorausverfügung eingeschränkt ist, und daß für die Wirksamkeit der Vorausverfügungen nicht mehr der Zuschlag an den Ersteher, sondern der Zeitpunkt der Beschlagnahme maßgebend ist, und daß die Beschränkung der Vorausverfügungen nunmehr auch im Falle der Beschlagnahme zum Zwecke der Zwangsversteigerung eintritt.

Für die Fälle der Vermietung oder Verpachtung eines Grundstückes, das zum Zwecke der Aufhebung einer Gemeinschaft beschlagnahmt ist, kommen die neuen Vorschriften nur teilweise zur Anwendung.

Näheres s. Wassermann-Erlanger 210 ff. und JW. 1915, 619 ff., 820, 880 ff., 955, 1051, 1111 ff., 1145, 1160 ff.

Es kommt ferner in Betracht die Verordnung des Bundesrates v. 11. April 1918 (RGBl. 183) für die Erstreckung der auf einem Grundstück lastenden Reallasten, Hypotheken, Grundschulden und Rentenschulden auf Forderungen auf den Veräußerungspreis und Vergütungen, die dadurch entstehen, daß infolge einer kriegswirtschaftlichen Maßnahme Bestandteile oder Zubehörstücke veräußert werden oder auf einem Grundstück betriebenen Unternehmungen eingestellt werden.

Es finden dabei die Vorschriften in § 1123 Abs. 2 Satz 1, § 1124 Abs. 1 und 3, § 1125 BGB. nach Maßgabe des Artikels 4 der Verordnung entsprechende Anwendung; s. im einzelnen juristische Wochenschrift 1918, 465 ff.

Nach §§ 12, 18 der Verordnung des Bundesrates über die Geltendmachung von Hypotheken, Grundschulden und Rentenschulden v. 8. Juni 1916 (RGBl. 454) ist unter den dort bestimmten Voraussetzungen wegen Unzulänglichkeit des Meistgebotes der Zuschlag zu versagen. Diesen Antrag kann auch der im Ausland wohnende Gläubiger stellen (LZ. 1917, 552 Nr. 4).

In der Beschwerdeinstanz kann der Antrag nicht mehr gestellt werden (LZ. 1916, 1200 Nr. 3).

Nach der Verordnung des Bundesrates über die Zwangsverwaltung von Grundstücken v. 22. April 1915 (RGBl. 233) kann bei Einleitung der Zwangsverwaltung eines Grundstückes der Schuldner selbst, sein gesetzlicher Vertreter oder, falls der Schuldner Kriegsteilnehmer ist, der von ihm zur Wahrnehmung seiner Rechte bestellte Vertreter als Zwangsverwalter bestellt werden, wobei zur Beaufsichtigung der Geschäftsführung eine Aufsichtsperson zu bestellen ist.

Der Antrag muß vom Schuldner alsbald nach Kenntnis von der Einleitung des Zwangsverwaltnngsverfahrens gestellt werden (Recht 1917, 327 Nr. 691).

Näheres über diese Verordnung JW. 1915, 473 ff., 482 ff., 552 ff.

Bezüglich der Schutzbestimmungen, die für Kriegsteilnehmer besonders gelten, s. Kriegsteilnehmer.

Zwangsvollstreckung, s. ausländische Forderungen; Kriegsteilnehmer; Pfändungsbeschränkungen; Pfändung der Forderung, welche dem Eigentümer von Pferden, Fahrzeug oder Geschirren für Überlassung derselben gegen den Militärfiskus zusteht; Zwangsversteigerung beweglicher Gegenstände; Zwangsversteigerung und Zwangsverwaltung unbeweglicher Gegenstände; Zahlungsfristen.

Wegen Aussetzung der Zwangsvollstreckung bei Geschäftsaufsicht s. Seite 11 und bei Kriegsteilnehmereigenschaft s. Seite 13; wegen Beschränkung der Zwangsvollstreckung s. Zwangsversteigerung beweglicher Gegenstände.

Nachtrag.

Änderung der Verhältnisse. Zu Seite 3 ist hinzuweisen auf ein Urteil des Landgerichtes München I v. 9. April 1919 Pr.Reg. Nr. 411/1918 A II wonach die Erhöhung der Unterhaltsbeträge entsprechend einem Beschluß des Oberlandesgerichtes München, I. Zivilsenat v. 27. Sept. 1918 BeschwReg. 286/1918 für zulässig erklärt ist, während ein Beschluß des Oberlandesgerichtes München III. Zivilsenat v. 25. März 1919 Beschw.-Reg. 96/1919 die Erhöhung ablehnt.

Die Begründung für die Zulassung der Erhöhung, daß bei Änderung der Verhältnisse ein nach § 1714 BGB. ungültiger und deshalb teilweise unzulässiger Verzicht auf den Unterhalt für die Zukunft vorliege, kann nicht als stichhaltig erachtet werden, da es für die Frage, ob ein ungültiger Verzicht vorliegt, nicht auf die spätere Änderung der Verhältnisse, sondern auf den Zeitpunkt des Abschlusses des Übereinkommens ankommt. S. dazu auch BayZfR. 1909, 207 und SeuffA. 67, 68.

Pfändungsbeschränkungen zum Schutze der Kriegteilnehmer. Die Wirksamkeit der auf Seite 13 dargestellten Verordnung zum Schutze der Kriegsteilnehmer gegen Zwangsvollstreckungen v. 14. Dezember 1918 war bis 1. Juli 1919 bemessen.

Durch weitere Verordnung v. 17. Juni 1919 (RGBl. 521) ist die Wirksamkeit dieser Verordnung bis 1. Januar 1920 erstreckt worden.

Um die durch die frühere Verordnung hervorgetretenen Härten auszuschließen, ist in dieser neuen Verordnung folgendes bestimmt:

Wenn während der Wirksamkeit der Verordnung die Bewilligung zur Zwangsvollstreckung nach Ablauf von sechs Monaten seit Beendigung der Kriegsteilnehmereigenschaft des Schuldners oder wenn sie für eine Forderung nachgesucht wird, die nach der Beendiung der Kriegsteilnehmereigenschaft des Schuldners entstanden ist, oder wenn sie für Unterhaltsbeiträge nachgesucht wird, die kraft Gesetzes für bestimmte Zeitabschnitte zu entrichten sind und die Beiträge für den zur Zeit des Gesuches um Bewilligung der Vollstreckung laufenden Zeitabschnitt geschuldet werden, ist die Zwangsvollstreckung nur dann zu versagen, wenn ihre Erteilung nach den Umständen des Falles offenbar unbillig wäre.

Für den Vollzug von Arresten und einstweiligen Verfügungen ist weiter allgemein bestimmt, daß derselbe von dem Vollstreckungsgericht auch ohne Anhörung des Schuldners bewilligt werden kann.

Bei Vornahme von Vollstreckung hat nicht der Gläubiger zu beweisen. daß der Schuldner nicht Kriegsteilnehmer sei; die Kriegsteilnehmereigenschaft hat vielmehr der Schuldner einzuwenden und zu beweisen (JW. 1919, 462 Nr. 2).

Durch die Verordnung über Lohnpfändung vom 22./25. Juni 1919 RGBl. 589 ist zum Schutz der mobilen und immobilen Kriegsteilnehmer sowie der Personen, die sich in Ausübung des vaterländischen Hilfsdienstes im Ausland aufhalten, bestimmt, daß das in § 850 Abs. 4 ZPO. und in § 4 Ziffer 3 und 4a des Lohnbeschlagnahmegesetzes vom 21. Juni 1869 und 29. März 1897 den Verwandten und unehelichen Kindern zustehende Vorrecht für solche Unterhaltsbeträge nicht besteht, die der Schuldner für die Zeit seiner Kriegsteilnehmereigenschaft bzw. Hilfsdienstes zu entrichten hat.

Diese Vorschrift bezieht sich auch auf das Diensteinkommen der öffentlichen Bediensteten (ZPO. § 850 Abs. 1 Ziffer 8, Abs. 2 und 4).

Im übrigen kommen für die Beschränkung der Pfändung der Bezüge öffentlicher Bediensteter und deren Hinterbliebenen die Seite 20 und 21 dargestellten Vorschriften in Betracht.

Die entsprechende Übergangsvorschrift ist in § 7 der Verordnung getroffen; die Verordnung ist am 1. Juli 1919 in Kraft getreten, und tritt vorbehaltlich anderweitiger Bestimmungen des Reichsministers der Justiz spätestens am 31. Dezember 1920 außer Kraft. Eine vor deren Inkrafttreten erfolgte Aufrechnung, Abtretung oder Verpfändung (BGB. §§ 394, 400 und 1274 Abs. 2) wird unwirksam, soweit sie bei Anwendung der Vorschriften der Verordnung unwirksam wäre.

Pfändungsbeschränkungen überhaupt. Die Verordnung über Lohnpfändung vom 13. Dezember 1917 ist nunmehr durch die Verordnung über Lohnpfändung vom 22./25. Juni 1919 (RGBl. 587) wie folgt abgeändert worden:

Der Arbeits- oder Dienstlohn der in einem privaten Arbeits- oder Dienstverhältnis angestellten Personen ist bis zur Höhe von 2000 ℳ für das Jahr, für den übersteigenden Betrag zu einem Fünftel des Mehrbetrages, jedoch höchstens bis zu 3000 ℳ der Pfändung nicht unterworfen.

Wenn der Schuldner seinem Ehegatten, seinem früheren Ehegatten, Verwandten oder einem unehelichen Kind Unterhalt zu gewähren hat, ist der Arbeits- und Dienstlohn bis zur Höhe von 2500 ℳ und für den übersteigenden Betrag zu einem Fünftel des Mehrbetrages der Pfändung nicht unterworfen; dabei erhöht sich der unpfändbare Teil des Mehrbetrages für jede unterhaltsberechtigte Person um ein weiteres Zehntel, höchstens jedoch auf sechs Zehntel des Mehrbetrages und im ganzen auf 4500 ℳ für das Jahr.

Im übrigen finden die Bestimmungen des Lohnbeschlagnahmegesetzes vom 21. Juni 1869 und 29. März 1897 entsprechende Anwendung.

Die neuen Bestimmungen finden auch vorbehaltlich abweichender gesetzlicher Vorschriften auf die Pfändung des Ruhegeldes von Personen, die in einem privaten Arbeits- oder Dienstverhältnis beschäftigt gewesen sind, entsprechende Anwendung. Sie finden auch Anwendung auf die Pfändung der Bezüge eines Handlungsgehilfen auf Grund der Vorschriften in §§ 74 bis 75a des Handelsgesetzbuches in der Fassung vom 10. Juni 1914

(RGBl. 209) für die Entschädigung, welche der Handlungsgehilfe auf Grund eines Wettbewerbsverbotes für die Zeit nach Beendigung des Dienstverhältnisses zu beanspruchen hat.

Die neuen Vorschriften finden auch Anwendung auf die Pfändung einer Geldrente nach § 850 Abs. 3 ZPO.

Die Übergangsvorschriften sind in §§ 2 und 7 der Verordnung getroffen; wegen der zeitlichen Geltung derselben und der Unwirksamkeit der vor Inkrafttreten erfolgten Aufrechnung, Abtretung oder Verpfändung gelten die gleichen Vorschriften wie im letzten Absatz der vorstehend erörterten Pfändungsbeschränkungen zum Schutze der Kriegsteilnehmer ausgeführt.

Rechtsweg. Die Verordnungen zum Schutze der Mieter und über Sammelheizungs- und Wasserversorgungsanlagen gelten nunmehr in der Fassung der Verordnung vom 22. Juni 1919 RGBl. 591 (s. oben S. 22).

Der Rechtsweg ist ferner durch verschiedene Verordnungen durch Bestellung von Schiedsgerichten eingeschränkt, so insbesondere bei Streitigkeiten über Einwirkung von Höchstpreisen auf laufende Verträge vom 11. Nov. 1915 RGBl. 758 und vom 15. Nov. 1915 S. 769, vom 13. Jan. 1916 S. 31, bei Streitigkeiten über Preise für die Weiterarbeit in Kriegsmaterial v. 21. Nov. 1918 S. 1323, bei Erhöhung der Preise für Lieferung von elektrischer Arbeit, Gas- und Leitungswasser v. 1. Febr. 1919 S. 135, v. 5. März 1919 S. 288, bei Textilwaren v. 1. Februar 1919 S. 174 und v. 27. Mai 1919 S. 494, sowie in den übrigen Verordnungen, welche im Sachverzeichnis des RGBl. 1916, 1917 und 1918 unter „Schiedsgericht" verzeichnet sind, wobei noch auf die Verordnung vom 16. Januar 1919 (RGBl. 91) verwiesen wird.

Der Rechtsweg ist ferner eingeschränkt durch die Zuständigkeit der Schlichtungsausschüsse, welche nach der Verordnung über Tarifverträge vom 23. Dezember 1918 (RGBl. 1456) bei Streitigkeiten über Tarifverträge zwischen Arbeitgeber und Arbeitnehmer zu entscheiden haben, und durch die Verordnung über die Errichtung von Militärversorgungsgerichten vom 18. Februar 1919 (RGBl. 217).

Leitfäden des Kriegsrechts
Herausgegeben vom Bayerischen Anwaltsverband

IV.

Militärversorgungsrecht

Von
Christian Meisner
Rechtsanwalt in Würzburg

1919
München, Berlin und Leipzig
J. Schweitzer Verlag (Arthur Sellier)

Die vom Bayerischen Anwaltsverband herausgegebenen „Leitfäden des Kriegsrechts“ sollen in erster Linie den Kriegsteilnehmern und allen denjenigen, welche während der Kriegszeit die neue Rechtsentwicklung nicht oder nicht immer zu verfolgen vermochten, ein Wegweiser durch die wichtigsten Gebiete des Kriegsrechtes sein. Das soll in gedrängtester und zugleich übersichtlichster Form geschehen. Der Leser soll nur auf die Hauptgesichtspunkte der einzelnen Materien hingewiesen, auf die Spezialliteratur aufmerksam, mit den auftauchenden Fragen kurz bekannt gemacht werden. Auch diejenigen Gebiete, auf welchen der Krieg zwar keine neue Gesetzgebung, wohl aber eine belangreiche Rechtsprechung gebracht oder sonst neue Fragen gezeitigt hat (z. B. Erfüllung von Lieferungsverträgen, Unmöglichkeit der Leistung usw.) sollen möglichst Berücksichtigung finden. Die einzelnen Heftchen werden, um ihren Zweck zu erfüllen, von möglichst geringem Umfang und tunlichst wohlfeil sein.

Es sind erschienen:

Handels- und Wechselrecht, bearbeitet von Justizrat Dr. Hch. Frankenburger in München (8°, 22 S. Geh. M. —.80, dazu 35 % Teuerungszuschlag),

Bürgerliches Recht einschl. Stundungs-Verordnungen und Einigungsämter, bearbeitet von Rechtsanwalt Ludwig Erlanger in München (8°, 36 S. Geh. M. 1.20, dazu 35 % Teuerungszuschlag),

Zivilprozeß, bearbeitet von Justizrat Dr. Bernhard Mayer II in München (8°, 32 S. Geh. M. 1.—, dazu 35 % Teuerungszuschlag)

In rascher Folge erscheinen:

Militärversorgungsrecht, bearbeitet von Rechtsanwalt Chr. Meisner in Würzburg,

Strafrecht und Strafprozeß, bearbeitet von Rechtsanwalt Dr. Fröschmann und Rechtsanwalt Heilmeier in Nürnberg,

Direkte Steuern, bearbeitet von Rechtsanwalt Dr. Otto Kahn in München,

Anwaltsgebühren, Gerichtskosten und Vollmachtsstempel, bearbeitet von Rechtsanwalt Dr. Alfred Bloch II in München,

Geschäftsaufsicht und Zwangsvergleich, bearbeitet von Justizrat Dr. Hugo Cahn in Nürnberg.

Leitfäden des Kriegsrechts

Herausgegeben vom Bayerischen Anwaltsverband

IV.

Militärversorgungsrecht

Von

Christian Meisner

Rechtsanwalt in Würzburg

1919

München, Berlin und Leipzig

J. Schweitzer Verlag (Arthur Sellier).

Inhalt.

I. Abschnitt: Das materielle Recht.

II. Abschnitt: Das Verfahren.

I. Abschnitt.

Das materielle Recht.

---

§ 1. Gliederung des Militärversorgungsrechts.

I. Die Militärversorgungsgesetze.

Die Versorgung der Militärpersonen und ihrer Hinterbliebenen ist durch die drei sogenannten Militärversorgungs-Gesetze geregelt:

1. Das Reichsgesetz v. 31. März 1906, Offiziers-Pensions-Gesetz[1]) = OPG. (RGBl. 1906, 565 ff.). Hierzu hat der Bundesrat die Ausführungsbestimmungen v. 19 Juni 1906 (ZBl. f. d. D. R. 1906 Nr. 36, 659 ff.) erlassen, die nebst den vom bayerischen Kriegsministerium erlassenen Ausführungsbestimmungen v. 5. Juli 1906 in Anlage 1 zu Nr. 43 (339) des bayer. GVBl. 1906 abgedruckt sind.

2 Das Reichsgesetz v. 31. Mai 1906 Mannschaftsversorgungsgesetz[2]) = MVG. (RGBl. 1906, 593 ff.), Ausführungsbestimmungen des Bundesrats vom 19. Juni 1906 (ZBl. f. d. D. R. 1906 Nr. 36, 659 ff.) und des Kriegsministeriums v. 5. Juli 1906 s. Anlage 2 zu Nr. 43 bayer. GVBl. von 1906.

3. Das Militärhinterbliebenen-Gesetz[3]) = MHG. v. 17. Mai 1907 (RGBl. 1907, 214 ff.). Hierzu die Ausf.-Bestimmungen des bayer. Kriegsministeriums v. 24. Juli 1907 (GVBl. 551 ff.).

4. Die auf das Verfahren bezüglichen Vorschriften der Militärversorgungs-Gesetze und der hiezu erlassenen Ausführungsbestimmungen sind durch die Reichsverordnung v. 1. Febr. 1919 (RGBl. 149 ff.) und die Ausführungsbestimmungen des Staatenausschusses v. 27. Febr. 1919 (RGBl. 251 ff.) geändert.[4]) Im Anschluß an diese Änderung ist die Reichsverordnung v. 18. Febr. 1919 (RGBl. 217 ff.) über die Militärversorgungsgerichte ergangen.[5])

---

[1]) S. unten § 7.
[2]) S. unten § 8.
[3]) S. unten § 9.
[4]) S. unten II. Abschnitt §§ 13 ff.
[5]) S. unten § 14 I, § 15.

II. Zu den drei Militärversorgungsgesetzen gehören als Ergänzungsgesetze:

1. Das Luftfahrergesetz v. 29. Juni 1912 (RGBl. 415 ff.) gewährt eine Luftdienstzulage bei einer Dienstbeschädigung, die in Ausübung des Luftfahrdienstes infolge der besonderen diesem Dienst eigentümlichen Gefahren von einem Pensions- oder Versorgungsberechtigten erlitten ist. Die Hinterbliebenen werden wie die Hinterbliebenen der im Kriege Gefallenen versorgt.

Das Luftfahrergesetz ist nur für Friedensverhältnisse oder diesen ähnliche während des Krieges obwaltende Verhältnisse geschaffen. Auf Beschädigung bei Kriegshandlungen ist es nicht anwendbar.

2. Das Reichsgesetz über Fürsorge für Kriegsgefangene[1]) v. 15. Aug. 1917 (RGBl. 725).

III. Zum Militärversorgungsrecht, aber nicht zu den sog. Militärversorgungsgesetzen gehören u. a.:

1. Das Reichsgesetz über Kapitalabfindung an Stelle von Kriegsversorgung (KAG.) v. 3. Juli 1916 (RGBl. 680) und das Kapitalsabfindungsgesetz für Offiziere (OKAG.) v. 26. Juli 1918 (RGBl. 994) s. unten § 11.

2. Das Familienunterstützungsgesetz = FUG. v. 28. Febr. 1888 (RGBl. 59); 4. Aug. 1914 (RGBl. 332); 30. Sept. 1915 (RGBl. 629).

Zur Ergänzung dieser Gesetze sind ergangen die BundesrVO. v. 21. Jan. 1916 (RGBl. 55 ff.), v. 3. Dez. 1916 (RGBl. 1323), v. April 1917, (RGBl. 371), 2. Nov. 1917 (RGBl. 985), 28. Sept. 1918 (RGBl. 1223) und die VO. des Reichsamtes für wirtschaftliche Demobilmachung v. 9. Dez. 1918 (RGBl. 1411).[2]) Hieher gehört auch die BundesrBek. v. 26. März 1914 (RGBl. 57 ff.), betreffend Aufwandsentschädigung an Familien für im Reichsheer, in der Marine oder in den Schutztruppen eingestellten Söhne. (Ergänzungen s. RGBl. 1914, 233; 1915, 191, 629; 1917, 371, 985; 1918, 1072).

Da infolge der Demobilmachung das Familienunterstützungsrecht seine praktische Bedeutung bald verloren haben wird, ist von seiner Darstellung abgesehen.

Die Entscheidungen der Kommission des Lieferungsverbandes (über Unterstützungsbedürftigkeit, Umfang und Art der Unterstützung) sind endgültig. Nur Aufsichtsbeschwerde an den Regierungspräsidenten ist zulässig.

3. Die Verordnung der Reichsregierung v. 8. Febr. 1919 (RGBl. 187) über die soziale Kriegsbeschädigten- und Kriegshinterbliebenenfürsorge.

Darnach ist die soziale Fürsorge für die Kriegsbeschädigten und die Kriegshinterbliebenen vom Reich übernommen. Zur Durchführung dieser Aufgabe ist ein „Reichsausschuß der Kriegsbeschädigten- und Kriegshinterbliebenenfürsorge" errichtet, der hauptsächlich folgende Aufgaben hat: Aufstellung der Grundsätze für die Durchführung dieser Fürsorge, Erstattung von Gutachten, Verwaltung und Verwendung der ihm für die Fürsorge zur Verfügung gestellten Mittel. In jedem Bundesstaat werden amtliche

---

[1]) s. unten S. 14. Über die Weiterbezahlung der Kriegsbesoldung s. Olshausen JW. 1916, 642.

[2]) Über Wochenhilfe s. RGBl. 1917, 592, 1085; 1918, 1467.

„Hauptfürsorgestellen der Kriegsbeschädigten und Kriegshinterbliebenenfürsorge" errichtet.

4. Das bayer. Gesetz v. 15. Juli 1916 (GVBl. 135) über die Ansiedlung von Kriegsbeschädigten in der Landwirtschaft (s. unter § 12).

5. Das Reichsgesetz v. 24. Aug. 1918 (RGBl. 1091) zur Förderung des Baues von Kleinwohnungen für Kriegsbeschädigte (s. unter § 12).

§ 2. Das Wesen der Versorgungsansprüche.

I. Der Versorgungsanspruch der Militärversorgungsgesetze ist ein Ausfluß des öffentlich-rechtlichen Militärdienstverhältnisses (vgl. RG. 77, 367; RVA. 1, 254) und muß deshalb nach den Grundsätzen des öffentlichen Rechts beurteilt werden.[1])

Die Pension ist eine Form des Dienstgehaltes,[2]) welches in gemindertem Betrage kraft Gesetzes oder Anstellungsvertrages dem dienstunfähig gewordenen Staatsdiener fortgewährt wird (vgl. RG. 21, 187; 38, 321; 64, 353).

II. Bei der Anwendung der Militärversorgungsgesetze ist dem Motiv des Gesetzgebers, das im öffentlichen Interesse auf eine soziale Fürsorge gerichtet ist, Rechnung zu tragen. Die Rechtsprechung des Reichsgerichts (vgl. z. B. JW. 1916, 158) und die gesamte Praxis der obersten Versicherungsbehörden ist von der Auffassung getragen, daß bei Anwendung des öffentlichen Versorgungsrechts das praktische Bedürfnis und der Gedanke wohlwollender Fürsorge im Auge zu behalten ist (Scheurl S. 218).

Die zu den Militärversorgungsgesetzen erlassenen Verwaltungsvorschriften waren für die Verwaltungsbehörden bisher schlechthin maßgebend, obwohl ihnen auch früher keine Gesetzeskraft zukam. Im Rechtsweg unterlagen sie wohl der Nachprüfung des Gerichtes. Aber § 39 OPG., § 42 MVG., § 36 MHG. entzogen gerade die wichtigsten Fragen der Nachprüfung des Gerichts. Diese Schranke ist jetzt durch die Reichsverordnung vom 1. Februar 1919 gefallen.

Das will aber nicht besagen, daß den Verwaltungsvorschriften (den Erlassen des Kriegsministeriums) im Verfahren vor den Versorgungsgerichten keine Bedeutung beizumessen ist. Abgesehen davon, daß diesen Erlassen als dem Niederschlag reicher Erfahrungen ein moralisches Gewicht bei der Auslegung der Versorgungsgesetze nicht wohl wird abgesprochen werden können, gibt es auch nach dem Niederreißen der für die richterliche Nachprüfung gesetzten Schranken noch Verwaltungsvorschriften, die für das Versorgungsgericht schlechthin bindend sind. Das sind jene Verwaltungsvorschriften, durch welche die Organisation des Militärwesens geregelt ist. Beispiel: Welche Ansprüche an die Dienstfähigkeit der aktiven Offiziere generell zu stellen sind, ist eine Frage der Organisation. Die

---

[1]) Das schließt nicht aus, daß die Vorschriften des bürgerlichen Rechts über die Verpflichtung zur Zahlung von Zinsen und insbesondere von Verzugszinsen aus den Versorgungsansprüchen herangezogen werden. RG. 92, 379.

[2]) Vgl. über das Wesen der Besoldung RG. 91, 126.

Entscheidung des MVG. hat sich darauf zu beschränken, ob die generell bestimmten Voraussetzungen in dem seiner Beurteilung vorliegenden Einzelfall gegeben sind. — Die generellen Verwaltungsbestimmungen, ob eine Klasse von Unteroffizieren zu den Gehalts- oder Löhnungsempfängern gehört, ist für das Versorgungsgericht bindend, es hat darüber zu entscheiden, ob der Antragsteller nach diesen Bestimmungen Gehalts- oder Löhnungsempfänger ist.

III. Die Militärversorgungsgebührnisse tragen niemals den Charakter der öffentlichen Armenunterstützung, gleichviel ob es sich um erzwingbare oder um „zulässige" Leistungen oder um Gnadenbewilligungen handelt (Scheurl S. 283).

IV. Der Versorgungsanspruch ist kein Schadenersatzanspruch des bürgerlichen Rechts; deshalb kommt es auf eine wirkliche Erwerbseinbuße, also darauf, ob der Anwärter einen konkreten, tatsächlich entstandenen Schaden erleidet, nicht an. Das gilt auch da, wo Minderung der Erwerbsfähigkeit Voraussetzung des Versorgungsanspruches ist (RG. 77, 367; 78, 359; Scheurl S. 293 f.).

V. Die Unpfändbarkeit der Gebührnisse.[1])

1. Die Versorgungsgebührnisse der Unterklassen sind schlechtweg unpfändbar (§ 40 Abs. 1 MVG.). Eine Pfändung dieser Gebührnisse ist also auch nicht unter den Voraussetzungen des § 850 Abs. 4 ZPO. möglich. Zu den Versorgungsgebührnissen gehören alle Bezüge, die auf Grund des MVG. bezogen werden (einschließlich der Luftdienstzulage), gleichviel ob ein Rechtsanspruch hierauf besteht, oder ob es sich um sogenannte Kannbezüge handelt.[2])

Wegen des Anspruchs des Militärfiskus auf Rückzahlung zu Unrecht erhobener Beträge ist die Pfändung von Versorgungsgebührnissen[3]) ohne Beschränkung zulässig.

RG. 81, 345; 83, 161; JW. 1916, 1343 verneinen auf Grund der Sonderbestimmung des § 40 Abs. 2 MVG., § 37 Abs. 2 OPG. die Frage, ob der Rentenempfänger, der die Bezüge zu einer besseren Lebenshaltung verbraucht hat, sich auf § 818 Abs. 3 BGB. (Wegfall der Bereicherung) berufen kann[4]) (vgl. dagegen Posener S. 144).

Das MHG. enthält keine dem § 40 Abs. 2 MVG. und § 37 Abs. 2 OPG. entsprechende Sonderbestimmung, so daß gegen die Rückforderung überhobener Versorgungsgebührnisse von Hinterbliebenen der Wegfall der Bereicherung eingewendet werden kann. Eine Bereicherung liegt dann nicht mehr vor, wenn die Hinterbliebenen auf Grund der überhobenen Bezüge Ausgaben gemacht haben, die sie sonst nicht gemacht hätten, und dadurch diese Bezüge verbraucht haben (RG. 83, 163).

Über Pfändbarkeit von Pension s. JW. 1918, 31, 104, 495.

---

[1]) Vgl. Bab, JW. 1916, 1102 über Pfändungsbeschlüsse gegen Militärpersonen.

[2]) Sie werden durch den Feststellungsbescheid zu Rechtsansprüchen, s. unten S. 34.

[3]) Abgesehen von dem Gnadenvierteljahr für Hinterbliebene.

[4]) Vgl. Scheurl S. 306.

2. **Die Versorgungsgebührnisse aus dem MHG. und dem OPG.** sind nur nach Maßgabe des § 850 ZPO. pfändbar (§ 850 Ziff. 7 und 8 ZPO.).[1])

Die Verstümmelungszulage, die Kriegszulage und die Alterszulage sind der Pfändung unter keinen Umständen unterworfen und bleiben bei der Ermittlung, ob und zu welchem Betrag ein Einkommen der Pfändung unterliegt, außer Ansatz (§ 37 OPG.).[2])

3. Ein der einmaligen Geldabfindung für den Zivilversorgungsschein gleichkommender Geldbetrag ist nach Maßgabe des § 40 MVG. zeitweilig der Pfändung entzogen.

4. **Der Anspruch der Kapitulanten auf die in den Dienstvorschriften der Militärverwaltung ausgesetzte Dienstprämie** ist der Pfändung nicht unterworfen: die Vorschrift des § 850 Abs. 4 ZPO. (über Pfändbarkeit zugunsten von Unterhaltsbeiträgen) findet auf die Dienstprämie entsprechende Anwendung (§ 40 Abs. 1 MVG.). Über Zustellung s. unter Ziff. 6.

5. Die nach dem Kapitalabfindungsgesetz bewilligte Abfindung ist nach Maßgabe des § 12 Abs. 2 KAG., § 12 Abs. 2 OKG. zeitweilig der Pfändung entzogen.

6. Die Zustellung des Pfändungsbeschlusses[3]) erfolgt, soweit die Pfändung zulässig ist, an die den Fiskus vertretende Stelle (vgl. JW. 1916, 1102). Bei Pfändung von Unteroffiziers-Dienstprämien im Bereich der bayer. Militärverwaltung hat die Kassenverwaltung oder die Militärkasse, von der der betreffende Unteroffizier seine Besoldungsgebühren empfängt, den Militärfiskus als Drittschuldner im Sinne der §§ 829 ff. ZPO. zu vertreten (JMBl. 1909, 188).

VI. Ausschluß von Schadensersatzansprüchen gegen den Militärfiskus.

Die nach Maßgabe des OPG. pensionsberechtigten und nach Maßgabe des MVG. versorgungsberechtigten Personen[4]) haben aus dem Grunde einer Dienstbeschädigung gegen den Militärfiskus nur die auf diesem Gesetz beruhenden Ansprüche (§ 38 Abs. 1 OPG., § 41 Abs. 1 MVG.).

---

[1]) Nur der dritte Teil des 1500 Mk. (für Kriegsdauer erhöht auf 2000 Mk. Bundesrats-Bek. vom 17. Mai 1915, RGBl. 285) übersteigenden Betrags ist pfändbar.

[2]) Wegen des Anspruchs des Militärfiskus auf Rückzahlung zu Unrecht erhobener Pensionsgebührnisse ist die Pfändung von Pensions- und Versorgungsgebührnissen ohne Beschränkung zulässig (§ 37 Abs. 2 OPG., § 40 Abs. 2 MVG., Ausnahme für das Gnadenvierteljahr für Hinterbliebene § 37 Abs. 3 OPG., § 40 Abs. 3 MVG.).

[3]) Zu beachten ist § 752 ZPO., wonach die Zwangsvollstreckung gegen eine aktive Militärperson erst beginnen darf, nachdem von derselben die vorgesetzte Militärbehörde Kenntnis erhalten hat (vgl. Bab, JW. 1916, 1102).

[4]) Ob diesen Personen auch in concreto ein Versorgungsanspruch zusteht, ist belanglos. Deshalb kann ein Soldat, dessen Erwerbsfähigkeit infolge einer Dienstbeschädigung um weniger als Zehn vom Hundert beschränkt ist, so daß er keine Militärrente bekommt, keine anderweitigen Ansprüche gegen den Militärfiskus stellen (vgl. BayZfR. 1918, 197).

Soweit diesen Personen ein gesetzlicher Anspruch auf Ersatz des ihnen durch die Dienstbeschädigung verursachten Schadens gegen Dritte zusteht,[1]) geht dieser Anspruch im Umfang der durch dieses Gesetz begründeten Pflicht zur Gewährung von Pensions- und Versorgungsgebührnisse auf den Militärfiskus über (§ 38 Abs. 2 OPG., § 41 Abs. 2 MVG.).

Voraussetzung der § 38 OPG., § 41 MVG. ist Dienstbeschädigung (s. hierüber unten S. 14). Liegt Dienstbeschädigung vor,[2]) so kann der Verletzte, der zu den Pensions- oder Versorgungsberechtigten gehört, gegen den Militärfiskus nur diesen Anspruch geltend machen; also insbesondere nicht einen Schadensersatz aus der unerlaubten Handlung irgend einer Person, für welche der Militärfiskus haftbar ist.

In Bayern kommt gemäß Art. 1 des Gesetzes über die Haftung des Staates für Angehörige des bayerischen Heeres v. 6. Dez. 1913 (GVBl. 911), der die Personen des Soldatenstandes den Staatsbeamten in dieser Hinsicht gleichstellt, Art. 60 AG. z. BGB. in Betracht.

Auch durch Verzicht auf den Versorgungsanspruch kann sich der Geschädigte nicht die höheren (nach anderen gesetzlichen Bestimmungen gegebenen) Ersatzansprüche gegen den Militärfiskus sichern.

Ist der Schädiger eine Person, für deren Verschulden der Militärfiskus haftbar ist, so tritt cessio legis des Ersatzanspruches[3]) gegen den Dritten im Umfange der durch das MVG bzw. OPG. begründeten P f l i c h t des Militärfiskus zur Gewährung von Versorgungsgebührnissen in dem Zeitpunkt ein, in welchem der Versorgungs a n s p r u c h e n t s t a n d e n ist. Darüber hinaus bleiben dem Verletzten seine Schadensersatzansprüche gegen Dritte erhalten, so z. B. die Ansprüche gegen den Zivilfiskus als Unternehmer einer Eisenbahn auf Grund des Reichshaftpflichtgesetzes.

Für die Schadensersatzansprüche der Hinterbliebenen von Militärpersonen bestehen diese Beschränkungen nicht. Sie können daher beim Tode eines Heeresangehörigen neben den Ansprüchen aus dem MHG. noch den Ersatz eines weiteren Schadens vom Militärfiskus verlangen, wenn hiezu die Voraussetzungen gegeben sind (RG. 87, 247)[4]). Auch geht ein

---

[1]) Über Umfang dieses Schadensersatzanspruches im Falle einer durch die Verletzung verursachten Pensionierung. Vgl. JW. 1913, 603.

[2]) Liegt keine Dienstbeschädigung vor, so kann der verletzte Soldat auch gegen den Militärfiskus die nach allgemeinem Recht ihm zustehenden Ersatzansprüche ohne Beschränkung geltend machen z. B auf Grund des Reichshaftpflichtgesetzes gegen den Militärfiskus als Unternehmer der von ihm betriebenen Eisenbahn oder auf Grund des Gesetzes über den Verkehr mit Kraftfahrzeugen gegen den Militärfiskus, als Halter eines Kraftwagens.

[3]) Der Militärfiskus kann trotz § 850 ZPO., §§ 400, 412 BGB. den auf ihn übergegangenen Anspruch ohne Beschränkung auf einen Dritten weiter übertragen (JW. 1917, 225).

[4]) A. M. Gerlach, BayZfR. 1918, 275, weil Ansprüche Dritter nur m i t t e l b a r Geschädigter auf Schadensersatz nach § 844 Abs. 2 BGB. nur

Schadensersatzanspruch der Hinterbliebenen gegen Dritte nicht auf den Militärfiskus über (so mit Recht Olshausen Bem. 14 zu § 12 gegen Günther, JW. 1917, 432, weil in das MHG. eine den § 38 OPG., § 41 MVG. entsprechende Vorschrift mit Absicht nicht aufgenommen wurde).

Dagegen sind Hinterbliebene, die wegen des Todes eines Kriegsteilnehmers, der an einer in der Kriegsgefangenschaft erlittenen Dienstbeschädigung gestorben ist, Gebührnisse auf Grund des MHG. beziehen[1]), verpflichtet,[2]) dem Militärfiskus in Höhe der gewährten Gebührnisse die Ansprüche abzutreten, die ihnen auf Schadensersatz kraft Gesetzes für die gleiche Zeit gegen Dritte zustehen (§ 1 Abs. 2 des Gesetzes über Fürsorge für Kriegsgefangene v. 15. Aug. 1917 RGBl. 725).

VII. Steuerprivileg.

Verstümmelungszulage, Kriegszulage und Alterszulage bleiben bei der Veranlagung zu den Steuern und anderen öffentlichen Abgaben jeder Art außer Ansatz (§ 37 Abs. 1 OPG., § 40 Abs. 3 MVG.). Diese Steuerfreiheit gilt auch für die Tropenzulage und Luftdienstzulage.

Die übrigen Pensions- und Versorgungsgebührnisse (auch die Bezüge der Militärhinterbliebenen, die Zivilversorgungsentschädigung) sind nicht steuerfrei; vgl. jedoch Art. 8 Abs. 1 Ziff. 6 und 8 des bayer. Einkommensteuergesetzes v. 14. Aug. 1910 (GVBl. 129).

VIII. Ein Verzicht auf die Versorgungsansprüche ist für die Zukunft wirkungslos.[3]) Das ist aus dem öffentlich-rechtlichen sozialen Charakter des Versorgungsanspruches zu folgern; deshalb und weil die Unterzeichnung des Stammrollenauszuges lediglich eine für den inneren Dienst wirksame Bestätigung über die Richtigkeit der dort vorgemerkten Tatsachen und Ereignisse bewirkt, der ein rechtsgeschäftlicher Charakter nicht zu-

---

unter der Voraussetzung gegeben sein können, daß auch dem unmittelbar Geschädigten, hier also dem infolge einer Dienstbeschädigung Verstorbenen, ein Anspruch gegen den Militärfiskus nach den allgemeinen Vorschriften des bürgerlichen Rechts (§§ 823, 839 BGB.) zugestanden haben würde. Dieser Anspruch würde aber durch § 38 OPG., § 41 MVG. ausgeschlossen sein. — In Wahrheit sind die Ansprüche des § 844 BGB. selbständiger Natur und entstehen nicht erst in der Person des unmittelbar Verletzten, von der sie auf die Hinterbliebenen des § 844 BGB. übergingen (RG. 55, 24; 69, 186). § 846 BGB. spricht allerdings aus, daß der Anspruch aus § 844 BGB. abhängig ist von dem mitwirkenden Verschulden des unmittelbar Geschädigten. Die Anwendung dieses Grundsatzes mag man ausdehnen können auf ein anderweitiges „Verhalten" des unmittelbar Geschädigten (RGRKomm. Bem. 1 zu § 844). Ein von dessen Willen ganz unabhängiges gesetzliches Hindernis, welches der Entstehung des Anspruchs in der Person des Verletzten entgegenstand, läßt sich nicht auf die gleiche Stufe stellen.

[1]) Es genügt also nicht das bloße Bestehen eines Versorgungsanspruchs.

[2]) Also keine cessio legis.

[3]) S. dagegen Posner 27.

kommt, kann eine solche Bestätigung nur als ein tatsächlicher Beweisbehelf im Versorgungsverfahren verwertet werden, der Gegenbeweis bleibt offen (vgl. Meier-Demmig Bem. 71 § 1).

§ 3. Der Kreis der Versorgungsberechtigten.

I. Die Gebührnisse aus den Militärversorgungsgesetzen können nur von Reichsangehörigen bezogen werden[1] (vgl. § 23 Ziff. 1 OPG., § 36 Ziff. 1 MVG.). Den während des Krieges in das deutsche Heer eingetretenen Ausländern (auch Staatenlosen) kann von Fall zu Fall eine Unterstützung aus Kap. 84a des Kriegsjahresetats bewilligt werden (Meier-Demmig Bem. 7 zu § 35 MVG.).

Die Fürsorge für feindliche Kriegsgefangene ist durch das Reichsgesetz v. 15. Aug. 1917 (RGBl. 725 ff.) geregelt. Feindliche Kriegsgefangene unterliegen nicht der Arbeiterversicherungspflicht (AN. d. RVA. 1915, 238).

II. Nur auf Grund des aktiven Militärdienstes (s. hierüber § 38 Reichsmilitärgesetz v. 2. Mai 1874, RGBl. 45 ff.) bestehen Versorgungsansprüche.

Das bayerische Heer bildet einen in sich geschlossenen Bestandteil des Reichsheeres (Bündnisvertrag v. 21.—25. Nov. 1870 III § 5 III, BundGBl. 1871, 9 ff., BayGBl. 1871, 153 ff.).

Zum aktiven Heere gehören hiernach u. a. Armierungssoldaten (nicht aber Armierungsarbeiter; diese unterliegen der Invalidenversicherungspflicht, AN. d. RVA. 1916, 438 ff.), Feldgendarmen (nicht aber Landgendarmen, RG. 79, 257), Unteroffiziersschüler; Feldeisenbahnbedienstete, soweit sie noch militärdienstpflichtig (auch landsturmpflichtig) sind; (die Versorgung der nicht mehr militärdienstpflichtigen Eisenbahnbediensteten wird aus Kapital 84a des Etatsjahres gewährt vgl. Meier-Demmig, Bem. 12 zu § 1); die Feldpostbediensteten (§ 16 Feldpostordnung).

Auf das auf dem Kriegsschauplatz verwendete Personal der freiwilligen Krankenpflege finden die Vorschriften des MVG. Anwendung (§ 44 MVG.; vgl. AN. d. RVA. 1916, 41 ff.).

II. In Kriegsgefangenschaft befindliche oder von Neutralen internierte deutsche Heeresangehörige gehören bis zu ihrer Entlassung aus dem Dienste durch die Heimatbehörden zum aktiven Heer, nicht aber Wehrpflichtige in feindlicher Zivilgefangenschaft.

§ 4. Das Verhältnis des Militärversorgungsrechts zum Arbeiterversicherungsrecht.[2])

Für die Militärpersonen und ihre Angehörigen und Hinterbliebenen ist durch das Militärversorgungsrecht gesorgt; daneben und unabhängig

[1]) Die Feststellung des Anspruchs kann auch der Ausländer verlangen; sein Recht ruht, aber es besteht, s. unten § 10 II.

[2]) Vgl. hiezu Adam S. 946 ff.

davon besteht die durch die öffentliche Arbeiter- und Angestellten-Versicherung bereit gestellte Fürsorge.

Die auf Grund des MVG. gewährten Versorgungsgebührnisse haben nicht als Unfallrente im Sinne des § 1522 RVO. zu gelten (AN. d. RVO. 1916, 427, Scheurl 275); auch nicht als Schadensersatz im Sinne des § 1542 RVO. (Scheurl 276).

So kann den Militärpersonen und ihren Hinterbliebenen neben den vom MVG. und vom MHG. eingeräumten Bezügen Anspruch auf Invaliden- und Altersrente und Hinterbliebenen-Fürsorge nach § 1250 RVO. zustehen (AN. d. RVA. 1915, 561, Scheurl 274).

Gemäß §§ 1281 Ziff. 1, 1393 Ziff. 1 und 2 RVO. bleibt den in den Heeresdienst eingetretenen Versicherten die Anwartschaft auf die Invaliden- und Hinterbliebenenversicherung erhalten. Vgl. VO. d. Bundr. v. 23. Dez. 1915 (RGBl. 845), 28. März 1918, 165 (RGBl. 165) und 14. Dez. 1918 (RGBl. 1437).

Von der Unfallversicherung sind Personen des Soldatenstandes nur insoweit ausgeschlossen, als sie **dienstlich** beschäftigt sind (vgl. hierüber unten S. 14).

Der Erhaltung von Anwartschaften der Kriegsteilnehmer aus der Angestelltenversicherung dient die Verordnung des Bundesrats v. 26. Aug. 1915 (RGBl. 531). Über die Erstattung von Beiträgen der Kriegsteilnehmer zur Angestellten-Versicherung vgl. RGBl. 1916, 370, 425, 517.

Der Erhaltung von Anwartschaften der Kriegsteilnehmer aus der Krankenversicherung dient das RG. v. 4. Aug. 1914 (RGBl. 334), das im Interesse der Kriegsteilnehmer die freiwillige Weiterversicherung (§ 313 RVO.) erleichtert (hierzu die Bek. d. Bundesr. v. 5. Juli 1916, RGBl. 655 ff. und 16. Nov. 1916, RGBl. 1279; vgl. JW. 1917, 248; 1918, 298). Den infolge ihrer Einberufung aus der Versicherungs**pflicht** ausgeschiedenen Kriegsteilnehmern kann der Anspruch auf Krankengeld (§ 182 Ziff. 2 RVO.) nach § 214 RVO. oder auf Grund der freiwilligen Weiterversicherung (§ 313 RVO.) zustehen. Nach § 214 RVO. haben Kriegsteilnehmer, welche innerhalb der ersten drei Wochen nach dem Ausscheiden aus einer versicherungspflichtigen Beschäftigung verwundet werden oder erkranken, Anspruch auf Krankengeld (AN. d. RVA. 1915, 635; 1916, 334 ff.). Die in § 214 RVO. vorausgesetzte „Erwerbslosigkeit" bedeutet Fehlen einer Beschäftigung gegen Entgelt (AN. d. RVA. 1915, 638). Darauf, daß eine Erwerbseinbuße nicht vorliegt und Löhnung und Familienunterstützung bezogen wird, kann sich die Krankenkasse nicht berufen (Entsch. d. RVA. 5, 113). Dagegen entfällt die Gewährung der Kranken**pflege** durch die Krankenkasse (§ 182 Ziff. 1 RVO.), insolange sie die Heeresverwaltung zu teil werden läßt (AN. d. RVA. 1915, 573, 273 f., 312).

Wenn statt der Unfallentschädigung aus der RVO. oder neben ihr wegen desselben Leidens oder wegen eines Todesfalls die Versorgung nach den Militärversorgungsgesetzen in Frage kommt, so könnte es in dem Spruchverfahren vor den Militärversorgungsgerichten und in dem Verfahren nach der RVO. zu widersprechenden Entscheidungen kommen.

Diese Gefahr sucht die Reichsverordnung vom 1. Februar 1919 (RGBl. 149 ff.) durch die Bestimmungen des Art. II § 13 und Art. III abzuwenden.

§ 5. Fristen zur Erhebung der Versorgungsansprüche.

Sie sind durch § 2 MVG. und § 2 OPG. gesetzt:

Der Anspruch auf Rente und Pension muß vor der Entlassung (bei Offizieren vor dem Ausscheiden) aus dem aktiven Dienste angemeldet werden, es sei denn, daß der Verlust oder die Minderung der Erwerbsfähigkeit (bei Offizieren die Dienstunfähigkeit) die Folge einer Dienstbeschädigung ist. In diesem Falle kann der Anspruch angemeldet werden:

1. bei Friedensdienstbeschädigungen (auch während des Krieges und der Kriegsdienstleistung ist eine solche möglich) bis zum Ablauf von zwei Jahren nach der Entlassung (bzw. nach dem Ausscheiden). Die Dienstbeschädigung muß vor der Entlassung festgestellt sein;

2. bei Kriegsverwundungen ohne Zeitbeschränkung;

3. bei sonstigen Kriegsdienstbeschädigungen bis zum Ablauf von zehn Jahren nach dem Friedensschluß.

Von den in Abs. 1 Nr. 1 und 3 aufgeführten Einschränkungen ist nur dann abzusehen, wenn der Nachweis erbracht worden ist, daß die Folgen (s. hierüber JW. 1911, 775) einer Dienstbeschädigung erst nach der Entlassung (dem Ausscheiden) bemerkbar geworden sind oder daß der Verletzte von der Anmeldung seines Anspruchs durch außerhalb seines Willens liegende Verhältnisse abgehalten worden ist. Die Anmeldung des Anspruchs muß jedoch bis zum Ablauf von drei Monaten erfolgt sein, nachdem die Folgen der Dienstbeschädigung bemerkbar geworden sind (vgl. RG. 76, 399 ff.) oder das Hindernis für die Anmeldung weggefallen ist.

Die Fristen des § 2 MVG. und des § 2 OPG. sind Ausschlußfristen, nicht Verjährungsfristen (vgl. JW. 1911, 955); auf ihre Verwirkung kann nicht verzichtet werden (vgl. jedoch JW. 1911, 956).

Die Fristen gelten jedoch nur für die Anmeldung des Anspruches dem Grunde nach, einer nachträglichen Erhöhung des Anspruches stehen sie nicht im Wege (RG. 10. Juli 1914 bei Meier-Demmig, Bem. 21 zu § 2). Neue Folgen einer Dienstbeschädigung sind im Sinne des § 2 Abs. 2 noch anmeldefähig, wenn die bisherigen Erscheinungen, deren rechtzeitige Anmeldung unterblieb, vom Standpunkt des Verletzten und unter Berücksichtigung seiner Erkenntnisfähigkeit nicht schon derartig waren, daß sie die neuen Folgen erkennbarerweise nach sich ziehen mußten (RG. 4. Juli 1913 bei Meier-Demmig Bem. 31 zu § 2).

Für Kriegsdienstbeschädigungen können die Ausschlußfristen des § 2 erst in zehn Jahren praktische Bedeutung bekommen. Es ist aber wohl zu beachten, daß nicht jede während des Krieges und der Kriegsdienstleistung erlittene Dienstbeschädigung eine Kriegsdienstbeschädigung ist (s. hierüber unten S. 14).

§ 6. Dienstzeit, Dienstbeschädigung und Kriegsdienstbeschädigung.

I. Dienstzeit.

Die Berechnung der Dienstzeit ist geregelt für Offiziere des Friedensstandes in § 14 OPG., für Offiziere des Beurlaubtenstandes in § 30 OPG., für die Klasse der Unteroffiziere und Gemeiner in § 5 MVG. (für die Marine s. § 52 OPG., § 53 MVG. für die Schutztruppen s. § 69 OPG., § 69 MVG.).

Bei jedem Kriegsteilnehmer wird nach § 16 OPG., § 6 MVG. zu der wirklichen Dauer der Dienstzeit die Zahl der Kriegsjahre hinzugerechnet (die Kriegsdienstzeit ist also nicht doppelt zu rechnen, wie vielfach angenommen wird). Die Kaiserl. VO. v. 7. Sept. 1915 (RGBl. 599) bestimmt, wer als Kriegsteilnehmer in diesem Sinne zu betrachten ist. (Wesentlicher Inhalt: Erforderlich ist Teilnahme an einer Schlacht oder Aufenthalt von mindestens zwei Monaten im Kriegsgebiet. Abgrenzung des Kriegsgebietes, s. Verf. d. Preuß. Kriegsministeriums v. 18. Jan. 1917, Bayer. VBl. 133).

Denjenigen Kriegsteilnehmern, die sowohl im Kalenderjahr 1914 wie im Kalenderjahr 1915 die Bedingungen der Kaiserlichen Verordnung v. 7. Sept. 1915 erfüllt haben, sind nach dieser Verordnung zwei Kriegsjahre anzurechnen.

Durch spätere Kaiserliche Verordnungen ist für jedes weitere Kriegsjahr die Hinzurechnung zur Dienstzeit angeordnet.[1]) Die Kriegsjahre werden nach den Kalenderjahren berechnet; es ist also mit fünf Kriegsjahren zu rechnen (1914 mit 1918). In jedem Kalenderjahre müssen die Voraussetzungen der Kriegsteilnahme gegeben sein, damit es als Kriegsjahr der Dienstzeit zugerechnet werden darf (VBl. 1918, 265 ff.).

Von der Anrechnung auf die Dienstzeit ist die Zeit einer verbüßten Freiheitsstrafe von mindestens einjähriger Dauer ausgeschlossen. Unter besonderen Umständen kann sie mit Genehmigung des Kontingentsherrn angerechnet werden (§ 18 OPG., § 8 MVG.).

Die Zeit der Kriegsgefangenschaft ist als Dienstzeit anzurechnen, wenn nicht nachgewiesen wird, daß eigenes Verschulden vorgelegen hat.[2]) Die hienach als Dienstzeit anzurechnende Zeit der Kriegsgefangenschaft ist auch bei der Feststellung des für die Anrechnung von Kriegsjahren erforderlichen Zeitraumes zu berücksichtigen, soweit der Betreffende während der Kriegsgefangenschaft besonderen Gefahren für Leben und Gesundheit ausgesetzt war (RVO. v. 30. Nov. 1918, RGBl. 1919, 183).

---

[1]) RGBl. 1916, 85; 1917, 149, 315; 1918, 73. Über Anrechnung eines Kriegsjahres für Teilnahme am türkisch-italienischen Krieg oder am Balkankrieg 1912/13 s. RGBl. 1916, 653.

[2]) Das gilt auch für Festsetzung des Witwen- und Waisengeldes. Insoweit hiernach eine Anrechnung auf die Dienstzeit einzutreten hat, muß sie auch bei der Festsetzung des Witwen- und Waisengeldes bewilligt werden. Hierauf besteht trotz der Kannvorschrift des § 10 MHG. ein Rechtsanspruch.

II. Dienstbeschädigung.

1. Als Dienstbeschädigungen gelten Gesundheitsstörungen, welche infolge einer Dienstverrichtung oder durch einen Unfall während der Ausübung des Dienstes eingetreten oder durch die dem Militärdienst eigentümlichen Verhältnisse verursacht oder verschlimmert sind (§ 5 OPG., § 3 MVG.).

„Dienst" ist jede Verrichtung einer Militärperson, die vorgenommen wird zur Erfüllung oder aus direktem Anlaß einer konkreten durch das militärische Dienstverhältnis begründeten Pflicht.

„Militärdienst" ist der Dauerzustand, der mit der Ableistung der militärischen Dienstpflicht verbunden ist.

2. Für die deutschen Kriegsgefangenen gelten Gesundheitsstörungen als Dienstbeschädigungen, wenn sie infolge von Arbeiten, zu denen die Gefangenen verwendet werden, oder durch einen Unfall während der Verrichtung solcher Arbeiten eingetreten, oder wenn sie durch die der Kriegsgefangenschaft eigentümlichen Verhältnisse verursacht oder verschlimmert worden sind (§ 1 Abs. 1 des RG. v. 15. Aug. 1917 RGBl. 725).

3. Eine vom Verletzten vorsätzlich herbeigeführte Gesundheitsstörung gilt nicht als Dienstbeschädigung (§ 5 OPG., § 3 MVG.).

III. Kriegsdienstbeschädigung.

Als Kriegsdienstbeschädigung sind alle Dienstbeschädigungen anzusehen, die auf die besonderen Verhältnisse des Krieges zurückzuführen und in der Zeit von Beginn der Mobilmachung bis zur Beendigung der Demobilmachung erlitten sind.

§ 7. Das Offizier-Pensions-Gesetz.

Das Offizier-Pensions-Gesetz (OPG.) v. 31. Mai 1906 (RGBl. 565 ff.) zerfällt in drei Teile, die sich mit dem Reichsheer, der Marine und den Schutztruppen befassen.

Der erste Teil des Gesetzes (Reichsheer) ist so geordnet, daß die Pensionsgebührnisse der Offiziere des Friedensstandes (§§ 1—27), der Offiziere des Beurlaubtenstandes (§§ 28—31) und der Beamten und Personen, die zum Heer im privatrechtlichen Verhältnis eines Dienstverpflichteten stehen (§§ 32—36) gesondert geregelt sind. Daran schließen sich im letzten Abschnitt (des ersten Teils) allgemeine, für die drei vorhergehenden Abschnitte gemeinsam gültige Vorschriften (§§ 37—44).

A. Die Pension der Offiziere einschließlich der Sanitätsoffiziere (§§ 1—31).

Hierher gehören auch die Veterinäroffiziere.

Den vertraglich verpflichteten Zivilärzten ist durch Kabinettsorder v. 7. Aug. 1913 der militärische Rang als Sanitätsoffiziere verliehen; zu Sanitätsoffizieren sind sie dadurch nicht geworden. (Ihre Pensionsansprüche sind durch § 35 OPG. geregelt, s. unten B IV).

Die Feldwebelleutnants sind stets Offiziere des Beurlaubtenstandes; die Offiziersstellvertreter gehören zu den Mannschaften.

I. Die Offiziere des Friedensstandes:

1. Das sind die aktiven Offiziere. Offiziere a la suite gehören zum Friedensstand, Offiziere z. D. s. § 3 OPG.

2. Anspruch auf Pension. Die aktiven Offiziere haben Anspruch auf Pension,

a) nach zehnjähriger Dienstzeit (über Berechnung s. oben S. 13), bei dauernder Unfähigkeit zur Fortsetzung des aktiven Militärdienstes (also bei Felddienstunfähigkeit § 1 Abs. 1, 2 OPG.);

b) bei kürzerer Dienstzeit, wenn sie infolge einer Dienstbeschädigung zu jedem Militärdienst unfähig werden (also bei Garnisonsdienst-Unfähigkeit § 1 Abs. 2 OPG.).

Der Begriff „Dienstfähigkeit“ [1]) ist verschieden von dem Begriff der Arbeitsfähigkeit.

c) Einem ohne Pensionsberechtigung ausgeschiedenen Offizier kann im Falle der Bedürftigkeit eine Pension bewilligt werden; Anspruch hat er nicht darauf (§ 7 Abs. 2).

§ 2 OPG. setzt die Fristen für Geltendmachung des Pensionsanspruches fest (s. oben S. 12).

3. Nachweis der Dienstunfähigkeit:

Zum Nachweis der Dienstunfähigkeit eines die Pensionierung nachsuchenden Offiziers ist nach § 4 OPG. die mit Gründen versehene Erklärung der zuständigen Vorgesetzten und falls die Pensionierung auf Grund eines körperlichen Leidens nachgesucht wird, ein Gutachten der zuständigen Ärzte erforderlich, daß sie nach pflichtgemäßem Ermessen den Offizier zur Fortsetzung des aktiven Militärdienstes für dauernd unfähig (bzw. im Fall § 1 Abs. 2 OPG. zu jedem Militärdienst unfähig) halten.

Das MVG. ist an das Gutachten der „zuständigen Ärzte“ nicht gebunden. Es kann Dienstunfähigkeit annehmen, obwohl sie von den zuständigen Ärzten verneint wurde. Der Wortlaut des § 4 OPG. steht dieser Ansicht nur scheinbar entgegen (vgl. § 4 Abs. 3 OPG. und die frühere Fassung des § 40 OPG.).

Die generellen Bestimmungen der Obersten Militärverwaltung, durch welche die Begriffe der „Unfähigkeit zum aktiven Militärdienst“ und der Unfähigkeit „zu jedem Militärdienst“ klargestellt werden, sind zwar reine Verwaltungsvorschriften, gleichwohl aber auch für das Versorgungsgericht

---

[1]) Maßgebend ist die Dienstanweisung zur Beurteilung der Militärdienstfähigkeit v. 21. März 1910. Druckvorschrift 319. Die Anforderungen an die Dienstfähigkeit wechseln. Wir haben gesehen wie im Kriege Leute als kriegsverwendungsfähig erklärt wurden, die im Frieden nicht einmal garnisonsdienstfähig gewesen wären. Für die Pensionierung bildet die Dienstanweisung v. 21. März 1910 die unverrückbare Grundlage; die dort aufgestellten Voraussetzungen für die Felddienstfähigkeit und die Garnisondienstfähigkeit sind und bleiben hiefür maßgebend. Ob auf Grund der hienach anzunehmenden Dienstunfähigkeit ein Pensionsanspruch besteht, ist nach dem OPG. zu entscheiden.

bindend. Denn das Maß der an den Dienst der Offiziere zu stellenden Anforderungen kann nur von der Obersten Militärverwaltung aufgestellt werden.

4. Der Begriff der Dienstbeschädigung ist in § 5 OPG. aufgestellt.

Die Berechnung der Dienstzeit ist in den §§ 14—18 OPG. behandelt.

5. Der Betrag der Pension ist verschieden bestimmt für die Friedenspension und die Kriegspension.

a) Die Friedenspension beträgt bei vollendeter zehnjähriger oder kürzerer Dienstzeit jährlich $^{20}/_{60}$, und steigt nach vollendetem zehnten Dienstjahre mit jedem weiteren Dienstjahr um $^{1}/_{60}$, bis auf $^{45}/_{60}$, des zuletzt bezogenen pensionsfähigen Diensteinkommens. Was zum pensionsfähigen Diensteinkommen gehört, bestimmt § 9 OPG. Hiernach beträgt das pensionsfähige Diensteinkommen (Nachweisung v. 1. April 1908);

Oberleutnant, Leutnant, Feldwebelleutnant,

a) mit	2400 Mk.	Gehalt	3486 Mk.
b) „	2100 „	„	3186 „
c) „	1900 „	„	2986 „
d) „	1700 „	„	2786 „
e) „	1500 „	„	2586 „

Hauptmann, Rittmeister, Stabsarzt,

a) mit	5100 Mk.	Gehalt	6474 Mk.
b) „	4600 „	„	5974 „
c) „	3400 „	„	4774 „

für einen Oberarzt, Assistentsarzt,

a) mit	2400 Mk.	Gehalt	3486 Mk.
b) „	2100 „	„	3186 „
c) „	1700 „	„	2786 „

für einen Stabsoffizier als Bataillonskommandeur und Oberstabsarzt

mit 6552 Mk. Gehalt 7926 Mk.

für einen Kommandierenden General

mit 13980 Mk. Gehalt 25980 Mk.

Einschränkung für Regimentskommandeure und aufwärts und bei einer Dienststelle, die noch kein volles Jahr bekleidet wurden s. § 6 Abs. 1 und 2 OPG.).

Im Falle besonderer Bedürftigkeit kann die Pension eines Leutnants auf 1200 Mk., die Pension eines Oberleutnants auf 1800 M., die Pension eines Hauptmanns auf 2400 Mk. erhöht werden, wenn das Gesamteinkommen weniger ausmacht als diese Beträge (§ 7 Abs. 1 OPG.).

§ 8 OPG. sieht eine Steigerung der Pension vor für die nach ihrer Pensionierung wieder verwendeten Offiziere.

b) Die Kriegspension: Für jede während der Dauer eines Krieges erfolgende Pensionierung sind als pensionsfähiges Diensteinkommen die Gebührnisse derjenigen Friedensstelle anzurechnen, welche der Kriegsstelle entspricht, deren Inhaber der Offizier zuletzt gewesen ist. Auch bei einer Pensionierung, die nach der Beendigung des Krieges erfolgt, sind diese Gebührnisse anzurechnen, wenn die Dienstunfähigkeit durch den Krieg entstanden und ein höheres pensionsfähiges Friedenseinkommen noch nicht erreicht worden ist (§ 10 Abs. 1 OPG.).

Dem Inhaber solcher Stellen, für welche im Frieden mehrere Gehaltsklassen bestehen, ist das Gehalt der höchsten Klasse anzurechnen, soferne im Krieg nur eine Gehaltsklasse besteht; jedoch kommt das Gehalt der niedrigsten Klasse zum Ansatz, wenn der Inhaber der Kriegsstelle einem niederen als dem dieser Stelle im Frieden entsprechenden Dienstgrad angehört.

Die Bestimmung des § 10 ist nicht anzuwenden auf einen wiederverwendeten Pensionär (§ 8 OPG.), er ist schon vor dem Krieg pensioniert und bleibt es trotz Wiederverwendung.

Inhaber der Kriegsstelle ist derjenige, der mit einer Kriegsstelle beliehen ist. (Kenntnis von der Beleihung, nicht aber Antritt der Stelle erforderlich.) Er ist nicht Inhaber, wenn ihm die Stelle nur vertretungsweise übertragen wird. Ein Kommando gilt während des Anfangsmonats und des folgenden Monats als Vertretung, von da ab aber ohne weiteres als Beleihung mit der Stelle (Posener Bem. 2 b zu § 10).

Inhaber der Bataillonskommandeurstelle ist auch ein Hauptmann oder Oberleutnant, wenn er damit beliehen ist. Das pensionsfähige Diensteinkommen eines Leutnants, der eine Kompagnieführerstelle innehat, ist gemäß § 10 Abs. 2 Halbsatz 2 mit 4774 Mk. anzusetzen; der Mindestbetrag der Pension beläuft sich daher auf 1593 Mk.

Bei einer während des Krieges erfolgenden Pensionierung ist die Kriegspension auch dann zuständig, wenn sie nicht auf Grund einer Dienstbeschädigung erfolgte.

Die Berechnung der Kriegspension erfolgt auf der Grundlage der Gebührnisse der entsprechenden Friedensstelle, also in Anwendung des § 9 OPG. Es ist nicht wie im Falle des § 6 OPG. erforderlich, daß die Stelle ein Jahr lang bekleidet wurde. Nach dem Wortlaut des Gesetzes wäre die Annahme zulässig, daß § 6 Abs. 2 OPG. auch auf die Kriegspension Anwendung zu finden habe. Aber dieses Ergebnis hat der Gesetzgeber sicher nicht gewollt.

c) Die Verstümmelungszulage wird Offizieren, die durch Dienstbeschädigung (Kriegsdienstbeschädigung ist nicht erforderlich) in der in § 11 OPG. näher bezeichneten Weise an der Gesundheit schwer geschädigt sind, für die Dauer dieses Zustandes neben dem Anspruch auf Pension gewährt.

Im Falle des Abs. 2 des § 11 besteht Rechtsanspruch auf die Verstümmelungszulage, im Falle des Abs. 3 und 4 nicht. Ein Offizier, der keinen Anspruch auf Pension hat, kann auch keine Verstümmelungszulage beziehen.[1]) Auch wenn die Fristen des § 2 hinsichtlich der Anmeldung der Dienstbeschädigung nicht eingehalten sind, kann die Verstümmelungszulage beansprucht werden. Jede einzelne der in Abs. 2 des § 11 aufgeführten Verstümmelungen begründet eine Verstümmelungszulage, so daß bei ihrem Zusammentreffen ebensoviele Verstümmelungszulagen zuständig sind, als Verstümmelungen vorliegen. Pfändung und Besteuerung der Verstümmelungszulage sind ausgeschlossen (§ 37 OPG).

d) Kriegszulage: Offiziere, die infolge einer durch den Krieg erlittenen Dienstbeschädigung pensionsberechtigt geworden sind (Kriegspensionäre), haben neben dem Anspruch auf Pension Anspruch auf eine jährliche Kriegszulage. Wieder zum Dienst herangezogene pensionierte Offiziere haben nur dann Anspruch auf die Kriegszulage, wenn ihre Gesundheit infolge einer durch den Krieg herbeigeführten Dienstbeschädigung dauernd gestört ist (§ 12 OPG.).

Der Anspruch setzt Kriegsdienstbeschädigung (s. oben S. 14), aber nicht Kriegsteilnahme im Sinne des § 17 OPG. voraus.

Für die Höhe der Kriegszulage ist das der Pension zugrunde gelegte Diensteinkommen (ohne Rücksicht auf den Rang) maßgebend (720 Mk., wenn die Pension aus einem höheren Diensteinkommen als dem eines Hauptmanns I. Klasse bemessen ist, sonst 1200 Mk. jährlich).

Für die Geltendmachung des Anspruchs sind die Fristen des § 2 OPG. einzuhalten (§ 12 Abs. 3 OPG. s. oben S. 12).

e) Das Erlöschen und Ruhen des Rechts auf Pension ist in den §§ 22—26 OPG. behandelt (s. hierüber unten S. 30).

f) Das Verfahren ist unten S. 33 ff. behandelt.

II. Die Offiziere des Beurlaubtenstandes.

1. Die Offiziere des Beurlaubtenstandes, die als solche aktiven Militärdienst (s. oben S. 10) geleistet haben, haben Anspruch auf Pension, wenn sie infolge einer Dienstbeschädigung (s. oben S. 14) zu jeden Militärdienst (also auch zum Garnisonsdienst) unfähig [2]) werden (§ 28 OPG.).

Die Feldwebelleutnants sind stets Offiziere des Beurlaubtenstandes.

Voraussetzung des Anspruchs ist lediglich Dienstbeschädigung, die während des aktiven Militärdienstes als Offizier erlitten ist und die Unfähigkeit zu jedem Militärdienst zur Folge hat. Eine bestimmte Dienstzeit ist nicht vorausgesetzt. Nicht erforderlich ist, daß die Dienstunfähigkeit eine Erwerbseinbuße herbeiführt (s. oben S. 6).

---

[1]) Der Anspruch auf Pension besteht noch, wenn auch das Recht auf den Bezug der Pension ruht.

[2]) Vgl. hiezu oben S. 15 Anm. 1. Da im Kriege auch Offiziere des Beurlaubtenstandes zum Feldheer einberufen wurden, die schon bei ihrem Dienstantritt nicht garnisonsdienstfähig im Sinne der Dienstanweisung zur Beurteilung der Militärdienstfähigkeit v. 21. März 1910 waren, so könnten diese nach dem Wortlaut des § 23 OPG. einen Pensionsanspruch unter keinen Umständen erwerben. Dieses unsinnige Ergebnis ist natürlich abzulehnen. Ist die Dienstbeschädigung eine solche, daß sie zur Garnisonsdienst-Unfähigkeit auch dann geführt hätte, wenn der Offizier bei seinem Eintritt garnisonsdienstfähig im Sinne der Dienstanweisung gewesen wäre, dann ist der Pensionsanspruch gegeben.

Über den Nachweis der Dienstunfähigkeit[1]) s. oben I, 3.

Über den Betrag der Pension und den Unterschied der Friedenspension und der Kriegspension s. oben I, 5. Die Höhe der Pension wird nach dem pensionsfähigen Diensteinkommen eines Infanterieoffiziers desjenigen Dienstgrades bemessen, den der Offizier am Schlusse der letzten Dienstleistung bekleidet hat. Der Offizier muß also Inhaber der Stelle gewesen sein (s. oben I, 5b). Den Offizieren solcher Dienstgrade, für welche mehrere Gehaltsklassen bestehen, wird das Gehalt der höheren Klasse angerechnet, wenn ein dem Patente nach jüngerer Offizier des Friedensstandes derselben Waffengattung bis zum Schlusse der letzten Dienstleistung in die höhere Gehaltsklasse eingerückt ist (§ 29 OPG.).

Bei Berechnung der für die Höhe der Pension maßgebenden Dienstzeit (s. oben S. 13) wird nur die im aktiven Heere (s. oben S. 10) abgeleistete Dienstzeit gerechnet. Die Teilnahme an Kontrollversammlungen bleibt außer Ansatz (§ 30 OPG.).

Für die Anmeldung des Pensionsanspruchs sind die in § 2 OPG. gesetzten Fristen (s. oben S. 12) einzuhalten (vgl. JW. 1911, 774). Als Ausscheiden im Sinne des § 2 gilt die Entlassung nach Beendigung der Dienstleistung, während welcher die Dienstbeschädigung stattgefunden hat (§ 31 Abs. 2 OPG.).

Im übrigen finden die Vorschriften über die Pensionierung der Offiziere des Friedensstandes Anwendung.

2. Einem ohne Pensionsberechtigung ausgeschiedenen Offizier des Beurlaubtenstandes **kann** im Falle der Bedürftigkeit eine Pension bewilligt werden, wenn die Dienstunfähigkeit während der Einziehung zum aktiven Militärdienst verursacht und eingetreten ist (§ 31 Abs. 2 mit § 7 Abs. 2 OPG.). Ein Rechtsanspruch hierauf besteht nicht.

B. Beamte[2]) und Personen, die zum Heer im privatrechtlichen Vertragsverhältnis eines Dienstverpflichteten stehen:

I. Die **Heeresbeamten des Friedensstandes** erhalten ihre Pension nach dem RBG. v. 31. März 1873/17. Mai 1907 (RGBl. 1907 245); daneben Verstümmelungszulage, Kriegszulage und Alterszulage gemäß §§ 11—13 OPG. (§ 32 Abs. 1 OPG. mit Einschränkung für die Zivilbeamten der Militärverwaltung).

§ 32 Abs. 7 und 8: Höhe der Kriegszulage und Verstümmelungszulage.

II. Die **Heeresbeamten des Beurlaubtenstandes** haben Anspruch auf Pensionsgebührnisse nach den Vorschriften für die Heeresbeamten des Friedensstandes, wenn sie infolge einer Dienstbeschädigung (s. oben S. 14) dienstunfähig geworden sind (§ 33 Abs. 1 OPG).

---

[1]) S. Anm. 2 auf S. 16.

[2]) Klasseneinteilung der Militärbeamten des Reichsheeres und der Marine s. Olshausen S. 282 ff.

§ 33 Abs. 2: Höhe der Pension.

Als Dienstzeit wird nur die im aktiven Heer (s. oben S. 10) abgeleistete Dienstzeit (s. oben S. 13) gerechnet (§ 33 Abs. 3 mit § 30 OPG.).

III. Beamte der Zivilverwaltung, Geistliche und andere kirchliche Beamte, die während der Dauer eines Krieges bei dem Feld- oder Besatzungsheer als Heeresbeamte verwendet werden und nicht zu den Heeresbeamten des Beurlaubtenstandes gehören, haben gegen den Militärfiskus Anspruch auf Pension nach dem RGB. v. 31. März 1873/17. Mai 1907 (RGBl. 1907, 245), wenn sie durch eine im Dienste als Heeresbeamte erlittene Dienstbeschädigung (s. oben S. 14) zur Fortführung des Zivildienstes dauernd unfähig geworden sind und deshalb aus dem Zivildienst ausscheiden müssen (§ 34 Abs. 1 OPG.).

Gleichen Anspruch haben diejenigen Beamten der Zivilverwaltung, die während der Dauer des Kriegszustandes auf Befehl ihrer Vorgesetzten zur Unterstützung militärischer Maßnahmen verwendet werden und damit unter den Befehl des Kommandierenden Generals des örtlichen Armeekorps treten (§ 2 Abs. 2 OPG., RG. v. 4. Aug. 1914 RGBl. 335).

Verstümmelungszulage, Kriegszulage und Alterszulage werden nach den Vorschriften der § 32 OPG. gewährt (§ 34 Abs. 6 OPG.).

IV. Andere, als die in §§ 32—34 OPG. (oben I—III) bezeichneten Personen, die während der Dauer eines Krieges bei dem Feld- oder Besatzungsheer als Heeresbeamte verwendet werden oder zum Heer im privatrechtlichen Vertragsverhältnis eines Dienstverpflichteten stehen, erwerben Anspruch auf Pensionsgebührnisse, wenn infolge einer durch den Krieg herbeigeführten Dienstbeschädigung (s. oben S. 14) ihre Erwerbsfähigkeit aufgehoben oder um mindestens zehn Prozent gemindert worden ist (§ 35 OPG.).

Hieher gehören insbesondere die vertraglich verpflichteten Zivilärzte (vgl. oben S. 14).

Über die Bemessung der hiernach zustehenden Gebührnisse s. BRBek. v. 19. Juni 1906 Ziff. 7 (Zentralbl. f. d. D. R. 1906 Nr. 36 S. 659 ff., Bayer. GVBl. 1906 Nr. 43 S. 339 Anl. 1 S. 3). Hiernach werden neben der Pension[1]) auch Verstümmelungs- und Kriegszulage gewährt.

§ 8. Das Mannschafts-Versorgungs-Gesetz.

Das MVG. v. 31. Mai 1906 (RGBl. 593 ff.) regelt die Versorgungsgebührnisse der zur Klasse der Unteroffiziere und Gemeinen gehörenden Personen des Soldatenstandes. Dabei wird die grundlegende Unterscheidung zwischen Kapitulanten und Nichtkapitulanten gemacht.

[1]) Die Pension beträgt für die Dauer völliger Erwerbsunfähigkeit 525 Tausendstel der als Entschädigung für die Dienstleistungen zu zahlenden baren Vergütung; bei teilweiser Erwerbsfähigkeit je nach ihrem Grad einem in Hundertsteln auszudrückenden Teil des Vollpensionsbetrags.

I. Die Versorgungsgebührnisse der Kapitulanten:

1. Als Kapitulanten gelten diejenigen Unteroffiziere und Gemeinen, welche sich über die gesetzliche Dienstzeit hinaus zum aktiven Dienste verpflichtet haben und in dessen Ableistung begriffen sind. Ferner rechnen zu den Kapitulanten im Sinne des MVG. die zur Klasse der Unteroffiziere gehörenden Gehaltsempfänger (§ 1 Abs. 4 MVG.).

Nach der Pensionsvorschrift, Anlage 13, sind beispielsweise Gehaltsempfänger (vgl. RG. 77, 386).

a) Luftschiff-Ober- und Untersteuerleute, Luftschiff-Ober- und Untermaschinisten,
b) Feuerwerker, Oberfeuerwerker,
c) Unterzahlmeister,
d) Unterinspektoren bei den Proviant- und Bekleidungsämtern, Garnisonsverwaltungen, Lazaretten,
e) Zeugfeldwebel, Festungsbaufeldwebel, Oberwallmeister, Wallmeister, Schirrmeister,
f) Obermusikmeister, Musikmeister.

Unterärzte, Unterapotheker gehören nicht hierher (Meier-Demmig 73 Bem. 13, A. M. Posener 118).

Offizierstellvertreter sind Löhnungsempfänger; Beamtenstellvertreter in Oberbeamtenstellen sind Gehaltsempfänger (Posener 116 Bem. 4, vgl. die Einschränkungen von Meier-Demmig, Bem. 4 zu § 10); in Unterbeamtenstellen sind sie Löhnungsempfänger.

2. Die Rentenansprüche der Kapitulanten:

a) Kapitulanten, die bei ihrer Entlassung eine Dienstzeit von mindestens acht Jahren nicht zurückgelegt haben, stehen rücksichtlich der Versorgungs-Gebührnisse den übrigen Personen der Unterklassen des Soldatenstandes (den Nichtkapitulanten) gleich.

b) Kapitulanten mit einer Dienstzeit von mindestens acht Jahre haben bei der Entlassung aus dem aktiven Dienst ohne Nachweis einer Dienstbeschädigung Anspruch auf eine Rente, wenn und solange ihre Erwerbsfähigkeit infolge von Gesundheitsstörungen, die während der Dienstzeit eingetreten sind, aufgehoben oder um mindestens zehn Prozent gemindert ist (§ 1 Abs. 2 MVG.).

c) Kapitulanten mit einer Dienstzeit von mindestens achtzehn Jahren haben beim Ausscheiden aus dem Dienst ohne Nachweis verminderter Erwerbsfähigkeit Anspruch auf eine lebenslängliche Rente (§ 1 Abs. 3 MVG.). Die Höhe dieser Rente (Dienstzeitrente) bestimmt § 11 MVG.

d) Zivilversorgung:

Unabhängig von den Rentenansprüchen ist der Zivilversorgungsanspruch von Kapitulanten (§§ 15, 16 MVG.).

II. Die allgemeinen Versorgungs-Gebührnisse:

Nur Kapitulanten mit einer Dienstzeit von mindestens acht Jahren und die zur Klasse der Unteroffiziere gehörenden Gehaltsempfänger mit einer Dienstzeit von mindestens acht Jahren können die besonderen Versorgungsansprüche aus § 1 Abs. 2 und bei einer Dienstzeit von mindestens achtzehn Jahren aus § 1 Abs. 3 MVG. erheben.

Sie können nach ihrer Wahl statt dessen den Versorgungsanspruch aus § 1 Abs. 2 oder Abs. 1 MVG. geltend machen, wenn die dort bestimmten Voraussetzungen gegeben sind.

Allen übrigen[1]) zur Klasse der Unteroffiziere und Gemeinen gehörenden Personen des Soldatenstandes steht nur dieser allgemeine Versorgungsanspruch aus § 1 Abs. 1 zu, gleichviel ob sie Löhnungs- oder Gehaltsempfänger sind.

Alle diese Personen haben bei der Entlassung aus dem aktiven Dienst (s. oben S. 10) Anspruch auf eine Rente (Militärrente), wenn und solange ihre Erwerbsfähigkeit infolge einer Dienstbeschädigung aufgehoben oder wenigstens um zehn Prozent gemindert ist (§ 1 Abs. 1 MVG.).

1. Dienstbeschädigung ist unerläßliche Voraussetzung des Versorgungsanspruches. Fehlt diese, so besteht überhaupt kein Rechtsanspruch auf Versorgung. Es kann jedoch Mannschaften, die wegen körperlicher Gebrechen aus dem Dienst entlassen werden und auf eine Rente keinen Anspruch haben, eine solche im Falle dringender Bedürftigkeit vorübergehend gewährt werden (§ 25 MVG.).

2. Die Erwerbsfähigkeit muß infolge der Dienstbeschädigung aufgehoben oder um mindestens zehn Prozent gemindert sein.

Bei der Beurteilung des Grades der Erwerbsunfähigkeit ist der von dem Verletzten vor seiner Einstellung in den Militärdienst ausgeübte Beruf (das ist nicht lediglich der zuletzt ausgeübte Beruf, RG. 77, 369) zu berücksichtigen, jedoch nicht als ausschließlich maßgebend zu behandeln. Hat der Verletzte keinen besonderen Beruf ausgeübt, so erfolgt die Beurteilung nach der allgemeinen Erwerbsfähigkeit (§ 4 MVG.).

Im Begriff „Beruf" liegt eine gewisse Dauer, der zeitliche und innere Zusammenhang des Berufslebens darf nicht zerrissen, der Beruf muß als Einheit zugrunde gelegt werden (Scheurl 285).

Die Dienstanw. z. Beurt. der Mil.-Dienstfähigkeit führt zutreffend aus: Unter Berücksichtigung des Berufes ist festzustellen, ob und inwieweit der Untersuchte nach seinem nunmehrigen Zustande fähig ist, sich in seinem früheren Berufe und, falls er diesen aufgeben muß, auf den seiner Vorbildung und seinen bisherigen Lebensverhältnissen entsprechenden Gebieten des wirtschaftlichen Lebens Erwerb zu verschaffen. Je mehr eine Gesundheitsstörung die Verwertung besonders erlernter und wirtschaftlich wertvoller Fertigkeiten behindert und je beschränkter das Arbeitsgebiet des Verletzten durch die Gesundheitsstörung geworden ist, um so höher wird der Grad der Erwerbsunfähigkeit zu bemessen sein. Unter Berücksichtigung dieser beruflichen Erwerbsunfähigkeit ist ein Gesamturteil darüber abzugeben, um wieviel die Erwerbsfähigkeit des Verletzten

[1]) Hieher gehören die Offizier- und Beamten-Stellvertreter (vgl. jedoch S. 21).

auf dem gesamten wirtschaftlichen Arbeitsmarkte, der ihm nach Maßgabe seiner Geistes- und Körperkräfte offen steht, Einbuße erlitten hat (KammerG. 3. Okt. 1913).

Der Verdienst allein hat keinen Einfluß auf die Beurteilung der Erwerbsunfähigkeit (vgl. oben S. 6).

3. Eine Dienstzeit von bestimmter Dauer ist nicht Voraussetzung des allgemeinen Versorgungsanspruches aus § 1 Abs. 1 MVG. Auch auf die Höhe der Rente (§ 9) ist die Dauer der Dienstzeit ohne Einfluß.

III. Der Betrag der Rente:

Das MVG. ordnet den Betrag der Rente nach zwei verschiedenen Gesichtspunkten: Für die Löhnungsempfänger nach festen in § 9 zahlenmäßig bezeichneten Sätzen, für die Gehaltsempfänger dagegen nach Sätzen, deren Grundlage erst zu berechnen ist und zwar in derselben Weise, wie der höchste zulässige Ruhegehaltssatz zu berechnen wäre, wenn Pensionierung nach den Bestimmungen des RBG. v. 31. März 1873/17. Mai 1907 (RGBl. 1907, 245) eintreten würde (JW. 1912, 204, RG. 77, 387).

a) Rente der Löhnungsempfänger. Das sind diejenigen, die neben dem zur Bestreitung ihrer sonstigen Bedürfnisse bestimmten Geldbetrag noch Naturalverpflegungsgebührnisse und der Regel nach auch Bekleidung erhalten (RG. 77, 386, vgl. oben I, 1).

Nach § 9 MVG. (der sich nur auf Löhnungsempfänger bezieht, RG. 77, 386) beträgt die Rente für die Dauer völliger Erwerbsunfähigkeit für

Feldwebel	900 Mk.	(Vollrente)
Sergeanten	720 „	(„)
Unteroffiziere	600 „	(„)
Gemeine	540 „	(„)

Für die Dauer teilweiser Erwerbsunfähigkeit beträgt die Rente denjenigen in Hundertsteln auszudrückenden Teil der Vollrente, welcher dem Maße der Einbuße an Erwerbsfähigkeit entspricht (Teilrente § 9 Abs. 3 MVG.).

Durch die VO. der Reichsregierung v. 31. Dez. 1918 (RGBl. 1919, 2 ff.) ist allen auf Grund der Militärversorgungsgesetze zum Empfang von Versorgungsgebührnissen berechtigten Militärpersonen der Unterklassen ein Anspruch auf Rentenzuschläge gewährt. Diese Rentenzuschläge werden stets nach der Rente eines Gemeinen berechnet.

Der Rentenzuschlag beträgt:

50% von der Teilrente eines Gemeinen bei einer Erwerbsunfähigkeit von 10% bis ausschließlich 33 1/3%;

75% von der Teilrente eines Gemeinen bei einer Erwerbsunfähigkeit von 33 1/3% bis ausschließlich 50%;

100% von der Teilrente eines Gemeinen bei einer Erwerbsunfähigkeit von 50% bis ausschließlich 100%;

100% von der Vollrente eines Gemeinen bei einer völligen Erwerbsunfähigkeit.

Für den Anspruch auf Rente ist der Dienstgrad (also nicht der Rang) maßgebend, dessen Gebührnisse der Versorgungsberechtigte zuletzt (also unmittelbar vor der Entlassung) bezogen hat (§ 9 Abs. 2 MVG.). Wenn der Versorgungsberechtigte infolge besonderer Umstände ausnahmsweise (z. B. bei Beurlaubung ohne Gebührnisse bis zur Entlassung) die ihm nach seinem Dienstrang an sich zustehenden Gebührnisse nicht bezogen hat, müssen diese gleichwohl zugrunde gelegt werden.

Die Dienstgradeinteilung der Mannschaften in Anl. 13 d. PensVorschr. unterscheidet im Einklang mit § 9 MVG. vier Dienstgrade:

α) Zum Dienstgrade der Feldwebel gehören: Feldwebel, Wachtmeister, Fähnriche, sodann Unteroffiziere (auch Vizefeldwebel und Sergeanten), wenn sie die Gebührnisse eines Unteroffiziers nach neunjähriger Dienstzeit beziehen; ferner: Unterarzt, Einjährig freiwilliger Arzt, Unterveterinär, Einjährig freiwilliger Tierarzt, Unterapotheker, Einjährig freiwilliger Militärapotheker, Feldgendarmeriewachtmeister, Sanitätsfeldwebel in größeren Garnisonslazaretten.

Hierher gehören ferner Zugführer der freiwilligen Krankenpflege.

β) Zum Dienstgrad der Sergeanten gehören diejenigen Unteroffiziere, welche die Gebührnisse eines Unteroffiziers nach 5½jähriger Dienstzeit beziehen, insbesondere auch die überzähligen Feldwebel, falls sie nicht die Gebührnisse eines Unteroffiziers nach neunjähriger Dienstzeit beziehen. Hierher gehören auch Zugführerstellvertreter der freiwilligen Krankenpflege.

γ) Zum Dienstgrad der Unteroffiziere gehören diejenigen Unteroffiziere, welche die Gebührnisse eines Unteroffiziers mit weniger als 5½jähriger Dienstzeit beziehen. Hierher gehören ferner Sektionsführer der freiwilligen Krankenpflege.

δ) Zum Dienstgrad der Gemeinen gehören alle Soldaten ohne Chargen, ferner alle überzähligen Chargen (ohne Gebührnisse eines Unteroffiziers), die Fahnenjunker. Ferner gehören hierher: Krankenpfleger und -pflegerinnen und das sonstige Unterpersonal der freiwilligen Krankenpflege.

Erhöhung der Rente: Die Vollrente erhöht sich für diejenigen Personen, welche im Etat als pensionsfähig bezeichnete Löhnungszuschüsse oder Zulagen beziehen, um 75/100 der zuletzt bezogenen Löhnungszuschüsse (§ 10 Abs. 1 MVG.).

Da die Kriegsbesoldung kein pensionsfähiges Diensteinkommen ist, können nur die friedensmäßigen Bezüge zugrunde gelegt werden (Meier-Demmig Bem. 2 zu § 10).

Zu den Unteroffizieren, welchen § 10 Abs. 1 zugute kommt, gehören nach Anlage 13 der PensVorschr.: die Registratoren bei den Generalkommandos, die Oberfahnenschmiede, die Waffenmeisterunteroffiziere bei den Maschinengewehrtruppen, die Handwerksmeister, die Arrestaufseher in einzelnen Garnisonsanstalten.

b) Der Betrag der Rente der Gehaltsempfänger ist auf Grund der Bestimmung des § 10 Abs. 2 MVG. im Zusammenhalt mit

§§ 41, 42 RVG. v. 18. Mai 1907 (RGBl. 1907, 245 ff.) zu errechnen. Ist die Vollrente für Löhnungsempfänger desselben Dienstgrades höher, so wird diese gewährt (§ 10 Abs. 2 Satz 2).

4. Verstümmelungszulage. Die jährliche Verstümmelungszulage wird Unteroffizieren und Gemeinen, die durch Dienstbeschädigung (s. oben S. 14) in der in § 13 MVG. näher bezeichneten Weise an der Gesundheit schwer geschädigt sind, für die Dauer dieses Zustandes neben dem Anspruch auf Rente gewährt.

Im Falle des Abs. 2 des § 13 MVG. besteht Anspruch auf die Verstümmelungszulage, im Falle des Abs. 3 und 4 nicht. Die Voraussetzungen, unter denen Verstümmelungszulagen als Kannbezüge bewilligt werden können, sind durch die RVO. v. 31. Dez. 1918 (RGBl. 1918, S. 3) erweitert worden. Zugleich ist bestimmt, daß bei Verlust oder Erblindung beider Augen und bei schwerem Siechtum oder bei Geisteskrankheit die dreifache Verstümmelungszulage gewährt werden kann.

Wer keinen Anspruch [1]) auf Rente [2]) hat, kann auch keine Verstümmelungszulage beziehen.

Die Verstümmelungszulage kann auch dann beansprucht werden, wenn die Fristen des § 2 MVG. zur Anmeldung der Dienstbeschädigung nicht eingehalten sind.

Jede einzelne der im Abs. 2 des § 13 MVG. aufgeführten Verstümmelungen begründet eine Verstümmelungszulage, so daß bei Zusammentreffen mehrerer ebensoviel Verstümmelungszulagen zuständig sind, als Verstümmelungen vorliegen.

Pfändung und Besteuerung der Verstümmelungszulage sind ausgeschlossen. (§ 40 MVG.).

5. Kriegszulage.

Unteroffiziere und Gemeine, deren Erwerbsfähigkeit infolge einer durch den Krieg herbeigeführten Dienstbeschädigung aufgehoben oder gemindert ist, haben neben dem Anspruch auf Rente Anspruch auf eine Kriegszulage von monatlich 15 Mk. (§ 14 MVG.).

Der Anspruch setzt Kriegsdienstbeschädigung (s. oben S. 14), aber nicht Kriegsteilnahme i. S. des § 7 MVG. voraus.

Wer keinen Anspruch auf Rente hat, [3]) kann auch keine Kriegszulage beanspruchen.

Für die Geltendmachung des Anspruchs sind nach § 14 Abs. 2 MVG. die Fristen des § 2 MVG. einzuhalten.

Pfändung und Besteuerung der Kriegszulage sind ausgeschlossen. (§ 40 MVG.).

---

[1]) Der Anspruch auf Rente besteht noch, wenn auch das Recht auf den Bezug der Rente ruht.

[2]) Gleichviel ob es sich um Erwerbsunfähigkeits- oder um Dienstzeitsrente handelt. (Posener Bem. 2b zu § 13 MVG.).

[3]) Der Anspruch auf Rente besteht, auch wenn das Recht auf den Bezug der Rente ruht.

6. Alterszulage. Erreicht das jährliche Gesamteinkommen eines Empfängers der Kriegszulage nicht 600 Mk., so kann ihm vom ersten Tage des Monats ab, in welchem er das 55. Lebensjahr vollendet, eine Zulage (Alterszulage) bis zur Erreichung dieses Betrags gewährt werden. Die Zulage kann bereits früher gewährt werden, wenn dauernde völlige Erwerbsunfähigkeit festgestellt ist. (§ 26 MVG.)

§ 9. Das Militärhinterbliebenen-Gesetz.

Im Anschluß an die Gliederung des OPG. und MVG. zerfällt das Militärhinterbliebenen-Gesetz (MHG.) v. 17. Mai 1907 (RGBl. S. 214 ff.) in drei Hauptteile, die sich auf das Reichsheer, die Marine und die Schutztruppen beziehen. Die Vorschriften des ersten Teiles (über das Reichsheer) sind auf die Marine und die Schutztruppen mit den im zweiten bzw. dritten Teil gegebenen Sonderbestimmungen anzuwenden. Den nachstehenden Ausführungen sind die für das Reichsheer geltenden Vorschriften zugrunde gelegt.

Die Versorgung aus dem MHG. setzt den Tod desjenigen voraus, durch dessen Dienstleistung der Versorgungsanspruch begründet ist. Dem Tode steht die Todeserklärung[1]) gleich. (§§ 13 ff. BGB.) Schon vor der Todeserklärung kann die Hinterbliebenen-Versorgung im Falle des Verschollenseins bewilligt werden. (§ 34 MHG.). Verschollen ist nicht gleichbedeutend mit vermißt. Vermißt[2]) ist derjenige, über dessen Verbleib sichere Kunde fehlt. Der Vermißte wird zum Verschollenen, wenn das Vermißtsein trotz angestellter Ermittlungen so lange dauert, daß man das Ableben mit Wahrscheinlichkeit annehmen muß. Verschollenheit nehmen die Militärbehörden im allgemeinen an, wenn das Vermißtsein länger als sechs Monate gedauert hat. (Vgl. Olshausen Bem. 6 zu § 34). Kraft der öffentlichrechtlichen Bestimmungen des MHG. gelangt in der Person des Hinterbliebenen ein eigenes, selbständiges Recht zur rechtlichen Wirksamkeit, ohne daß eine Rechtsnachfolge in Frage kommt (vgl. Scheurl 328 f.).

I. Unterscheidung von allgemeiner Versorgung und Kriegsversorgung. Der erste Teil des MHG. zerfällt in zwei Hauptabschnitte, von denen der erste die allgemeine Versorgung (auch Friedensversorgung genannt) und der zweite die Kriegsversorgung behandelt. Die allgemeine Versorgung[3]) trägt den Rechtscharakter eines nachträglichen Gehalts oder Solds. Folgerichtig wird sie den Hinterbliebenen gewährt gleichviel unter welchen Umständen der Tod des Ernährers eingetreten ist. (Ausnahmsweise wird in bestimmten Fällen Dienstbeschädigung vorausgesetzt).

---

[1]) Vgl. VO. des BR. v. 18. April 1916 (RGBl. 296) s. hierzu Dronke JW. 1916, 632 ff.

[2]) Über die Frage, ob und inwieweit die Kriegsbesoldung während des Vermißtseins weiter bezahlt wird s. Olshausen JW. 1916, 642.

[3]) Vgl. hiezu Fürnrohr in JW. 1916, 643, insbes. Anm. 3 auf S. 644.

Die Kriegsversorgung ist jene, die durch den Kriegstod des Ernährers für seine Hinterbliebenen erworben ist. Sie beruht ausschließlich auf dem Gedanken, daß die Aufopferung des Lebens für das Vaterland dem Reiche die Fürsorgepflicht für die Hinterbliebenen auferlegt.

Die beiden Arten der Versorgung sind in ihren Voraussetzungen unabhängig von einander. Sie können grundsätzlich neben einander gewährt werden; nur wird die Kriegsversorgung niedriger bemessen, wenn daneben die „Allgemeine Versorgung" zusteht, als wenn sie nicht zusteht.

Über die widerruflichen Zuwendungen, die aus Kap. 84 des Kriegsjahresetats bewilligt werden können, s. Olshausen, Zuwendungen für Kriegshinterbliebene, Beiheft zum Handbuch zum MHG. (Berlin, Franz Vahlen 1918). Über einmalige Zuwendungen für Hinterbliebene von Kriegsteilnehmern der Unterklassen s. Nußbaum, JW. 1916, 953 ff.

II. Die Allgemeine Versorgung:[1])

1. Für Hinterbliebene von Offizieren des Friedensstandes s. oben S. 15.

a) Die Allgemeine Versorgung der Hinterbliebenen steht nur zu den Witwen[2]) und den ehelichen oder legitimierten Kindern von Offizieren des Friedensstandes, welchen zur Zeit ihres Todes ein Anspruch auf lebenslängliche Pension aus der Reichskasse im Falle der Versetzung in den Ruhestand zugestanden hätte,

b) den Witwen und den ehelichen oder legitimierten Kindern von verabschiedeten Offizieren des Friedensstandes, welche eine lebenslängliche Pension aus der Reichskasse zu beziehen hatten.[3]) (§ 1 MHG.).

Hierher gehören nicht nur die in § 1 Abs. 1 OPG. genannten Offiziere, sondern auch die aktiven Offiziere mit kürzerer als zehnjähriger Dienstzeit, wenn unter Würdigung der Umstände des einzelnen Falles als feststehend angenommen werden kann, daß sie, wenn sie noch weiter gelebt hätten, auf Grund der Folgen der erlittenen Dienstbeschädigung nie wieder dienstfähig hätten werden können. So ist die AusfBestimm. des BR. z. MHG. II 1 b gemeint. Posener, S. 172, bekämpft diese Ansicht (die im Ergebnis auch von Olshausen Bem. 1 zu § 1 vertreten wird), weil sie dem klaren Wortlaut des OPG. § 1 Abs. 2 widerspreche.

Allerdings kann einem solchen Offizier nicht von vornherein eine Pension auf Lebensdauer zugesprochen werden, aber er bezieht sie tatsächlich, wenn er dauernd dienstunfähig bleibt. Dem Gesetzgeber ist die unsoziale Absicht nicht zu unterstellen, die Hinterbliebenen eines Ernährers, der vielleicht infolge der Dienstbeschädigung gestorben ist, ohne Anspruch auf Versorgung zu lassen.

---

[1]) Vgl. Fürnrohr, JW. 1916, 644.

[2]) Die Ehe muß gültig sein. Ist eine an sich nichtige Ehe nicht für nichtig erklärt, dann wird sie als gültig behandelt, vgl. RG. Bd. 88 S. 326. Der Mangel der erforderlichen behördlichen Genehmigung einer Ehe macht die Ehe nicht ungültig. JW. 1917, 445.

[3]) Liegen diese Voraussetzungen nicht vor, so kann den Hinterbliebenen auf Grund des § 9 MHG. Witwen- und Waisengeld bewilligt werden.

Die Höhe des Witwen- und Waisengeldes ist in den §§ 2—7 MHG. bestimmt.

§ 8 MHG. läßt das Witwengeld für den Fall der sogen. Versorgungsehe und der Pensionärsehe unter bestimmten Voraussetzungen in Wegfall kommen.

2. Für Hinterbliebene von Offizieren des Beurlaubtenstandes:

Der Witwe und den ehelichen oder legitimierten Kindern eines Offiziers des Beurlaubtenstandes kann nach § 11 MHG. Witwen- und Waisengeld bis zu der in den §§ 2 bis 7 angegebenen Höhe bewilligt werden, wenn

a) dem Offizier zur Zeit seines Todes ein Anspruch auf Pension aus der Reichskasse zustand oder im Falle der Verabschiedung zugestanden hätte (vgl. §§ 28, 31, 2 OPG.)

b) wenn der Tod des Verstorbenen durch die Dienstbeschädigung verursacht worden ist, welche zur Pensionierung des Offiziers hätte führen können.

Ein Rechtsanspruch auf Bewilligung dieser allgemeinen Versorgung steht den Witwen und Waisen nicht zu.

3. Für Hinterbliebene von ausgeschiedenen zum aktiven Militärdienst herangezogenen Offizieren:

Hierbei handelt es sich um Offiziere, die ohne Pension ausgeschieden sind, und um jene, die mit Pension ausgeschieden sind, sich aber erst nach dem Ausscheiden aus dem Friedensstand verheiratet haben.

Ihren Witwen und Waisen kann eine allgemeine Versorgung bewilligt werden (§ 11 Abs. 2 MHG.).

4. Für Hinterbliebene von oberen und unteren Heeresbeamten des Friedensstandes steht die Allgemeine Versorgung aus dem MHG. nicht zu. Sie erhalten Witwen- und Waisengeld nach dem Beamtenhinterbliebenengesetz v. 17. Mai 1907 (RGBl. 208).

5. Für Hinterbliebene der Personen, die nur vorübergehend als Heeresbeamte tätig waren, kann nach § 17 MHG. unter gewissen Voraussetzungen ein Witwen- und Waisengeld bewilligt werden.

Hierher gehören die Heeresbeamten des Beurlaubtenstandes; ferner die Beamten der Zivilverwaltung, Geistliche und andere kirchliche Beamte, die während der Dauer eines Krieges bei dem Feld- oder Besatzungsheer als Heeresbeamte verwendet worden sind; Zivilbeamte zur Unterstützung militärischer Maßnahmen (RG. v. 4. Aug. 1914 RGBl. 335) und endlich die Personen, die nicht Beamte sind, aber im Krieg als Heeresbeamte Verwendung gefunden haben (§§ 34, 35 OPG.). Alle diese Personen haben nach dem OPG. unter gewissen Voraussetzungen Anspruch auf Pension (Olshausen Bem. 1a zu § 17).

Ihren Hinterbliebenen kann deshalb in gleicher Weise, wie den Hinterbliebenen der Offiziere des Beurlaubtenstandes, unter gewissen Voraussetzungen Witwen- und Waisengeld bewilligt werden (§§ 17, 18 MHG.). Ein Rechtsanspruch besteht nicht.

5. Für Hinterbliebene von Personen der freiwilligen Krankenpflege kann nach §§ 17, 18 MHG. unter gewissen Voraussetzungen Witwen- und Waisengeld bewilligt werden. Ein Rechtsanspruch besteht nicht.

6. Für Hinterbliebene von Militärpersonen der Unterklassen (vgl. RG., 93, 308).

Ihren Hinterbliebenen steht ein Anspruch auf Witwen- und Waisengeld zu (§ 12 MHG.).

a) wenn der Ernährer während der Zugehörigkeit zum aktiven Heer (s. oben S. 10) entweder infolge einer Dienstbeschädigung (s. oben S. 14) oder nach zehnjähriger Dienstzeit (s. oben S. 13) gestorben ist,

oder b) wenn der Ernährer, der erst nach dem Ausscheiden aus dem aktiven Dienst gestorben ist, zur Zeit seines Todes nach Ablauf mindestens achtzehnjähriger Dienstzeit eine Rente zu beziehen hatte oder infolge einer (innerhalb der Frist des MVG. festgestellten) Dienstbeschädigung vor Ablauf von 6 Jahren nach dem Ausscheiden aus dem Dienst gestorben ist.

Der Anspruch auf die Allgemeine Versorgung besteht jedoch nicht, wenn der Verstorbene die Ehe erst nach der Entlassung aus dem aktiven Militärdienst und bei einer Wiederheranziehung zum Militärdienst erst nach der Wiederentlassung geschlossen hat (§ 16 MHG.).

Die Höhe des Witwen- und Waisengeldes ist in den §§ 13—15 MHG. bestimmt (vgl. hierzu RG. 93, 308).

III. Die Kriegsversorgung.[1])

Unabhängig von den Voraussetzungen der Allgemeinen Versorgung wird eine Kriegsversorgung gewährt (s. oben I).

1. Die Kriegsversorgung für die Hinterbliebenen der zum Feldheer[2]) gehörigen Personen

a) Die Witwen und die ehelichen und legitimierten Kinder der zum Feldheer gehörigen Offiziere, einschließlich Sanitätsoffiziere, Beamten und Militärpersonen der Unterklassen mit Einschluß der in den §§ 34, 35 OPG. erwähnten Personen[3]) und der auf dem Kriegsschauplatz verwendeten Personen der freiwilligen Krankenpflege haben Anspruch auf Kriegswitwen- und Kriegswaisengeld wenn diese Personen

im Kriege geblieben oder infolge einer Kriegsverwundung gestorben sind, oder wenn sie eine sonstige Kriegsdienstbeschädigung erlitten haben und an ihren Folgen vor Ablauf von zehn Jahren nach dem Friedensschluß gestorben sind.

Die Höhe des Kriegswitwengeldes bestimmt § 20 MHG., die Höhe des Kriegswaisengeldes § 21 MHG.[4]) In beiden Fällen ist der Betrag verschieden bestimmt, je nachdem ein Anspruch auf die Allgemeine Ver-

---

[1]) Vgl. Fürnrohr, JW. 1916, 643ff.

[2]) s. hierüber Preuß. KMin. v. 21. Okt. 1915 AVBl. 486, Bayer. KMin. v. 20. Okt. 1915 VBl. 971, Olshausen Bem. 2 zu § 19.

[3]) s. oben S. 28, 20.

[4]) vgl. RG. 89, 263.

sorgung zusteht[1]) und tatsächlich gewährt wird (Olshausen Bem. 2 zu § 20) oder nicht. Letzterenfalles ist das Kriegswitwen- und Kriegswaisengeld höher (vgl. RG. 93, 308).

b) Kriegselterngeld.

Den Verwandten der aufsteigenden Linie kann nach § 22 MHG. unter den dort bestimmten Voraussetzungen für die Dauer der Bedürftigkeit ein Kriegselterngeld bewilligt werden. Sie haben also keinen Rechtsanspruch.

2. Die Kriegsversorgung der nicht zum Feldheer gehörigen Militärpersonen (z. B. beim immobilen Ersatztruppenteil).

Für die Hinterbliebenen der nicht zum Feldheer gehörigen Militärpersonen ist im allgemeinen eine Kriegsversorgung nicht vorgesehen.

Es kann jedoch nach § 26 MHG. eine Kriegsversorgung bewilligt werden den Hinterbliebenen von solcher nicht dem Feldheer zugeteilten Angehörigen des aktiven Heeres (s. darüber oben S. 10) die in der Zeit von der Mobilmachung bis zur Demobilmachung wegen des eingetretenen Kriegs außerordentliche Anstrengungen oder Entbehrungen oder dem Leben und der Gesundheit gefährlichen Einflüsse ausgesetzt waren und infolgedessen vor Ablauf eines Jahres nach dem Friedensschluß gestorben sind.

§ 10. Erlöschen und Ruhen des Rechts auf den Bezug der Pensions- und Versorgungs-Gebührnisse.

Das Recht auf den Bezug der Gebührnisse (§§ 22—26 OPG., §§ 33 bis 38 MVG., §§ 31—33 MHG.) hört unter bestimmten Voraussetzungen auf, sei es, daß es dauernd völlig vernichtet wird (Erlöschen), sei es, daß es nur vorübergehend ganz oder teilweise nicht ausgeübt werden kann (Ruhen).

Über das Verfahren beim Streit über das Erlöschen und Ruhen s. unten § 13, I, § 14, II.

I. Erlöschen:

Die Fälle, in welchen das Recht erlischt, sind in § 22 OPG., § 33 MVG., § 30 MHG. bestimmt. Über Erlöschen des Zivilversorgungsscheins s. § 34 MVG., vgl. § 31 RStGB.

II. Ruhen:

Die Fälle, in welchen das Recht ruht, sind in §§ 23 f. OPG., §§ 35 f. MVG., § 31 MHG. bestimmt. Darnach ruht das Recht insbesondere solange der Berechtigte nicht Reichsangehöriger ist und während einer Anstellung oder Beschäftigung des Berechtigten im Zivil- oder Gendarmeriedienst nach Maßgabe des § 24 Ziff. 3 OPG., § 36 Ziff. 3 MVG., § 31 Abs. 2 MHG. und während des Bezugs einer im Zivildienst erdienten Pension nach Maßgabe des § 26 OPG., § 36 Abs. 2 MVG, § 32 MHG. Diese Bestimmungen beruhen auf der Erwägung, daß dem An-

[1]) Der Anspruch auf die allgemeine Versorgung ist nur dann als zustehend zu erachten, wenn sie tatsächlich gewährt wird, also nicht wenn der zustehende Anspruch ruht (RG. 89, 274).

spruch die Grundlage entzogen wird, insoweit die Versorgung anderweitig aus öffentlichen Mitteln gewährt wird (vgl. RG 84, 369; 90, 267; JW. 1914, 686; 1918, 513; RG. 92, 395; 89, 266; JW. 1917, 157).

Über den Begriff „Zivildienst" s. RG. 81, 355; 84, 364; JW. 1914, 687; über Zivildienst im Nebenamt vgl. RG. 80, 310; JW. 1916, 1341.

§ 11. Die Kapitalabfindungsgesetze.

Personen, die aus Anlaß des letzten oder eines anderen[1]) Krieges auf Grund der drei Militärversorgungsgesetze Anspruch auf Kriegsversorgung haben, können auf ihren Antrag zum Erwerb oder zur wirtschaftlichen Stärkung eigenen Grundbesitzes nach bestimmten Vorschriften durch Zahlung eines Kapitals abgefunden werden. Die Abfindung ist auch zulässig, wenn Versorgungsberechtigte zum Erwerb eigenen Grundbesitzes einem gemeinnützigen Bau- oder Siedlungsunternehmen beitreten wollen.

Für die Personen, die auf Grund des MVG. oder MHG. Anspruch auf Kriegsversorgung haben, sind diese Vorschriften durch das Gesetz über Kapitalabfindung an Stelle von Kriegsversorgung v. 3. Juli 1916 (Kapitalabfindungsgesetz = KAG. RGBl. 680) gegeben, dessen Anwendung durch das RG. v. 26. Juli 1918 (RGBl. 993) ausgedehnt wurde auf die in den §§ 32—35 OPG. genannten Heeresbeamten und anderen Personen, die Anspruch auf Kriegs-Verstümmelungs-Tropenzulage nach den für die Unterbeamten vorgeschriebenen Sätze haben, sowie auf die kriegsversorgungsberechtigten Witwen der sämtlichen vorgenannten Personen, sowie von solchen im § 35 OPG. genannten Personen, die den oberen Beamten gleichzuachten sind, denen aber der Offiziersrang nicht verliehen worden ist.

Für Offiziere, Deckoffiziere, obere Beamte und die den oberen Beamten gleichzuachtenden Personen, die auf Grund des OPG. Anspruch auf Kriegsversorgung haben und für die kriegsversorgungsberechtigten Witwen dieser Personen, soweit diese Offiziersrang haben, sind die Bestimmungen des Kapitalabfindungsgesetzes für Offiziere (OKAG.) vom 26. Juli 1918 (RGBl. 994) maßgebend.

Über den Antrag entscheidet die oberste Militärverwaltungsbehörde (§ 1 KAG., § 13 OKAG.), die diese Befugnis auf andere Behörden übertragen kann. Auf die Entscheidungen dieser Behörden findet § 29 MVG. (s. unter § 13) entsprechende Anwendung (Art. II d. RG. v. 26. Juli 1918; § 13 OKAG.).

Die Bewilligung setzt unter anderem voraus, daß für eine nützliche Verwendung des Geldes Gewähr besteht (§ 1 KAG., § 2 Ziff. 4 OKAG.).

Die Kapitalabfindung kann die Kriegszulage, die Verstümmelungszulage, die Tropenzulage in Höhe der Kriegszulage, sowie mit bestimmten Beschränkungen Bezüge der Witwen aus dem MHG. umfassen (§ 3 KAG., § 3 OKAG.).

---

[1]) RG. v. 26. Juli 1918 (RGBl. 993).

Nach § 4 OKAG. ist die Abfindung auf die für einen Zeitraum von zehn Jahren zustehenden Versorgungsgebührnisse beschränkt, für welche das Achtfache des Jahresbetrages als Abfindung bezahlt wird. Das KAG. enthält eine solche Zeitbeschränkung nicht, die Abfindungssumme wird auf Grund einer Tabelle berechnet, die nach dem Lebensalter abgestuft ist (§ 5 KAG).

Bei nicht bestimmungsmäßiger Verwendung oder bei Vereitlung des Abfindungszweckes kann die oberste Militärverwaltungsbehörde Rückzahlung eines entsprechenden Betrages der Abfindungssumme verlangen (§§ 7, 8 KAG., § 5 OKAG.).

Aus der Bewilligung der Abfindung kann nicht auf Auszahlung geklagt werden (§ 12 KAG., § 12 OKAG.). Es besteht also selbst im Fall der unanfechtbaren Bewilligung durch die Verwaltungsbehörde kein Rechtsanspruch.

Zum KAG. hat der Bundesrat Ausführungsbestimmungen v. 8. Juli 1916 (RGBl. 684) erlassen, die jedoch durch die Ausführungsbestimmungen des Bundesrats v. 11. Jan. 1919 (RGBl. 23 ff.) ersetzt wurden. Zum OKAG. sind Ausführungsbestimmungen des Bundesrats v. 7. Nov. 1918 (RGBl. 1319) ergangen.

§ 12. Ansiedlung und Bau von Kleinwohnungen für Kriegsbeschädigte.

I. Das bayerische Gesetz über die Ansiedlung von Kriegsbeschädigten in der Landwirtschaft v. 15. Juli 1916 (GVBl. 135 ff.) will den Personen, die aus Anlaß des gegenwärtigen Krieges auf Grund des MVG. Anspruch auf Kriegsversorgung haben, die Ansiedlung in landwirtschaftlichen Betrieben oder die Stärkung landwirtschaftlichen Besitzes dadurch erleichtern, daß ihnen die Landeskulturrentenanstalt zu diesen Zwecken Darlehn gewähren kann.

Die einzelnen Siedelungen sollen auf 5 ha beschränkt sein. Die Darlehensnehmer sollen in ihrer Person für die Eignung als Siedler Gewähr bieten. Die hypothekarisch sicherzustellenden Darlehen dürfen drei Viertel des Wertes oder drei Viertel der Aufwendung für den Erwerb einer Neuansiedlung nicht übersteigen, sind ebenso wie die Landeskulturrentenscheine zu verzinsen und durch jährliche Annuitäten von 1 % zu tilgen.

Das Darlehen kann in bestimmten Fällen, insbesondere bei Vernachlässigung des Anwesens und bei Entziehung des Siedelungszweckes gekündigt werden.

Die Beleihungsgrenze von drei Vierteln des Wertes (Verschuldungsgrenze) muß für alle Arten von Belastungen eingehalten bleiben. Die Verschuldungsgrenze fällt weg, wenn das Grundstück im Zwangswege versteigert wird oder wenn der Eigentümer die Aufhebung mit Zustimmung der Landeskulturrentenkommission beantragt.

Ein Anspruch auf Gewährung solcher Darlehen besteht nicht.

II. Zur Förderung des Baues von Kleinwohnungen für

Kriegsbeschädigte und Witwen der im Kriege Gefallenen kann der Reichskanzler Bürgschaften für Hypothekdarlehen übernehmen, die von anderer Seite an gemeinnützige Unternehmungen (Bauvereine, Baugenossenschaften, Baugesellschaft usw.) unter Ausschluß der Kündbarkeit auf die Dauer von mindestens zehn Jahren gewährt werden (RG. v. 24. Aug. 1918, RGBl. 1091 in Verbindung mit dem RG. v. 16. Juni 1914, RGBl. 219). Das verbürgte Darlehn soll regelmäßig 90% des Einstandspreises nicht übersteigen.

II. Abschnitt.

Das Verfahren.

---

§ 13. Das Verwaltungsverfahren.

I. Für die Anmeldung der Versorgungsansprüche und die Einlegung von Einsprüchen im Verwaltungsverfahren ist durch § 40 PensVorschr. die Vertretung ausgeschlossen. Ein von einem Vertreter (Rechtsanwalt) auf Grund Vollmacht eingelegter Einspruch ist daher wirkungslos (vgl. Rechtspr. d. OLG. 33, 14).

II. Unterscheidung zwischen Feststellungs- und Regelungsverfahren.

Von grundlegender Bedeutung für das ganze Verfahren in Versorgungsangelegenheiten (also nicht bloß für das Verwaltungsverfahren) ist die Unterscheidung zwischen Feststellung und Regelung (Regulierung) der Gebührnisse.

Die Vorschriften über das Verfahren gehen davon aus, daß zunächst einmal festgestellt werden muß, ob an sich die Voraussetzungen zum Bezug von Gebührnissen nach Grund und Höhe gegeben sind. Dabei macht es für das Verwaltungsverfahren keinen Unterschied, ob der Anwärter einen rechtlichen Anspruch auf die Gebührnisse hat oder ob es sich um sogenannte Kannbezüge handelt, deren Bewilligung von dem pflichtgemäßen Ermessen der Behörde abhängig ist. Im einen wie im anderen Falle muß im Verwaltungsverfahren darüber entschieden werden, ob der Militärfiskus ein Recht zum Bezug der Gebührnisse nach Grund und Höhe anerkennen muß oder will.[1] Da es sich dabei nicht um einen Verwaltungsrechtsstreit, sondern um einen Akt der reinen Verwaltung

---

[1] Das gilt auch für die Nebenforderungen insbes. die Verzugszinsen (RG. 92, 379). Auch sie können im Spruchverfahren nur geltend gemacht werden, wenn über sie das Verwaltungs-Feststellungsverfahren durchgeführt ist. Da die Renten nach den Militärversorgungsgesetzen monatlich im Voraus zu zahlen sind, nimmt RG. 92, 379 an, daß § 284 Abs. 2 BGB. anzuwenden sei und daher der säumige Fiskus ohne Mahnung in Verzug komme.

handelt, so ist es nicht auffällig, sondern naturgemäß, daß die zur Vertretung des Militärfiskus berufene Behörde in eigener Sache entscheidet. Der Feststellungsbescheid hat bezüglich der Ansprüche deklaratorische Bedeutung d. h. der festgestellte Anspruch wird nicht etwa erst durch die Feststellung zur rechtlichen Entstehung gebracht, er beruht vielmehr unmittelbar auf dem Gesetze, die Feststellung bedeutet nur die Anerkennung des bereits bestehenden Anspruchs (vgl. RG. 92, 379). Hat die Behörde entschieden und Gebührnisse festgestellt, so ist dieser Feststellungsbescheid für den Militärfiskus bindend, er erwächst auch ihm gegenüber zur Rechtskräftigen Entscheidung. Für die Kannbezüge hat der Feststellungsbescheid konstitutive Wirkung. Er erschöpft sich in dem verbindlichen Ausspruch, daß das Recht zum Bezug der Gebührnisse entstanden ist.

Streng geschieden von diesem Feststellungsverfahren ist das Regelungsverfahren. Bevor in einer Versorgungsangelegenheit das Regelungsverfahren eingeleitet werden kann, muß das Feststellungsverfahren in dieser Sache abgeschlossen sein.

Das Regelungsverfahren ist jenes Verwaltungsverfahren, in welchem die Verwaltung darüber befindet, ob die Gebührnisse, welche durch den Feststellungsbescheid oder durch Urteil des Versorgungsgerichts nach Grund und Höhe festgestellt sind, angewiesen und bezahlt werden.[1] Regelmäßig wird die Feststellung ohne weiteres zur Anweisung führen. Weil aber der Feststellungsbescheid nur eine Anerkennung dafür bedeutet, daß das Recht zum Bezug der Gebührnisse entstanden ist, so ist im Regelungsverfahren darüber zu befinden, ob das entstandene, als solches im Feststellungsbescheid anerkannte Recht nicht in Wegfall gekommen ist.[2] Die Versorgungsgesetze haben bestimmte Tatsachen aufgestellt, durch welche das an sich erworbene Recht zum Bezug von Gebührnissen in Wegfall gebracht wird, sei es für immer (Erlöschen), sei es nur zeitlich (Ruhen). Die Entscheidung hierüber erfolgt in dem zeitlich dem Feststellungsverfahren nachfolgenden Pensions-Regelungsverfahren. AusfBest. des BR. v. 19. Juni 1906 Zentralbl. f. d. D. R. 1906 Nr. 36 S. 659 ff., Bayr. GVBl. 1906 Anlage zu Nr. 43; RV. v. 1. Febr. 1919, RGBl. 149 und die AusfBest. des Staatenausschusses vom 27. Februar 1919, RGBl. S. 251).

Wesentlich ist die grundsätzliche Trennung des Regelungsverfahrens von dem Feststellungsverfahren. Ein Beispiel wird das anschaulich machen. Nach § 22 OPG. wie nach § 33 MVG. erlischt das Recht auf den Bezug der Gebührnisse durch rechtskräftige Verurteilung des Anwärters zur Zuchthausstrafe wegen Landesverrats. Wird von einem so verurteilten Anwärter ein Anspruch auf Versorgungsgebührnisse erhoben, der bei Wegdenkung der Zuchthausstrafe begründet ist, so muß er im Feststellungsverfahren festgestellt werden; der Feststellungsbescheid darf sich mit der Frage, ob das Recht erloschen ist, gar nicht befassen; sie wird im darauf-

[1]) Verzeichnis der Pensionsregelungsbehörden s. Adam S. 198.
[2]) Vgl. Olshausen in JW. 1919, 160.

folgenden Regelungsverfahren entschieden und hier kann die Entscheidung dahin gehen, daß trotz des rechtskräftigen Feststellungsbescheides der Anwärter nichts erhält.

Diese Trennung ist wechselseitig:

Das Feststellungsverfahren darf sich nicht mit Verhältnissen befassen, über die im Regelungsverfahren zu befinden ist, und das Regelungsverfahren nicht mit Verhältnissen, die für die Feststellung der Gebührnisse nach Grund und Höhe maßgebend sind. Tritt in diesen Verhältnissen, auf deren Beurteilung der Feststellungsbescheid beruht, nachträglich eine wesentliche Veränderung ein, so daß aus diesem Grunde ein Wegfall der Gebührnisse behauptet wird, so ist das nicht im Regelungsverfahren, sondern in einem neuen Feststellungsverfahren zum Austrag zu bringen (s. unten III Ziff. 2).

III. Rechtskraft des Feststellungsbescheides:

Die Feststellungsbescheide (nicht auch die Bescheide im Regelungsverfahren) werden gegenüber dem Militärfiskus mit der Zustellung, gegenüber dem Berechtigten mit Ablauf der Einspruchsfrist oder der Berufungsfrist rechtskräftig. (§ 31 MVG., § 19 Abs. 2 OPG., § 28 Abs. 3 MHG., sämtlich in der Fassung der RV. v. 1. Februar 1919, RGBl. 149).

Die Wirkung der Rechtskraft besteht im wesentlichen darin, daß das Zuerkannte nicht mehr wirksam bestritten, das Aberkannte nicht mehr wirksam geltend gemacht werden kann (vgl. JW. 1898, 70 Nr. 12). Dabei ist aber die beschränkte Tragweite des Feststellungs**bescheides** im Auge zu behalten (s. oben S. 34).

Und auch in dieser beschränkten Wirkung ist er trotz eingetretener Rechtskraft nicht unabänderlich.

1. Zugunsten des Berechtigten kann die Feststellungsbehörde jederzeit einen neuen Bescheid erteilen (§ 31 Abs. 6 MVR., § 19 Abs. 2 OPG., § 28 Abs. 3 MHG., sämtliche in der Fassung der Reichsverordnung v. 1. Febr. 1919).

Es steht im Ermessen der Militärverwaltung, ob und inwieweit sie von dieser Befugnis Gebrauch machen will. Wenn und insoweit sie davon absieht, verbleibt es bei der Rechtskraft des Bescheides. (Der Entscheidung des RG. 85, 144 ist durch die Änderung des Gesetzes die Grundlage entzogen).

2. Clausula rebus sic stantibus: Es handelt sich bei den Rentenansprüchen um künftig fällig werdende Leistungen. Tritt nach Erlassung des Feststellungsbescheides eine wesentliche Veränderung derjenigen Verhältnisse ein, welche für die Feststellung nach Grund oder Höhe maßgebend waren, so ist es ein Gebot der Billigkeit, dem Fiskus wie dem Anwärter Anspruch auf Änderung des Feststellungsbescheides zu geben (vgl. § 323 ZPO.).

In der Tat bestimmt § 30 MVG., daß die Versorgungsgebührnisse auf Antrag oder von Amts wegen anders festgesetzt oder entzogen werden (vgl. oben II), wenn in den Verhältnissen, welche für die Beurteilung maßgebend gewesen sind (nach Erlassung des Feststellungsbescheides), eine wesentliche Änderung eintritt. Im OPG. fehlt eine solche Vorschrift. Da beide Gesetze gleichzeitig erlassen sind, beruht das Weglassen auf Absicht des Gesetzgebers, die im folgenden ihre Erklärung findet:

Nur die Offiziere des Friedensstandes werden dauernd pensioniert; die Offiziere des Beurlaubtenstandes werden nur für die Dauer ihrer Dienstunfähigkeit pensioniert. Bei letzteren bestand also kein Bedürfnis nach einer clausula rebus sic stantibus. Und den aktiven Offizieren sollte durch die Pension ein unentziehbares Recht erworben sein. Die Dienstunfähigkeit, welche der Pensionierung der Offiziere zugrunde gelegt wurde, war vermöge des Verjüngungsprinzips zumeist gar nicht vorhanden. Darum durfte man es auch auf die Nachprüfung dieser Dienstunfähigkeit nicht ankommen lassen. Für die Pensionierung der Offiziere des Friedensstandes trifft deshalb RG. 85, 190 nicht zu (unrichtig Posener 25). Das war schon nach bisherigem Recht anzunehmen; durch die RVO. v. 1. Febr. 1919, die eine Rechtskraft des Feststellungsbescheides anerkennt, ist es vollends außer Zweifel gestellt.

3. Wiederaufnahme des Verfahrens. § 31 MVG., § 19 Abs. 2 OPG., § 28 Abs. 3 MHG.[1]) trifft Bestimmungen über die Wiederaufnahme des Verwaltungsverfahrens gegenüber einem rechtskräftigen Feststellungsbescheid. Hier handelt es sich um den Tatbestand, wie er zur Zeit des Feststellungsbescheides war, bei der oben erwähnten Bestimmung des § 30 MVG. dagegen um eine nach Erlassung des Bescheides eingetretene Änderung des Tatbestandes.

IV. Der Einspruch im Verwaltungsverfahren. Gegen den Bescheid einer niederen Stelle im Feststellungsverfahren und Regulierungsverfahren steht dem Anwärter Einspruch an die zuständige übergeordnete Behörde, an letzter Stelle an die oberste Militärverwaltungsbehörde des Kontingents (also an das Ministerium für militärische Angelegenheiten) zu. Die oberste Militärverwaltungsbehörde kann den Einspruch gegen Bescheide der höheren Militärverwaltungsbehörde ausschließen. Der Einspruch kann bei jeder deutschen Staatsbehörde wirksam eingereicht werden. Die Einspruchsfrist beträgt einen Monat nach der Zustellung, bei Zustellung außerhalb Europas drei Monate (§ 29 MVG., § 19 OPG., § 35 MHG., sämtlich in der Fassung der RVO. v. 1. Jan. 1919, RGBl. 149). Der Einspruch muß vom Gesuchsteller selbst eingelegt werden. **Ein von einem Vertreter (Rechtsanwalt) eingelegter Einspruch ist wirkungslos** (s. oben S. 33).

V. Übergangsvorschrift:

1. Die VO. vom 1. Febr. 1919 ist am 1. März 1919 in Kraft getreten.

Art. IV Ziff. 2 trifft Bestimmung über die Frist des Einspruchs gegen Bescheide der Feststellungs- und Regelungsbehörde.

Art. IV Ziff. 3 läßt grundsätzlich Einspruch an die oberste Militärverwaltungsbehörde zu gegen Bescheide der höheren Militärverwaltungsbehörden, die vor dem 1. März 1919 zugestellt sind.

---

[1]) Sämtlich in der Fassung der RVO. v. 1. Febr. 1919 (RGBl. 151).

Von der größten Wichtigkeit ist die Bestimmung des Art. IV Ziff. 6: Darnach hat die oberste Militär-Verwaltungsbehörde des Kontingents über Einsprüche, die sich auf eine nach dem 1. Aug. 1914 abgeschlossene Dienstleistung stützen und auf Grund endgültiger Entscheidung der Militärverwaltungsbehörde ganz oder teilweise abgewiesen sind, auf Antrag einen neuen Bescheid zu erlassen, wenn die Abweisung erfolgte,

weil eine Gesundheitsstörung nicht als Dienstbeschädigung angesehen wurde,

weil kein oder nicht der erforderliche Grad von Dienstunfähigkeit angenommen wurde,

weil eine Dienstbeschädigung oder Aufhebung oder Minderung der Erwerbsunfähigkeit nicht als durch den Krieg herbeigeführt angesehen wurde,

weil die Dienstunfähigkeit oder Minderung der Erwerbsfähigkeit oder der Tod nicht als eine Folge eines im Dienst erlittenen Schiffbruchs oder einer militärischen Unternehmung auf einer dienstlichen Seereise angesehen wurde,

weil die Dienstunfähigkeit oder Minderung der Erwerbsfähigkeit oder der Tod nicht als eine Folge außerordentlicher Einflüsse des Klimas während eines dienstlichen Aufenthaltes in einem außereuropäischen Lande (Marine) oder in den Schutzgebieten (Schutztruppen) oder während einer dienstlichen Seereise angesehen wurde,

weil die Dienstunfähigkeit oder Minderung der Erwerbsfähigkeit oder der Tod nicht als eine Folge der besonderen Fährlichkeit des Dienstes in den Schutztruppen angesehen wurde,

weil Brauchbarkeit oder Würdigkeit zum Beamten verneint wurde,

weil der Tod nicht als Folge einer Dienstbeschädigung angesehen wurde,

weil die Zugehörigkeit des Verstorbenen zum Feldheer verneint wurde.

§ 14. Die Rechtsmittel gegen die letztinstanzielle Verwaltungs-Entscheidung.

I. Berufung.

Gegen die Bescheide der Militärverwaltungsbehörde, die im Verwaltungsverfahren an letzter Stelle über Ansprüche auf Feststellung von Versorgungsgebührnissen aus den Militär-Versorgungsgesetzen entscheidet, ist Berufung an das Militärversorgungsgericht zulässig. Die Berufungsfrist beträgt einen Monat nach der Zustellung,[1]) bei Zustellung außerhalb Europas

---

[1]) „Zustellung" ist ein engerer Begriff als „Eröffnung" und „Bekanntmachung"; er bedeutet beurkundete Behändigung eines Schriftstücks, während „Eröffnung" auch mündlich, allenfalls gegen unterschriftliche Bestätigung der mündlichen Mitteilung erfolgen kann. Ist der Bescheid bloß eröffnet, nicht zugestellt, so wird hierdurch die Frist nicht in Lauf gesetzt (OLG. München, BayZfR. 1916, 330); das Rechtsmittel kann aber gleichwohl wirksam schon

drei Monate (Art. II § 9 mit § 1 der RVO. vom 1. Febr. 1919 RGBl. S. 149).

1. Über Versorgungsgebührnisse aus den Militärversorgungsgesetzen muß in dem Bescheid der Verwaltungsbehörde befunden sein. Dazu gehören alle Gebührnisse, die auf Grund der drei Versorgungsgesetze (OPG.; MVG.; MHG.) und der hierzu erlassenen Ergänzungsgesetze (Luftfahrergesetz vom 29. Juni 1912 und Kriegsgefangenenfürsorgegesetz vom 15. August 1917) gewährt werden; also Pension der Offiziere und Renten der Mannschaften, Witwen- und Waisengeld, Kriegsversorgung, Verstümmelungs- und Kriegszulage, Zivilversorgungsschein und Zivilversorgungsentschädigung; nicht aber die Dienstprämie zu 1500 Mk., die nicht auf Grund der Besoldungsvorschrift gewährt wird.

2. Um die Feststellung solcher Versorgungsgebührnisse muß es sich handeln. Der mit Berufung angefochtene Bescheid muß im Feststellungsverfahren ergangen sein. Ein Bescheid, der im Regelungsverfahren ergangen ist (s. darüber oben § 13, II), kann nicht mit Berufung angefochten werden.

3. Um einen Anspruch muß es sich handeln (vgl. § 241 BGB.) Es muß ein durch das Gesetz gewährleistetes Recht auf die beanspruchten Gebührnisse bestehen. Deshalb gehören nicht hierher Anträge auf solche Gebührnisse, deren Bewilligung vom Gesetz in das pflichtgemäße Ermessen oder gar in die gnadenweise Berücksichtigung der Militärverwaltungsbehörde gestellt ist (die sog. „Kannbezüge", auf deren Gewährung kein gesetzlicher Anspruch besteht).

Um einen „Anspruch" handelt es sich nach dem Sprachgebrauch der Militärversorgungsgesetze dann, wenn Ausdrücke gebraucht sind wie „werden angerechnet", „erhalten", „werden gewährt", „sind anzurechnen"; „werden gezahlt". Im Gegensatz dazu stehen die Ausdrücke wie „können angerechnet (gewährt) werden."

4. Der Antrag der Berufung kann nur auf „Feststellung" der Versorgungsgebührnisse, nicht auf Zahlung gerichtet sein. Das Versorgungsgericht muß sich im Rahmen des Feststellungsverfahrens halten. Über eine Frage die im Verwaltungsfeststellungsverfahren nicht zu entscheiden ist, kann auch das Versorgungsgericht nicht entscheiden. Wendet z. B. der Militärfiskus ein, daß der Anspruch mangels seiner Voraussetzungen nicht entstanden, aber jedenfalls durch Erlöschen weggefallen sei, so hat das Versorgungsgericht sein Urteil zu erlassen, ohne auf das behauptete Erlöschen einzugehen. Dieser Einwand ist der Behandlung im

---

eingelegt werden (Olshausen 253). Nach § 29 MVG., der auch für die beiden anderen Versorgungsgesetze gilt (RVO. vom 1. Febr. 1919), bestimmt die oberste Militärverwaltungsbehörde die Form der Zustellung der Bescheide. Die Bestimmung ist nun aber getroffen durch die Verordnung des Staatenausschusses vom 27. Febr. 1919 (RGBl. 251). Darnach ist der Bescheid gegen Postrückschein oder — im Ortsverkehr — gegen Empfangsbescheinigung auszuhändigen.

Regelungsverfahren vorbehalten. Wird der Berufung stattgegeben, so ersetzt das Urteil des Versorgungsgerichts den Feststellungsbescheid der Behörde. In diesem Fall schließt sich an das Urteil das Verwaltungsregelungsverfahren genau so an, wie es sich an den Feststellungsbescheid der Militärverwaltungsbehörde anschließt.

II. Klage. Gegen die Bescheide der Behörden, die im V.-Regelungsverfahren entscheiden, ist gemäß § 42 MVG., § 39 OPG., § 35 MHG. (sämtlich in der Fassung der RVO. v. 1. Febr. 1919, RGBl. 149) der ordentliche Rechtsweg zulässig mit folgender Maßgabe:

1. Der Militärfiskus wird durch die oberste Militärverwaltungsbehörde des Kontingents vertreten. In Bayern ist also die Klage zu richten gegen den bayerischen Militärfiskus, vertreten durch den Minister für militärische Angelegenheiten (nicht durch das Militärfiskulat beim Ministerium, BayZfR. 1918, 273). Über Folgen einer unrichtigen Zustellung s. OLG. 37, 127.

2. Der Bescheid der obersten Militärverwaltungsbehörde des Kontingents muß der Klage vorhergehen; das Klagerecht geht verloren, wenn der im Regelungsverfahren zugelassene Einspruch nicht rechtzeitig eingelegt oder wenn die Klage nicht bis zum Ablauf von sechs Monaten nach der Zustellung des Bescheides der obersten Militärverwaltungsbehörde erhoben wird. Auf die Frist, die eine Ausschluß-, keine Verjährungsfrist ist,[1]) finden die §§ 203, 206 BGB. entsprechende Anwendung.

Für die Klage sind die Landgerichte ohne Rücksicht auf den Wert des Streitgegenstandes ausschließlich zuständig. Es ist also in allen Fällen Revision zulässig (§ 547 Ziff. 2 ZPO.).

Örtlich zuständig ist das Landgericht München I (§ 18 ZPO.).

Zulässig ist die Klage für alle Ansprüche, über die im Verwaltungsregelungsverfahren zu entscheiden ist.

Das sind die Ansprüche auf Zahlung festgestellter Versorgungsgebührnisse. Behauptet der Militärfiskus, daß der festgestellte Anspruch erfüllt sei (beispielsweise durch Zahlung oder Aufrechnung) oder daß der Anspruch infolge Erlöschens oder Ruhens nicht bestehe, so ist nach durchgeführtem Regelungsverfahren die Klage zulässig. Sie ist auch zulässig, wenn auf die festgestellten Versorgungsgebührnisse kein gesetzlicher Anspruch bestand, weil es sich dabei um bloße Kannbezüge handelt. Denn durch die Feststellung des Verwaltungsbescheids ist eben ein Anspruch auf Zahlung begründet worden.

Aber niemals kann der Anspruch auf Zahlung weiter gehen, als die durch den Feststellungsbescheid gegebene Grundlage. Ob die Feststellung durch Bescheid der Verwaltungsbehörde oder durch Urteil des Versorgungsgerichts erfolgt ist, macht keinen Unterschied.

Die Klage kann Leistungsklage oder Feststellungsklage im Sinne der ZPO. sein; für die nach Behauptung des Klägers verfallenen Gebührnisse

[1]) Der Fristablauf wirkt also von Rechts wegen und unbedingt; er bringt den Klageanspruch unmittelbar und endgültig zum Erlöschen (Gerlach, BayZfR. 1918, 273); er ist von Amts wegen zu berücksichtigen.

wird die Leistungsklage zu erheben sein, für die künftig anfallenden Gebührnisse kann Klage auf künftige Leistung erhoben werden, wenn die prozessualen Voraussetzungen hiezu gegeben sind (§§ 257—259 ZPO.). Das ist dann nicht der Fall, wenn der Feststellungsbescheid den Anspruch auf die Pension oder Rente nur für die Dauer der Erwerbsunfähigkeit oder Dienstunfähigkeit festgestellt hat. In diesem Fall ist nur Feststellungsklage möglich. Das ist aus der Unanwendbarkeit des § 323 ZPO. zu folgern.

Über die clausula rebus sic stantibus hat nicht das ordentliche Gericht zu entscheiden, sondern diese Frage ist im Feststellungsverfahren und daran anschließend im Spruchverfahren vor den MVG. auszutragen (vgl. oben S. 35).

§ 15. Das Spruchverfahren der Militärversorgungsgerichte.

Über Ansprüche auf Feststellung von Versorgungsgebührnissen aus den Militärversorgungsgesetzen entscheiden im Spruchverfahren in erster Instanz die Militärversorgungsgerichte (Art. II § 1 RVO. v. 1. Febr. 1919 RGBl. 152), die bei den Oberversicherungsämtern errichtet sind (§ 2 dieser VO., § 1 AusfBest. d. bayer. Min. v. 13. März 1919, GVBl. 69, die man als bayerische Militärversorgungsgerichtsordnung = bayer. MVGO. bezeichnen kann). In Bayern sind die Oberversicherungsämter und damit die MilVG. an den Sitzen der acht Kreisregierungen eingerichtet (MinBek. v. 30. Nov. 1912, GVBl. 1229).

1. Die sachliche Zuständigkeit der MilVG. ist beschränkt[1]) auf Ansprüche auf Feststellung von Versorgungsgebührnissen aus den Militärversorgungsgesetzen (s. hierüber oben S. 38).

2. Örtlich zuständig ist nach Art. II § 10 der RVO. v. 1. Febr. 1919 das MilVG., in dessen Bezirk der Kläger zur Zeit der Einlegung der Berufung wohnt, eventuell seinen letzten inländischen Wohnort hatte. Bei Geltendmachung von Ansprüchen Hinterbliebener ist der Wohnort oder der letzte inländische Wohnort der Witwe maßgebend. (Subsidiär der Sitz der Feststellungsbehörde, die den Bescheid erteilt hat). Es kommt also nicht darauf an, zu welchem Kontingent der Anwärter gehört, so daß ein Preuße, der in einem sächsischen Regiment gedient hat, ein bayerisches MilVG. anrufen kann.

Der Begriff „Wohnort", der der RVO. § 1637 entnommen ist, deckt sich nicht mit „Wohnsitz" im Sinne des § 7 BGB., bedeutet vielmehr ein tatsächliches, länger dauerndes, nicht zufälliges Verweilen an einem Ort (vgl. AN. d. RVA. 1913 S. 639).

Ist das angerufene MilVG unzuständig, so gibt es die Sache an das zuständige MilVG. ab. (§ 49 bayer. MilVGO.)

3. Berufung. Das MilVG. wird durch Berufung gegen den Bescheid der Feststellungsbehörde angerufen, die im Verwaltungsverfahren in letzter Instanz entschieden hat. Berufung kann nur einlegen wer einen Anspruch erhebt (also nicht der Militärfiskus).

---

[1]) Bei sachlicher Unzuständigkeit ist die Berufung „als unzulässig" oder „wegen Unzulässigkeit des Spruchverfahrens" zurückzuweisen.

Die Berufungsfrist beträgt einen Monat von der Zustellung des angefochtenen Bescheids an (bei Zustellung außer Europa drei Monate).

Die Berufung ist beim MilVG. einzulegen. Die Frist gilt auch dann als gewährt, wenn die Berufung rechtzeitig bei einer anderen deutschen amtlichen Stelle eingegangen ist. (§ 40 bayer. MVGO.)

Über Berechnung der Frist und Wiedereinsetzung in den vorigen Stand s. § 39 bayer. MVGO.

In der Berufungsschrift sollen die Beteiligten, der Gegenstand des Anspruchs, die angefochtene Entscheidung bezeichnet, ein bestimmter Antrag [1]) gestellt und die zur Begründung erforderlichen Tatsachen und Beweismittel angegeben werden. (§ 41 bayer. MVGO.) Für jeden Beteiligten ist eine Abschrift der Berufungsschrift beizulegen. (§ 50 bayer. MVGO.)

4. Das **Verfahren** ist öffentlich und mündlich. Die Parteien können erscheinen und sich vertreten lassen. Rechtsanwälte können nicht zurückgewiesen werden. (§ 15 ReichsVO. v. 1. Februar 1919). Es kann auch im Falle des Ausbleibens der Beteiligten verhandelt werden. Das persönliche Erscheinen des Antragstellers kann unter dem Hinweis angeordnet werden, daß aus seinem Nichterscheinen ungünstige Schlüsse für seinen Anspruch gezogen werden können. (§ 67 bayer. MVGO.)

Die Vollmacht muß schriftlich erteilt werden. Sie ist von Amts wegen zu prüfen. Gewisse Personen, darunter Rechtsanwälte können auch ohne den Nachweis der Vollmacht zugelassen werden; doch ist ihnen die Nachbringung einer schriftlichen Vollmacht aufzugeben. (§§ 45, 46 bayer. MVGO.)

Die Beteiligten bzw. ihre Bevollmächtigten haben Anspruch auf kostenlose Erteilung einer Abschrift der Beweisverhandlungen (§ 62 bayer. MVGO.); sie können Einsicht in die Akten nehmen und sich daraus gegen Erstattung der Kosten Ausfertigungen, Auszüge und Abschriften erteilen lassen. Der Vorsitzende kann aus besonderen Gründen die Akteneinsicht und die Erteilung dieser Abschriften versagen oder beschränken. [2]) (§ 62 bayer. MVGO.) Der Vorsitzende kann schon vor der mündlichen Verhandlung Beweisaufnahme anordnen. (§ 53 bayer. MVGO.)

Bei Vernehmung von Zeugen und Sachverständigen ist den Beteiligten und ihren Vertretern Gelegenheit zur Teilnahme zu geben. Die Beteiligten

---

[1]) Der Antrag lautet beispielsweise für die Pensionsgebührnisse eines Arztes im privatrechtlichen Vertragsverhältnis eines Dienstverpflichteten:

I. Es wird festgestellt, daß N. N. Anspruch auf Pensionsgebührnisse gegen den bayerischen Militärfiskus nach Maßgabe des § 35 OPG. erworben hat.

II. Der Betrag, der dem N. N. zustehenden Pensionsgebührnisse wird für die Zeit vom 1. Oktober 1916 bis zur Erlassung dieses Urteils auf eine jährliche Pension von 4095 Mk. und eine jährliche Kriegszulage von 1200 Mk. und von da ab für die Dauer seiner völligen Erwerbsunfähigkeit auf die gleichen jährlichen Beträge festgestellt.

III. Der bayerische Militärfiskus hat die dem Antragsteller erwachsenen Kosten im festzusetzenden Betrage zu ersetzen.

[2]) Diese engherzige Einschränkung der Parteirechte, die gegenüber der ZPO. und StPO. einen Rückschritt bedeutet, ist befremdlich.

sind berechtigt, den Zeugen und Sachverständigen Fragen vorlegen zu lassen. Der Leiter der Beweisaufnahme kann ihnen die unmittelbare Fragestellung gestatten.[1]) Er entscheidet vorbehaltlich der Beschlußfassung der Kammer über die Zulässigkeit einer Frage. (§ 58 bayer. MVGO.)

Zustellungen, die eine Frist in Lauf setzen, können durch eingeschriebenen Brief geschehen. (§ 43 bayer. MVGO)

5. Entscheidung. Die Entscheidung ergeht auf Grund der Verhandlung. (Ausnahme bei Unzulässigkeit oder Verspätung des Rechtsmittels § 98 bayer. MVGO.).

Das Gericht entscheidet innerhalb der erhobenen Ansprüche nach freiem Ermessen. Es kann die angefochtene Entscheidung auch aus anderen Gründen ändern, als im Rechtsmittel angegeben sind. (§ 84 bayr. MVGO.)

Hält das Gericht den Anspruch für begründet, so stellt es zugleich Betrag und Beginn der Leistung fest.[2]) Wird der Anspruch ausnahmsweise nur dem Grunde nach anerkannt, so ist, soweit es sich um Ansprüche auf Rente, Pension oder Hinterbliebenen-Gebührnisse handelt und der Berechtigte bedürftig ist, auf Antrag eine vorläufige Leistung anzuordnen, deren Betrag festzustellen ist. Die Anordnung ist endgültig, so daß ein Rekurs dagegen unzulässig ist (§ 86 bayer. MVGO., vgl. hierzu § 1668 RVO.).

Das Urteil kann, abgesehen von den Kosten, stets nur auf Feststellung[2]) niemals auf Leistung gehen. Auch die „Anordnung" der vorläufigen Leistung wirkt lediglich als Feststellung der Verpflichtung des Fiskus.

Das ergibt sich aus folgendem:

Das Gericht hat über die Berufung gegen den Bescheid der Feststellungsbehörde zu entscheiden. Das Urteil kann deshalb nicht weiter gehen, als die Feststellungsbehörde hätte gehen dürfen, wenn sie den Anspruch für begründet erachtet hätte. Die Feststellungsbehörde muß sich aber stets auf Feststellung des Anspruchs beschränken. Anweisung und Zahlung der vom Versorgungsgericht angeordneten vorläufigen Leistung erfolgt in dem vom Feststellungsverfahren getrennten Regelungsverfahren (s. oben S. 34).

Wird die Auszahlung der „vorläufigen Leistung" von der Regulierungsbehörde verweigert, so kann hierauf nach Erschöpfung des Verwaltungs-Instanzenzuges Klage erhoben werden. Sie kann nicht deshalb abgewiesen werden, weil ein Spruchverfahren schließlich festgestellt wurde, daß dem Antragsteller überhaupt keine Versorgungsgebührnisse zustehen.

Eine Zwangsvollstreckung aus den Urteilen der MilVG. ist nur für die Kosten vorgesehen und möglich.

Hält die Kammer die Sache noch nicht für genügend aufgeklärt, so beschließt sie den erforderlichen Beweis (§ 75 bayer. MVGO.). Der Beweis kann insbesondere durch Vernehmung von Zeugen und Sachverständigen, Einnahme des Augenscheins, Einholung ärztlicher Gutachten

---

[1]) S. oben S. 41 Anm. 2.

[2]) Beispiel für den Urteilstenor s. oben S. 41 Anm. 1.

und amtlicher Auskünfte jeder Art bestehen. Zeugen und Sachverständige können vereidigt werden, wenn es zur Herbeiführung einer wahren Aussage für notwendig erachtet wird. Ergibt sich die Notwendigkeit erst bei der Vernehmung, so entscheidet darüber der Leiter der Beweisaufnahme (§§ 77, 53 bayer. MVGO.). Wenn der Kläger beantragt, daß ein bestimmter Arzt gutachtlich gehört werde, kann die Kammer, falls sie diesem Antrag stattgeben will, die Anhörung von der Bedingung abhängig machen, daß der Antragsteller die Kosten vorschießt und, falls die Kammer nicht anders entscheidet, sie endgültig trägt (§ 78 bayer. MVGO.).

Der Parteieid ist als Beweismittel nicht zugelassen.

6. Ein Vergleich ist wirksam (§ 79 b. MilVGO. vgl. § 1666 RVO.).

7. Kosten. Unterliegt der Kläger in vollem Umfang, so legt ihm das Gericht eine Gebühr auf; es kann ihm eine solche auferlegen, wenn er nur teilweise unterliegt oder sich mit dem Gegner vergleicht oder das Rechtsmittel zurücknimmt. Ist das Rechtsmittel unzulässig oder verspätet eingelegt, so kann von der Auferlegung einer Gebühr abgesehen werden (Art. II § 16 RVO. v. 1. Febr. 1919 RGBl. 156).

Die Höhe der Gebühr ist in § 16 Abs. 2 a. a. O. bestimmt.

Für Personen, die auf Grund einer während des Weltkrieges erlittenen Dienstbeschädigung Versorgungsansprüche erheben, ist bei Geltendmachung von Ansprüchen aus dieser Beschädigung das Verfahren gebührenfrei. Dies gilt jedoch nicht bei mutwilliger Verfolgung des Anspruchs, Verschleppung des Verfahrens oder Irreführung des Gerichts (§ 16 Abs. 3 a. a. O.).

Bei der Verhandlung wird von Amts wegen geprüft, ob und in welchem Betrage die unterlegene Partei dem Gegner seine Kosten zu erstatten hat. Die Höhe dieser Kosten wird in der Entscheidung festgesetzt[1] (Art. II § 17 d. RVO. v. 1. Febr. 1919, RGBl. 156). Welche Grundsätze für die Prüfung maßgebend sein sollen, ist nicht gesagt. Die Prüfung setzt aber die Anlegung von Maßstäben voraus. Sie können nur den geltenden Anschauungen für Recht und Billigkeit entnommen werden. Auszugehen ist stets von der deutschen Rechtsauffassung, daß der Unterliegende grundsätzlich die Kosten der Rechtsverfolgung der Gegenpartei zu ersetzen hat und daß zu diesen Kosten auch die durch anwaltschaftliche Vertretung erwachsenen Auslagen zu rechnen sind. Die restlose Durchführung dieses Grundsatzes kann das soziale Empfinden verletzen. Es widerspricht der Billigkeit, dem wirtschaftlich Schwachen Kosten der Gegenpartei nur deshalb aufzuerlegen, weil er mit einem Anspruch, den er auf Grund sozialer Fürsorgegesetze erhoben hat, Unrecht bekommt. War freilich seine Rechtsverfolgung mutwillig oder irreführend (vgl. Art. II § 16 Abs. 3 d. RVO. v. 1. Febr. 1919), dann verdient er diese Nachsicht nicht.

Auch wenn der Kläger nur teilweise durchgedrungen ist, kann das Gericht dem Militärfiskus die Erstattung der dem Kläger erwachsenen Kosten in vollem Umfang auferlegen (vgl. § 1670 RVO., AN.d.RVA. 1889

---

[1]) Diese Festsetzung hat nur Bedeutung für das Verhältnis zwischen den Parteien, nicht auch für das Verhältnis zwischen dem Anwalt und seinem Auftraggeber.

415 Ziff. 775). Es hängt von dem pflichtgemäßen Ermessen des Gerichtes ab, ob und in welchem Betrag Verpflichtung zum Kostenersatz aufzuerlegen ist.

Die nach § 16 auferlegten Gebühren und die nach § 17 zu erstattenden Kosten werden nach eingetretener Rechtskraft des Urteils wie Gemeindeabgaben beigetrieben, und zwar die Kosten auf Antrag der obsiegenden Partei (Art. II § 18 d. RVO. v. 1. Febr. 1919).

Für die Gebühren der Rechtsanwälte s. § 22 d. RVO. v. 1. Febr. 1919 und die VO. des Reichsarbeitsministers v. 1. März 1919 (RGBl. 266).[1] Die bayer. Gebühren-Verordnung steht noch aus.

8. Rekurs. Gegen die Urteile der MilVG. steht nach Art. II § 11 d. RVO. v. 1. Febr. 1919 beiden Teilen innerhalb eines Monats nach Zustellung (bei Zustellung außerhalb Europas drei Monate) der Rekurs an das RMilVG. (LMilVG.) zu.

Der Rekurs ist ausgeschlossen, wenn es sich lediglich um die Kosten des Verfahrens handelt.

Über die ausnahmsweise Unzulässigkeit des Rekurses, wenn es sich um Minderung einer Teilrente von höchstens 33 Prozent wegen wesentlicher Veränderung der Verhältnisse handelt (s. Art. II § 11 Abs. 2 d. RVO. v. 1. Febr. 1919).

Es besteht ein RMilVG. und ein bayer. LMilVG. Das bayer. LMilVG. ist zuständig für die Ansprüche von Personen, die zuletzt dem bayerischen Kontingent angehört haben und für die Ansprüche ihrer Hinterbliebenen. Für die Ansprüche dieser Personen tritt das LMilVG. an die Stelle des RMVG. (Art. II § 8 d. RVO. v. 1. Febr. 1919 § 24 bayer. MVGO.). Letzteres ist also für diese Ansprüche unzuständig. Deshalb kann für den Rekurs gegen Urteile sowohl der bayerischen wie der übrigen deutschen MilVG. die Zuständigkeit des Reichs- oder LandesMilVG. in Frage kommen.

Der Rekurs ist beim zuständigen Reichs- oder LandesMilVG. einzulegen. Die Frist gilt auch dann als gewahrt, wenn das Rechtsmittel rechtzeitig bei einer anderen deutschen amtlichen Stelle eingegangen ist (§ 40 bayer. MilVGO.).

Das Reichs-(Landes)MilVG. hat den Rechtstreit in vollem Umfange, also nach der tatsächlichen und rechtlichen Seite, zu prüfen und (eventuell nach weiterer Beweiserhebung) zu entscheiden.

---

[1]) Vgl. Müller, JW. 1919, 297.

Leitfäden des Kriegsrechts
Herausgegeben vom Bayerischen Anwaltsverband

V.

Strafrecht und Strafprozeß

Von

Dr. G. Froeschmann und M. Heilmeier
Rechtsanwälte in Nürnberg.

1919
München, Berlin und Leipzig
J. Schweitzer Verlag (Arthur Sellier).

Die vom Bayerischen Anwaltsverband herausgegebenen „Leitfäden des Kriegsrechts“ sollen in erster Linie den Kriegsteilnehmern und allen denjenigen, welche während der Kriegszeit die neue Rechtsentwicklung nicht oder nicht immer zu verfolgen vermochten, ein Wegweiser durch die wichtigsten Gebiete des Kriegsrechtes sein. Das soll in gedrängtester und zugleich übersichtlichster Form geschehen. Der Leser soll nur auf die Hauptgesichtspunkte der einzelnen Materien hingewiesen, auf die Spezialliteratur aufmerksam, mit den auftauchenden Fragen kurz bekannt gemacht werden. Auch diejenigen Gebiete, auf welchen der Krieg zwar keine neue Gesetzgebung, wohl aber eine belangreiche Rechtsprechung gebracht oder sonst neue Fragen gezeitigt hat (z. B. Erfüllung von Lieferungsverträgen, Unmöglichkeit der Leistung usw.) sollen möglichst Berücksichtigung finden. Die einzelnen Heftchen werden, um ihren Zweck zu erfüllen, von möglichst geringem Umfang und tunlichst wohlfeil sein.

Es sind erschienen:

Handels- und Wechselrecht, bearbeitet von Justizrat Dr. Hch. Frankenburger in München (8°, 22 S. Geh. M. —.80, dazu 35 % Teuerungszuschlag),

Bürgerliches Recht einschl. Stundungs-Verordnungen und Einigungsämter, bearbeitet von Rechtsanwalt Ludwig Erlanger in München (8°, 36 S. Geh. M. 1.20, dazu 35 % Teuerungszuschlag),

Zivilprozeß, bearbeitet von Justizrat Dr. Bernhard Mayer II in München (8°, 32 S. Geh. M. 1.—, dazu 35 % Teuerungszuschlag).

Militärversorgungsrecht, bearbeitet von Rechtsanwalt Chr. Meisner in Würzburg (8°, 44 S. Geh. M. 1.70, dazu 35 % Teuerungszuschlag).

In rascher Folge erscheinen:

Strafrecht und Strafprozeß, bearbeitet von Rechtsanwalt Dr. Fröschmann und Rechtsanwalt Heilmeier in Nürnberg,

Direkte Steuern, bearbeitet von Rechtsanwalt Dr. Otto Kahn in München,

Anwaltsgebühren, Gerichtskosten und Vollmachtsstempel, bearbeitet von Rechtsanwalt Dr. Alfred Bloch II in München,

Geschäftsaufsicht und Zwangsvergleich, bearbeitet von Justizrat Dr. Hugo Cahn in Nürnberg.

Leitfäden des Kriegsrechts
Herausgegeben vom Bayerischen Anwaltsverband

V.

Strafrecht und Strafprozeß

Von
Dr. G. Froeschmann und M. Heilmeier
Rechtsanwälte in Nürnberg.

1919
München, Berlin und Leipzig
J. Schweitzer Verlag (Arthur Sellier).

Allgemeines.

In ungeahnter Weise hat der Krieg die wirtschaftlichen Bedürfnisse des deutschen Volkes gewandelt. Die gewaltige Steigerung des Verbrauchs kriegswirtschaftlicher Erzeugnisse auf der einen Seite, die Abschnürung wichtiger Rohstoffe und die Einengung der Eigenproduktion von Gegenständen des täglichen Bedarfs auf der anderen Seite gebot im Interesse ihrer Sicherstellung umfassende Maßnahmen, die in das Leben des Einzelnen vielfach mit rauher Hand griffen. Die ständig sinkende Moral im geschäftlichen Verkehr lehnte sich hiegegen auf, und die gewissenlose Art, in der Viele die Not des anderen sich zunutze machten, nicht zuletzt aber auch die allgemeinen Entbehrungen, die der Krieg mit sich brachte, erwiesen sich stärker als das Gefühl der Pflicht zur unbedingten Unterordnung unter diese Gesetze. So erwuchs im deutschen Volk eine Auffassung von Recht und Gesetz, die noch vor wenig Jahren in unserem Staatsleben für undenkbar gegolten hätte. Der sich immer stärker auswirkenden Versündigung am allgemeinen Rechtsgefühl konnte nur durch wirksame Strafdrohungen entgegengetreten werden. Die Bestimmungen des Reichsstrafgesetzbuchs erschöpften vielfach nicht den Tatbestand dieser mit den veränderten wirtschaftlichen Verhältnissen entstehenden Verfehlungen gegen das kriegspolitisch-soziale Empfinden. Es entstand jene Unzahl von Gesetzen, Verordnungen und Bekanntmachungen mit vielfachen Abänderungen ihrer selbst und früherer Gesetze strafrechtlichen Inhalts,[1]) auf deren Übertretung zum Teil nicht unerhebliche Strafandrohungen gesetzt wurden, und die nunmehr als „Kriegsstrafrecht" einen wichtigen Bestand des allgemeinen wirtschaftlichen Lebens bilden.

Der Zweck dieses Heftchens verbot ein Eingehen auf zahlreiche Einzelfragen, wie sie den Gegenstand vielfacher Erörterungen in Schrifttum und Rechtsprechung gebildet haben. Der Gedanke des Leitfadens verwies von selbst auf den Weg einer allgemeinen Einführung, die die Berücksichtigung solcher Rechtssätze, die ohne gesetzliche Neuregelung sich in der Kriegspraxis herausgebildet haben, wohl nicht entbehren, eine erschöpfende Darstellung aber niemals verlangen kann. Sich mit ihnen eingehender zu befassen, muß vielmehr dem einzelnen überlassen bleiben.

---

[1]) Eine Zusammenstellung des Schrifttums und der Rechtsprechung zum Kriegsstrafrecht bringt Männer in JW. 1916, 77 und 355.

1. Abschnitt.
Die kriegswirtschaftlichen Gesetze strafrechtlichen Inhalts.

I. Kapitel.
Die Rechtsquellen des Kriegsstrafrechtes.

§ 1. Die rechtliche Grundlage der Kriegsstrafgesetzgebnng.

Die Mehrzahl der Kriegsstrafgesetze strafrechtlichen Inhalts ist nicht auf dem formellen Weg des Art. 5 RVerf., somit durch übereinstimmenden Mehrheitsbeschluß des Bundesrats und des Reichstags entstanden, sondern im Verordnungsweg durch den Bundesrat und den Reichskanzler erlassen worden. Die rechtliche Grundlage hiefür schuf das sog. Ermächtigungsgesetz v. 4. Aug. 1914 (RGBl. 327), das in § 3 den Bundesrat ermächtigte, während der Zeit des Krieges diejenigen gesetzlichen Maßnahmen anzuordnen, welche sich zur Abhilfe wirtschaftlicher Schädigungen als notwendig erweisen. Damit ist dem Bundesrat auch die Befugnis zum selbständigen Erlaß von solchen VO. und zur Abänderung solcher VO. und Gesetze im Wege der VO. sowie zur Übertragung dieses Verordnungsrechtes auf dritte Stellen (Reichskanzler usw.) eingeräumt worden. Es ist ihm aber insbesondere damit auch das Recht gegeben worden, selbständige Strafbestimmungen auf die Übertretung solcher VO. zu setzen (s. RG. DJZ. 1905, 1032). Solche auf Grund des § 3 ErmächtigungsG. erlassene VO. sind daher begrifflich Gesetze, und soweit sie Strafbestimmungen enthalten, Strafgesetze (s. RG. JW. 1918, 51).

Nach Art. 68 RVerf. gelten ferner für den Fall, daß das Reichsgebiet oder ein Teil desselben bei Bedrohung der öffentlichen Sicherheit durch kaiserl. VO. im Kriegszustand erklärt ist, bis zum Erlaß eines RG., das bisher nicht ergangen ist, die Vorschriften des Preuß. Gesetzes v. 4. Juni 1851 über den Belagerungszustand [1]) und zwar für das ganze Reichsgebiet mit Ausnahme Bayerns (s. Schlußbestimmungen zum Abschn. XI RVerf.). Für Bayern ist für diesen Fall das Gesetz über den Kriegszustand v. 5. Nov. 1912 [2]) (GVBl. 1161) maßgebend. Beide Gesetze geben (vgl. § 9 b Preuß. BelZustG. und Art. 4 Ziff. 2 Bayer. KrZustG.) dem zuständigen obersten Militärbefehlshaber [3]) das Recht zum Erlaß von Vorschriften im Interesse der Erhaltung der öffentlichen Sicherheit.[4]) Ergehen auf Grund dieser gesetzlichen Bestimmungen von seiten des zuständigen Militärbefehlshabers d. i. derjenigen Kommandostelle, die in einem bestimmten Teil des im Kriegszustand befindlichen heimischen Gebietes

[1]) Vgl. hiezu Conrad, Gesetz über den Belagerungszustand vom 4. Juni 1851 in der Rechtsprechung des Reichsgerichtes. Berlin 1916, Lippmann.

[2]) Vgl. Suttner, Das Bayer. Gesetz über den Kriegszustand in der Fassung vom 6. Aug. 1914. München 1914, Beck.

[3]) Scymanski, Das Verordnungsrecht des Militärbefehlshabers auf Grund des Gesetzes vom 4. Juni 1851. Danzig 1915, Jonh. und Rosenberg.

[4]) Vgl. Damerow, Bemerkungen zum Preuß. BelG. in JW. 1915, 14.

der jeweilig höchste Befehlsträger ist, Strafvorschriften,[1]) so sind dies selbständige, vom Rechte des Bundesrats zu wirtschaftlichen Maßnahmen unabhängige, rechtsverbindliche Anordnungen auch wenn sie mit dem Landes- oder Reichsrecht in Widerspruch stehen (s. BayObLG. in JW. 1916, 342; Alsberg a. a. O. 18).[2])

§ 2. Die einzelnen Kriegsstrafgesetze.

Auf dieser rechtlichen Grundlage sich aufbauend kommen als Kriegsgesetze strafrechtlichen Inhalts im wesentlichen folgende Gesetzgebungswerke in Frage:

1. Das RStGB. ist formell durch die Kriegsgesetzgebung des Deutschen Reichs nicht abgeändert worden, soweit nicht die Revolution selbst kraft der vom Volkswillen getragenen Äußerung einzelne Bestimmungen, wie §§ 94 ff. RStGB. de facto aufgehoben hat.

Dagegen ist materiell das GVG. und die RStPO. durch die BRVO. v. 21. Sept. 1917 (RGBl. 1037) in einigen Bestimmungen geändert worden, die eine Vereinfachung des Verfahrens bezweckten. Durch diese VO. wurden die früher ergangenen VO. v. 4. Juni 1915 (RGBl. 325) und 7. Sept. 1915 (RGBl. 631) aufgehoben (vgl. Art. III Abs. 1 der VO. v. 21. Sept. 1917).

Der Entwurf zur Vereinfachung der Rechtspflege (s. JW. 1917, 385), der einschneidende Veränderungen auf dem Gebiet des GVG. und der RStPO. gebracht hätte, ist nicht Gesetz geworden.

2. Das Schwergewicht der Kriegsstrafgesetzgebung liegt in zahllosen Sondergesetzen, wie sie die stets wachsenden und wechselnden wirtschaftlichen Bedürfnisse und die zur Abhilfe wirtschaftlicher Schädigungen notwendigen Maßnahmen erforderlich machten.

a) Aus diesem umfangreichen Gesetzesmaterial hebt sich als charakteristisch für die Kriegszeit die Sondergesetzgebung des Kriegswucherstrafrechts[3]) hervor, die mit dem HPG. v. 4. August 1914 begonnen und mit der PreistreibereiVO. v. 8. Mai 1918 ein vorläufiges Ende gefunden hat. Sie bezweckt, der Allgemeinheit den Erwerb von Gegenständen des täglichen Bedarfs, bzw. des Kriegsbedarfs zu verhältnismäßig annehmbaren Preisen zu ermöglichen und sie vor Ausbeutung durch allerlei Auswüchse des Handels zu bewahren. Diese Kriegswuchergesetzgebung umfaßt von weniger wichtigen Sondergesetzen, insbesondere gewissen Sonderhöchstpreisgesetzen abgesehen, folgende Gesetze:

---

[1]) Über die Frage der Konkurrenz zwischen VO. des Generalkommandos mit BRVO. über die gleiche Materie vgl. Entsch. BayObLG. 1916, 208; s. auch die Ausführungen zum Bay. KrZustG. in Entsch. BayObLG. JW. 1915, 1210.

[2]) Zusammenstellung des Schrifttums und der Rechtsprechung zu dem Gesetz über den Belagerungszustand, insbesondere die Polizeigewalt des Militärbefehlshabers JW. 1915, 1489.

[3]) Alsberg, Kriegswucherstrafrecht, Berlin 1917; Neukamp, Kriegswucherstrafrecht JW. 1915, 75; Neukamp, Das Kriegswucherstrafrecht und seine Bedeutung für den Handel. Halle, Marhold'sche Verlagsbuchhandlung.

a) Das Gesetz betreffend Höchstpreise (HPG.) v. 4. Aug. 1914 (RGBl. 399) mit Abänderungen v. 28. Okt. 1914 (RGBl. 458), 17. Dez. 1914 (RGBl. 513), 21. Jan. 1915 (RGBl. 25), 23. März 1916 (RGBl. 183) und 22. März 1917 (RGBl. 253); neueste Fassung: v. 23. März 1916 (RGBl. 183).

b) Die VO. gegen übermäßige Preissteigerung (PreissteigVO. nunmehr (s. RGBl. 1918, 401) VO. über die Enteignung von Gegenständen des täglichen Bedarfs v. 23. Juli 1915 (RGBl. 467) mit Abänderungen v. 22. Aug. 1915 (RGBl. 514), 23. Sept. 1915 (RGBl. 603) und 23. März 1916 (RGBl. 183); neueste Fassung: v. 23. März 1916 (RGBl. 183).

c) Die VO. über den Handel mit Lebens- und Futtermitteln und zur Bekämpfung des Kettenhandels (KettenhandelsVO.) nunmehr VO. über den Handel mit Lebens- und Futtermitteln (s. RGBl. 1918, 401) v. 24. Juni 1916 (RGBl. 581) mit ZusatzVO. v. 29. Juli 1916 (RGBl. 183) und 16. Juli 1917 (RGBl. 626); neueste Fassung: v. 16. Juli 1917 (RGBl. 626).

d) Die SchleichhandelsVO. v. 7. März 1918 (RGBl. 112).

e) Die VO. gegen Preistreiberei (PreistreibVO.) v. 8. Mai 1918 (RGBl. 395).

Die letzte VO. ist für das hier zu behandelnde Kriegsstrafrecht insofern von besonderer Bedeutung, als durch § 21 der PreistreibVO. außer der gesamten VO. über Kettenhandel in Textilien und Textilersatzstoffen v. 8. Febr. 1917, ferner des § 9 Abs. 1 Nr. 2 VO. über den Handel mit Arzneimitteln v. 22. März 1917 und des § 9 Abs. 1 Nr. 2 d. VO. über den Handel mit Tabakwaren v. 28. Juni 1917 die wichtigsten Strafbestimmungen des HPG. (nämlich § 5 Abs. 1 Nr. 1 und 2, sowie Abs. 2 und 3), der PreissteigVO. (nämlich § 5) und der KettenhandelsVO. (nämlich § 11) aufgehoben und durch zusammenfassende bzw. neue Strafbestimmungen ersetzt worden sind, so daß wir es in strafrechtlicher Beziehung heute, wenn wir die verhältnismäßig unerheblichen Strafbestimmungen wegen Vernichtung, Verheimlichung und Verweigerung des Verkaufs von Gegenständen, für die Höchstpreise festgesetzt sind, und wegen Zuwiderhandlung gegen die nach § 5 HPG. erlassenen Ausführungsbestimmungen außer Betracht lassen, ausschließlich mit der Schleichhandels- und PreistreibVO. zu tun haben. Es empfiehlt sich daher in allen Fällen einer strafbaren Zuwiderhandlung gegen die Kriegswuchergesetze, sich zunächst in der PreistreibVO. v. 8. Mai 1918 (RGBl. 395) über die in Betracht kommenden strafrechtlichen Tatbestände zu unterrichten.

b) Von dieser Sondergesetzgebung des Kriegswucherstrafrechtes abgesehen, ist eine eingehende Behandlung aller übrigen kriegsrechtlichen Gesetze strafrechtlichen Inhalts angesichts ihrer unendlichen Zahl im Rahmen dieses Leitfadens undurchführbar und würde den Zweck desselben gefährden. Es muß hier genügen darauf hinzuweisen, daß sie sich im wesentlichen mit der Durchführung von Bestandserhebungen, Beschlagnahmen, Veräußerungsverboten und Rationierung, ferner mit der Regelung der Herstellung, des Vertriebs und Absatzes wirtschaftlicher Güter, ihrer Preisfestsetzung und dgl. befassen. Dagegen erschien ihre Aufzählung im Interesse der Vollständigkeit nicht zu umgehen. Die gebotene Einschränkung im Raum legte aber den Zwang auf, den Quellennachweis nach Möglichkeit auf das geringst zulässige Maß zurückzuführen. Es sei daher an dieser Stelle auf das am Schluß der Schrift angeführte Register verwiesen, in dem alphabetisch geordnet alle Materien und wesentlichen Begriffe, die durch die Kriegsgesetzgebung strafrechtlichen Inhalts geschaffen oder ergriffen wurden, aufgenommen sind, soweit sie gegenwärtig überhaupt noch Interesse haben. Bei den vielfach erfolgten Ergänzungen und Abänderungen mußte sich die Angabe auf die wesentlichen Erlasse beschränken. An der Hand des Schlagwortsregisters wird sich das Studium der Einzelheiten ohne Schwierigkeit durchführen lassen.

II. Kapitel.

Der Inhalt der Kriegsstrafgesetzgebung.

I. Prozeßrechtliche Bestimmungen.

§ 3. Zuständigkeit und Verfahren.

1. Im 4. und 5. Titel der RStPO. ist die Zuständigkeit der Schöffengerichte, bzw. der Strafkammern, auf die dort verzeichneten Vergehen gesetzlich begrenzt. Durch die VO. v. 21. Okt. 1917 [1]) (RGBl. 1037) wurde zwecks rascher Aburteilung derjenigen Vergehen, die zur Zuständigkeit der Strafkammern gehören, vorbehaltlich der Vorschrift im § 74 GVG. sowie für Vergehen gegen die Vorschriften über die Erhebung öffentlicher Abgaben und Gefälle die Begründung der schöffengerichtlichen Zuständigkeit im Wege des amtsgerichtlichen Zahlungsbefehls dadurch ermöglicht, daß der Staatsanwalt bei Einreichung der Anklageschrift, bzw. die Verwaltungsbehörde bei Erhebung der öffentlichen Klage die Eröffnung des Hauptverfahrens vor dem Schöffengericht beantragen kann. Die Eröffnung des Hauptverfahrens vor dem Schöffengericht soll indes nur beantragt werden, wenn keine schwerere Strafe als Gefängnis oder Festungshaft von 6 Monaten oder Geldstrafe von 1500 Mk., allein oder neben Haft oder in Verbindung miteinander oder mit Nebenstrafen, und keine höhere Buße als 1500 Mk. zu erwarten ist (§ 3 der VO. v. 7. Okt. 1915, Art. I der VO. v. 21. Okt. 1917).

Der § 75 GVG. wurde gestrichen.

2. Der Antrag des Staatsanwalts ist beim Amtsgerichte und wenn eine Voruntersuchung stattgefunden hat, beim Landgerichte einzureichen (Art. II der VO. v. 21. Okt. 1917). Die sich hieraus für den § 447 RStPO. von selbst ergebende notwendige Abänderung enthält Art. III Ziff. 2. Den Jugendlichen wurde durch Art. III Abs. 2 Ziff. c ein besonderer Schutz gegen amtsgerichtlichen Strafbefehl eingeräumt.

---

[1]) Vgl. Mammroth, Die neue BRVO. zur Entlastung der Strafgerichte. JW. 1918, 1230.

§ 4. Das Einziehungsverfahren nach der Preistreibereiverordnung.

1. Dem gerechten Empfinden, den Täter nicht nur mit einer entsprechenden gerichtlichen Strafe zu belegen, sondern ihm auch einen übermäßigen Gewinn wieder abzunehmen, entsprang die Bestimmung in § 7 der VO. vom 8. Mai 1918, wonach neben der Strafe bei vorsätzlichem oder fahrlässigem Zuwiderhandeln gegen § 1 Nr. 1, 2 oder § 4 Nr. 1 auf Einziehung eines Betrages zu erkennen ist, der dem erzielten übermäßigen Gewinn oder Verdienst bzw. dem über den Höchstpreis erzielten Erlös entspricht. Die Bestimmung beschränkt sich aber in ihrem Bestreben nicht nur auf ein Vorgehen gegen den Täter oder Teilnehmer; sie läßt darüber hinaus die Einziehung gegen jeden dritten zu, der durch die Tat unter den in der VO. im einzelnen genannten Voraussetzungen in Geld oder Geldeswert bereichert ist. Die Haftung für den einzuziehenden Betrag geht sogar auf die Erben über.

Auf die Einziehung kann sowohl in dem gleichen Verfahren gegen Täter und Teilnehmer unter Zuziehung jener dritten Personen, wenn diese bekannt sind, oder in einem besonderen vom Staatsanwalt durchgeführten Verfahren erkannt werden: wenn die haftbar zu machende Person nicht sofort festzustellen ist oder die Entscheidung über die Höhe des einzuziehenden Betrages im Zeitpunkt der Urteilsfindung mangels ausreichender Unterlagen ohne Verzögerung nicht getroffen werden kann; auf die Einziehung kann dann auch selbständig erkannt werden, wenn die Verfolgung oder Verurteilung einer bestimmten Person nicht ausführbar ist.

Gegen die Entscheidungen stehen, soweit sie im ordentlichen Verfahren ergehen, den davon betroffenen Personen die ordentlichen Rechtsmittel zu, wie sie dem Angeklagten gegeben sind; in dem besonderen Verfahren kann gegen den Beschluß des Staatsanwalts Antrag auf gerichtliche Entscheidung gestellt werden, gegen die sofortige Beschwerde zulässig ist.

Das Verfahren selbst ist in §§ 9—12 der VO. vom 8. Mai 1918 im einzelnen geregelt.

2. Nach § 15 der VO. v. 8. Mai 1918 ist ferner auch die Einziehung derjenigen Gegenstände zulässig, auf die sich die strafbare Handlung bezieht ohne Rücksicht auf die Eigentumsverhältnisse an der Sache, eine Bestimmung, die auch bereits in der PreissteigVO. v. 23. Juli 1815 enthalten war.

§ 5. Beschlagnahme.

Zur Sicherung der Einziehung des übermäßigen Gewinns oder Verdienstes, bzw. des über den Höchstpreis erzielten Erlöses nach § 7 Abs. 1 der VO. v. 8. Mai 1918 ist gegenüber dem Täter oder Teilnehmer die Beschlagnahme von Vermögensstücken des Beschuldigten mit der Wirkung des dinglichen Arrestes zulässig.

Die Anordnung der Beschlagnahme steht dem Richter, bei Gefahr in Verzug dem Staatsanwalt zu (§ 13 VO. v. 8. Mai 1918).

II. Materiellrechtliche Bestimmungen.

§ 6. Die Höchstpreisüberschreitung.

(§ 4 der VO. vom 8. Mai 1918.)

Unmittelbar mit Ausbruch des Krieges setzte vielfach eine nicht unerhebliche Steigerung der Preise der Lebensmittel ein, die für die Allgemeinheit zu einer drückenden Last zu werden drohte. Man sah sich daher genötigt, sogenannte „Höchstpreise" einzuführen.

Hierunter versteht man die von der zuständigen Behörde, d. h. von dem Bundesrat oder von der Landeszentralbehörde oder einer von dieser bestimmten Behörde auf Grund des HPG., sowie die von dem zuständigen[1] Militärbefehlshaber auf Grund des § 9b Preuß. BelZustG. und Art. 4 Ziff. 2 Bayer. KrZustG. festgesetzten oberen Preisgrenzen für den Handel mit bestimmten Gegenständen (RG. in JW. $\frac{1918, 184}{1916, 335}$; Alsberg a. a. O. S. 20.)

Die Höchstpreisfestsetzung bezieht sich im Gegensatz zu den Maßnahmen gegen Preissteigerei nur auf Gegenstände des täglichen Bedarfs oder solche Gegenstände, die vom Bundesrat ausdrücklich bekannt gegeben sind.

Gegenstände des täglichen Bedarfs sind Sachen, für deren Anschaffung in der Gesamtheit des Volks täglich ein Bedürfnis besteht, oder die zur Herstellung oder Unterhaltung solcher Sachen bestimmt sind. (RG. JW. 1918, 182.)

Sie verlieren diese Eigenschaft nicht durch geringere Beschaffungsmöglichkeit infolge Einschränkung des Handelsverkehrs, sondern erst durch Wegfall des Bedarfs oder durch Auffinden anderer, besserer Mittel zu seiner Befriedigung (RG. JW. 1917, 170). Dagegen sind sie nicht gleichbedeutend mit Nahrungs- und Genußmitteln, umfassen vielmehr alle Sachen, für deren Beschaffung im Interesse der Allgemeinheit ein sich regelmäßig wiederholendes, nicht etwa nur ein spezifisches Luxusbedürfnis sich ergibt (s. Alsberg a. a. O. 25). Es scheiden aber auch hievon aus alle Gegenstände des eigenen Kriegsbedarfs (s. Alsberg a. a. O. 25).

Die Höchstpreise gelten für Händler wie Abnehmer. Über die räumliche Wirksamkeit von Höchstpreisen s. u. a. Entsch. des BayObLG. in JW. 1917, 113.

Im Gegensatz zu der früheren allgemeinen Fassung der „Überschreitung" der Höchstpreise wird nunmehr der Tatbestand des Delikts verwirklicht auf seiten des Händlers durch ein Fordern, durch ein sich oder einem anderen Gewähren oder Versprechen lassen, auf seiten des Abnehmers beim Erwerb für Zwecke der Weiterveräußerung mit Gewinn durch ein Gewähren oder Versprechen von höheren Preisen (§ 4 Ziff. 1 und 2 d. VO. v. 8. Mai 1918). Daß ein Kaufgeschäft vorliegt, ist nicht erforderlich (RG. JW. 1917, 32). Es genügt jede Art des Güterumsatzes im volkswirtschaftlichen Sinne. Umgehungsversuche, verschleierte Höchstpreisüberschreitungen, Ausbedingung unzulässiger Nebenvorteile unterliegen gleichfalls dem Verbot,

[1]) Über Höchstpreisfestsetzung auf Grund des Belagerungszustandgesetzes s. RG. JW. 1915, 1200.

wenn der gewährte Sondervorteil unter den Begriff des Preises gebracht werden kann (RG. Sächs. Arch. 1916, 349).[1])

Das Gesetz zieht die Grenzen der Höchstpreisüberschreitung sehr weit, indem es auch schon die Aufforderung, die Anreizung oder das Sicherbieten zu einer strafbaren Höchstpreisüberschreitung unter Strafe stellt, somit eine Kundgebung, die bezweckt, auf den Willen eines anderen nach der Richtung hin einzuwirken, daß Verhandlungen über den Abschluß eines die Höchstpreisüberschreitung verletzenden Vertrags getätigt wird (s. Alsberg a. a. O. 42).

Verboten ist endlich die Teilnahme an einer Verabredung oder Verbindung, die eine nach Nr. 1 und 2 strafbare Handlung zum Gegenstand hat (vgl. hiezu RG. JW. 1918, 374, § 1 Ziff. 6 der VO. v. 8. Mai 1918), sowie die Nichtbeachtung gewisser von der zuständigen Behörde erlassenen Bestimmungen, durch die die Enteignung oder Bestandserhebung bestimmter Gegenstände verfügt wird (s. § 6 des HPG. v. 4. August 1914 Ziff. 3—5).[2])

§ 7. Die Preissteigerung.

(§ 1 VO. v. 8. Mai 1918 Ziff. 1—3 und 5.)

Will die Höchstpreisgesetzgebung der Überschreitung der behördlichen festgesetzten Höchstpreise entgegentreten, so soll die PreissteigVO. die allgemeine Verteuerung der Waren schon in ihren wirtschaftlichen Entwicklungsabschnitten hindern.

Die Objekte des Preiswuchers sind deshalb nicht nur Gegenstände des täglichen Bedarfs, sondern auch solche des Kriegsbedarfs, seien dies Fertigfabrikate oder nur Rohstoffe oder sonstige zu ihrer Herstellung benötigte Gegenstände.

Preiswucher im Sinne dieser VO. ist im weitesten Sinne jedes Verhalten, das einen Geschäftsabschluß unter Nichtachtung angemessener Preise zum Gegenstand hat (vgl. Alsberg a. a. O. 51). Im engeren Sinne liegt Preiswucher dann vor, wenn jemand für Gegenstände des täglichen Bedarfs oder des Kriegsbedarfs oder für die Vermittlung von Geschäften über solche Gegenstände Preise, bzw. Vergütungen fordert, sich oder einem anderen gewähren oder versprechen läßt, die unter Berücksichtigung der gesamten Verhältnisse einen übermäßigen Gewinn bzw. Verdienst enthalten. Nicht ein Mißverhältnis zwischen Leistung und Gegenleistung wie in den Wucherparagraphen des RStGB. soll also hier entscheidend sein, sondern ausschlaggebend ist der übermäßige Gewinn d. h. der Nutzen, den das Geschäft für den Täter abwirft oder abgeworfen hat.

Die Frage, was unter übermäßigem Gewinn oder Verdienst zu verstehen ist, hat zu einer außerordentlich umfangreichen Erörterung in Theorie

---

[1]) Über Umgehung des HPG. durch Nebenvergütungen s. RG. JW. 1915, 1204, durch Preiszuschläge ebendort 1205, Strafbarkeit des Käufers nach dem HPG. s. RG. JW. 1915, 1207.

[2]) Über die Verantwortlichkeit des Geschäftsherrn für Handlungen seiner Angestellten s. PreistreibVO. § 6 und RG. JW. 1915, 1209.

und Praxis geführt, die in diesem Leitfaden auch nicht annähernd dargestellt werden kann; es sei hier nur beispielsweise auf die Entsch. des BayObLG. in JW. 1917, 235, 236, 301, 613, 733, 908 und die Entsch. des RG. in JW. 1917, 485, 727, 906, 974 (Risikoprämie), des Kammergerichtes in JW. 1917, 117 verwiesen.[1]) Reichsgericht und Handelswelt, diese unterstützt von namhaften Theoretikern und Praktikern, stehen sich hier teilweise in schroffer Weise gegenüber. Während letztere das entscheidende Gewicht auf die allgemeine Marktlage d. h. den auf Grund von Angebot und Nachfrage an einem Marktplatz zu einer bestimmten Zeit sich ergebenden Marktpreis legen, lehnt das RG. diesen Standpunkt ab (s. JW. 1917, 486), indem es die durch die Not des Krieges geschaffene Marktlage mit ihrer Warenknappheit nicht mehr als normale (s. RG. JW. 1917, 50), sondern selbst schon als Notmarktlage bezeichnet (s. RG. JW. 1917, 234 und im wesentlichen die Differenz zwischen Selbstkostenpreis und Verkaufspreis als ausschlaggebend für die Berechnung des Nutzens an den einzelnen (s. RG. JW. 1917, 553) Verkaufsgegenständen ansieht (vgl. hiezu auch das Urteil des OLG. Dresden in JW. 1917, 243). Ist dabei die Frage der Übermäßigkeit eines Gewinns auf den Vergleich zwischen einem Reingewinn im Kriege und einem solchen im Frieden abzustellen, so darf nur ein Friedensgewinn zugrunde gelegt werden, der nicht selbst schon für die Anschauungen des Wirtschaftslebens über Gewinnerzielung im Frieden als übermäßig hoch bezeichnet wird (s. RG. JW. 1917, 367); vgl. auch Bayer. ObLG. in JW. 1917, 613). Die Ausnützung der durch den Krieg veranlaßten Höhe der Marktpreise durch den Verkauf der zu billigen Einkaufspreisen eingekauften Waren zu diesen höheren Marktpreisen ist daher ebenfalls unzulässig (RG. JW. 1917, 485). Im übrigen sind für die Beurteilung der Frage, ob ein übermäßiger Gewinn vorliegt, jeweils die gesamten Verhältnisse[2]) maßgebend.

Neben dem Preiswucher im engeren Sinne stellt das Gesetz auch die Zurückhaltung von Gegenständen in der Absicht, durch ihre Veräußerung einen übermäßigen Gewinn zu erzielen, sowie die absichtliche Preissteigerung durch unlautere Machenschaften wie Unbrauchbarmachung oder Vernichtung, Einschränkung der Erzeugung oder des Handels mit solchen Gegenständen

---

[1]) Über Preiswuchergrundsätze für die Berechnung des übermäßigen Gewinns s. RG. JW. 1917, 485 und 1916, 1132, ferner Rosenthal Alfred, Übermäßiger Gewinn im Sinne der PreissteigVO., München 1917, Schweitzer; Koffka, Zur VO. v. 23. Juli 1915 gegen übermäßige Preissteigerei JW. 1915, 877; Lobe, Übermäßiger Gewinn im Sinne des § 5 der BRVO. v. 23. Juli 1915 und 23. März 1916, Leipzig, Dieterich'sche Verlagsbuchhandlung; Thiele, Übermäßiger Gewinn, Schleichhandel und Höchstpreis, Verlag Carl Flemming, 1918; Kirchberger, Der strafbare Kriegsgewinn nach der Rechtsprechung des RG., Leipzig 1917, Veit & Co.

[2]) „Gesamte Verhältnisse", s. Alsberg S. 59 und Entsch. d. BayObLG. JW. 1917, 301.

unter Strafe. Unlautere Machenschaften sind Handlungen oder Unterlassungen, die den Anschauungen ehrbarer Standesgenossen des Täters widersprechen.

Endlich wird wie im HPG. auch hier die Beteiligung an Preissteigerungskomplotten, d. h. an Verabredungen oder Verbindungen, die eine nach § 1 Ziff. 1 bis 5 der VO. v. 8. Mai 1918 strafbare Handlung zum Gegenstand haben, sowie die Aufforderung, das Anreizen und Erbieten zu Preissteigerungshandlungen unter Strafe gestellt. Unter solchen Preissteigerungskomplotten ist in erster Linie an Preiskartelle von Konkurrenten gedacht; es kommen aber auch Verabredungen zwischen Händlern und Erzeugern, von Gewerbetreibenden in wirtschaftlich gegensätzlicher Stellung, die die Einhaltung eines bestimmten Verkaufspreises zum Gegenstand haben, in Betracht (RG. JW. 1918, 374).

Eine der Bestimmung des HPG. entsprechende Vorschrift gegen den Abnehmer fehlt dagegen, da diese Verordnung ja gerade eine Übervorteilung des Abnehmers hintanhalten will.

§ 8. Der Kettenhandel.

(§ 1 Ziff. 4 der VO. v. 8. Mai 1918.)

Während die unter dem 24. Juni 1916 (RGBl. 581) ergangene KettenhandelsVO. nur den Handel mit Lebens- und Futtermittel gegen unlautere Machenschaften schützen wollte, ist nunmehr durch § 1 Ziff. 4 der VO. v. 8. Mai 1918 die Preissteigerung hinsichtlich aller Gegenstände des täglichen Bedarfs und des Kriegsbedarfs durch ein solches Verhalten, insbesondere den Kettenhandel, unter Strafe gestellt. Der Begriff der unlauteren Machenschaften ist der gleiche wie bei der Preistreiberei (s. o. § 7).

Kettenhandel im Sinne dieser VO. ist jedes Einschieben eines Zwischengliedes in den Verteilungsprozeß einer Ware, das für die allgemeinen Bedürfnisse der Kriegswirtschaft unnütz ist und lediglich aus eigensüchtigem Interesse erfolgt (RG. JW. 1917, 728, vgl. auch BayObLG. JW. 1918, 186) Wird durch ein solches Verhalten oder durch andere unlautere Machenschaften der Preis für Gegenstände des täglichen Bedarfs oder des Kriegsbedarfs gesteigert, so liegt ein strafbarer Kettenhandel vor. Daß sich zwischen Erzeuger, Groß- und Kleinhändler unter Umständen wirtschaftlich nützliche Zwischenglieder wie der Importeur, der Halb- und Platzgroßhändler einschieben können, hat das RG. in der Entscheidung JW. 1917, 727 ausdrücklich anerkannt. Darnach soll insbesondere derjenige Zwischenhandel von der Strafbarkeit ausgeschaltet sein, der zur Erfüllung einer wirtschaftlich gerechten Aufgabe erfolgt, also den allgemeinen Verkehrsinteressen, nicht bloß dem rein persönlichen Belange des Zwischenhändlers dient.[1]) Mit Rücksicht auf diese oftmals schwierige Tatfrage ist jeweils von Fall zu Fall zu prüfen, ob die Einschaltung in unlauterer Weise erfolgt ist.

---

[1]) Über Eigenhändler und Vermittler s. RG. JW. 1917, 727.

§ 9. Der Schleichhandel.

(VO. v. 7. März 1918 RGBl. 112.)

Schleichhandel ist der gewerbsmäßige Erwerb von Lebens- oder Futtermitteln, für die Höchstpreise festgesetzt sind, oder die sonst einer Verkehrsregelung unterliegen, unter vorsätzlicher Verletzung der zur Regelung ergangenen Vorschriften oder unter Verleitung eines andern zur Verletzung dieser Vorschriften oder unter Ausnutzung der von einem anderen begangenen Verletzung dieser Vorschriften zum Zwecke der Weiterveräußerung. Es muß sich also um einen gewerbsmäßigen Erwerb zum Zwecke der Weiterveräußerung unter den angegebenen weiteren Voraussetzungen handeln; die Verletzung dieser Vorschriften hat die Bestrafung wegen Schleichhandels zur Folge. Dagegen ist ein wiederholter Erwerb solcher Gegenstände auf die oben bezeichnete Art zwecks Verwendung im eigenen Haushalt kein Schleichhandel und als solcher nicht strafbar (§ 1 Abs. 1).

Desgleichen wird auch das Erbieten zu einem solchen Erwerb, sowie die gewerbsmäßige Vermittlung solcher Geschäfte oder das Erbieten zu einer solchen Vermittlung als Schleichhandel bestraft (§ 1 Abs. 2).

Einziehung der Gegenstände, auf die sich die strafbare Handlung bezieht, ist ohne Rücksicht darauf, ob sie dem Täter gehören oder nicht zulässig (§ 3).

§ 10. Vorsatz, Fahrlässigkeit und Irrtum.

(BRVO. v. 18. Jan. 1917 (RRBl. 58.)

Die Strafbestimmungen der früher ergangenen Kriegswuchergesetze haben den Begriff der fahrlässigen Gesetzesverletzung nicht aufgenommen. Dies gab dem Reichsgericht Veranlassung zu seiner Entscheidung in JW. 1915, 1201, wonach bei Vorschriften von präventiv polizeilicher Natur wie beim Höchstpreisgesetz auch die fahrlässige Zuwiderhandlung strafbar sei, selbst wenn dies nicht im Gesetz besonders bestimmt ist, sofern sich nur die strafrechtliche Bedrohung aus dem Zusammenhang der gesetzlichen Bestimmungen oder aus dem Grunde und Zweck des Gesetzes ergibt. Die PreissteigVO. v. 8. Mai 1918 hat beide Schuldformen als möglich zur Erfüllung des inneren Tatbestandes ausdrücklich bezeichnet. Es kann somit nunmehr keinem Zweifel mehr unterliegen, daß auch die fahrlässige Verletzung der Vorschriften der PreissteigVO. unter Strafe gestellt ist. Wo die Kriegswuchergesetze eine bestimmte Absicht des Täters erfordern wie z. B. im Falle des § 1 Ziff. 5 der VO. v. 8. Mai 1918, kann natürlich nur eine vorsätzliche Begehung der Straftat in Frage kommen.

Nach der ständigen, wenn auch insbesondere in letzter Zeit vielfach bekämpften Rechtsprechung des RG. ist Unkenntnis des Strafgesetzes oder Irrtum über seinen Inhalt und seine Tragweite nicht zu beachten. Der nicht auf den Strafrechtsatz bezügliche Irrtum steht dem Tatirrtum gleich und schließt damit unter Umständen den Vorsatz aus. Dieser Unterschied zwischen strafrechtlichem und außerstrafrechtlichem Irrtum ist für die Kriegswuchergesetzgebung mit ihren vielen Hunderten von VO. und den auf Grund dieser VO. ergangenen Verwaltungsvorschriften von außerordentlicher Bedeutung geworden. Da die auf Grund des ErmG. erlassenen VO., wie bereits erwähnt, begrifflich Gesetze, und soweit sie Strafbestimmungen enthalten, Strafgesetze sind, schützt ein Irrtum über den Umfang und in der Auslegung der Strafbestimmungen nicht vor Strafe (vgl. RG. JW. 1918, 52). Dagegen fehlt die Schuld dem Täter, wenn er sich über BRVO. irrt, die nur Verwaltungsmaßnahmen sind (s. RG. JW. 1918, 101).[1]) Trotz heftiger Angriffe ist das RG. seinen schon vor dem Krieg entwickelten Rechtsgrundsätzen treu geblieben und hat so stets nur die Vorstellung, die sich nicht auf den Strafrechtssatz bezieht, als eine außerstrafrechtliche und damit zum beachtlichen, d. h. den Vorsatz des Täters ausschließenden Irrtum gemacht, während es jeden Irrtum über Begriffe des Strafgesetzes als unbeachtlichen Irrtum erklärt (daher ist z. B. Irrtum über die Höhe des festgesetzten Höchstpreises oder über den Begriff der mit Strafe bedrohten Höchstpreisüberschreitung als Irrtum über den Inhalt des Strafgesetzes selbst unbeachtlich (RG. JW. 1917, 111 und 368).

Nur eine scheinbare Erleichterung der schwierigen Rechtsstellung des Täters hat die BRVO. v. 18. Jan. 1917 gebracht. Darnach ist bei Zuwiderhandlungen gegen Vorschriften, die auf Grund des § 3 des ErmG. ergangen sind oder noch ergehen, die Schuld des Täters ausgeschlossen, wenn der Beschuldigte im unverschuldeten Irrtum über das Bestehen oder die Anwendbarkeit der übertretenen Vorschrift die Tat für erlaubt gehalten hat. Unverschuldeter Irrtum im Sinne dieser Vorschrift liegt nur dann vor, wenn der Täter die durch die Kriegszeiten geforderte größte Sorgfalt angewendet hat, um sich die Überzeugung, daß sein Verhalten erlaubt war, zu bilden.[2]) Der bloße gute Glaube, das „Nichtwissen", daß sein Handeln rechtswidrig ist, genügt nicht (s. RG. JW. 1918, 50). Hat der Täter die fragliche Gesetzesbestimmung gekannt, so muß er bei Bildung seiner Ansicht über die Erlaubtheit seines Tuns mit der Gewissenhaftigkeit und Sorgfalt zu Werke gegangen sein, zu der er allgemein und vermöge seiner Gewerbepflicht im besonderen angehalten war. Die Tatsachen müssen zeigen, warum er sich gerade für die falsche Anschauung bei Auslegung der ihm bekannten VO. entschieden hat, und daß nicht die Entstehungsgeschichte dieses Irrtums selbst schuldhafte Nachlässigkeit erkennen lassen. Sobald der Täter nicht so fest von der Erlaubtheit seines Tuns überzeugt ist, daß er überhaupt keinen Zweifel mehr hierüber haben

---

[1]) Zur Frage des Irrtums über Tatbestand oder Strafgesetz. Entsch. d. BayObLG. 1915, 1270, über Fahrlässigkeit des strafgesetzlichen Rechtsirrtumes s. JW. 1916, 755; fahrlässige und entschuldbare Unkenntnis der auf Grund des Preuß. BelZustG. ergangenen VO. s. RG. JW. 1916, 853; fahrlässige Unkenntnis der Festsetzung von Höchstpreisen s. RG. JW. 1915, 1443.

[2]) Über den Umfang der Erkundungspflicht gegenüber VO. des Militärbefehlshabers s. Entsch. d. BayObLG. 1915, 1449 und 1451.

ann, hat er die Verpflichtung zu näheren Erkundigungen; wenn er diese nicht einzieht, kann er sich nicht auf die VO. v. 18. Jan. 1917 berufen (RG. JW. 1918, 51; vgl. auch JW. 1918, 311 und bayer. ObLG. 1916, 59). Hat der Täter die betreffenden Vorschriften nicht gekannt, so kann er sich, wenn er Gewerbetreibender ist, auf seine Unkenntnis nur berufen, wenn er trotz Sorgfalt und Aufmerksamkeit von den ihn betreffenden Vorschriften keine Kenntnis erlangt hat; denn es gehört zu den Pflichten eines Gewerbetreibenden sich vor oder bei der Ausübung seines Gewerbebetriebes mit den KriegsVO. vertraut zu machen (vgl. bayer. ObLG. 1918, 312).

Ist der Irrtum des Täters nicht entschuldbar, d. h. beruht der Irrtum auf Fahrlässigkeit, so ist der Einwand des Irrtums unbeachtlich und der Täter, wegen vorsätzlicher Begehung zu verurteilen (s. hiezu auch Goldschmidt in JW. 1917, 183 ff., RG. JW. 1917, 907 und 933).

Keine Anwendung findet die VO. v. 18. Jan. 1917 auf Verfehlungen gegen das bayer. KrZustG. In Bezug auf letzteres schließt die Unkenntnis der militärischen Anordnung, die im KrZustG. durch die Strafdrohung geschützt ist, den Vorsatz stets aus. Sie läßt die Zuwiderhandlung nur als fahrlässig, wenn auch nicht minder strafbar bestehen, wenn die Unkenntnis selbst durch Fahrlässigkeit verschuldet ist (§ 59 Abs. 1 und 2 RStGB., RG. JW. 1918, 141 und BayObLG. JW. 1916, 280).

Es mag besonders betont werden, daß die Entscheidung des RG. in JW. 1918, 101 die VO. v. 18. Jan. 1917 auch in der Revisionsinstanz für beachtlich erklärt, wenn die Rechtsansicht des Vordergerichtes, die bei seiner Fällung mit dem damals noch geltenden Rechte an sich in Widerspruch kam, später ausdrückliche gesetzliche Anerkennung (eben durch die VO.) gefunden hat (vgl. RG. JW. 1918, 52).

§ 11. Die Strafen.

Die von der Kriegswuchergesetzgebung angedrohten Strafen sind entsprechend dem mit den Gesetzen verfolgten Zweck zum Teil sehr schwer. Meist ist die Möglichkeit vorgesehen auf Gefängnis und Geldstrafe, diese wiederum bis zu einer sehr erheblichen Höchstgrenze, zu erkennen. Von besonderer Bedeutung ist das durch § 5 der VO. v. 8. Mai 1918 und § 2 der SchleichhandelsVO. v. 7. März 1918 eingeführte Rückfallsverbrechen, das analog den Bestimmungen über Diebstahl und Betrug im Rückfall für den Fall der wiederholten Begehung einer durch diese Gesetze unter Strafe gestellten Tat die Bestrafung wegen Rückfalls mit Zuchthausstrafe in Verbindung mit einer Geldstrafe bis zu 500000 Mk. und Aberkennung der bürgerlichen Ehrenrechte vorsieht. Daneben kommt Einziehung der auf die Tat bezüglichen Sachen, sowie die Einziehung des übermäßigen Gewinns in Frage (vgl. oben § 4).

2. Abschnitt.

Die sonstigen Kriegsgesetze strafrechtlichen Inhalts.

I. Kapitel.

Das Militärstrafrecht.

§ 1. Das Militärstrafgesetzbuch.

Die lange Dauer des Kriegs und vielfacher Beschwerden über die Strenge gewisser Bestimmungen des MilStGB., insbesondere derjenigen über unerlaubte Entfernung, Ungehorsam und Aufruhr, die auch bei mildester Beurteilung in ihrem Mindestmaß immer noch Strafen von außerordentlicher Höhe verhängen hießen, zeitigten das Gesetz betr Herabsetzung von Mindeststrafen des MilStGB v. 25. April 1917 (RGBl. 381), das in vielen einzelnen Bestimmungen die Mindeststrafen erheblich milderte und gleichzeitig die Verfolgung zahlreicher leichter Vergehen im Disziplinarweg ermöglichte.

Eine Folge der Revolution war die Übertragung der bisher nach dem MilStGB., der MilStGO. oder den dazu gehörigen Einführungsgesetzen dem Kaiser oder dem Kontingentherrn zustehende Befugnisse auf den Rat der Volksbeauftragten durch VO. v. 5. Dez. 1918 (RGBl. 1422).

§ 2. Die Militärstrafgerichtsordnung.

Durch VO. v. 5. Dez. 1918 (RGBl. 1422) wurde die niedere Gerichtsbarkeit und das Standgericht aufgehoben, die Strafverfügung — theoretisch — weiterausgebaut und die Besetzung der erkennenden Gerichte mit von den Vertrauensleuten der Soldaten gewählten Richtern neben den Kriegsgerichtsräten eingeführt. Gleichzeitig wurde die Zulassung aller bei einem deutschen Gericht zugelassenen Rechtsanwälte als Verteidiger bei den erkennenden Gerichten ausgesprochen (Gebühren wie bei der Verteidigung vor Strafkammern).

Durch eine weitere VO. v. 1. Febr. 1919 (RGBl. 172) wurde in Abänderung der in § 1 Abs. 2 dieses Abschnittes erwähnten VO. gewisse, dem Kaiser bisher zustehende Befugnisse dem Präsidenten des Reichsmilitärgerichtes, bzw. dem Reichsmarineamt übertragen.

§ 3. Disziplinarstrafrecht.

Das Disziplinarstrafrecht wurde, wie bereits im § 1 dieses Abschnittes erwähnt, nicht unerheblich durch das Gesetz v. 25. April 1915 (RGBl. 381) ausgebaut.

II. Kapitel.

Bayer. Sondergesetzgebung auf dem Gebiete des Gerichtsverfassungsgesetzes und der Reichsstrafprozeßordnung.

Durch VO. v. 19. Nov. 1918 (Bayr. Staatsanz. Nr. 276) wurden Volksgerichte geschaffen, die in den Bezirken, für die sie eingesetzt sind, zur Aburteilung von Zivil- und Militärpersonen auf Grund einer weiteren VO. v. 9. Januar 1919 in folgenden Fällen zuständig sind:

1. Für das Verbrechen und das Vergehen des Widerstandes gegen die Staatsgewalt,

2. für das Verbrechen und das Vergehen wider die öffentliche Ordnung in den Fällen §§ 124 (schwerer Hausfriedensbruch), 125 (Landfriedensbruch), 126 (Landzwang), 127 (Bandenbildung), 130 StGB. (Anreizung zu Gewalttätigkeiten.

3. Für das Verbrechen der Notzucht,

4. für das Verbrechen des Mordes, des Totschlags, des Raubes und der Erpressung,

5. für das Verbrechen des schweren Diebstahls,

6. für die gemeingefährlichen Verbrechen und Vergehen in den Fällen der §§ 306 bis 308 (einfache und schwere Brandstiftung), 311 (Zerstörung durch Explosion), 312 und 313 (vorsätzliche Überschwemmung), 315 bis 318 a (Gefährdung des Eisenbahn-, Telegraphen-, Telephon- und Postbetriebs), 321 StGB. (Gefährdung von Wasser-, Wege- und Bergwerkseinrichtungen),

7. für Verbrechen gegen das SprengstoffG. v. 9. Juni 1884,

8. für Begünstigung und Hehlerei, soweit sie sich auf eine der vorbezeichneten strafbaren Handlungen beziehen.

Die VO. hat neuerdings Anlaß zu der Frage gegeben, ob und inwieweit überhaupt Bayern berechtigt war, die durch ein Reichsgesetz gegebenen Vorschriften über die Zusammensetzung der Gerichte abzuändern; eine Entscheidung hierüber steht noch aus.

III. Kapitel.

Amnestien.

Die zahlreichen während des Krieges vom Kaiser sowie den einzelnen Bundesfürsten gewährten Gnadenerlasse haben gegenwärtig keine Bedeutung mehr, da sie meist vollzogen, im übrigen wohl durch die großen Amnestien vom November und Dezember 1918 überholt sind.[1])

Von wesentlicher Bedeutung ist dagegen

1. die VO. v. 12. Nov. 1918 (RGBl. 1303), die für alle politischen Straftaten Amnestie gewährt und alle wegen solcher Straftaten anhängigen Verfahren niederschlägt.

2. Die VO. v. 3. Dez. 1918 (RGBl. 1393) über die Niederschlagung von bei bürgerlichen Behörden anhängigen Verfahren wegen gewisser vor dem 9. Nov. 1918 begangener Straftaten, bzw. den Erlaß von durch bürgerliche Behörden einschließlich der außerordentlichen Kriegsgerichte ausgesprochenen Strafen, endlich

---

[1]) Über Amnestie und Einziehung des übermäßigen Gewinns s. Kirchberger in JW. 1919, 69, vgl. RG. JW. 1919, 250. Über Amnestie s. Klee in JW. 1918, 786. Amnestie und Kosten des Privatklägers s. Pfeiffer in JW. 1918, 811.

3 die VO. v. 7. Dez. 1819 (RGBl. 1415) über eine militärische Amnestie, durch welche alle gegen Personen, die vor dem Inkrafttreten dieses Gesetzes, wenn auch nur zeitweise zum aktiven Heere, zur Marine oder zu den Schutztruppen gehörten oder sich in einem Dienst- oder Vertragsverhältnis bei dem kriegführenden Heere oder bei der kriegführenden Marine befunden haben, anhängigen Verfahren wegen Übertretung, Vergehen und gewisser Verbrechen niedergeschlagen, bzw. die gegen sie ausgesprochenen Strafen unter den dort näher bezeichneten Voraussetzungen erlassen worden sind.

Ergänzend kommt noch in Betracht

4. die VO. v. 13. Jan. 1919 (RGBl. 95) über die Gewährung von Straffreiheit bei Zuwiderhandlungen gegen Vorschriften, die auf Grund des Gesetzes über den vaterländischen Hilfsdienst erlassen sind.[1]

Für Bayern interessiert speziell noch die VO. v. 22. Nov. 1918 (GVBl. 1237), durch die den Kriegsteilnehmern, ihren Frauen und Witwen, den Jugendlichen und der übrigen Bevölkerung in weitem Umfang Straferlaß für Übertretungen, Vergehen und Verbrechen unter den dort angegebenen Voraussetzungen gewährt, bzw. die gegen sie schwebenden Verfahren wegen solcher Straftaten niedergeschlagen wurden, ferner die VO. v. 16. Dez. 1918 (Bayer. Staatsanz. Nr. 293), nach welcher die unter dem 3. und 7. Dez. 1918 namens des Reichs erlassene Amnestie auf Bayern Anwendung findet, soweit die darin enthaltenen Vorschriften weitergehen als die Vorschriften der VO. v. 22. Nov. 1918.

IV. Kapitel.

Das Kriegssteuerstrafrecht.

§ 6.

Die gewaltige Steigerung der finanziellen Bedürfnisse des Reichs und der einzelnen Bundesstaaten haben neue große Steuergesetze erforderlich gemacht. Es sind dies, soweit reichsgesetzliche Bestimmungen in Betracht kommen, folgende:

1. Das KriegssteuerG. v. 21. Juni 1916 (RGBl. 561).
2. Das Gesetz über einen Warenumsatzstempel vom 26. Juni 1916 (RGBl. 639).
3. Das KohlensteuerG. v. 8. April 1917 (RGBl. 340).
4. Das Personen- u. GüterverkehrssteuerG. v. 8. April 1917 (RGBl. 329).
5. Gesetz über die Sicherung der Kriegssteuer v. 9. April 1917 (RGBl. 351).
6. Gesetz gegen die Steuerflucht v. 26. Juli 1918 (RGBl. 951).
7. Das UmsatzsteuerG. v. 26. Juli 1918 (RGBl. 779).
8. Das WeinsteuerG. v. 26. Juli 1918 (RGBl. 831).
9. Das Gesetz betr. Besteuerung von Mineralwässern und künstlich bereiteten Getränken v. 26. Juli 1918 (RGBl. 849).
10. Das BiersteuerG. v. 27. April 1918 (RGBl. 868).
11. Das Gesetz über den Branntweinmonopol v. 26. Juli 1918 (RGBl. 887).

---

[1]) Über Hilfsdienstpflichtige in Strafrecht s. JW. 1917, 180.

12. Das Gesetz zur Sicherung einer Umsatzsteuer auf Luxusgegenstände v. 2. Mai 1918 (RGBl. 379).

Sämtliche vorgenannte Gesetze haben in teilweise umfangreichen Strafvorschriften, die sogar Aberkennung der bürgerlichen Ehrenrechte als Nebenstrafe vorsehen, die bisherigen Strafen wegen Steuerhinterziehung sowie wegen Nichtbeachtung gewisser zur Sicherung der Steuer ergangener Vorschriften erheblich verschärft oder neu eingeführt, sowie zum Teil die Haftung für Strafen bei Gesellschaften auf Vorstandsmitglieder und persönlich haftende Gesellschafter, bei Geschäften, bei denen mehrere Personen als Vertreter desselben Kontrahenten oder als gemeinschaftliche Kontrahenten beteiligt sind, auf diese erweitert.

Die einzelnen Strafbestimmungen selbst können angesichts der vielfachen Verschiedenheiten ihrer Anwendungsfälle hier eine Behandlung nicht finden, weshalb auf die Gesetze selbst verwiesen werden muß.

§ 7. Bayer. Sondergesetzgebung auf dem Gebiete des Steuerrechtes.

Für Bayern kommt auf dem Gebiete der Kriegssteuerstrafrechtsgesetzgebung das Bayr. VermögenssteuerG. v. 17. August 1918 (GVBl. 55) in Betracht, das im Art. 10 wegen unrichtiger oder unvollständiger Steuererklärungen sowie wegen Steuerhinterziehung gleichfalls erhebliche Strafen vorsieht. Die Bestrafung tritt indessen nur ein, wenn eine Bestrafung nach dem BesitzsteuerG. nicht eintritt.

Anhang.

(Verzeichnis der einschlägigen Vorschriften nach den Nummern des RGBl.)

Abteufung von Schächten (Verbot des) 1916, Nr. 117, 8. Juni 1916.
Ätzkalien, Ermächtigungsverordnung 1917 Nr. 180, 16. Okt. 1917; 1917, Nr. 180, 17. Okt. 1917; 1917, Nr. 217, 18. Dez. 1917; (Verbrauch) 1918, Nr. 125, 19. Sept. 1918.
Agiohandel mit Reichsgoldmünzen (Verbot des) 1914, Nr. 101, 23. Nov. 1914.
Aktien (Geschäftsanteile) von Kolonialunternehmungen, Bekanntm. betr. Veräuß. von deutsch. Seeschiffgesellsch. ins Ausland 1916, Nr. 290, 23. Dez. 1916; von deutschen See- und Binnenschiffahrtsgesellsch. 1918, Nr. 10, 20. Jan. 1918; (Veräußerung ins Ausland) 1918, Nr. 50, 20. Jan. 1918.
Aluminium, Tonerde, Tonerdehydrat, 1917, Nr. 93, 16. Mai 1917.
Amnestie, militärische, 1918, Nr. 178, 7. Dez. 1918.
Anbau und Ernteflächenerhebung 1917, 1917, Nr. 94, 20. Mai 1917; 1918, 1918, Nr. 40, 21. März 1918.
Arbeitszeit (in Spinnereien, Webereien, Wirkereien) 1915, Nr. 157, 7. Nov. 1915; (in der Schuhwarenfabrikation) 1916, Nr. 125, 14. Juni 1916; (in Bäckereien und Konditoreien) 1918, Nr. 161, 23. Nov. 1918; (gewerbl. Arbeiter) 1918, Nr. 162, 23. Nov. 1918.
Arzneimittel (Handel mit) 1917, Nr. 60, 22. März 1917.
Arzneimittelstoffe (Beschränkung des Verkehrs mit gewissen A.) 1916, Nr. 85, 1. Mai 1916.
Auslandsforderungen, Bekanntmachung über die Anmeldung von Ausl.-Forderungen, 1916, Nr. 285, 16. Dez. 1916; 1918, Nr. 17, 30. Jan. 1918.
Auslandsvermögen im Inland (Anmeldungspflicht) 1915, Nr. 136, 7. Okt. 1915; (Amerika) 1917, Nr. 204, 10. Nov. 1917.
Ausländisches Vermögen im Inland (Ausnahme von der Sperre) 1915, Nr. 150, 21. Okt. 1915; 1918, Nr. 17, 30. Jan. 1918.
Backware (Bek. über die Bereitung von B.) 1915, Nr. 2, 5. Jan. 1915; 1915, Nr. 44, 31. März 1915; 1916, Nr. 106, 26. Mai 1916; (Verordnung zur Änderung der Verordnung über die Bereitung von B.) 1917, Nr. 14, 18. Jan. 1917.
Beköstigung (Vereinfachung der) 1916, Nr. 112, 31. Mai 1916.
Belagerungszustand (Bek. betr. Abänderung des Gesetzes über B.) 1915, Nr. 179, 11. Dez. 1915.
Beschlagnahmte Gegenstände (Bekm. betr. einige die Kriegsverordnungen ergänzende Vorschriften über Einziehung und über Veräußerung beschlagn. Gegst.) 1917, Nr. 55, 22. März 1917.
Besenginster 1918, Nr. 139, 17. Okt. 1918.
Besteuerung von Mineralwässern und künstl. bereiteten Getränken 1918, Nr. 97, 26. Juli 1918.
Betäubungsmittel (Handel mit B. und Opium) 1917, Nr. 55, 22. März 1917.

Leitfäden des Kriegsrechts
Herausgegeben vom Bayerischen Anwaltsverband

VI.

Direkte Steuern.

Von

Dr. Otto Kahn

Rechtsanwalt in München.

1919
München, Berlin und Leipzig
J. Schweitzer Verlag (Arthur Sellier).

Die vom Bayerischen Anwaltsverband herausgegebenen „Leitfäden des Kriegsrechts“ sollen in erster Linie den Kriegsteilnehmern und allen denjenigen, welche während der Kriegszeit die neue Rechtsentwicklung nicht oder nicht immer zu verfolgen vermochten, ein Wegweiser durch die wichtigsten Gebiete des Kriegsrechtes sein. Das soll in gedrängtester und zugleich übersichtlichster Form geschehen. Der Leser soll nur auf die Hauptgesichtspunkte der einzelnen Materien hingewiesen, auf die Spezialliteratur aufmerksam, mit den auftauchenden Fragen kurz bekannt gemacht werden. Auch diejenigen Gebiete, auf welchen der Krieg zwar keine neue Gesetzgebung, wohl aber eine belangreiche Rechtsprechung gebracht oder sonst neue Fragen gezeitigt hat (z. B. Erfüllung von Lieferungsverträgen, Unmöglichkeit der Leistung usw.) sollen möglichst Berücksichtigung finden. Die einzelnen Heftchen werden, um ihren Zweck zu erfüllen, von möglichst geringem Umfang und tunlichst wohlfeil sein.

Es sind erschienen:

Handels- und Wechselrecht, bearbeitet von Justizrat Dr. Hch. Frankenburger in München (8°, 22 S. Geh. M. —.80, dazu 35 % Teuerungszuschlag),

Bürgerliches Recht einschl. Stundungs-Verordnungen und Einigungsämter, bearbeitet von Rechtsanwalt Ludwig Erlanger in München (8°, 36 S. Geh. M. 1.20, dazu 35 % Teuerungszuschlag),

Zivilprozeß, bearbeitet von Justizrat Dr. Bernhard Mayer II in München (8°, 32 S. Geh. M. 1.—, dazu 35 % Teuerungszuschlag),

Militärversorgungsrecht, bearbeitet von Rechtsanwalt Chr. Meisner in Würzburg (8°, 44 S. Geh. M. 1.70, dazu 35 % Teuerungszuschlag),

Strafrecht und Strafprozeß, bearbeitet von Rechtsanwalt Dr. Fröschmann und Rechtsanwalt Heilmeier in Nürnberg (8°, 32 S. M. 1.20 dazu 35 % Teuerungszuschlag),

Direkte Steuern, bearbeitet von Rechtsanwalt Dr. Otto Kahn in München, (8°, 52 S. Geh.).

Anwaltsgebühren, Gerichtskosten und Vollmachtsstempel, bearbeitet von Rechtsanwalt Dr. Alfred Bloch II in München (8°, 47 S. Geh. M. 1.80, dazu 35 % Teuerungszuschlag).

In rascher Folge erscheint:

Geschäftsaufsicht und Zwangsvergleich, bearbeitet von Justizrat Dr. Hugo Cahn in Nürnberg.

Leitfäden des Kriegsrechts
Herausgegeben vom Bayerischen Anwaltsverband

VI.

Direkte Steuern.

Von
Dr. Otto Kahn
Rechtsanwalt in München.

1919
München, Berlin und Leipzig
J. Schweitzer Verlag (Arthur Sellier).

Inhalt:

Vorwort.

Gesetzgebung und Rechtsprechung bis zum 1. Juli 1919 sind berücksichtigt; über die in allernächster Zeit zu erwartenden Gesetze wird ein Nachtragsheftchen unterrichten.

Das formelle Steuerrecht (Kapitel II Abschnitt 2) hat Herr Kollege Dr. Kurt Mosbacher hier bearbeitet.

München im Juli 1919. **Dr. Otto Kahn.**

Allgemeine Übersicht.

I. Nach den Rechtsquellen sind zu unterscheiden:

A. Direkte Landessteuern: Einkommensteuer; Ertragssteuern, nämlich Grund-, Haus-, Gewerbe-, Kapitalrentensteuer; Vermögenssteuer; 25%iger Zuschlag zur Reichserbschaftssteuer; Gemeindeumlagen; Kreisumlagen; Kirchensteuern und Kirchengemeindeumlagen; gemeindliche Warenhaussteuer.

B. Direkte Reichssteuern: Wehrbeitrag, Besitzsteuer, Kriegssteuer, nach KriegssteuerG. v. 21. Juni 1916 nebst 20%igem Zuschlag nach Gesetz v. 9. April 1917; Kriegsabgabe nach Gesetz v. 26. Juli 1918; Reichserbschaftssteuer; Entwürfe zum KriegsabgabeG. für das Rechnungsjahr 1919 und zu einem VermögenszuwachssteuerG., Reichsnotopfergesetz.

II Nach den Steuerobjekten sind zu unterscheiden:

A Einkommens- bzw. Ertragssteuern.

1. Alle Einkünfte unterliegen der Einkommensteuer.
2. Die Erträge (fundierte Einkommen) aus Grundbesitz der Grundsteuer, aus Hausbesitz der Haussteuer, aus stehendem Gewerbe der Ertragsanlage der Gewerbesteuer, aus Kapital der Kapitalrentensteuer.
3. Das Mehreinkommen des vierten Kriegsgeschäftsjahres gegenüber dem letzten Friedenseinkommen der Mehreinkommenssteuer nach Kriegsabgabegesetz v. 26. Juli 1918.
4. Das Einkommen, soweit es 5% des wehrbeitragspflichtigen Vermögens überstieg, dem Wehrbeitrag.
5. Das Mehreinkommen des fünften Kriegsgeschäftsjahres gegenüber dem letzten Friedenseinkommen der Mehreinkommensteuer nach Entwurf eines KriegsabgabeG. für das Rechnungsjahr 1919.
6. Der Mehrgewinn der steuerpflichtigen juristischen Personen während der Kriegsgeschäftsjahre gegenüber dem durchschnittlichen Friedensgewinn der Kriegssteuer nach KriegsStG. v. 21. Juni 1916, KriegsabgabeG v. 26. Juli 1918 (viertes Kriegsgeschäftsjahr), Entwurf zu dem KriegsabgabeG. für das Rechnungsjahr 1919 (fünftes Kriegsgeschäftsjahr).
7. Die Gesamtroheinnahmen eines warenhaussteuerpflichtigen Gewerbebetriebs der gemeindlichen Warenhaussteuer.

B. Vermögenssteuern:

1. Das gesamte Vermögen der steuerpflichtigen natürlichen Personen unterliegt dem Wehrbeitrag, der Kriegsabgabe nach KriegsabgabeG. v. 26. Juli 1918 und Entwurf eines KriegsabgabeG. für das Rechnungsjahr 1919 der bayer. Vermögenssteuer nach VermögensStG. v. 17. August 1918; beim Übergang von Todes wegen der Reichserbschaftssteuer nebst landesrechtlichem 25%igen Zuschlag.
2. Das gewerbliche Betriebskapital der Betriebskapitalsanlage der bayer. Gewerbesteuer.
3. Der Vermögenszuwachs, d. h. der Unterschied zwischen dem reinen Werte des steuerbaren Gesamtvermögens am Ende des jeweiligen Veranlagungszeitraumes und dem reinen Werte des steuerbaren Gesamtvermögens am Anfange dieses Zeitraumes bei natürlichen Personen der Reichsbesitzsteuer in dreijährigen Intervallen, der Kriegssteuer nach KriegssteuerG. v 21. Juni 1916 nebst 20%igem Zuschlag nach RG. v. 9. April 1917, den Kriegssteuern nach dem Entwurf eines VermögenszuwachsStG. v. Jahre 1919.

III. Abzugebende Steuererklärungen und Vermögensverzeichnis:

1. Jährlich und zwar regelmäßig im letzten Vierteljahr des Jahres sind die Steuererklärungen zur Veranlagung für die Einkommen-, Gewerbe- und Kapitalrentensteuer für das nächstfolgende Steuerjahr abzugeben und zwar auf einem Formular.
2. Zum Zwecke der Veranlagung des Wehrbeitrags war eine Erklärung über den Stand des Vermögens am 31. Dez. 1913 abzugeben; diese Veranlagung ist noch von praktischer Bedeutung als Feststellung des Anfangsvermögens für die Berechnung des Vermögenszuwachses bei der Besitz- und Kriegssteuerveranlagung auf den 31. Dez. 1916 und vermutlich auch nach dem Entwurf eines VermögenszuwachsStG.
3. Gemeinschaftliche Erklärung über den Stand des Vermögens am 31. Dez. 1916 zur erstmaligen Veranlagung der Besitzsteuer und der Kriegssteuer der natürlichen Personen nach KriegsStG. v. 21. Juni 1916, zwecks Feststellung des Vermögenszuwachses in der Zeit v. 31. Dez. 1913 bis 31. Dez. 1916.
4. Steuererklärung der Gesellschaften zur Kriegssteuer für die ersten drei Geschäftsjahre nach KriegsStG. v. 21. Juni 1916, für das vierte Kriegsgeschäftsjahr nach dem KriegsabgabeG. v. 26. Juli 1918, für das fünfte Kriegsgeschäftsjahr nach dem Entwurf eines KriegsabgabeG. für das Rechnungsjahr 1919.
5. Steuererklärung zur Veranlagung zur bayerischen Vermögenssteuer.
6. Aufstellung (bis 30. Juli 1919) eines Vermögensverzeichnisses nach dem Stand v. 31. Dez. 1918 nach der VO. der Reichsregierung

v. 13. Januar 1919; der Zeitpunkt der Einreichung wird später bekanntgemacht.

In der Praxis findet man überaus häufig eine Verwechselung der beiden Vermögensverzeichnisse unter Ziff. 5 und 6. Es ist zu beachten, daß die zurzeit stattfindende Veranlagung zur bayer. Vermögenssteuer grundsätzlich auf Grund der Veranlagung zur Besitzsteuer per 31. Dez. 1916 erfolgt (Ausnahme Art. 3 Abs. 2 VermögensStG.)

Erstes Kapitel.

Die direkten bayerischen Steuern:

1. Abschnitt:

Die Gesetzgebung der Kriegsjahre.

A. Durch Finanzgesetz v. 14 Juli 1916 (GVBl. 128) wurde Art 66 Abs. 3 EinStG. in weittragender Weise zum Zwecke der Ermöglichung einer Nachveranlagung geändert. Die Worte „aus dem Betriebe der Forstwirtschaft oder des Güterhandels" wurden gestrichen.

1. Die Voraussetzungen der Änderung der Veranlagung sind:

a) Die Einkünfte (gleichgültig aus welcher Einkommensquelle, nicht nur aus dem Betrieb der Forstwirtschaft oder des Güterhandels) sind im Steuerjahr infolge unvorhergesehener Umstände wesentlich höher als sie für das Steuerjahr festgestellt wurden. Ob eine wesentliche Erhöhung vorliegt, entscheidet das Ermessen der Finanzbehörde. Die Erhöhung muß auf „unvorhergesehene Umstände" zurückzuführen sein, z. B. außerordentliche Holzfällung infolge Windbruchs, Kriegskonjunktur bei gewerblichen Betrieben. Der Krieg gilt als unvorhergesehener Umstand, nicht jedoch die allmähliche Erstarkung eines Unternehmens durch Tüchtigkeit und Arbeitsleistung des Inhabers.

b) Die Steuerpflicht für die Mehrung der Einkünfte kann bei einer künftigen allgemeinen Veranlagung wegen Wegzugs usw. (!) nicht mehr zur Geltung gebracht werden. Wer z. B. im Jahre 1916 ein wesentlich höheres Einkommen erzielt hat, als es bei der Veranlagung für das Steuerjahr 1916 (die regelmäßig auf Grund des Geschäftsergebnisses des Jahres 1914 erfolgt) festgestellt wurde, und wer Ende 1916 sein Gewerbe abmeldet, könnte mit seinem hohen Einkommen des Jahres 1916 nicht mehr zur Steuer veranlagt werden. Denn dieses hohe Einkommen würde erst der Veranlagung für das Steuerjahr 1918 zugrunde gelegt werden. Aus diesem Grunde soll die Nachholung erfolgen. Das Gesetz Das Gesetz führt nur den „Wegzug" als Grund des Wegfalls künftiger Besteuerung monatlich auf, die Praxis hat das Gesetz weit ausgelegt z. B. Ableben des Steuerpflichtigen, Austritt eines

Gesellschafters aus einer Handelsgesellschaft; alle Fälle, in denen die Veranlagung für ein Steuerjahr infolge einer wesentlichen Veränderung im Stande der Einkommensquelle nach dem mutmaßlichen oder wirklichen Ertrag des Steuerjahres selbst und nicht nach dem letzten abgeschlossenen vorliegenden Betriebs- oder Kalenderjahr erfolgt (Art. 10, Abs. 2 u. 3 EStG); Auflösung von Gesellschaften.

2. Die Wirkung der Änderung der Veranlagung ist Nachholung der Einkommensteuer (nicht Gewerbesteuer) nebst Umlagen und zwar der Differenz der aus dem wirklich im Steuerjahr erzielten Einkommen berechneten Steuer und der veranlagten Steuer. Das Gesetz hat rückwirkende Kraft auf 1. Jan. 1914.

B. Durch § 9 Abs. 1 des bayer. FinanzG. v. 15. Juli 1916 (GVBl. 128) wurde der Staatsregierung die Ermächtigung erteilt, zugunsten von Kriegsteilnehmern die in den Steuergesetzen v. 14. Aug. 1910 gesetzten Fristen angemessen zu verlängern. Die Verlängerung erfolgte durch VollzBek. v. 21. Juli 1916 (GVBl. 22) hinsichtlich des Art. 92 Abs. 2 EStG. auf sechs Monate seit Beendigung der Kriegsteilnahme, während der Fristablauf des Art. 92 Abs. 3 EStG. bis zum Ablauf eines Zeitraumes von sechs Monaten seit Beendigung der Kriegsteilnahme gehemmt wurde.

C. Die Staatssteuerreform des Jahres 1918 (Nr. 55 des GVBl. v. 22. Aug. 1918) vgl. die übersichtliche Textausgabe von Fürnrohr, München 1918. Die Reform zerfällt in zwei Teile: Abänderung der bestehenden Steuergesetze und Vermögenssteuergesetz.

I. Abänderung der bestehenden Steuergesetze:

1. Einkommensteuergesetz:

a) Das steuerfreie Existenzminimum des Art. 5 ist um 600 Mk. auf 1000 Mk. heraufgesetzt; der neu eingefügte Abs. 3 des Art. 5 hat infolge der Aenderung der Staatsform und des Wahlgesetzes seine praktische Bedeutung, ebenso wie der bisherige Abs 2 vor seinem Inkrafttreten (1. Jan. 1919 verloren; neuerdings 1500 Mk. steuerfrei.

b) Art. 8 Ziff. 13 begründet die Einkommensteuerfreiheit der Klöster und Diakonissenanstalten für die zum Unterhalt ihrer in Bayern wohnenden Angehörigen verwendeten Einkünfte.

c) Nach Art. 13 Abs. 5 EStG. kommen für land- und forstwirtschaftl. Betriebe neben den Ergebnissen der gewöhnlichen auch die Ergebnisse außergewöhnlicher Nutzungen in Betracht. Art. 13 Abs. 7 bestimmt mit Wirkung vom 1. Jan. 1919 an, daß der Abzug einer Ergänzungsreserve bei außerordentlichen Waldnutzungen gestattet ist.

d) Art. 13 Abs. 9 will dem in der Praxis hervorgetretenen Umstande willkürlicher Schätzungen des Einkommens aus Grundvermögen durch Direktiven für die Würdigung landwirtschaftlicher Buchführung steuern. Die Bestimmung trat am 22. August 1918 in Kraft.

e) Art. 14 Abs. 5 mindert im Zusammenhalt mit Art. 15 Abs. 3 und Art. 1 Abs. 3 KapStG. mit Wirkung v. 1. Januar 1919 an die bisher in Bayern besonders unerträgliche Doppelbesteuerung der Gesellschaften mit beschränkter Haftung: bei den Gesellschaften sind vor der Steuerberechnung an dem steuerbaren Reinertrage zwei Fünftel dieses Reinertrags abzusetzen, bei dem Gesellschafter wird der Gewinnanteil für die Berechnung der Einkommensteuer und Kapitalrentensteuer nur mit drei Fünftel seines Betrages in Anrechnung gebracht. In der Steuererklärung sind nach Art. 29ff. Ziff. 1 die Gewinnanteile in vollem Betrag und unter der Bezeichnung der Gesellschaft auszuweisen (bereits bei der Steuerveranlagung für 1919 geltend).

f) Der Tarif (Anlage zu Art. 17) ist durchgreifend im Sinne einer Degression für die kleineren Einkommen und schärfer durchgeführten Progression für die leistungsfähigen geändert; Art. 18 mildert für die unteren Einkommenstufen durch die Zusammenrechnung des Einkommens von Ehegatten bedingte Härten, Art. 19 enthält das Kinderprivileg in neuer Fassung, Art. 20 berücksichtigt verminderte Leistungsfähigkeit weitgehender als das bisherige Gesetz.

g) Das Verfahren erfuhr in dreifacher Hinsicht Abänderungen, die mit Verkündung des Gesetzes in Kraft getreten sind.

α) Im Interesse der Vereinfachung des Verfahrens kann nach Art. 36 Abs. 2 die Veranlagung durch das Rentamt an Stelle des Steuerausschusses erfolgen, wenn das steuerbare Einkommen des Pflichtigen auf nicht mehr als 3000 Mk. festzusetzen ist oder nur aus Beruf usw. (Art. 16) herrührt. Gegen die Veranlagung ist nach Art. 49 Berufung zulässig; die Vorprüfung der Berufung obliegt grundsätzlich jedoch dem Steuerausschuß Art. 53 Abs. 1; nur wenn sich die Berufung gegen eine rentamtliche Veranlagung (Art. 36 Abs. 2) richtet und vom Rentamt für begründet erachtet wird, unterbleibt Vorprüfung durch Steuerausschuß. Ferner ist die Behandlung des Einspruchs gegen Neu- und Nachveranlagungen gemäß Art. 70 Abs. 5 im Anschluß an die Berufung geregelt.

β) Das Berufungs- und Beschwerderecht der Gemeinden im Falle der vormerkungsweisen Veranlagung zur Begründung der Umlagenpflicht ist neu eingeführt (Art. 49 Abs. 2, 59 Abs. 2, 61 Abs. 8)

γ) Art. 92 Abs. 5 ermächtigt die Staatsregierung einem Steuerpflichtigen, der das Recht der Rechtsmitteleinlegung verlor, eine neue Frist zu eröffnen; Voraussetzung ist, daß der Verlust des Rechtsmittels durch eine entschuldbare Handlung oder Unterlassung des Steuerpflichtigen verursacht wurde oder daß nur auf diese Weise eine durch offenbar unrichtige amtliche Sachbehandlung verursachte erhebliche Schädigung des Steuerpflichtigen abgewendet werden kann, und daß seit der Steuerfestsetzung kein längerer Zeitraum als drei Jahre verstrichen ist. Vgl. hiezu § 10 VollzBek. v. 3. September 1918 (GVBl. 692). Die Bestimmung gilt auch für die

Veranlagung zur Gewerbe- und Kapitalrentensteuer. Zuständig ist die Regierungsfinanzkammer, gegen deren Bescheid Beschwerde an das Finanzministerium. Jedes Verschulden des Steuerpflichtigen schließt die Anwendbarkeit des Art. 92 aus (JW 1918, 701).

2. Das Grundsteuergesetz blieb unverändert. Das Haussteuergesetz erfuhr folgende Abänderungen:
   a) Erhöhung der Arealhaussteuer § 6, Minderung der Miethaussteuer § 7, beides mit Wirkung vom 1. Januar 1919 ab.
   b) Weitere steuerliche Begünstigung der Kleinwohnungsbauten § 33 mit Wirkung vom 22. August 1918 an.
   c) Der Haussteuernachlaß wird materiell (§ 39) und formell durch Verlängerung der Antragsfrist auf sechs Monate (§ 40) mit Wirkung vom 1. Januar 1919 an erweitert.

3. Gewerbsteuergesetz:
   a) mit Wirkung vom 1. Januar 1919 an werden die Grenze des steuerfreien Betriebskapitals auf 6000 Mk., des steuerfreien Ertrags auf 2000 Mk. erhöht, die zur Begründung der Umlagenpflicht vorzumerkenden Veranlagungssätze entsprechend geändert, Art. 11.
   b) Die neuen Verfahrensvorschriften des Einkommensteuergesetzes sind Art. 20 Abs. 1, 22 für entsprechend anwendbar erklärt und zwar mit Wirkung v. 22. August 1918 ab.

4. Kapitalrentensteuergesetz:
   a) Minderung der Besteuerung der Gewinnanteile aus Gesellschaften mit beschränkter Haftung Art. 1 Abs. 3 vgl. 1e.
   b) Besondere Bestimmungen hinsichtlich der Anwendung von Steuerbefreiungs- und Ermäßigungsbestimmungen Art. 9 Abs. 4.
   c) Anwendbarkeit der neuen Verfahrensvorschriften des Einkommensteuergesetzes Art. 16 Abs. 1, Art. 18 Abs. 1 und zwar mit Wirkung v. 22. August 1918 ab.]

5. Umlagengesetz:
   a) Verdeutlichende redaktionelle Änderung des Art. 20,
   b) die im Streitverfahren betr. Steuerausscheidung beteiligten Gemeinden erhalten mit Wirkung vom 22. August 1918 an das Recht, auf Wunsch Einblick in die einschlägigen Verhandlungen zu nehmen, Art. 22 Ziff. 2,
   c) die Grundlage der Berechnung der Gemeindeumlagen ist vollständig geändert, Art. 25; die Steuerregelung gilt vom 1. Januar 1919 an
      α) Die Ertragssteuern des Reichs, Staates usw. werden statt um ein Fünftel um ein Drittel erhöht.
      β) Die Staffelung der Erhöhung der Berufseinkommensteuer für Zwecke der Umlagenberechnung ist schärfer durchgeführt.
      γ) Nach Durchführung der Erhöhungen werden in Ansatz gebracht sämtliche Grundsteuern und Haussteuern mit den eineinhalbfachen Beträgen (statt bisher 2½ fach), sämtliche Gewerbesteuern und Steuern vom Gewerbebetrieb im Umherziehen mit den zweifachen

Beträgen (statt bisher 2 ½ fach), sämtliche Kapitalrentensteuern mit den einfachen Beträgen (statt bisher 1 ½ fach), sämtliche Einkommensteuern mit den halben Beträgen (wie bisher).

Hinsichtlich der Berechnung der Kreisumlagen ist eine Aenderung nicht erfolgt. Besonders umkämpft war die Privilegierung des Hausbesitzes, der bereits durch Abänderung des Haussteuergesetzes (vgl. 2 a) begünstigt ist.

d) Rechtsstreitigkeiten über Gemeindeumlagen sind wie bisher Verwaltungsrechtssachen, die der Zuständigkeit der Verwaltungsgerichte unterstehen. Um einen bisher schwer empfundenen Mißstand zu beheben, bestimmt Art. 32 Abs. 2, daß Einwendungen gegen den Rechtsbestand der Umlagenforderung keine aufschiebende Wirkung zukommt.

6. a) Art. 8 des Einführungsgesetzes zu den Gesetzen über die direkten Steuern bestimmt das Außerkrafttreten der Ertragssteuergesetze mit Ablauf des Jahres 1928, wenn nicht bis dahin Gesetzentwürfe über Fortführung der Reform der direkten Steuern vorgelegt sind.

b) Art. 2 des Einführungsgesetzes hatte der Staatsregierung die Ermächtigung erteilt, zur Beseitigung der Härten einer Doppelbesteuerung Vereinbarungen und Verfügungen über eine von den gesetzlichen Vorschriften abweichende Veranlagung zu treffen. Durch eine Ergänzung des Gesetzestextes wird der Regierung die Möglichkeit gegeben, abweichend von den Vorschriften der Steuergesetze, Einkünfte oder Vermögensbestandteile zu erfassen, welche infolge eines Doppelbesteuerungsvertrags sowohl in Bayern wie in dem andern Staate steuerlich nicht erfaßt würden. Vgl. den während des Krieges zu erheblicher Bedeutung gelangten bayerisch-österreichischen Doppelsteuervertrag von 1913.

II. Bayerisches Vermögenssteuergesetz

v. 17. August 1918 (GVBl. 409) nebst Bekanntmachung zum Vollzuge des VermögensStG. v. 23. November 1918 (GVBl. 1289).

Literatur: Breunig Bd. IV des Kommentars zu den bayerischen Steuergesetzen 1919; erschöpfender und inhaltsreicher Fürnrohr 1919, Schweitzers Verlag 1919.

1. Allgemeines: Bereits bei der Steuerreform des Jahres 1910 war der Staatsregierung durch Art. 8 des EG. zu den direkten Steuern der Zwang auferlegt worden, bis spätestens Ende 1918 dem Landtage Gesetzentwürfe zur Fortführung der Reform der direkten Steuern in Vorlage zu bringen. Diese Fortführung der Reform sollte in der Richtung der Einführung einer Vermögenssteuer an Stelle der Ertragssteuern erfolgen. Nachdem durch den einmaligen außerordentlichen Wehrbeitrag, durch das Besitzsteuergesetz und das Kriegssteuergesetz von 1916 von Reichs wegen Vermögensfeststellungen erfolgt waren,

war das Einbringen eines bayerischen Vermögenssteuergesetzentwurfes erleichtert. Die Ertragssteuern wurden jedoch zunächst noch beibehalten (vgl. I 6 a).

Die bayerische Vermögenssteuer ist nominelle Vermögenssteuer, d. h. aus dem Stamm des Vermögens zu entrichten, stellt somit eine weitere Belastung des sog. fundierten (auf Besitz begründeten) Einkommens neben den Ertragssteuern dar.

Die Vermögenssteuer wird vom 1. Januar 1919 ab, also erstmals für das Steuerjahr 1919 als direkte Steuer erhoben (Art. 1); Staatssteuerzuschläge, Kirchensteuern und Umlagen sind, im Gegensatz zu anderen direkten Steuern (Art. 3 Abs. 1 und 2 EG. zu direkten Staatssteuern), aus der Vermögenssteuer nicht zu entrichten (Art. 8) wohl aber die Strafzuschläge nach Art. 31 EStG., 54 Abs. 2 BesitzStG. (vgl. § 44 z. Abs. 1 VollzBek.). Eine neue allgemeine Veranlagung der Vermögenssteuer erfolgt bei der Neuveranlagung zur Reichsbesitzsteuer für den 31. Dez. 1919 (Art. 3 Abs 1). Nach § 1 SteuerfluchtG. wird auch die Vermögenssteuer im 2½ fachen Betrage erhoben. Art. 8 unterliegt zur Zeit wesentlich einschränkender Änderung.

2. Subjektive Steuerpflicht (Art. 2). Vermögenssteuerpflichtig sind:

a) nur natürliche (nicht aber juristische Personen), offene Handelsgesellschaften, Kommanditgesellschaften, stille Gesellschaften; Gesellschaften des bürgerlichen Rechtes sind nicht vermögenssteuerpflichtig, der einzelne Beteiligte hat seinen Anteil am Gemeinschaftsvermögen zu versteuern. Entsprechendes gilt für andere Gemeinschaften zur gesamten Hand, wie fortgesetzte Gütergemeinschaft, Erbengemeinschaft,

b) unbeschränkt d. h. mit dem Gesamtvermögen ausschließlich des außerbayerischen Grund- und Betriebsvermögens (vgl. hiezu Fürnrohr S. 14 ff.) vermögenssteuerpflichtig sind:

α) bayerische Staatsangehörige mit Ausnahme der in Art. 1 Abs. 1 Ziff. 1 lit. a mit c aufgeführten Personen. Für die Befreiung nach lit. c des Art. 1 EinkStG. (Aufenthalt im Ausland) genügt es, wenn der Steuerpflichtige vom Zeitpunkt des Ablaufes des zweijährigen Aufenthaltes im Ausland sich aufhält und in Bayern keinen (dienstlichen) Wohnsitz besitzt (OVK 16, 276);

β) nichtbayerische Reichsangehörige nach Maßgabe des Art. 1 Abs. 1 Ziff. 2 EStG;

γ) Ausländer (d. h. alle nichtreichsangehörigen Personen, auch Staatenlose) nach Maßgabe des Art. 1 Abs. 1 Ziff. 3 EStG.

Die Schutzgebiete gelten im Sinne der bayerischen Steuergesetze (im Gegensatz zu den Reichssteuergesetzen mit Ausnahme des Reichsdoppelsteuergesetzes) nicht als Ausland. Die subjektiven Steuerbefreiungen des Art. 3 EStG. gelten nicht für das Vermögenssteuergesetz;

c) beschränkt d. h. mit dem in Bayern gelegenen Grundvermögen und Betriebsvermögen eines stehenden Gewerbes, dem in Bayern dinglich versicherten Kapitalvermögen und dem Kapitalvermögen einer unter

Obervormundschaft eines bayerischen Gerichts stehenden Abwesenheitspflegschaft vermögenssteuerpflichtig sind alle natürlichen Personen ohne Rücksicht auf Staatsangehörigkeit, Wohnsitz oder Aufenthalt, Art. 2 Abs. 1 ESt G., Aufstellung eines Steuerbevollmächtigten Art. 3 EStG.

Die Voraussetzungen der subjektiven Steuerpflicht müssen bei allen drei Kategorien im Zeitpunkt der Veranlagung, erstmals 1. Januar 1919 bestehen. (§ 2 VollzBek.).

3. Steuerbares Vermögen (Steuerobjekt Art. 3 mit 6).

a) Grundsätzlich wird besteuert für den dreijährigen Zeitraum einer Besitzsteuerveranlagung das auf das Ende des vorhergehenden Besitzsteuer-Veranlagungszeitraumes (Veranlagungszeitpunkt) festgestellte Vermögen. Die Steuer wird jedoch in jedem Jahre und für jedes Jahr (Vermögenssteuerjahr) gesondert erhoben (§ 48 Abs. 3 VollzBek.). Die erstmalige Erhebung erfolgt für das Steuerjahr 1919, welches ein drittes Vermögenssteuerjahr des ersten Veranlagungszeitraumes darstellt.

α) Regelmäßig entscheidet für den Veranlagungszeitraum das in Bayern zur Reichsbesitzsteuer auf das Ende des unmittelbar vorhergehenden Besitzsteuer-Veranlagungszeitraumes festgestellte Vermögen. Nach § 3 Abs. 1 Satz 1 VollBek. genügt ein sog. Feststellungsbescheid (§ 65 Abs. 1 BesitzStG.), dagegen Erler, Deutsches Steuerblatt 1918, 100. Die Feststellung zur Besitzsteuer muß in Bayern erfolgt sein. Abzüge nach §§ 15, 16 BesitzStG. sind bei der Vermögenssteuer nicht zu berücksichtigen. Maßgebend ist die Fassung des Besitzsteuergesetzes, wie sie am 1. Jan. 1919 bestand, vgl. Abdruck des G. im Anhang 11 der VollzBek.

Für die Vermögenssteuerfeststellung des Steuerjahres 1919 ist grundsätzlich das auf den 31. Dez. 1916 festgestellte steuerbare Vermögen maßgebend; eine praktische Abweichung, nämlich Zugrundelegung des Standes v. 1. Jan. 1919, läßt § 3 Abs. 2 VollzBek. zu.

Die Feststellung des Vermögens erfolgt nach den Vorschriften des Besitzsteuergesetzes, näheres § 3 Abs. 3 VollzBek.

Hervorzuheben ist:

αα) Das Vermögen von Ehegatten, die nicht dauernd von einander getrennt leben, wird entsprechend § 14 BesitzStG. zusammengerechnet. Der eheliche Güterstand ist gleichgültig. Nach Art. 4 ist Art. 9 Abs. 2 EStG. entsprechend anwendbar: die einheitlich veranlagten Ehegatten haften für die Steuer als Gesamtschuldner, wenn nicht nachgewiesen wird, welches Vermögen an dem veranlagten Gesamtvermögen auf die Ehefrau trifft, vgl. § 8 VollzBek. Über die Folgen der Verehelichung oder Scheidung während eines Veranlagungszeitraumes vgl. Fürnrohr S. 88 ff. Kinder sind stets selbständig zu veranlagen; zweifelhaft ist für das Verhältnis der Ehegatten zu einander die Anwendbarkeit des § 16 BesitzStG.

ββ) Bei der beschränkten Vermögenssteuerpflicht (vgl. 2c) sind Schulden und Lasten nur im Rahmen des § 10 Abs. 3 BesitzStG. abziehbar. „Wirtschaftliche Beziehung" mit steuerbarem oder steuerfreiem Vermögen entscheidet. Die rechtliche Haftung eines Vermögensobjektes für eine Schuld (Hypothekeintrag) begründet die Vermutung für eine wirtschaftliche Beziehung (vgl. OVK. XIV, 144 ff.), dagegen § 17 Abs. 7 VollzBek. z. EStG.

γγ) Nach § 3 Abs. 3 VollzBek. ist § 28 Abs. 2 BesitzStG. anwendbar d. h. für Betriebe, bei denen regelmäßig jährliche Abschlüsse stattfinden, kann der Vermögensfeststellung der Vermögensstand am Schlusse des letzten Wirtschafts- oder Rechnungsjahres zugrunde gelegt werden.

β) Eine besondere Feststellung des steuerbaren Vermögens zur Vermögenssteuer hat nach Art. 3 Abs. 2 und 6 bei folgenden Fällen zu erfolgen:

αα) wenn der Steuerpflichtige vor Ablauf der Berufungspflicht (Art. 9 Abs. 3) beantragt, daß **nur** für die Besitzsteuerveranlagung oder nur für die Vermögenssteuerveranlagung die Bewertung von Grundstücken nach Maßgabe der §§ 30 mit 33, also abweichend von der allgemeinen Bewertungsvorschrift des § 29 (gemeiner oder Verkaufswert) BesitzStG. erfolgen soll, vgl. § 4 VollzBek. Die Vorschrift ist auch für die erste Veranlagung der Vermögenssteuer für das Jahr 1919 wirksam. Über die §§ 30 mit 33 BesitzStG. vgl. Erläuterungen zum Besitzsteuergesetz;

ββ) wenn das steuerbare Vermögen des Steuerpflichtigen auf den maßgebenden Veranlagungszeitraum (für den ersten Veranlagungszeitraum v. 31. Dez. 1913 bis 31. Dez. 1916 vgl. §§ 3 Abs. 2, 5 Abs. 1, 29 Abs. 5 VollzBek.) in Bayern nicht zur Besitzsteuer festgestellt ist, Einzelheiten vgl. § 5 VollzBek.;

γγ) bei Änderungen des Vermögensstandes, Zugängen und Abgängen innerhalb der drei Vermögenssteuerjahre vgl. §§ 6, 29 Abs. 2, 3, 4 VollzBek und Erläuterungen unter b;

δδ) im Falle des Art. 6 hinsichtlich der in Betracht kommenden Grundstücke:

Eine übersichtliche Zusammenstellung der besonderen Feststellungen für die erstmalige Steuerveranlagung des Steuerjahres 1919 gibt § 7 Abs 2 VollzBek. der für die „besondere Feststellung" maßgebende Zeitpunkt ist Art 3 Abs 3 Satz 1 bestimmt.

b) Änderungen des Vermögensstandes innerhalb der drei Vermögenssteuerjahre sind grundsätzlich einflußlos, werden nur in den Ausnahmefällen des Art. 5 berücksichtigt.

Die Ausnahmen sind:

α) Vermehrung des steuerbaren Vermögens eines Steuerpflichtigen um mehr als 5000 Mk. infolge Erwerbs von Todes wegen, Schenkung, Lotteriegewinns oder Vermögensübergabe, vgl. §§ 30 mit

36 VollzBek. Anzeigepflicht an das Rentamt, § 31 VollzBek. Überschreiten der steuerfreien Vermögensgrenze von 20000 Mk. infolge eines Erwerbs; vgl. § 29 Abs. 3, 4 VollzBek. Eine vollständig neue Veranlagung des Vermögens hat nur in den Fällen zu erfolgen, in denen das Vermögen eines Steuerpflichtigen bisher nicht festgestellt war; in allen übrigen Fällen ist nur das zugewachsene Vermögen festzustellen und dem bisher festgestellten hinzuzurechnen. Dem Pflichtigen bleibt jedoch unbenommen, nachzuweisen, daß die Mehrung durch Vermögenseinbuße ganz oder teilweise ausgeglichen worden ist. Nachgewiesene Minderungen sollen entsprechend berücksichtigt werden, § 32 VollzBek.

Vermögensvermehrungen, die aus Anlaß des Eintritts der fortgesetzten Gütergemeinschaft, des Todes eines anteilsberechtigten Abkömmlings oder des Verzichts eines anteilberechtigten Abkömmlings auf seinen Anteil am Gesamtgut entstehen, führen bei den beteiligten Personen zur Änderung der Veranlagung, Art. 5 Abs. 2.

β) Nachweis der Minderung des gesamten steuerbaren Vermögens eines Steuerpflichtigen um mehr als den sechsten Teil, § 37 Abs. 1, 2 VollzBek.

γ) Nachweis anderweiter Heranziehung eines bei einem Steuerpflichtigen wegfallenden Vermögensteiles zur Vermögenssteuer. Die anderweite Heranziehung muß in Bayern stattfinden, § 37 Abs. 4 VollzBek.

Die Abminderungen nach Art. 67 erfolgen nur auf Antrag. Verfahren vgl. § 38 VollzBek.

Für alle Änderungen der Veranlagung sind die Vorschriften des EStG. über das Verfahren bei der Behandlung von Zu- und Abgangsfällen und Veranlagungsänderungen im Art. 5 Abs. 3 für anwendbar erklärt, vgl. § 36 VollzBek.

c) Eine rückwirkende Berichtigung der Vermögenssteuererklärung kann im Falle des Art. 6 erfolgen, wenn vor Ablauf des ersten Viertels des dritten Steuerjahres nachgewiesen wird, daß das gesamte steuerbare Vermögen eines Steuerpflichtigen bei Anwendung oder Nichtanwendung der §§ 30 mit 33 BesitzStG. um wenigstens ein Zehntel niedriger festzustellen gewesen wäre. Es handelt sich somit um die steuerbaren Grundlagen des Grundstücksvermögens. Daß die betreffenden Grundstücke zur Zeit des Berichtigungsantrags noch dem Steuerpflichtigen gehören, es sei denn daß die Abminderung des Vermögens bereits nach Art. 5 Abs. 1 Ziff. 2 berücksichtigt wurde, vgl. im einzelnen § 42 VollzBek. Andere Fälle der Berichtigung vgl. §§ 40, 41 VollzBek.

4. Steuersatz, Art. 7. Die Vermögenssteuer beträgt für jedes Vermögenssteuerjahr eins vom Tausend des festgestellten auf 1000 Mk. nach unten abgerundeten steuerbaren Vermögens. Von der Vermögenssteuer sind Personen mit einem in Bayern steuerbaren Gesamtvermögen

von nicht mehr als 20000 Mk. befreit; da das abgerundete Vermögen maßgebend ist, beginnt die Steuerpflicht bei einem Vermögen von mindestens 21000 Mk. Für Vermögen unter 65000 Mk. sieht das Gesetz eine Degression vor.

5. Veranlagungs- und Rechtsmittelverfahren, Art. 9, 11. In den Regelfällen, in denen der Vermögenssteuerveranlagung das zur Besitzsteuer festgestellte Vermögen zugrunde gelegt wird, gilt die Besitzsteuererklärung gleichzeitig als Vermögenssteuererklärung. In den anderen Fällen kann die Steuerbehörde (in Bayern Rentamt) die Abgabe einer besonderen Vermögenssteuererklärung verlangen.

Ueber die Veranlagung wird ein Vermögenssteuerbescheid erteilt, § 27 Abs. 4 bis 7 VollzBek.

Im übrigen finden die in Bayern für die Besitzsteuer maßgebenden gesetzlichen Vorschriften entsprechende Anwendung, insbesondere:

a) Hinsichtlich der Erklärungspflicht, §§ 52 mit 54, 59 BesitzStG., §§ 12 mit 19 AusfBest. z. BesitzStG., §§ 5 mit 11 bayer. VollzBek. z. BesitzStG.

b) Veranlagung: Zuständig die Rentämter, bzw. bei besonderer Vermögensfeststellung im Neuanlageverfahren die Steuerausschüsse, §§ 22 mit 28 VollzBek.

c) Rechtsmittelverfahren: Berufung, Beschwerde, Einspruch, Näheres § 43 VollzBek. Die Einlegung der Rechtsmittel gegen die Besitzsteuerveranlagung erstreckt sich mangels gegenteiliger Erklärung des Steuerpflichtigen auch auf die Vermögenssteuerveranlagung.

d) Entsprechend anwendbar sind die Vorschriften der Art. 72 (Nachholung), 90 (Niederschlagung der Steuer), 92 (Wiedereinsetzung in den vorigen Stand, vgl. 1 f γ I) des EStG.

6. Die Strafbestimmungen in materieller und prozessualer Hinsicht (Art. 10, 12) schließen sich an die Bestimmungen des Einkommensteuer- und Besitzsteuergesetzes an. Eine Bestrafung nach dem Vermögenssteuergesetz tritt nur ein, wenn eine Bestrafung nach dem Besitzsteuergesetz nicht eintritt.

2. Abschnitt:

Die Rechtsprechung der Kriegsjahre:

(die folgenden Zitate geben Band und Seite der Entscheidungen der Oberberufungskommission in Steuersachen an).

1. Einkommensteuergesetz.

1. Subjektive Steuerpflicht:

a) Die Vermutung spricht für die Steuerpflicht bayerischer Staatsangehöriger; demzufolge sind bayerische Staatsangehörige ohne Wohnsitz und ohne Aufenthalt in Bayern und ohne Wohnsitz und Aufenthalt in einem anderen Bundesstaate oder zweijährigen Aufenthalt im Auslande in Bayern einkommen- und kapitalrentensteuerpflichtig, 17, 7.

b) Die Aufgabe des Wohnsitzes erfolgt nicht schon mit der Kündigung, sondern erst mit der Räumung der Mietwohnung, 16, 191; Aufenthalt ist ein Zustand von gewisser Stetigkeit und Dauer; Aufenthalt zu Bade, Besuch- oder Kurzwecken begründet keine Steuerpflicht, 15, 20; 17, 7.

c) Bei Berechnung der einjährigen Aufenthaltsdauer, welche die Steuerpflicht für Ausländer begründet, ist der Aufenthalt in verschiedenen Orten innerhalb Bayerns zusammenzurechnen, 17, 357.

2. Steuerobjekt:

a) Einkommensbegriff:

Einkünfte, und nicht Mehrung des Stammvermögens, sind Gegenleistungen, die für den Verzicht auf unbeschränkte gewerbliche Betätigung gewährt werden, 17, 191; einmalige, in die Form eines Ehrengeschenkes gekleidete Vergütungen an den Geschäftsführer eines gewerblichen Unternehmens, 16, 51; Bezüge, die der Geschäftsführer auf Grund seines Dienstvertrags für die Zeit nach Aufgabe seiner Stellung von dem Unternehmer zu beanspruchen hat, 17, 60; Gratisaufzahlungen, die eine Aktiengesellschaft zur Durchführung einer beschlossenen Kapitalerhöhung für Besitzer alter Aktien aus einem Reservefonds der Gesellschaft leistet, 16, 175; 17, 6.

Nicht Einkünfte, sondern Mehrung des Stammvermögens sind Gewinn aus Gelegenheitsspekulationen, 16, 18.

Steuerbare Einkünfte sind Kriegsunterstützungen; der Umstand, daß einem Angestellten ein Rechtsanspruch auf ihm gewährte Bezüge nicht zusteht, schließt die Steuerpflicht nicht aus, wenn die Zuwendung mit Rücksicht auf die Dienstleistung oder Dienststellung erfolgt, 17, 279.

b) Einkommensquelle und Einkommensbemessung.

α) Als wesentliche Änderungen im Stande der Einkommensquellen. die nach Art. 10 Abs. 2 EStG. zu berücksichtigen sind, gelten: die Aufnahme eines weiteren Gesellschafters in eine offene Handelsgesellschaft, 14, 62; der Austritt des Teilhabers einer offenen Handelsgesellschaft und Umwandelung der Gesellschaft in den Betrieb eines Einzelkaufmanns, 17, 139, 147; durchgreifende Umgestaltung eines gewerblichen Unternehmens durch Verpachtung bisheriger Hauptbetriebsstätten, die Errichtung neuer Betriebsstätten, Stillegung von Betrieben, 16, 213, unter Umständen Eröffnung eines weiteren Verkaufsladens, 16, 238. In diesen Fällen hat die Veranlagung des steuerbaren Jahreseinkommens nach dem mutmaßlichen Jahresertrgänis der Steuer zu erfolgen, Teilergebnisse von Betriebsjahren können zur Schätzung herangezogen werden, 17, 139. Wegen der Nachholung in diesen Fällen vgl. I Abschnitt A.

Nicht als wesentliche Änderungen im Stande der Einkommensquellen gelten: die Neuentstehung von Konkurrenzbetrieben, die den Umfang und die Ertragsfähigkeit des Betriebs des Steuerpflichtigen mindern 15,29; vorübergehende Verlegung eines Geschäfts in andere Räume infolge baulicher Vornahmen, 16, 97; Verwendung einer zur Deckung möglicher Betriebsverluste bestimmter Reserve, 16, 150; Einschränkung eines gewerblichen Betriebs infolge Kriegs, 17; geringfügige Geschäftserweiterungen, 14, 167, 169; 15, 190, 193.

β) Da feststehende Einkünfte aus Kapitalvermögen mit dem für das Steuerjahr zu erwartenden Betrag einzusetzen sind, sind die Zinsen aus im September 1918 gekauften Kriegsanleihen für das Steuerjahr 1919 mit dem ganzjährigen Zinsbetrag einzusetzen; dies ist feststehende richterliche Praxis. Gehaltsmehrungen, die mit Beginn des Steuerjahres in Wirksamkeit treten, sind voll zu veranlagen, 15, 93.

Nichtfeststehende oder schwankende Einkünfte z. B. Tantiemen und Dividenden, sind auch dann nach dem letzten unmittelbar vorausgegangenen Betriebsjahr anzusetzen, wenn zur Zeit der Steuerveranlagung bereits sicher ist, daß infolge Betriebsverlust dem Steuerpflichtigen keine Dividende oder Tantieme zufließen wird 15, 89, dagegen ist das Erträgnis aus solchen Wertpapieren, die der Steuerpflichtige erst im Laufe des Steuervorjahres nach Ausschüttung der letzten Dividende erworben hat, nicht nach dem objektiven Ergebnis des letzten vorangegangenen Betriebsjahres, sondern nach dem mutmaßlichen Jahresergebnis zu versteuern, 17, 150. Soweit nach Art. 10 Abs. 4 EStG. das der Veranlagung unmittelbar vorausgegangene Betriebs- oder Kalenderjahr maßgebend ist, darf die Reihenfolge der Jahre (Kontinuität der Betriebsjahre) nicht willkürlich unterbrochen werden 14, 4; 15, 27; 16, 97, 273. Ein nicht zwölf Monate umfassendes Betriebsjahr ist auf einen zwölfmonatlichen Zeitraum umzurechnen, 15, 190.

c) Einkommensfeststellung:

Betriebsausgaben sind: übliche Geschenke an Geschäftskunden, 17, 291; Kursverluste an Effekten, die Bestandteile gewerblichen Betriebskapitals sind, 17, 65; Ausgaben für im Betrieb verwendete eigene Kinder, soweit die Ausgaben Entgelt für übernommene Dienste darstellen, 17, 233; die von einer offenen Handelsgesellschaft an die Gesellschafter, welche Eigentümer des der Gesellschaft überlassenen Anwesens sind, auf Grund rechtswirksamen Mietvertrags gezahlten Mieten, 17, 135; Betriebskosten bei Miethäusern im Pauschalbetrag, 16, 70; Umzugskosten eines Werkes, 17, 99; angemessene Vergütungen an Geschäftsführer einer G. m. b. H., 17, 74, 85.

Nicht als abziehbare Betriebsausgaben gelten: Vergütungen an die im Gewerbetrieb tätige Ehefrau, 17 13; nicht auf Betriebskosten gebuchte Leistungen an Familienangehörige 14, 122; Tantiemen der Aufsichtsräte 15, 68, 163 Bezüge eines Gesellschafters einer offenen Handelsgesellschaft 17, 361; Aufwendungen aus Anlaß der Fusion zweier Gesellschafter 16, 15. Aufwendungen zur Deckung aus den Vorjahren stammender Verluste 17, 210, 241; Gründungskosten eines Unternehmens 16, 15.

α) Insbesondere Abschreibungen:

Zulässig sind: Abschreibungen wegen Substanzverringerung an Grundstücken, 15, 17; an dem damaligen um den seinerzeitigen Abbruchswert gekürzten Bauwert eines Gebäudes, 14, 188; an Betriebskonzessionsrechten infolge Ablaufs des Vertragsverhältnisses, 17, 272; auf Firmenrecht, Fasson-Geschäftskonto bei wirklich eingetretener Minderung des Werts des betr. Bilanzaktivums, 14, 82, 84; 16, 81, 163, 224; 17, 125, 126, 222; 2%ige Abschreibungen an landwirtschaftlichen Betriebsgebäuden, welche besonders schädlichen Einflüssen ausgesetzt sind, 15, 159, 161; an einem Dritten unentgeltlich überlassenen Gebäuden und Maschinen, 16, 19; 5%ige Abschreibungen auf empfindliche Maschinen, 17, 66; Abschreibungen am Warenkonto mit Rücksicht auf Wertsminderungen, die in den Verhältnissen beim Schlusse des Geschäftsjahres noch nicht begründet waren, 17, 358 (unter dem Gesichtspunkte der Rücklage für wahrscheinliche Betriebsverluste). Über Geltendmachung nichtgenehmigter versteuerter Abschreibungen in den folgenden Jahren vgl. Fürnrohr, Bilanzbewertung und Steuerpflicht, München 1919; auch 17, 311. Unzulässig sind die nicht in den Büchern und Bilanzen durchgeführten Abschreibungen, 15, 39, 46, 101; 16, 168; 17, 127, 304, 310; Abschreibungen in außergewöhnlicher Höhe, die alljährlich wiederkehren, 17, 314; summarische Abschreibungen an dem Gesamtbetrage der Außenstände, die in den Büchern des folgenden Jahres nicht festgehalten sind, 15, 107; am Bodenwerte eines städtischen Miethauses (14, 33); wegen Minderung eines Erträgnisses eines Unternehmens in einem oder einigen Jahren, 17, 125; wegen Möglichkeit baldiger Liquidierung eines Unternehmens 17, 74; nicht besonders begründete außerordentliche Abschreibungen, 17, 74.

β) Insbesondere Rücklagen:

Rücklagen aus dem Gewinne sind grundsätzlich steuerpflichtig z. B. Rücklagen für spätere Modernisierung eines Hauses, 14, 188; zulässig sind Rücklagen zur etwaigen Deckung wahrscheinlicher Betriebsverluste. Wahrscheinliche Betriebsverluste sind solche, die auf Grund bestimmter Tatsachen und Verhältnisse im einzelnen mehr oder minder bestimmt vorauszusehen sind oder die nach den besonderen Verhältnissen des Betriebs erfahrungsgemäß mit einer gewissen Regelmäßigkeit einzutreten pflegen; maßgebend für die Beurteilung der Wahrscheinlichkeit sind die Verhältnisse im Zeitpunkt der Bilanzaufstellung, 15, 225; 16, 150; 17, 81, 82. Rücklagen zur Deckung bloß möglicher Verluste sind nicht steuerfrei, 15, 115. Die Höhe eines Ausstandes für sich allein bedingt noch keine Verlustwahrscheinlichkeit, 17, 74.

Die Rücklage für Kriegsgewinnsteuer ist nach richterlicher Praxis nicht steuerfrei. Wegen Rücklage zur Ueberführung in die Friedenswirtschaft vgl. Erläuterungen zum Kriegssteuergesetz von 1916, Rosendorff, Steuerrecht der stillen Reserven 1919, 77 ff. und „Hauptsteuerfrage" S. 49 f.

γ) Verbrauchsabgabe:

Nur Schuldzinsen sind abziehbar, nicht die für Erteilung eines Akzepts bezahlten Provisionen, 15, 22; vgl. auch zu α Betriebsausgaben.

d) Einzelne Einkommensarten:

Einkünfte aus Grundvermögen:

Erlös aus dem Verkaufe von Holz auf dem Stamme auch dann steuerpflichtig, wenn er im Rahmen einer Gelegenheitsspekulation erzielt wurde, 16, 104.

Einkünfte aus Gewerbebetrieb:

Bei Gegenständen, die dauernd zum Betrieb eines Unternehmens bestimmt sind, ist nicht der augenblickliche Verkaufswert als Bilanzwert zu erachten, sondern jener Wert, der sich aus dem ursprünglichen Wertansatz unter Abzug der bis zum Zeitpunkt der Bilanzaufstellung eingetretenen Verluste berechnet, 17, 239; für die steuerrechtliche Beurteilung eines Bilanzpostens ist seine buchmäßige Behandlung nicht ausschlaggebend, 17, 292.

Bei gewerbetreibenden Gesellschaften (A.-G., G. m. b. H.) spricht die Vermutung dafür, daß auch die nicht im Betrieb des Gewerbes im engeren Sinne abgeschlossenen Geschäfte mit dem Gewerbebetrieb im Zusammenhang stehen, 15, 17, 81, 157; infolgedessen gehört der von einer Gesellschaft erzielte Erlös aus dem Verkauf eines Grundstücks, soweit er den Buchwert des Grundstückes übersteigt, zu den Einkünften aus Gewerbebetrieb, 16, 236. Der durch Zusammenlegung von Aktien und Herabsetzung des Grundkapitals entstehende buchmäßige Gewinn bildet keinen steuerpflichtigen Reinertrag, 16, 76. Ein fester Gewinnanteil oder ein Gehalt, den ein Gesellschafter einer offenen Handelsgesellschaft von dieser Gesellschaft bezieht, ist ein Teil des steuerbaren Ertrags der Gesellschaft, 17, 198; 361.

Über die steuerrechtliche Behandlung der vielfach gebildeten G. m. b. H. & Cie., Kommanditgesellschaft vgl. 15, 133; 17, 185, 216, über sog. Steuerbilanzen (nach bayerischer Praxis unzulässig), vgl. 14, 122, 166, 219; 17, 304, 310. Der nach Art. 14 Abs. 5 EStG. zulässige 2 %ige Abzug kann nicht auf die Obligationenschuld einer Aktiengesellschaft ausgedehnt werden.

Einkünfte aus Kapitalvermögen:

Für die Beurteilung des Anspruchs eines Aktionärs auf den Bezug von Dividende ist der Inhalt des auf die Gewinnverwendung sich beziehenden Teils des Protokolls der Generalversammlung maßgebend, 16, 233; Bezugsrechte bilden nur soweit sie aus dem Gewinn (Jahresgewinn, Reserven) gewährt werden, Einkommen aus Kapitalvermögen, 15, 30. Auch die von den Gesellschaftern einer G. m. b. H.

der Gesellschaft belassenen, durch Gesellschafterbeschluß ordnungsgemäß genehmigten Gewinnanteile sind steuerpflichtiges Einkommen, 15, 212; über die Steuerpflicht von zeitweise uneinbringlichen Kapitalrenten (feindliches Ausland) 16, 251.

Einkünfte aus Beruf usw.

Steuerpflicht der Kriegsunterstützungen, 17, 279.

3. Veranlagungs- und Rechtsmittelverfahren.

Die Steuerveranlagung hat nach der jeweils tatsächlichen Lage, nicht nach einer möglichen anderweiten Gestaltung der Verhältnisse zu erfolgen 15, 22, 172, 233.

Auf Beginn und Lauf der allgemeinen öffentlich bekannt gemachten Berufungsfrist ist es ohne Einfluß, ob dem Steuerpflichtigen eine besondere Mitteilung der Steuerschuldigkeit nach Art. 48 Abs. 3 EinkStG. zuging, 16, 46; 17, 47, 57; aus der das Verfahren beherrschenden Offizialmaxime sind folgende Konsequenzen gezogen: Der Steuerpflichtige hat kein Recht zur Ablehnung von Sachverständigen 16, 281, die Berufungskommission hat von Amts wegen die für die Veranlagung maßgebenden Verhältnisse festzustellen 15, 173; 17, 69; Sachverständigengutachten sind nach freier Beweiswürdigung zu werten, 17, 121, Rücksichten des „Steuergeheimnisses" sind zu beachten, 17, 162.

Jede Veranlagung für ein Steuerjahr bildet ein für sich abgeschlossenes Verfahren; die rechtlichen und tatsächlichen Feststellungen sind für spätere Veranlagungen nicht bindend, 15, 178, 183; 16, 213.

Durch außerordentliche Unglücksfälle bedingte Einkommensminderungen sind nach Art. 67 EinkStG. zu berücksichtigen; die Frage, ob der „Krieg" als außerordentlicher Unglücksfall anzusehen ist, ist nach den Umständen des einzelnen Falls zu entscheiden 17, 279.

II. Ertragssteuergesetze.

Gegen die Gewerbesteuerveranlagung einer offenen Handelsgesellschaft kann jeder einzelne Gesellschafter im vollen Umfange Rechtsmittel einlegen 17, 198

Bei der Festsetzung des Betriebskapitals für die Betriebskapitalanlage der Gewerbesteuer ist der in der Bilanz ausgewiesene Gewinn des laufenden Jahres abzuziehen, 15, 2[illegible]7; nicht abziehbare Kapitalschulden sind Darlehen der Gesellschaft 17, 88, Arbeiterkautionen 17, 74, Rücklagen für Betriebsverluste 17, 86, Schulden die anläßlich der Erweiterung eines Unternehmens gemacht wurden 15, 233, auf die Dauer gestundete Forderungen von Warenlieferanten, 17, 133.

Zweites Kapitel.

Die direkten Reichssteuern.

1. Abschnitt.

Das materielle Steuerrecht.

A. Wehrbeitragsgesetz vom 3. Juli 1913.

Das bei Kriegsausbruch im wesentlichen bereits durchgeführte Gesetz ist noch von praktischer Bedeutung, sowohl mit Hinblick auf die Bedeutung der Wehrbeitragsveranlagung nach Maßgabe anderer Steuergesetze, wie mit Hinblick auf die zurzeit außerordentlich häufigen Versuche, eine Neuveranlagung des Wehrbeitrags herbeizuführen.

I. Die Veranlagung zum Wehrbetrag ist von Bedeutung:

1. Nach § 20 BesStG. in der Fassung des § 39 KriegsStG. von 1916: als Wert des steuerbaren Vermögens am 1. Januar 1914 gilt das nach dem Wehrbeitragsgesetz rechtskräftig festgestellte Vermögen. Die Feststellung kann in einem Wehrbeitragsveranlagungs- oder einem Vermögensfeststellungsbescheid erfolgt sein. §§ 36, 47 WehrG.

   Somit ist das Wehrbeitragsvermögen auch maßgebend für die Berechnung des kriegssteuerpflichtigen Vermögenszuwachses nach Kriegssteuergesetz von 1916 (§ 2) wie für die Berechnung der Steuer wegen Nichtminderung des Vermögens um 10 % (§ 1). Eine entsprechende Bestimmung enthält § 4 Abs 1 Entw. eines Vermögenszuwachssteuergesetzes von 1919.

2. Nach § 21 Abs. 2 BesStG. gilt, wenn sich bei den früheren Veranlagungen zur Besitzsteuer kein steuerpflichtiger Vermögenszuwachs ergeben hat, als Vermögenszuwachs der Unterschied zwischen dem reinen Werte des steuerbaren Gesamtvermögens am Ende des jeweiligen neuen Veranlagungszeitraumes und dem für den Wehrbeitrag am 1. Januar 1914 festgestellten Vermögensstande.

3. Nach § 33 BesStG. gilt bei Grundstücken, deren Erwerb vor dem 1. Januar 1914 stattgefunden hat, der bei der Veranlagung des Wehrbeitrages festgestellte Wert eines Grundstückes als Betrag der bis dahin entstandenen Gestehungskosten.

4. Der für die Verpflichtung zur Abgabe einer Besitzsteuererklärung nach § 52 BesStG. maßgebende Vermögenszuwachs von 10000 Mk. hat das Wehrbeitragsvermögen als Ausgangspunkt (der Entw eines Vermögenszuwachssteuergesetzes von 1919 setzt den Betrag auf 5000 Mk. herab.

II. Da bei nachträglicher Erhöhung des Wehrbeitragsvermögens der steuerpflichtige Vermögenszuwachs niedriger wird, sind die Bestrebungen, Neuveranlagungen des Wehrbeitrages zu erreichen, überaus häufig. Nach § 54 Satz 2 WBG. hat eine Neuveranlagung zu erfolgen, wenn nachträglich neue Tatsachen und Beweismittel bekannt werden, die eine höhere Veranlagung des Steuerpflichtigen rechtfertigen. § 43 Satz 1 des Kriegsabgabegesetzes für das Rechnungsjahr 1918 vom 26. Juli 1918 bestimmt, daß der Steuerpflichtige keinen Anspruch auf eine Neuveranlagung des Wehrbeitrags (und der Besitzsteuer) habe. Diese authentische Interpretation hat rückwirkende Kraft auf alle noch nicht rechtskräftig erfolgten Neuveranlagungsverfahren. Für die Neuveranlagung zum Wehrbeitrag entscheidet somit das Ermessen der Steuerbehörde. Die Neuveranlagung hat in Bayern durch das Rentamt (nicht Steuerausschuß) zu erfolgen. Als Rechtsmittel kommt nur Verwaltungsbeschwerde, nicht Rechtsbeschwerde in Betracht. Für das Ermessen der Behörde wird die Frage der Gutgläubigkeit des Steuerpflichtigen bei der seinerzeitigen Steuererklärung zum Wehrbeitrag entscheidenden Einfluß haben. In einem schwebenden Berufungsverfahren über Besitz- und Kriegssteuer kann das Berufungsgericht nicht das rechtskräftig festgestellte Wehrbeitragsvermögen erhöhen. § 4 Abs. 2 des Entwurfes eines Vermögenszuwachssteuergesetzes von 1919 sieht eine Berichtigung des Wehrbeitragsvermögens infolge Rechtsirrtums vor, indem es sowohl dem Steuerpflichtigen wie der Steuerbehörde den Rechtsanspruch auf Berichtigung gewährt.

B. Besitzsteuergesetz vom 3. Juli 1913.

(RGBl. 524) Inkraftgetreten am 26. Juli 1913, vgl. Rheinstrom, Köppe, Zimmermann.

Da die erste Veranlagung erst zum 1. April 1917 für den in der Zeit v. 1. Jan. 1914 bis 31. Dez. 1916 entstandenen Zuwachs durchzuführen war (§ 19), ferner die Ausführungsbestimmungen des Bundesrats erst am 30. Nov. 1916 (ZBl. 114), die bayer. VollzV. am 18. Dez. 1916 (GVBl. 635) ergingen, endlich die Bestimmungen des Gesetzes grundlegend für die Durchführung der Kriegssteuergesetze und bei der Neuveranlagung zum 31. Dez. 1919 wiederum unmittelbare praktische Bedeutung erlangen, sind die wichtigsten Bestimmungen dieses Vorkriegsgesetzes darzustellen.

1. Subjektive Steuerpflicht: § 11 BesStG. (grundlegend für die Steuerpflicht nach § 1 des Kriegssteuergesetzes von 1916, § 1 des Kriegsabgabegesetzes von 1918, nach den Entwürfen von 1919, für die Vermögensverzeichnisverordnung v. 13 Jan. 1919).

Steuerpflichtig sind nur natürliche Personen, Gesellschaften mit juristischer Persönlichkeit (Aktiengesellschaft, Gesellschaften mit beschränkter Haftung, Gewerkschaften usw.) sind nicht steuerpflichtig Bei persönlichen Vereinigungen (offene Handelsgesellschaften, Kommanditgesellschaften, Gelegenheitsgesellschaften, Gesellschaften des bürgerlichen Rechts) und bei Gesamthandgemeinschaften (Erbengemeinschaft, fortgesetzte Gütergemeinschaft) hat jeder Beteiligte seine Anteile am Gemeinschaftsvermögen zu versteuern § 4 Abs 2. Ehegatten sind unter der Voraussetzung des § 14 gemeinsam zu veranlagen. Kindsvermögen ist stets gesondert zu versteuern. Gebundenes Vermögen gilt als Vermögen des Inhabers § 9.

a) Unbeschränkt steuerpflichtig mit dem gesamten steuerbaren (also nicht ausländischem Grund- und Betriebsvermögen § 5, Hausrat § 8) Vermögen sind α) Deutsche Reichsangehörige, mit Ausnahme derer, die sich seit länger als zwei Jahren (vom Stichtag 31. Dez. 1916, 31. Dez. 1919 usw. an gerechnet) dauernd im Auslande aufhalten, ohne einen Wohnsitz in einem deutschen Bundesstaat zu haben. „Dauernder Aufenthalt" wird nicht durch vorübergehende Rückkehr z. B. zu Besuchs- oder Kurzwecken, unterbrochen. Der Mangel des Wohnsitzes muß nach bayerischer Praxis (OVG. 16, 276) nur am Stichtag gegeben sein; a. A. Strutz, KriegStG. 560, der auch für den Wohnsitzmangel zweijährige Frist verlangt. Bei Reichs- und Staatsbeamten genügt dienstlicher Wohnsitz im Auslande zur Begründung der Steuerpflicht. Ueber Staatsangehörigkeit, Wohnsitz, Aufenthalt vgl. oben S. 15.

β) Ausländer, welche im Deutschen Reich einen Wohnsitz oder in Ermangelung eines Wohnsitzes ihren dauernden Aufenthalt haben. Die Voraussetzungen müssen am Stichtag vorhanden sein. Aufenthalt zu Erwerbszwecken ist nicht genügend. Ehemalige, jetzt staatenlose Deutsche sind im Sinne des Besitzsteuergesetzes als Ausländer zu behandeln JW. 1919, 263.

b) Unbeschränkt steuerpflichtig mit dem Zuwachs an inländischem Grund- und Betriebsvermögen sind alle natürlichen Personen ohne Rücksicht auf Staatsangehörigkeit, Wohnsitz oder Aufenthalt. Im Falle der beschränkten Steuerpflicht sind nach § 10 Abs. 3 nur die in wirtschaftlicher Beziehung zu dem der beschränkten Steuerpflicht unterworfenen Vermögensteil stehenden Schulden und Lasten abzugsfähig. Nach § 51 Abs. 1 BundesrBek. ist jedoch, wenn nicht besondere Umstände eine gegenteilige Annahme rechtfertigen, eine wirtschaftliche Beziehung zum Grundstücksvermögen anzuerkennen, wenn die Schulden und Lasten auf dem betreffenden Grundvermögen ruhen. Die hypothekarische Eintragung begründet die Vermutung des wirtschaftlichen Zusammenhangs (Deutsches Steuerblatt 1, 78), weitergehend die bayerische Praxis (OVG. 14, 140).

2. Steuerobjekt ist der Vermögenszuwachs eines Veranlagungszeitraumes (regelmäßig 1. Jan. 1914 bis 31. Dez. 1916, 1. Jan. 1917 bis 31. Dez. 1919 usw.) soweit er den steuerfreien Zuwachs von 10 000 Mk. (§ 12) übersteigt (§§ 1, 19). Dieser Vermögenszuwachs bildet auch die Grundlage für die Steuerpflicht der natürlichen Personen nach den Kriegssteuergesetzen und Entwürfen von 1916, 1918, 1919 Der Veranlagungszeitraum ist ein dreijähriger (§ 18), bei Begründung der persönlichen Steuerpflicht innerhalb eines Veranlagungszeitraumes vgl. § 22. Infolge Bezugnahme auf die letzte Bilanz nach § 28 Abs. 2 kann ein Zuwachs von vier Jahren in Frage kommen (Deutsches Steuerblatt 1, 75, 202).

a) Der Vermögenszuwachs ist der Unterschied zwischen dem reinen Werte des steuerbaren Gesamtvermögens am Ende und am Anfang des jeweiligen Veranlagungszeitraumes. An Stelle des Vermögensstandes am Anfang des Veranlagungszeitraumes tritt, wenn in diesem Zeitpunkt eine Besitzsteuer mangels eines steuerpflichtigen Vermögenszuwachses nicht zu erheben war, der letzte Vermögensstand, der zu einer Erhebung der Steuer geführt hat, § 21 Abs. 1. Durch diese Vorschrift soll die Unbilligkeit der Besteuerung eines später wieder zu Verlust gehenden Vermögenszuwachses gemindert werden. Wegen der Besteuerung des Vermögenszuwachses, der erst während mehrerer Veranlagungsperioden den steuerfreien Zuwachs von 10 000 Mk. übersteigt, vgl. § 21 Abs. 2. Steuerfreiheit besteht für Vermögen, deren Gesamtwert 20 000 Mk. nicht übersteigt, bei Vermögen bis 30 000 Mk. wird der steuerpflichtige Zuwachs nur gemindert besteuert § 13.

α) Vermögen im Sinne aller Vermögenssteuergesetze ist der Inbegriff der in einem bestimmten Zeitpunkte dem Berechtigten zustehenden geldwerten Rechte. Ob das Vermögensobjekt einen Ertrag abwirft, ist gleichgültig. Bloße Aussichten und Empfehlungen sind nicht steuerpflichtig. Regelmäßig muß der Steuerpflichtige Eigentümer, zum mindesten Eigenbesitzer (§ 874 BGB.) sein. Vermögen, dessen Erwerb von dem Eintritt einer aufschiebenden Bedingung oder unsicheren Befristung abhängt, wird nicht berücksichtigt, §§ 41, 46. Im Falle der Nacherbfolge ist der Vorerbe steuerpflichtig. Gleichgültig ist der Erwerbsgrund des Vermögens, das vom Vater beschenkte Kind hat den noch vorhandenen Gegenstand selbst zu besteuern; somit ist auch Kindserbe besitzsteuerpflichtig. Eine Ausnahme besteht für das Frauenerbe, § 15. Bei der Bewertung von Grundvermögen ist der Erwerbsgrund im Rahmen des § 31 von Bedeutung.

β) Das Vermögen wird in einer für alle Vermögenssteuergesetze vorbildlichen Weise in drei Vermögensarten geschieden:

Grundvermögen: Grundstücke einschließlich Zubehör und den Grundstücken gleichstehende Berechtigungen (§ 2 Ziff. 1; § 3) Liegenschaften, Gebäude, Gärten, Seen usw. Bestandteile §§ 93 ff. BGB., Zubehör §§ 97, 98 BGB. In den Besitzsteuererklärungen sind wirtschaftlich zusammenhängende Grundstücke als eine Besitzung aufzuführen; über den Begriff der „Wirtschaftseinheit" vgl. § 27 Abs. 3 BesStAusfBest. Gleichgültig ist, ob die Grundstücke auf einem oder verschiedenen Grundbuchblättern eingetragen sind. Land- und forstwirtschaftliche Nebenbetriebe, die vom Hauptbetrieb wirtschaftlich abhängig sind, gehören zur Wirtschaftseinheit. Gleichartigkeit der Benutzung und räumliche Geschlossenheit ist weder erforderlich noch genügend, wirtschaftliche Gesichtspunkte entscheiden; hierzu auch § 54 Abs. 3 BesStAusfBest. Ausländisches Grundvermögen gehört nicht zum steuerbaren Vermögen, § 5.

Betriebsvermögen: Alle dem Betrieb der Land- und Forstwirtschaft, des Bergbaues oder einem Gewerbe gewidmeten Gegenstände (§ 2 Ziff. 2, § 4) sowohl Anlage- wie Betriebskapital. Dauernde Widmung für den Betrieb nicht erforderlich, wohl aber Eigentum an den Betriebsgegenständen. Zur Landwirtschaft gehört regelmäßig auch Wein-, Obst- und Gartenbau; zur Forstwirtschaft die Verarbeitung und Verwertung angefallenen Holzes. Gewerbe ist sowohl stehendes Gewerbe, wie Gewerbebetrieb im Umherziehen. „Betrieb" ist die Gesamtheit der zu einem wirtschaftlichen Unternehmen gehörenden zusammengefaßten Arbeitsstätte, auch wenn sie räumlich getrennt sind. „Gegenstände" sind geldwerte Sachen und Rechte. Immaterielle Werte kommen dann in Betracht, wenn sie entgeltlich erworben und dementsprechend in die Bilanz aufgenommen sind.

Ausländisches Betriebsvermögen gehört nicht zum steuerbaren Vermögen § 5.

Kapitalvermögen: Alle geldwerten Gegenstände, welche weder Grund- noch Betriebsvermögen sind, insbesondere die im § 6 aufgeführten Vermögensgegenstände (§ 2 Ziff. 3, § 6). Die Einzelaufführung des § 6 ist nicht erschöpfend, z. B. Anspruch auf Ersatz wegen eines zu Verlust gegangenen Wertpapieres gegen den Aussteller (Deutsches Steuerblatt I, 3). Was Bestandteil von Grundvermögen oder Betriebsvermögen ist, gilt nicht als Kapitalvermögen, z. B. zum gewerblichen Betriebsvermögen gehörige Aktien; der Landwirtschaft gewidmete Gerechtigkeiten. Dies ist von praktischer Bedeutung, besonders wenn es sich um ausländisches Grund- oder Betriebsvermögen handelt. Denn ausländisches Kapitalvermögen ist nicht steuerfrei.

Zu den Einzelfällen des § 6 ist zu bemerken:

§ 6 Abs. 1: Selbständige Rechte und Gerechtigkeiten sind selbständige, ausschließlich geldwerte Vermögensrechte, also nicht persönliche Konzessionen, Familienrechte, Rechte auf Handelsfirma (da nicht selbständig) oder Warenzeichen, die auf familienrechtlicher Grundlage beruhenden Nutznießungsrechte des Ehemanns und der Eltern (für das privatrechtliche Innenverhältnis vgl. § 17, hiezu Hallbauer, Deutsche Steuerzeitung VII, 105), dagegen ja: Bergwerkseigentum, Urheberrechte, Patent- und Gebrauchsmusterschutzrechte, Vermögensrechte, Erbbaurechte, Nießbrauchrechte, soweit der mit Nießbrauch belastete Gegenstand zum steuerbaren Vermögen gehört.

§ 6 Abs. 2: Kapitalforderungen auf einen Geldbetrag, welcher nicht Entgelt für die überlassene Nutzung eines Vermögensgegenstandes ist. Letzterenfalls handelt es sich nicht um Vermögen, sondern um Einkünfte, wie beispielsweise Zinsen, Mieten, Leibrenten. Gleichgültig ist, ob die Forderung verzinslich, ob sie verbrieft, ob sie dinglich gesichert ist, ob der Schuldner im Inland wohnt oder nicht. Inwiefern Rückstände an Zinsen, Mieten usw. die Natur von Vermögensteilen angenommen haben, ist nach den Umständen des einzelnen Falls zu beurteilen; im Zweifel sind zweijährige und ältere Rückstände Kapitalforderungen gleichzustellen.

§ 6 Abs. 3: Aktien und Anteilscheine, einerlei ob einer inländischen oder ausländischen Gesellschaft, ob im Inland oder Ausland aufbewahrt, Reichsbankanteilscheine und Anteilscheine der deutschen Kolonialgesellschaft, nicht Genußscheine, die unter Ziff. 5 fallen können, Kuxe des älteren und neueren Rechtes, erstere soweit sie nicht grundstücksgleiche Rechte sind; Geschäftsguthaben bei Genossenschaften; Geschäftsanteile der Gesellschaften mit beschränkter Haftung; andere Gesellschaftereinlagen wie die Einlage des stillen Gesellschafters.

§ 6 Abs. 4: Barbestände und Bankguthaben, ausgenommen der sog. Dreimonatsbedarf, wenn er aus laufenden Jahreseinkünften herrührt (also nicht, wenn es sich um Vermögen durch nicht gewerbsmäßige Veräußerung von Vermögensgegenständen, infolge Schenkung, Erbschaft usw. handelt) und zur Bestreitung der laufenden Ausgaben für drei Monate dient. Bestandteile des Betriebsvermögens sind nicht befreit (Deutsche Steuerzeitung 1918, 152). Zur Bestreitung der laufenden Ausgaben haben in erster Linie die laufenden Einkünfte des dreimonatlichen Zeitraumes zu dienen; nur insoweit diese nicht dazu geeignet sind oder nicht ausreichen oder nicht rechtzeitig eingehen, dienen die vorher angesammelten Bestände dazu (Deutsches Steuerblatt Jahrg. I, 201, JW. 1919, 126).

§ 6 Abs. 5: Der Kapitalwert der Rechte auf Renten und andere wiederkehrende Nutzungen und Leistungen, unter der Voraussetzung der in Ziff. 5 näher bestimmten Dauer des Bezugsrechts und des ebenda näher bezeichneten Rechtsgrundes (vertragsmäßige Gegenleistung für die Hingabe von Vermögenswerten, letztwillige Verfügung, Schenkung, Familienstiftung oder hausgesetzliche Bestimmung), hierher zählen Nießbrauchrechte (jedoch nicht die auf familienrechtlicher Grundlage beruhende Nutznießung), Leibrenten, Altenteilsrechte, Zuschuß an Kinder, soweit sie sich nach § 1624 BGB. als Schenkung darstellen. Fortlaufende Vergütungen für Überlassung eines gewerblichen Schutzrechtes (vgl. Deutsches Steuerblatt I, 201). Aus sozialpolitischen Gründen sind steuerfrei die in § 7 aufgeführten Ansprüche.

§ 6 Abs. 6: Noch nicht fällige Ansprüche aus Lebens- und Kapitalversicherungen oder Rentenversicherungen, bei denen der Berechtigte noch nicht in den Rentenbezug eingetreten ist. Unerheblich ist, zu wessen Gunsten die Versicherung geschlossen ist und wer die Prämien bezahlt. Vgl. auch § 47 AusfBek.

Steuerfrei sind nach § 8 Möbel, Hausrat und andere nicht unter § 6 fallende körperliche Gegenstände, soferne sie nicht Zubehör von Grundvermögen oder Bestandteil eines Betriebsvermögens sind. Der Zeitpunkt der Anschaffung ist nach Besitzsteuergesetz gleichgültig; abweichend § 5 Kriegssteuergesetz von 1916 und § 8 Ziff. 3, 4 des Entwurfes eines Vermögenszuwachssteuergesetzes von 1919.

Da nur das Reinvermögen besteuert wird, sind nach § 10 vom steuerbaren Bruttovermögen abzuziehen die dinglichen und persönlichen Schulden des Steuerpflichtigen, sowie der Wert der dem Steuerpflichtigen obliegenden Lasten. Im Falle des Gesamtschuldverhältnisses kann jeder Gesamtschuldner die ganze Schuld in Abzug bringen, es sei denn, daß die gesamtschuldnerische Haftung bedingt ist. Geldstrafen sind als Schulden dann abzugsfähig, wenn sie am Stichtag rechtskräftig ausgesprochen waren. Der Kapitalwert eines Unterhaltszuschusses an

Söhne, der nicht Schenkung im Sinne des § 1624 BGB. ist, kann nicht vom Vermögen abgezogen werden, da keine Leistung im Sinne des § 6 Ziff. 5 vorliegt (Deutsches Steuerblatt I, 201). Nicht abzugsfähig sind nach § 10 Abs. 2 die Haushaltungsschulden, z. B. Arztschulden, Steuerschuldigkeiten, vgl. Deutsches Steuerblatt I, 76, 201, Amtl. Nachr. des Reichsschatzamts 1915, 199, Schulden für Aufwendungen zur Befriedigung persönlicher Bedürfnisse und Schulden und Lasten, welche in wirtschaftlichem Zusammenhang (vgl. oben 1, b) zu nicht steuerbaren Vermögensteilen stehen z. B. Schulden für Ankauf von Hausrat oder Schmuck.

Nach neuester Rechtsprechung sind bei der Feststellung des Vermögens die vom Vermögensinhaber geschuldeten Leistungen der in § 7 bezeichneten Art im kapitalisierten Betrag abzugsfähig, obwohl die Berechtigten ihre Ansprüche nicht zu versteuern haben vgl. JW. 1919, 399 gegen amtliche Nachrichten des Reichsschatzamts 1915, 237.

b) Da der Vermögens**wert** entscheidet, mußte das Gesetz **Bewertungsgrundsätze** aufstellen. Für die Wertsermittelung ist der jeweilige Stichtag maßgebend, für Betriebe, bei denen regelmäßig jährliche Abschlüsse stattfinden, kann der Vermögensfeststellung der Vermögensstand am Schlusse des letzten Wirtschafts- oder Rechnungsjahres zugrunde gelegt werden § 28 Abs. 2. Die Bilanzwerte sind anzuerkennen, soferne die Bilanz ordnungsgemäß aufgestellt ist und die vorgenommenen Abschreibungen sich in den nach kaufmännischen Grundsätzen angemessenen Grenzen bewegen, bayer. OBR. 16, 296. Die seit dem Bilanztage bis zum Stichtage eingetretenen Verschiebungen zwischen dem Betriebs- und dem sonstigen Vermögen sind zu berücksichtigen BayAusfBek. § 28. Hat der Steuerpflichtige von seinem Wahlrecht Gebrauch gemacht, so ist er an die Wahl gebunden (Deutsches Steuerblatt I, 202).

α) Begriff der Bewertungseinheit.

Nach § 29 ist bei der Feststellung des Vermögens der Wert der „einzelnen Bestandteile" zugrunde zu legen. An sich ist Bestandteil des Vermögens jede einzelne Sache und jedes einzelne Recht. Sachen und Rechte, die in einem wirtschaftlichen Zusammenhang zueinander stehen (§ 27 Abs. 3 AusfBest.), bilden eine Bewertungseinheit. Zur Bewertungseinheit gehören beim Betriebsvermögen auch die Schulden des Vermögens, während beim Grund- und Kapitalvermögen die Schulden erst nach Bewertung der Einheit vom Gesamtvermögen zum Abzug gelangen (vgl. § 53).

Grundstücke und ihnen gleichstehende Rechte, die einem gewerblichen Betrieb dienen, gehören zum Betriebsvermögen; umgekehrt Betriebskapital eines landwirtschaftlichen Besitzes zum Grundvermögen vgl. auch 2 a β.

β) Wertermittlung der **beweglichen Vermögensbestandteile:** Grundsätzlich ist der gemeine Wert (Verkaufswert) zu ermitteln § 29. „Der gemeine Wert (Verkaufs- oder Verkehrswert) wird durch den

Preis bestimmt, der im gewöhnlichen Geschäftsverkehr nach der Beschaffenheit des Gegenstandes ohne Rücksicht auf ungewöhnliche oder lediglich persönliche Verhältnisse zu erzielen ist". (§ 27 Abs. 2 BayAusfB.). Über die Rechtsprechung vgl. Strutz, KriegsSG. 196 ff.

Besondere Vorschriften sind gegeben: für Wertpapiere mit Börsenkurs § 34 Abs. 1; Dividendenabschlag § 31 Abs. 2;

für Wertpapiere ohne Börsenkurs und Anteilen von Gesellschaften mit beschränkter Haftung (§ 35), auch hier stets der Verkaufswert, für dessen Ermittelung das Gesetz Anhaltspunkte gibt, nicht der Ertragswert, amtl. Nachrichten des Reichsschatzamtes 1918, 136 JW. 1919, 61).

Für „andere" Kapitalforderungen § 36 Abs. 1; Forderungen in ausländischer Valuta sind zum Schätzungswert, nicht zum Valutenwert am Stichtag einzusetzen (JW. 1919, 206, 338), Zwischenzinsen § 41.

Für die Bewertung von Versicherungsansprüchen nach § 6 Ziff. 5 vgl. § 36 Abs. 2; für die Kriegssteuern besondere Vorschriften § 6 Abs. 2 des Kriegssteuergesetzes von 1916;

für die Berechnung des Kapitalwerts der nach § 6 Ziff. 5 steuerpflichtigen Ansprüche auf Nutzungen und Leistungen §§ 37, 39, 40.

über den Einfluß von Nebenbestimmungen (echte und unechte Bedingungen) auf die Bewertung §§ 42, 43, 46.

Für unbeitreibliche Forderungen § 47; Forderungen gegen im feindlichen Auslande wohnende Schuldner sind nicht als unbeitreiblich anerkannt JW. 1919, 338.

Für die Bewertung von Schulden §§ 36 Abs. 1, 37, 38, 39, 40, 41; Schulden und Lasten mit Nebenbestimmung (echte und unechte Bedingung) §§ 42, 43, 44, 45, 46 Bestrittene Schulden sind im Schätzungswert abzuziehen.

γ) Wertermittlung bei G r u n d s t ü c k e n (Liegenschaften und Häusern). Bei der Wichtigkeit und Schwierigkeit der gesetzlichen Regelung wird hier eine Übersicht über die Bewertungsgrundsätze von Grundstücken für alle Vermögenssteuergesetze gegeben, wobei die Grundsätze des § 6 in den Steuergesetzen nur für Berechnung der Kriegssteuer gelten.

Eine Einteilung ist nach vier Gesichtspunkten möglich.

Einteilung nach der B e w e r t u n g s a r t:

Gemeiner oder Verkaufswert. Begriff: vgl. neben Strutz, Kriegssteuergesetz 196 ff.; Boethke, Deutsches Steuerblatt I, 105 ff. Regelmäßige Bewertungsart § 29, wahlweise mit Gestehungskosten nach § 30, ersatzweise an Stelle des Erwerbspreises nach § 31 Abs. 1, 32; ersatz- und wahlweise neben Ertragswert an Stelle des Erwerbspreises nach §§ 31 Abs. 5, 32; niemals zulässig, wenn niedriger als Gestehungskosten, nach § 6 Kriegssteuergesetz von 1916 und § 10 Entw. des Vermögenszuwachssteuergesetzes von 1919.

Gestehungskosten und Begriff: § 30 Abs. 2 nach Fassung des Kriegssteuergesetzes von 1916 mit §§ 29, 30 AusfB.; Strutz, Kriegssteuergesetz 208 ff. Die Gestehungskosten zerfallen in drei Bestandteile; in

Erwerbspreis, sonstige Anschaffungskosten, wertsteigernde Aufwendungen während der Besitzzeit; abzuziehen sind die durch Verschlechterung entstandenen Wertminderungen. An Stelle des Erwerbspreises (nur ein Bestandteil der Gestehungskosten) treten unter gewissen Voraussetzungen gemeiner Wert oder Ertragswert. Ein fiktiver Begriff der Gestehungskosten ist durch § 33 geschaffen, indem bei vor dem 1. Januar 1914 erworbenen Grundstücken der bei Veranlagung des Wehrbeitrags festgestellte Grundstückswert als Betrag der bis dahin entstandenen Gestehungskosten (wobei Wertminderung durch Verschlechterung schon abgezogen ist) gilt; die wirklichen Gestehungskosten kommen also nur bei Erwerbung von Grundstücken nach dem 1. Januar 1914 (richtig wohl nach dem 31. Dezember 1913) in Betracht. Die Gestehungskosten sind maßgebend: wahlweise neben dem gemeinen Wert § 30, zwingend nach § 6 KrStG., wenn sie höher sind, als der gemeine Wert. Im Rahmen der Gestehungskosten tritt an Stelle des Erwerbspreises der Ertragswert wahlweise mit dem gemeinen Wert in den Fällen der §§ 31 Abs. 5, 33, der gemeine Wert allein in den Fällen des § 31 Abs. 1, 33, statt nur bei nach dem 31. Dezember 1913 erworbenen Grundstücken.

Das Wahlrecht des Steuerpflichtigen ist nach der in ihrer Gültigkeit allerdings bestrittenen Vorschrift des § 29 Abs. 2 AusfBest. bis zum Ablauf der Rechtsmittelfrist auszuüben. An die ausgeübte Wahl ist der Steuerpflichtige gebunden. Bei gleichzeitiger Feststellung des Anfangs- und Endvermögens kann der Antrag nicht auf eine Feststellung beschränkt werden.

Ist eine Feststellung des Grundstückwerts beim Wehrbeitrag nicht erfolgt, so ist für den 31. Dezember 1914 stets der gemeine oder Ertragswert zugrunde zu legen (Deutsches Steuerblatt I, 6).

Ertragswert: Begriff § 31 Abs. 2, 3, 4 §§ 34 mit 45 BayAusfB §§ 14, 15 bayer. VollzV.; Strutz, KrStG. 214 ff. Der Ertrags-wert ist der sog. Normalreinertrag.

Der Ertragswert ist (im Gegensatz zur Wehrbeitragsveranlagung) nie der der Veranlagung zugrunde zu legende Wert, sondern nur ein Teil der Gestehungskosten; er tritt an Stelle des Erwerbspreises, eines Bestandteils der Gestehungskosten.

Zwingend ist die Ertragswertsberechnung in keinem Falle vorgeschrieben; wahlweise neben dem gemeinen Wert zugelassen nach §§ 31 Abs. 1, 32 bei dem sog. begünstigten Grundvermögen. Wenn die Wehrbeitragsveranlagung nach dem Ertragswert erfolgte, kann er infolge des § 33 noch in Betracht kommen an Stelle der gesamten Gestehungskosten bis 1. Januar 1919; infolge der Vorschrift des § 33 kommt die Ertragswertberechnung als Bestandteil der Gestehungskosten nur bei nach dem 31. Dezember 1918 erworbenen Grundstücken in Frage. Das Wahlrecht ist bis zum Ablauf der Rechtsmittelfrist auszuüben; Ausübung des Wahlrechts bindet.

Einteilung nach dem Zeitpunkt des Erwerbs: Erwerb von Grundstücken vor dem 1. Januar 1914: grundsätzlich der gemeine Wert nach § 29 maßgebend; wahlweise nach § 30 Gestehungskosten, wobei gemäß § 33 der bei Veranlagung des Wehrbeitrags festgestellte Wert als Betrag der bis dahin entstandenen Gestehungskosten gilt. An Stelle des Erwerbspreises (Teils der Gestehungskosten) tritt in den Fällen des § 31 Abs 1, 32 der Ertragswert bzw. gemeine Wert.

Erwerb von Grundstücken in der Zeit vom 1. Januar 1914 mit 1. August 1914:

Grundsätzlich der gemeine Wert nach § 29 maßgebend; wahlweise nach § 30 Gestehungskosten, wobei der Wehrbeitragswert selbstverständlich wegfällt; in den Fällen der §§ 31 Abs. 1, 32 tritt an Stelle des Erwerbspreises (Bestandteil der Gestehungskosten) der Ertragswert bzw. gemeine Wert.

Erwerb von Grundstücken in der Zeit nach 1. August 1914: nach § 6 KriegsstG. v. 1916 kraft Gesetzes die Gestehungskosten an Stelle des gemeinen Werts, wenn sie höher sind als diese.

Einteilung nach Benutzungsart der Grundstücke;

Hervorgehoben sind Grundstücke, die dauernd land- und forstwirtschaftlichen oder gärtnerischen Zwecken zu dienen bestimmt sind, und bebaute Grundstücke, welche Wohnzwecken oder gewerblichen Zwecken zu dienen bestimmt sind und deren Bebauung und Benutzung der ortsüblichen Bebauung und Benutzung entspricht, §§ 31, 32, 34 AusfBest.; Strutz, Kriegsst. 227 ff. Bei diesen hervorgehobenen Grundstücken tritt im Falle des Erwerbs nach dem 31. Dez. 1913 durch eine der dem §§ 31 Abs. 1, 32 bezeichneten Erwerbsart an Stelle des einen Teil der Gestehungskosten bildenden Erwerbspreises der Ertragswert. Durch diese Hervorhebung sollen diese Grundstücke begünstigt werden. Bei vor dem 1. Januar 1914 erworbenen Grundstücken gilt als Betrag der bis zum 1. Januar 1914 entstandenen Gestehungskosten der beim Wehrbeitrag festgestellte Wert, so daß für eine Ertragswertberechnung kein Raum mehr ist. Bei den übrigen Grundstücken entscheidet der allgemeine Wert; § 29, wahlweise die Gestehungskosten § 30, allenfalls nach §§ 31 Abs. 1, 32 der gemeine Wert.

Für die hervorgehobenen und für die nicht hervorgehobenen Grundstücke, die nach dem 1. Aug. 1914 erworben wurden, gilt § 6 KriegStG. von 1916.

Einteilung nach der Erwerbsart der Grundstücke: Hervorgehoben sind zwei Gruppen von Erwerbsarten (Strutz, KriegStG. 227).

Erwerb von Todes wegen, bei Erbteilung von Eltern, Großeltern oder entfernten Voreltern, auf Grund einer ohne entsprechende Gegenleistung erfolgenden Zuwendung unter Lebenden und Erwerb zu einem um mehr als 10% hinter dem gemeinen bzw. Ertragswert zurückbleibenden Preise §§ 31, 32.

In diesen Fällen tritt an Stelle des Erwerbspreises (Teils der Gestehungskosten) der Ertragswert bzw. der gemeine Wert, §§ 31, 32. Zu beachten auch in diesen Fällen § 33 nebst § 6 KriegStG. von 1916.

3. Steuersatz: Progression ohne Durchstaffellung ¾ bis 2½ % des steuerpflichtigen Zuwachses, §§ 25, 26, Kinderparagraph § 27, Entrichtung in einem dreijährigen Erhebungszeitraum § 24, Verjährung der Steuerschuld in 4 Jahren § 75; Fälligkeit in gleichen Halb- oder Vierteljahresraten § 70. Die auf Grund rechtskräftiger Entscheidung zurückzuerstattenden, zu Unrecht gezahlten Steuern sind mit 4 % zu verzinsen § 69.

4. Neuveranlagung und Rechtsmittelverfahren:

a) Zur Abgabe einer Besitzsteuererklärnng sind alle Personen mit einem steuerbaren Vermögen von 20000 Mk., alle Personen mit einem Zuwachs von 10000 Mk., endlich die besonders zur Abgabe aufgeforderten Personen verpflichtet § 52, Inhalt der Steuererklärung § 53.

b) Die Veranlagung erfolgt im Offizialverfahren § 55. Daraus ergeben sich folgende Konsequenzen:

α) Die Steuerbehörde kann Zeugen und Sachverständige eidlich vernehmen. Zeugnisverweigerungsrecht nach Maßgabe der RZPO., das Zeugnisverweigerungsrecht der Bankiers und Banken ist in der Praxis anerkannt.

β) Verpflichtung des Steuerpflichtigen, auf Erfordern Nachweise zu erbringen und Geschäftsbücher und andere beweiserhebliche Dokumente vorzulegen § 57.

γ) Mitwirkungspflicht anderer Behörden § 63.

δ) Das Verfahren wird durch einen Besitzsteuerbescheid oder Feststellungsbescheid abgeschlossen § 65.

c) Das Rechtsmittelverfahren regelt sich nach Landesrecht §§ 66, 67. Folglich besteht in Bayern das Verbot der reformatio in pejus nicht, im Gegensatz zu Preußen.

d) Neu- und Nachveranlagung nach § 73; gemäß § 43 Kriegsabgabegesetz von 1918 steht dem Steuerpflichtigen kein Recht auf Neuveranlagung der Besitzsteuer zu, vgl. A II.

5. Strafbestimmungen §§ 76 mit 84.

a) wissentlich unrichtige oder unvollständige Angaben, die geeignet sind, eine Verkürzung der Besitzsteuer herbeizuführen, § 76 (Geldstrafe)

b) Tatbestand unter a verbunden mit der Absicht, die Besitzsteuer zu hinterziehen § 77 (Geld- und Gefängnisstrafe);

c) Tatbestand unter a mit nachweislichen Fällen der Absicht die Besitzsteuer zu hinterziehen § 76 (Ordnungsstrafe);

d) Tätige Reue § 79.

C. **Das Kriegssteuergesetz** vom 21. Juni / 17. Dezember 1916 (RGBl. 561, 1407) nebst Gesetz über Erhebung eines Zuschlags zur Kriegssteuer vom 9. April 1917 (RGBl. 349).

Ausführungsbestimmungen des Bundesrats v. 30. Nov. 1916 (Zentrbl. 461 ff.) Bayer. VollzVorschr. v. 16. Dez. 1916 GVBl. 635 ff.

Das Kriegssteuergesetz von 1916 bezog sich auf den „Kriegsgewinn" der ersten drei Kriegsjahre. Die natürlichen Personen und die Gesellschaften mit juristischer Persönlichkeit sind in durchaus verschiedener Weise behandelt, bei jenen wurde eine Vermögenszuwachsbesteuerung und eine Abgabe vom nicht geminderten Vermögen gewählt, bei diesen eine Mehrgewinnbesteuerung. Bei dem nachfolgenden Kriegsabgabegesetz von 1918 wurde bei den Gesellschaften der Grundsatz der Mehrgewinnbesteuerung beibehalten, bei den Einzelpersonen dagegen der Grundsatz der Besteuerung des Vermögenszuwachses aufgegeben und für das vierte Kriegsjahr eine Mehreinkommensteuer, kombiniert mit einer Vermögensabgabe, eingeführt.

Die „gemeinsamen Vorschriften" des Kriegssteuergesetzes von 1916 sind nicht mehr von erheblicher Bedeutung. Auch das Gesetz über die Erhöhung eines 20 % igen Zuschlags zur Steuer ist bereits durchgeführt.

Literatur: Grundlegend Strutz, Kommentar; Rheinstrom-Blum, Mrozek.

I. Steuerpflicht der Einzelpersonen:

1. Subjektive Steuerpflicht (§ 1).

Steuerpflichtig sind die in § 11 BesStG. bezeichneten Personen (vgl. B 1, Erweiterung der Steuerpflicht durch § 12 für den Fall der Aufgabe inländischen Wohnsitzes oder Aufenthaltes vor dem 1. Jan. 1917). Sicherheitsleistung § 12 Abs. 3.

2. Das Steuerobjekt ist ein doppeltes: erstens das nach dem Besitzsteuergesetz für den 31. Dezember 1916 festgestellte Vermögen, insoweit es 90 % des für den Beginn des Veranlagungszeitraumes festgestellten Vermögens übersteigt, § 9 Ziff. 2 der Steuersatz beträgt 1 %. Diese Abgabe aus Ziff. 2 des § 9 wird durch die nach Ziff. 1 geschuldete Abgabe nicht aufgehoben (Deutsches Steuerblatt I, 9); die durch § 3 zugelassenen Abzüge gelten nicht für § 9 Ziff. 2 (Deutsches Steuerblatt I, 9);

zweitens: der nach den Vorschriften des Besitzsteuergesetzes festgestellte Vermögenszuwachs; unter Beachtung der besonderen Vorschriften des KrStG., berechnet nach dem Vermögensstand am 31. Dez. 1916 als Endvermögen und dem Vermögensstand am Beginn des Veranlagungszeitraums als Anfangsvermögen § 2.

Diese Zuwachssteuer mit ihren hohen Sätzen bildet den Kern der Steuer. Auszugehen ist von dem nach den Vorschriften des Besitzsteuergesetzes für den 31. Dez. 1916 berechneten Vermögen vgl. B 2.

Von diesem Vermögen sind teils Abzüge zu machen, teils sind ihm Beträge zuzurechnen, teils sind besondere Bewertungsvorschriften gegeben.

a) Abzüge § 3:

α) Erwerb von Todes wegen (auch Abfindung für die Ausschlagung einer Erbschaft oder eines Vermächtnisses) und Erwerb durch Nachfolge im gebundenen Besitz § 3 Ziff. 1 Kein Erbanfall liegt vor, wenn ein Rentenberechtigter stirbt und der Steuerpflichtige infolgedessen von der Steuerlast frei wird (JW. 1919, 336); vermindert sich der Kapitalwert der Bezüge eines Nießbrauchberechtigten infolge Alterszunahme desselben, so führt das nicht zu einem entsprechenden Abzuge (Deutsches Steuerblatt I, 203). Im Falle der fortgesetzten Gütergemeinschaft gilt auch der Anteil der Abkömmlinge am Gesamtgut als aus dem Nachlasse eines Verstorbenen von Todes wegen erworben. Letzteres ist im Entwurf eines Vermögenszuwachssteuergesetzes von 1919 § 6 Ziff. 1 klargestellt; im gleichen Entwurf ist in Abweichung von der bisherigen unbilligen Regelung bestimmt, daß abzugsfähig sei der Kapitalwert der auf dem Vermögen des Abgabepflichtigen ruhenden, auf Lebenszeit einer bestimmten Person beschränkten Leistungen, soferne infolge des während des Veranlagungszeitraumes eingetretenen Todes des Berechtigten die Verpflichtung zur Leistung weggefallen ist und zwar mit dem Betrag, mit dem der Kapitalwert bei Feststellung des Anfangsvermögens des Abgabepflichtigen in Abzug gebracht war.

Soweit abgabepflichtiger Vermögenszuwachs beim Erblasser vorliegt, ist der Abzug ausgeschlossen.

β) Kapitalauszahlungen aus Versicherungen, § 3 Ziff. 2 vgl. § 16 BesStG.

γ) Schenkungen und Vermögensübergaben über 1000 Mk., wenn kein gesetzlicher Anspruch auf die Zuwendung bestand § 3 Ziff. 3. Ob der Gegenstand der Schenkung am Stichtag noch vorhanden ist, ist gleichgültig. Die einer Tochter bei der Eheschließung gegebene Mitgift ist Vermögensübergabe, (amtl. Nachrichten des Reichsschatzamtes 1918, 2). Gewährung einer Ausstattung ist Schenkung nach Maßgabe des § 1620 BGB. Lotteriegewinn ist keine Vermögensübergabe (Deutsches Steuerblatt I, 203. Bei gemischten Schenkungen ist Abzug gestattet, soweit eine entsprechende Gegenleistung fehlt. Mehrere Zuwendungen, die nur zusammen den Betrag von 1000 Mk. übersteigen, sind nicht abzugsfähig; anders wenn ein rechtsgültiger Schenkungsvertrag über mehrere zu verschiedenen Zeiten fällige Einzelbeträge vorlag. In Abzug zu bringen ist der Wert im Zeitpunkt der Schenkung oder Vermögensübergabe.

δ) Umwandelung nicht steuerbaren Vermögens in steuerbares Vermögen, § 3 Ziff. 4, z. B. Veräußerung von Schmuckgegenständen, die am 31. Dez. 1913 bereits dem Steuerpflichtigen gehörten, Bestandteile ausländischen Betriebsvermögens, die Bestandteile inländischen Betriebsvermögens geworden sind; erhaltene Versicherungssumme für verbrannten Hausrat (Deutsches Steuerblatt I, 203).

b) Zurechnungen §§ 4, 5.

α) Zu Schenkungen und Vermögensübergaben verwendete Beträge, § 4, entspricht a, γ. Ausgenommen von der Zurechnung sind fortlaufende Zuwendungen zum Zwecke des standesgemäßen Unterhalts oder der Ausbildung des Bedachten; Erfüllung gesetzlicher Ansprüche, persönliche und ähnliche Zuwendungen an frühere Angestellte ohne gesetzliche Verpflichtung; übliche Gelegenheitsgeschenke; Zuwendungen zu kirchlichen, mildtätigen oder gemeinnützigen Zwecken. § 4 Abs. 2 setzt eine Mithaftung des Bedachten für die Steuer fest.

β) Anlagen in ausländischem Grund- oder Betriebsvermögen § 5 Abs. 1, 1. Satzhälfte. Ein Mindestbetrag für diese Anlagen besteht nicht. „Anlage" ist auch Verwendung von Beträgen zum Zwecke der Tilgung von Schulden, die mit dem ausländischen Betriebs-

oder Grundvermögen in wirtschaftlichem Zusammenhang stehen. Die Zurechnung erfolgt höchstens mit dem Werte des angelegten Betrags am Stichtag (Gegensatz zu α, δ).

γ) Aufwendungen zum Erwerb von Gegenständen aus edlem Metall, Edelsteinen, Perlen, Kunst-, Schmuck- und Luxusgegenständen, sowie Sammlungen aller Art, soferne der Anschaffungspreis für den einzelnen Gegenstand 500 Mk. und darüber oder für mehrere gleichartige oder zusammengehörige Gegenstände 1000 Mk. und darüber beträgt, § 5 Abs. 1, 2. Satzhälfte. Die angeschafften Gegenstände dürfen nicht zum steuerbaren Grund-, Betriebs- oder Kapitalvermögen gehören, da sie andernfalls mit diesem versteuert werden. Die Zurechnung erfolgt mit dem Anschaffungspreis und nur dann, wenn die Gegenstände am Stichtag noch im Besitze des Steuerpflichtigen sind, oder wenn er die Gegenstände zu Schenkungen oder Vermögensübergabe verwendet hat.

Im Interesse moderner Kunst findet die Vorschrift nach § 5 Abs. 3 keine Anwendung auf den Erwerb von Kunstwerken lebender oder seit dem 1. Januar 1909 verstorbener Deutscher sowie im Deutschen Reiche wohnender Künstler.

c) Besondere Bewertungsvorschriften des Kriegssteuergesetzes § 6.

α) Grundstücke, die der Steuerpflichtige erst nach dem 1. August 1914 erworben hat, dürfen zu keinem geringeren Werte als dem Betrage der Gestehungskosten eingesetzt werden vgl. B 2 b.

β) Nicht fällige Ansprüche aus Versicherungen sind mit der vollen Summe der eingezahlten Prämien oder Kapitalbeiträge anzusetzen, falls die jährliche Prämienzahlung den Betrag von 1000 Mk. oder die einmalige Kapitalzahlung den Betrag von 3000 Mk. übersteigt, vgl. B 2 b β.

γ) Nach § 31 vorausgezahlte Kriegssteuerbeträge werden zugerechnet. Bezahlte geschuldete landesrechtliche Steuern werden nicht zugerechnet.

b) Steuerbegünstigung für Gesellschafter einer Gesellschaft mit beschränkter Haftung, nach § 10 äußerst komplizierte Regelung. Die Vorschrift des § 10 ist nur Hebungs- aber keine Veranlagungsvorschrift; Entscheidung lediglich im Verwaltungswege (Deutsches Steuerblatt I, 9). Das Kinderprivileg des § 27 BesStG. gilt nicht für die Kriegssteuer (Deutsches Steuerblatt I, 76, 204), für den Kriegssteuerzuschlag Begünstigung nach § 1 Ges. v. 9. April 1917.

3. Steuersatz der Vermögenszuwachssteuer nach § 9 Ziff. 1 stark progressiv durchgestaffelt: 20%igen Zuschlag nach Gesetz v. 9 April 1917. Der Zuschlag ist nur im Verwaltungswege anfechtbar. Höchstsatz einschließlich Zuschlag annähernd 60%. Abgabe wegen Nichtminderung des Vermögens vgl. 1, Stundung des Zuschlags: § 6.

4. Die Veranlagung erfolgt in entsprechender Anwendung der Vorschrift des Besitzsteuergesetzes §§ 25 ff.; entsprechendes gilt für Rechtsmittel

§ 30 Strafbestimmungen §§ 33 mit 35 (Verlust der bürgerlichen Ehrenrechte).

II. Steuerpflicht der Gesellschaften:

Die Kriegsbesteuerung der Gesellschaft erfolgte konsequent nach dem Prinzip der Mehrgewinnbesteuerung, sowohl im Kriegssteuergesetz von 1916 für die ersten drei Geschäftsjahre, wie im Kriegsabgabegesetz von 1918 für das vierte Kriegsgeschäftsjahr; die abschließende Regelung der Kriegsbesteuerung für das fünfte Kriegsgeschäftsjahr ist im Kriegsabgabegesetzentwurf von 1919 nach dem gleichen Grundsatz vorgesehen.

1. Subjektive Steuerpflicht §§ 13, 20, 23, ferner

a) Unbeschränkt steuerpflichtig mit dem gesamten Mehrgewinn sind inländische (d. i. Sitz im Inland) Aktiengesellschaften, Kommanditgesellschaften auf Aktien, Berggewerkschaften und andere Bergbau treibende Vereinigungen, welche die Rechte juristischer Personen haben, Gesellschaften mit beschränkter Haftung und eingetragene Genossenschaften. Nicht steuerpflichtig sind die Reichsbank (Gesetze v. 24. Dez. 1914, 24. März 1917, 20. März 1918), alle offenen Handelsgesellschaften und Kommanditgesellschaften vgl. oben.

b) Beschränkt steuerpflichtig mit dem auf inländischen Geschäftsbetrieb entfallenden Mehrgewinne sind ausländische Gesellschaften der unter a bezeichneten Art, die im Inland einen Geschäftsbetrieb (Betriebsstätte im Sinne des § 3 Abs. 2 DoppelStG., vgl. Erler, DoppelStG. 1918) unterhalten. Die Ausscheidung des auf den inländischen Geschäftsbetrieb entfallenden Mehrgewinns hat in entsprechender Anwendung der bei der einzelstaatlichen Einkommensteuerveranlagung maßgebenden Grundsätze zu erfolgen, nach denen der auf den inländischen Geschäftsbetrieb entfallende Teil des steuerbaren Gesamteinkommens berechnet wird (Strutz 400).

c) Fakultativ steuerpflichtig nach § 23 waren nach Entscheidung des Bundesrats andere juristische Personen; die Vorschrift ist ohne praktische Bedeutung geblieben.

d) Nach § 7 Sicherungsgesetz v. 24. Dez. 1915 ist von der Verpflichtung zur Bildung einer Sonderrücklage (und damit von der Steuerpflicht § 22 Abs. 2) befreit, inländische Gesellschaften, die nach der Entscheidung des Bundesrats ausschließlich gemeinnützigen Zwecken dienen. Entsprechend § 20 Kriegsabgabeges. von 1918. An Stelle des Bundesrats ist nach Übergangsgesetz der Staatenausschuß jetzt Reichsrat getreten.

Die Voraussetzungen der Steuerpflicht müssen am Tage des Inkrafttretens des Kriegssteuergesetzes d. i. 9. Juli 1916 vorhanden gewesen sein; ob die Gesellschaft im Liquidationsstadium sich befand, ist unerheblich.

2. Steuerobjekt und Bemessungsgrundlage.

Die außerordentliche Kriegsabgabe ist vom Mehrgewinn d. i. dem Unterschiede zwischen dem durchschnittlichen Geschäftsgewinn und dem jeweils in einem Kriegsgeschäftsjahr erzielten Geschäftsgewinn zu entrichten §§ 13, 14. Die Unterschiedsbeträge (nicht die Geschäftsgewinne) sind auf volle Tausende nach unten abgerundet. Im folgenden werden die einzelnen maßgebenden Begriffe nur insoweit behandelt, als sie noch praktische Bedeutung für die Kriegssteuern des vierten und fünften Kriegsgeschäftsjahres beanspruchen können.

a) Mehrgewinne: Eine Differenz läßt sich nur von vergleichbaren Größen bilden. Aus diesem Grunde müssen die Geschäftsgewinne der Kriegsgeschäftsjahre und der Friedensgeschäftsgewinn nach gleichen Grundsätzen berechnet sein. Konsequenzen hiervon für Nachprüfung der Friedensbilanzen und Realisierung im Frieden gebildeter stiller Reserven vgl. unten S. 38 d α. Mindergewinn liegt vor, wenn der Friedensgeschäftsgewinn höher ist als der Gewinn eines Kriegsgeschäftsjahres; nach dem KriegsStG. von 1916 (§ 14 Abs. 3) darf dieser Mindergewinn mit dem Mehrgewinn anderer Kriegsgeschäftsjahre ausgeglichen werden. Auch Mindergewinne sind auf volle 1000 nach unten abzurechnen (Deutsches Steuerblatt I, 77). Für das vierte Kriegsgeschäftsjahr bestimmt § 25 Kriegsabgabegesetz, daß, falls die Geschäftsgewinne der früheren Geschäftsjahre am Gesamtergebnis hinter dem entsprechenden Betrage des Friedengewinnes zurückgeblieben sind, der Mindergewinn von dem Mehrgewinn des vierten Kriegsgeschäftsjahres abgezogen werden darf.

b) Als Kriegsgeschäftsjahre im Sinne des Kriegssteuergesetzes von 1916 (§ 15) gelten die drei aufeinanderfolgenden Geschäftsjahre, deren erstes noch den Monat August 1914 mitumfaßt oder bei einer später gegründeten Gesellschaft mitumfassen würden, wenn sie damals schon bestanden hätte. Als viertes Kriegsgeschäftsjahr gilt nach § 23 Kriegssteuergesetz von 1918 das Geschäftsjahr, das auf den durch § 15 erfaßten Zeitraum erfolgt; als fünftes Kriegsgeschäftsjahr nach § 21 Abs. 1 Kriegsabgabegesetzentwurf von 1919 das darauffolgende Geschäftsjahr.

Die fünf Kriegsgeschäftsjahre beginnen also frühestens am 1. Sept. 1913, spätestens am 1. Aug. 1914 und enden frühestens am 31. Aug. 1918 (wenn nicht eine andere Regelung im Gesetze getroffen wird) spätestens am 1. Aug. 1919. § 25 AusfB. zum KriegsStG. von 1916 bestimmte: Umfaßt ein Kriegsgeschäftsjahr einen kürzeren Zeitraum als 12 Monate, so wird für die Berechnung des Mehrgewinns der Gewinn dieses Kriegsgeschäftsjahres mit einem verhältnismäßigen Teilbetrage des Friedensgewinnes verglichen. Die Kriegsgeschäftsjahre einer Gesellschaft, deren erstes Kriegsgeschäftsjahr nicht zugleich ihr erstes Geschäftsjahr war, müssen einen Zeitraum von mindestens 36 Monaten umfassen; ein bei Ablauf der 36 Monate noch laufendes Geschäftsjahr ist voll zu berücksichtigen, es sei denn, daß für den Zeitpunkt des Ablaufs der 36 Monate ein Geschäftsabschluß gemacht wird.

Da die Gültigkeit des § 25 Abs. 2 in der Praxis mit Recht bestritten wird vgl. Strutz, Deutsche Steuerzeitung VII, 72, wurde der Zweifel für das vierte Kriegsgeschäftsjahr durch Aufnahme der Bestimmung in § 23 Abs 2 des Kriegsabgabegesetzes von 1918 behoben vgl. auch Deutsches Steuerblatt I 76, 77.

c) Geschäftsgewinn im Sinne des Geschäftsgewinns eines Kriegsgeschäftsjahres wie des Durchschnittsfriedensgewinnes (§§ 14, 17) ist im § 16 definiert.

Geschäftsgewinn ist der in einem Geschäftsjahr erzielte Bilanzgewinn. Nach der Entscheidung des preuß. OVG. v. 3/4 Mai 1918 (Deutsches Steuerblatt I, 76 ist unter Geschäftsjahr jedes satzungsmäßige Geschäftsjahr zu verstehen, also auch ein sog. Rumpf- oder Übergangsjahr, das nicht volle 12 Monate umfaßt. Der Durchschnitt der Ergebnisse von zwei Geschäftsjahren verschiedenen Umfangs kann nicht durch Halbierung ihrer Summen gefunden werden, vielmehr muß aus der Summe der Durchschnitt für zwölf Monate abgezogen werden (Deutsches Steuerblatt I, 77), über die Bestimmung des § 25 Abs. 2 AusfB. B vgl. b.

α) Geschäftsgewinn ist der Bilanzgewinn, nicht der Ertrag. Zum Bilanzgewinn, aber nicht zum Ertrag gehören auch Geschenke. Der Agiogewinn ist nicht Teil des Bilanzgewinnes, ebensowenig ein aus der Zusammenlegung von Aktien erwachsender Buchgewinn. Dagegen gehört der Agiogewinn von Hypothekenbanken zum Bilanzgewinn.

Hat eine Gesellschaft entgegen gesetzlicher Bestimmung die Bilanzaufstellung unterlassen, so ist die Bilanz nachträglich für die Kriegssteuerzwecke anzufertigen; fehlen buchmäßige Unterlagen, so hat Schätzung stattzufinden. Nach § 20 Abs. 1 AusfB. B haben die Gesellschaften die in den genehmigten Abschlüssen ausgewiesenen Gewinne bis zum Nachweis der Unrichtigkeit gegen sich gelten zu lassen (vgl. γ).

β) Da Liquidationsbilanzen nach anderen Grundsätzen aufgestellt werden als regelmäßige Jahresbilanzen, sind während des Liquidationsstadiums zum Zwecke der Kriegssteuerberechnung besondere Bilanzen unter Beobachtung der gesetzlichen Vorschriften aufzustellen.

γ) Der Bilanzgewinn ist nach den gesetzlichen Vorschriften und den Grundsätzen ordnungsmäßiger kaufmännischer Buchführung zu berechnen. Die gesetzlichen Vorschriften sind in den §§ 38—40, 261 HGB., 41 Abs. 2, 42 GmbHG., 7 Ziff. 3 GmbHG. enthalten. Innerhalb der gesetzlichen Vorschriften ist dem kaufmännischen Brauche ein gewisses freies Ermessen zuzugestehen. Die Steuerbehörden haben die Bilanzen zu prüfen, sowohl nach Vollständigkeit, wie nach Richtigkeit der Bewertung, Angemessenheit der Abschreibungen: auf Grund dieser Prüfung können die Steuerbehörden zu einer Berichtigung der Bilanz kommen. Auch der steuerpflichtigen Gesellschaft steht jedoch das Recht nachträglicher Berichtigung der Bilanzen zu und zwar sowohl der Friedensbilanzen wie der Kriegsbilanzen. Dem Steuerpflichtigen obliegt die Beweislast.

Einzelfragen: Ist eine Gesellschaft mit einer Unterbilanz in das erste Kriegsgeschäftsjahr eingetreten, so können die zur Beseitigung der Unterbilanz erforderlichen Beträge von dem Geschäftsgewinn der Kriegsgeschäftsjahre abgesetzt werden, § 23 Abs. 1 AusB. B. Der Gewinnvortrag auf neue Rechnung gehört zu dem Geschäftsgewinn des Jahres seiner Entstehung. Von einem Dritten auf Grund einer Renten- oder Dividendengarantie geleistete Zuschüsse gehören zum steuerpflichtigen Geschäftsgewinn. Die Kriegssteuer ist nicht abzugsfähig (jetzt durch § 24 Abs 2 Kriegsabgabegesetz von 1918 jedem Zweifel entrückt); gezahlte Staatssteuern sind abzugsfähig (Steuerarchiv 1916, 186). Die gebildete Kriegssteuerrücklage ist nicht abzugsfähig, wird sie aber späterhin dadurch veringert oder aufgezehrt, daß ihr die zur Entrichtuug der Kriegssteuer erforderlichen Beträge entnommen werden, können entsprechende Abzüge vom steuerpflichtigen Einkommen des betreffenden Jahres gemacht werden (JW. 1917, 892) jede offene Rücklage aus dem Reingewinn ist steuerpflichtig, über stille Reserven vgl. S. 38. über Kundengewinne der Mitglieder von Gesellschaften und Genossenschaften vgl *d*. § 21 AusfB. B, Anteile der Vorstandsmitglieder oder Geschäftsführer, wie der sonstigen Beamten und Angestellten am Geschäftsgewinn, auf welchen dieselben einen Rechtsanspruch haben, sind als abzugsfähige Betriebskosten anzusehen; dagegen sind Vergütungen der Aufsichtsratsmitglieder, die von der Höhe des Reingewinns und von dessen Feststellung durch die Generalversammlung oder Gesellschafterversammlung abhängig sind, von dem Geschäftsgewinn nicht abzusetzen (jetzt § 22 Kriegsabgabegesetz von 1918) Gewinnanteile von Geschäftsführern einer G. m. b. H. sind nur insoweit abzugsfähig, als sie Entgelt für die Geschäftsführertätigkeit darstellen (jetzt § 22 Abs. 3 Kriegsabgabegesetz von 1918). Bei Ermittelung des in einem Friedensjahr erzielten Gewinns sind Beträge zu berücksichtigen, welche zur Deckung früherer Verluste verwendet wurden, § 23 Abs. 1 AusfBest. B. Gründungskosten mindern den Geschäftsgewinn nicht.

d) Abschreibungen sind insoweit zu berücksichtigen, als sie einem angemessenen Ausgleich der Wertverminderung darstellen § 16 Abs. 1 Satz 2. Dies gilt nicht für Abschreibungen, die durch unmittelbare Einstellung des wirklichen zeitigen Wertes in die Bilanz erfolgen, sodern auch für Abschreibungen, die durch Ansetzung des ursprünglichen Wertes unter bilanzmäßiger Gegenüberstellung eines besonderen, die Wertverminderung darstellenden Erneuerungs- oder Delkrederekontos erfolgen (§ 22 Abs. 1 AusfB. B). Den Abschreibungen stehen die sog. stillen Reserven gleich, die entweder durch Unterbewertung von Aktiven oder Überbewertung von Passiven gebildet werden.

Inwieweit Abschreibungen einen angemessenen Ausgleich der Wertminderung darstellen, ist unter Berücksichtigung der besonderen

Verhältnisse des einzelnen Unternehmens, insbesondere auch unter Berücksichtigung der durch den Krieg und durch spätere Überführung in die Friedenswirtschaft bedingten Veränderungen, nach den Grundsätzen eines ordentlichen Kaufmanns zu beurteilen (§ 22 AusfB. B).

Rückstellungen aus dem Gewinn zur Verwendung für irgendwelche künftige Zwecke sind steuerpflichtig, also auch Rückstellungen zur Bestreitung künftiger möglicher Verluste und Ausgaben; nach bayerischem Steuerrecht (Art. 12 Ziff. 9 EinkStG.) sind jedoch Rücklagen für wahrscheinliche Betriebsverluste steuerfrei. Das Umstellungs-Uebergangskonto, oder Konto für Überführung in die Friedenswirtschaft ist steuerfrei, wenn eine Wertminderung des gesamten Unternehmens als durch Abschreibung deckungsfähig anerkannt wird (vgl. Flechtheim nebst Zitaten, JW. 1919, 313; Rosendorff, Besteuerung der stillen Reserven) in der Praxis ist die Steuerfreiheit verneint, Steuerbl. Bd. 1 S. 514. Dagegen sind Abschreibungen auf einzelne Aktivposten mit Hinblick auf die Vorwirkung der künftigen Entwertung zulässig z. B. Waren, Rohstoffe, Fabrikate sind zu Kriegspreisen verkauft, während in baldiger Zukunft ein Preisfall zu befürchten ist. Bei Prüfung der Angemessenheit der Abschreibung ist von den Buchwerten abzusehen, der wirkliche Wert im Sinne der Bilanzvorschriften am Beginn und Ende des Bilanzjahres festzustellen; die Differenz bildet die zulässige Abschreibung (vgl. Steuerarchiv 1918, 120); außerordentliche Abschreibungen mit Hinblick auf Kriegsverhältnisse (vermehrte Inanspruchnahme von Maschinen, unterlassene Reparaturen, ungeübte Arbeiter, schlechte Schmiermittel usw.) sind zulässig.

d) In einem Kriegsgeschäftsjahr erzielter Geschäftsgewinn.

α) Abzusetzen sind die Gewinne aus Realisierung von im Frieden gelegten stillen Reserven vgl. c, δ.

β) Gesellschaften, die mehr als ein Fünftel aller Aktien oder Anteile einer anderen Gesellschaft besitzen, dürfen nach § 18 KriegsStG. von 1916, 24 I Kriegsabgabegesetz von 1916 von dem Geschäftsgewinn eines Kriegsgeschäftsjahres die Mehreinnahmen aus diesen Aktien oder Anteilen absetzen (Schachtelungsgesellschaften).

γ) Die Sonderrücklage zur Sicherung der Kriegssteuer und die Kriegssteuer dürfen von dem Geschäftsgewinn eines Kriegsgeschäftsjahres nicht abgesetzt werden; § 24 Abs. 2 Kriegsabgabegesetz von 1918, welcher für die Kriegssteuergesetze von 1916 den Charakter authentischer Interpretation besitzt, vgl. c γ. Dagegen sind die Beträge einer freigewordenen Sonderrücklage aus einem früheren Kriegsgeschäftsjahr, die den Bilanzgewinn erhöht haben, vom Geschäftsgewinn für die Zwecke der Kriegssteuerberechnung abzuziehen.

δ) Bleibt der Geschäftsgewinn eines Kriegsgeschäftsjahres, welches dem Kriegssteuergesetz von 1916 unterlag, hinter dem durchschnittlichen früheren Geschäftsgewinn zurück, so darf nach § 14 Abs. 3 der Mindergewinn mit dem Mehrgewinn anderer Kriegsgeschäftsjahre ausgeglichen werden, vgl. a. Ist eine Gesellschaft mit einer Unterbilanz in das vierte Kriegsgeschäftsjahr eingetreten, so können die zur Beseitigung der Unterbilanz erforderlichen Beträge von dem Geschäftsgewinn dieses Geschäftsjahres abgesetzt werden § 24 Abs. 3 Kriegsabgabegesetz von 1918; letztere Bestimmung galt entsprechend für das erste Kriegsgeschäftsjahr gemäß § 23 Abs. 1 Satz 2 AusfB. B zum Kriegssteuergesetz von 1916 (Bankarchiv 17, 148).

ε) Sog. Rumpfjahre vgl. b.

e) Der durchschnittliche frühere Geschäftsgewinn (sog. Friedensdurchschnittsgewinn) § 17, entsprechend anwendbar nach § 22 des Kriegsabgabegesetzes von 1918.

Der durchschnittliche frühere Geschäftsgewinn ist zu berechnen: wenn eine Gesellschaft schon volle fünf Friedensjahre bestand, durch Berechnung des durchschnittlichen Gewinns der abgelaufenen Geschäftsjahre, unter Ausscheidung des besten und schlechtesten Jahres. Aktiengesellschaften oder Gesellschaften mit beschränkter Haftung „bestehen" erst mit Eintragung in das Gesellschaftsregister (Deutsches Steuerblatt I, 10). Wenn eine Gesellschaft nicht volle fünf Friedensjahre bestand, durch Berechnung des Durchschnittsgewinnes der abgelaufenen Geschäftsjahre, ohne Ausscheidung des besten und schlechtesten Jahres. Als Geschäftsjahre gelten hier auch satzungsgemäße Abschlüsse über das Ergebnis von weniger wie 12 Monaten (sog. Rumpfjahre), vgl. preuß. OVG. Steuerarchiv 1918, 172. Solche Rumpfjahre kommen vor, bes. bei Gründung einer Gesellschaft oder Verlegung des ursprünglichen Geschäftsjahres. In diesem Sinne ist § 24 Abs. 1 Satz 2 AusfB. B zum KriegsStG. von 1916, § 21 Satz 2 AusfB. B zum Kriegsabgabegesetz von 1918 zu verstehen; andernfalls wären diese Bestimmungen ungültig.

Wenn ein volles Geschäftsjahr vor den Kriegsgeschäftsjahren noch nicht vorliegt, so ist zu unterscheiden: umfaßt das Eröffnungsjahr einen Zeitraum von weniger als zwölf Monaten, so werden 6 % des einbezahlten Kapitals im Sinne des § 17 Abs. 4 als Friedensgewinn zugrunde gelegt, es sei denn, daß der im Eröffnungsgeschäftsjahr erzielte Geschäftsgewinn auf ein volles Jahr umgerechnet keinen höheren Betrag ergibt (§ 24 Satz 1, § 21 Abs. 1 Satz 1 AusfB. B zu den Ges. von 1916 und 1918). Ist dagegen das satzungsmäßige Geschäftsjahr kürzer als ein Kalenderjahr und ist dieses verstrichen, so wird dieses voll dem Geschäftsjahr nach § 17 Abs. 1 zugrunde gelegt; wenn eine steuerpflichtige Gesellschaft in eine andere steuerpflichtige Gesellschaft umgewandelt wurde (z. B. G. m. b. H. in eine Akt.-G.), so sind für die Festsetzung des Friedensgewinnes die Ergebnisse der Gesellschaft in der früheren Form mit zu berücksichtigen, § 24 Abs. 2, § 21 Abs. 2 AusfB. B zu den Gesetzen von 1916 und 1918 (gegen die Gültigkeit, Strutz 363).

Über Behandlung von Unterbilanzen vgl. d mit §§ 24 Abs. 1 21 Abs. 1 AusfB. B zu den Gesetzen von 1916 und 1918, Strutz 366 β) Einwirkung von Kapitalvermehrungen. Kapitalvermehrung während der den Kriegsgeschäftsjahren vorangegangenen Geschäftsjahre, § 17 Abs. 2: Dem Geschäftsgewinn wird für die vor der Vermehrung liegende Zeit ein Betrag von 6% jährlich des der Gesellschaft durch die Neueinzahlungen tatsächlich zugeflossenen Kapitalbetrags (also einen Betrag, zuzüglich allenfallsigen Agios abzüglich der entstandenen Unkosten) zugerechnet. Wird z. B. das Kapital am 1. Juli 1912 erhöht, so werden 6% der Erhöhung den Geschäftsergebnisse der Jahre 1909, 1910, 1911 sowie halb 1912 zugerechnet. Nach dieser Zurechnung erfolgt die Ausscheidung des besten und schlechtesten Geschäftsjahres und dann die Durchschnittsberechnung gemäß α.

Kapitalvermehrung während der Kriegsjahre, § 17 Abs. 5; für die Zeit nach der Vermehrung ist dem durchschnittlichen früheren Geschäftsgewinn ein Betrag von 6% jährlich des der Gesellschaft durch die Neueinzahlung tatsächlich zugeflossenen Kapitalbetrags hinzuzurechnen d. h. es wird für die nach der Kapitalerhöhung liegenden Kriegsgeschäftsjahre der Mehrgewinn in der Weise berechnet, daß dem Subtrahenten (Durchschnittsfriedensgewinn) ein Betrag von 6% des eingezahlten Kapitals zugerechnet wird. Wenn also am 1. Juli 1916 eine Gesellschaft, deren Geschäftsjahr das Kalenderjahr ist, und deren Durchschnittsfriedensgewinn 100000 Mk. betrug, ihr Kapital von 1000000 Mk. auf 2000000 Mk. erhöht, so werden für die Berechnung des Mehrgewinns 1916 vom Kriegsgeschäftsgewinn 130000 Mk., für die Berechnung des Mehrgewinns 1917: 160000 Mk. abgezogen.

Die Vorschriften sind auf mit einer Stammkapitalerhöhung verbundene Fusionen entsprechend anwendbar §§ 24 Abs. 3, 21 Abs. 3 AussB. B zu den Gesetzen von 1916 und 1918.

γ) Einwirkung von Kapitalherabsetzungen. Kapitalherabsetzungen werden weder für die Friedens- noch für die Kriegsgeschäftsjahre berücksichtigt. Durch Zusammenlegung von Aktien erzielte Buchgewinne sind keine Geschäftsgewinne im Sinne des § 16 vgl. c β.

δ) Der fiktive 6%ige Durchschnittsgewinn: Als früherer Durchschnittsgewinn wird nach § 17 Abs. 3 mindestens ein Betrag von 6% des eingezahlten Grund- oder Stammkapitals angenommen, zuzüglich des Mehrbetrags, der zur Verteilung einer etwaigen höheren festen Vorzugsdividende für bevorrechtigte Aktien notwendig gewesen wäre; ein allenfallsiges Agio wird nicht berücksichtigt (anders § 17 Abs. 4). Maßgebend für die Berechnung der 6% ist das am Schlusse des letzten Friedensgeschäftsjahres eingezahlte Grund- oder Stammkapital; erfolgt eine Herabsetzung des Kapitals, so wird das herabgesetzte Kapital zur Grundlage der Berechnung genommen. Der Mindestdurchschnittsgewinn gilt für alle Fälle des § 17 Abs. 1, 2, hinsichtlich der Anwendbarkeit im Falle des § 17 Abs. 4 vgl. α).

3. Steuersatz und Steuermäßigung. Der Steuersatz des Kriegs-

steuergesetzes von 1916 ist durch Gesetz über die Erhebung eines Zuschlags zur Kriegssteuer vom 9. April 1917 um 20 % der Steuer erhöht worden.

a) Der Steuersatz für inländische Gesellschaften ist nach § 19 progressiv abgestuft, sowohl nach dem Verhältnis des durchschnittlichen Mehrgewinnes wie nach dem Verhältnis des gesamten durchschnittlichen Geschäftsgewinns zum Gesellschaftskapital zuzüglich echter Reserven (vgl. §§ 26, 22 AusfB. B zu den Gesetzen von 1916 und 1918). Höchstsatz einschließlich Zuschlag 54 % des Mehrgewinns.

b) Steuersatz für ausländische Gesellschaften, § 21 progressiv abgestuft nach dem durchschnittlichen Mehrgewinn.

c) Ermäßigungen sind vorgesehen:

α) Zum Zwecke der Vermeidung der infolge der Progression sich ergebenden Härten § 19 Abs 3.

β) Zum Zwecke der Vermeidung der Begünstigung ausländischer Gesellschaften § 19 Abs 4.

γ) Zum Zwecke der Begünstigung von Gewinnbeträgen, die zu ausschließlich gemeinnützigen Zwecken bestimmt wurden und deren dauernde Verwendung zu solchen sichergestellt ist § 22 Abs. 1 mit § 30 AusfB. B.

δ) Die Abgabe wird nicht erhoben, soweit sie die nach Sicherungsgesetz zu bildende Sonderrücklage übersteigt, § 22 Abs. 2, 3.

4. Die Veranlagung erfolgt entsprechend den Bestimmungen des Besitzsteuergesetzes § 25; Verpflichtung zur Abgabe der Steuererklärung § 26 Abs. 2. Die Kriegsabgabe der Gesellschaft wurde zunächst vorläufig, nach dem Gesamtergebnis der drei ersten Kriegsgeschäftsjahre endgültig festgesetzt § 28. Rechtsmittel entsprechend Besitzsteuergesetz, § 30; Zinspflicht für die Steuer ab 1. Juli 1917 mit 5 %, § 31 Abs. 3; Strafbestimmungen wie bei Einzelpersonen für die Organe der Gesellschaften vgl. I, 4.

III. Gemeinsame Vorschriften:

1. Auf Grund rechtskräftiger Entscheidung zurückerstattete Beträge werden mit 5 % verzinst § 31 Abs. 5

2. Bei der Entrichtung der Abgabe werden die 5 %igen Schuldverschreibungen, Schuldbuchforderungen und Schatzanweisungen der Kriegsanleihen des Deutschen Reiches zum Nennbetrag, 4 ½ %ige Schatzanweisungen dieser Kriegsanleihe zu einem vom Reichskanzler bekannt gemachten Kurs von 96 ½ % angenommen § 32 mit §§ 36—39 AusfB B. Zu dieser Bestimmung sind eine Reihe von Anweisungen des Reichsschatzamts, veröffentlicht in den amtlichen Nachrichten des Reichsschatzamtes, ergangen.

3. Härteparagraph: Der Bundesrat, jetzt nach § 3 Übergangsgesetz vom 4. März 1919 (RGBl. 283) der Staatenausschuß nunmehr Reichsrat, kann zur Vermeidung besonderer Härten auf Antrag eines Steuerpflichtigen einzelne außerordentliche Vermögensanfälle von der Abgabe befreien oder

eine anderweite Berechnung des Vermögenszuwachses oder Mehrgewinnes bewilligen. Der Antrag ist nach § 31 AusfB. B zu behandeln. Besonders wichtig ist, Bekanntmachung über den Vollz. d. KrStG. v. 23. Mai 1919 (bayer. GVBl. 277), betr. die Ermächtigung der obersten Landesfinanzbehörden zur Vornahme einer anderweiten Berechnung des kriegssteuerpflichtigen Vermögenszuwachses aus Billigkeitsgründen in besonderen Fällen.

D. Das Gesetz über eine außerordentliche Kriegsabgabe für das Rechnungsjahr 1918 v. 26 Juli 1918 (RGBl. 964).

Ausführungsbestimmungen des Bundesrats v. 22. Aug. 1918 (ZBl. 202), bayer. Vollzugsvorschriften v. 3. Sept. 1918 (GVBl. 713 ff.), v. 23. Sept. 1918 (GVBl. 781). Literatur: Stier-Somlo; Rheinstrom; Blum-Kahn. Das Kriegsabgabegesetz von 1918 will die Kriegsbesteuerung der Einzelpersonen und der Gesellschaften für das vierte Kriegsgeschäftsjahr durchführen. Hinsichtlich der Einzelpersonen bricht es mit dem Grundsatz der Vermögenszuwachsbesteuerung, indem es eine Mehreinkommenbesteuerung mit einer Abgabe vom Vermögen verbindet; hinsichtlich der Gesellschaften wiederholt es die Mehrgewinnbesteuerung.

IV. Abgabepflicht der Einzelpersonen:

1. Subjektive Steuerpflicht (§§ 1, 2): Steuerpflichtig sind die in § 11 BesStG. bezeichneten Personen (vgl. B 1). Bei Inländern und solchen Personen, die ihre inländische Staatsangehörigkeit nach dem 1. August 1914 verloren haben, entfällt die Abgabepflicht dadurch, daß sie nach dem 31. Dezember 1916 ihren inländischen Wohnsitz oder Aufenthalt aufgegeben haben.

   Die Voraussetzungen der subjektiven Steuerpflicht müssen am 31. Dez. 1917 vorliegen. Die Steuerpflichtigen müssen bei der nach § 8 des Gesetzes maßgebenden Jahresveranlagung (Bayern Steuerjahr 1919) die Voraussetzungen der persönlichen Steuerpflicht nach den Vorschriften der Landeseinkommensteuergesetze erfüllen, § 7 AusfB. B.

2. Steuerobjekte:

   a) das Mehreinkommen § 3: Mehreinkommen ist der Unterschied zwischen dem Friedenseinkommen und dem Kriegseinkommen. Der Unterschiedsbetrag wird auf volle Tausende nach unten abgerundet. Steuerfreie Grenzen des Mehreinkommens: 3000 Mk. Abgabepflichtiges Mehreinkommen ist sonach das auf volle Tausende nach unten abgerundete und um den abgabefreien Betrag von 3000 Mk. gekürzte Mehreinkommen, § 7 Abs. 2 Satz 2 AusfB. B.

      α) Friedenseinkommen §§ 4—7, 10—12. Als Friedenseinkommen gilt grundsätzlich das steuerpflichtige Jahreseinkommen, mit dem der Abgabepflichtige bei der letzten allgemeinen landesgesetzlichen Jahresveranlagung auf Grund der Einkommensverhältnisse, wie sie vor Ausbruch des Krieges bestanden, zur Einkommensteuer veranlagt worden ist (Bestimmungen der obersten Landesfinanzbehörde). In Bayern ist die Veranlagung für das Steuerjahr 1915 für maßgebend erklärt.

Der Abgabepflichtige kann verlangen, daß sein Einkommen nach den letzten drei Friedensjahren (in Bayern die Steuerjahre 1913, 1914, 1915) berechnet wird. Der Antrag kann nur bis zum Ablauf der Rechtsmittelfrist gestellt werden, die getroffene Wahl ist bindend.

Die Steuerbehörde kann diese Durchschnittsberechnung von sich aus vornehmen, wenn das Einkommen, der maßgebenden Jahresveranlagung (Bayern Steuerjahr 1915) ein außergewöhnlich hohes war und der Abgabepflichtige nach Lage der Verhältnisse dieses Einkommen auf die Dauer nicht erwarten konnte.

Ist die persönliche Einkommensteuerpflicht erst nach dem für die letzte Friedensveranlagung maßgebenden Stichtag (in Bayern 1. Jan. 1915) eingetreten, so gilt als Friedenseinkommen ein Betrag von 5% des bei Eintritt der Steuerpflicht nachweislich vorhandenen Vermögens; für die Ermittelung des Vermögensbetrages sind die Vorschriften des Besitzsteuergesetzes entsprechend anzuwenden § 5 mit § 10 Abs. 3 AusfB. B; der Abgabepflichtige kann an Stelle dieses 5%igen Betrags die Berücksichtigung des nachgewiesenen höheren Einkommens des Jahres 1913 oder des nachgewiesenen höheren Durchschnittseinkommens der Jahre 1911, 1912, 1913 verlangen. Der Nachweis kann noch im Rechtsmittelverfahren geführt werden. Entsprechendes gilt, falls ein früher beschränkt Einkommensteuerpflichtiger nach dem Stichtag unbeschränkt einkommensteuerpflichtig wird § 11 AusfB. B.

Eine Erhöhung des Friedenseinkommens kann vom Abgabepflichtigen verlangt werden, wenn er nach dem angegebenen Stichtag (Bayern 1. Jan. 1915) Vermögen durch einen der im § 3 Abs. 1 Ziff. 1 bis 3 KriegsStG. von 1916 bezeichneten Anfälle (vgl. C I 2 a α, β, γ) erworben hat; in diesem Falle sind dem Friedenseinkommen 5% des erworbenen Vermögens zuzurechnen. Die Zurechnung darf aber nur stattfinden, wenn das Einkommen aus dem angefallenen Vermögen bei der Berechnung des Kriegseinkommens zugerechnet, bei der Berechnung des Friedenseinkommens nicht berücksichtigt wurde, § 6. Die Anträge sind bis zum Ablaufe der Rechtsmittelfrist zu stellen. Das Gesetz erfährt durch § 10 Abs. 3 AusfB. B eine in seiner Gültigkeit zweifelhafte Erweiterung insoferne, als auch ausländisches Grund- und Betriebsvermögen bei der Berechnung des Friedenseinkommens unter Umständen zu berücksichtigen ist. Als Mindestfriedenseinkommen wird ein Betrag von 10000 Mk. angenommen § 7.

β) Kriegseinkommen: Als Kriegseinkommen gilt das steuerpflichtige Jahreseinkommen, mit dem der Abgabepflichtige bei der Jahresveranlagung für das Rechnungsjahr 1918 zur Landeseinkommensteuer veranlagt wird § 8. In Bayern ist § 8 Satz 2 der Veranlagung für das Steuerjahr 1919 als maßgebend erklärt worden.

Welche Veranlagung maßgebend ist, kann nicht für den einzelnen Steuerpflichtigen, sondern muß allgemein angeordnet werden.

γ) Gemeinsame Vorschriften für Friedens- und Kriegseinkommen: Ist nach § 14 des Besitzsteuergesetzes das Vermögen der Ehegatten zusammenzurechnen, so ist für die Ermittelung des Mehreinkommens das Einkommen der Ehegatten auch dann zusammen zu rechnen, wenn sie nach Landesrecht selbständig zur Einkommensteuer veranlagt sind. Falls nur bei einer Einkommensteuerveranlagung das Einkommen der Ehegatten zusammengerechnet war (z. B. infolge Eheschließung, Eheauflösung, Scheidung), trifft § 12 der AusfB. B eine Regelung. Über den Einfluß der elterlichen Nutznießung vgl. Deutsches Steuerblatt I, 198.

Eine im Rechtsmittelverfahren, durch neue oder Nachveranlagung oder im Verwaltungswege herbeigeführte Berichtigung der maßgebenden Jahresveranlagung ist entsprechend zu berücksichtigen § 10 Abs. 2.

Eine Anfechtung der landesrechtlichen Einkommensteuerveranlagung auf Grund des Kriegsabgabegesetzes ist nur beschränkt zulässig (vgl. § 14 Abs. 2 AusfB. B.

b) Das Vermögen:

α) Abgabepflichtiges Vermögen ist das nach den Vorschriften des Besitzsteuergesetzes auf den 31. Dez. 1916 festgestellte Vermögen § 15. Bestritten ist die Frage, ob ein Besitzsteuerbescheid vorliegen muß oder Feststellungsbescheid auf den 31. Dez. 1916 nach § 65 Abs. 1 BesStG. genügt (vgl. Deutsches Steuerblatt I, 100). Nach den bayerischen Vollzugsvorschriften zum bayer. Vermögenssteuergesetz (§ 3 Abs. 1 Satz 1) wird letzteres angenommen.

β) Eine Neufeststellung des Vermögens auf den 31. Dez. 1917 hat nach § 16 von Amts wegen stattzufinden, wenn eine Vermögensaufstellung auf den 31. Dezember 1916 aus irgendwelchen Gründen nicht stattgefunden hat, oder wenn sich das Vermögen eines Abgabepflichtigen nach dem 31. Dez. 1916 durch einen am 3. Jan. Ziff. 1 oder § 3 des KriegsStG. von 1916 bezeichneten Vermögensanfall um mehr als 5000 Mk. vermehrt hat. Der Abgabepflichtige kann nach § 17 eine Vermögensfeststellung auf den 31. Dez. 1917 verlangen, wenn er nachweist, daß sich sein Vermögen gegenüber dem Stand vom 31. Dez. 1916 um mehr als den fünften Teil vermindert hat.

Der Antrag ist bis zum Ablauf der Rechtsmittelfrist gegen den Steuerbescheid zu stellen; nach Stellung des Antrags ist die Veranlagung zu berichtigen. Mit der Zustellung des auf den Antrag erlassenen Bescheides wird eine neue Rechtsmittelfrist eröffnet, § 16 AusfB. B. Über den Einfluß von Eheschließungen und Eheauflösungen während des Krieges auf die Vermögensabgabe vgl. Deutsches Steuerblatt I, 151.

γ) Alle Vermögen von weniger als 10000 Mk. sind von der Abgabe befreit, § 18 mit § 15 Abs. 4 AusfB. B.

3. Steuersatz und Steuerermäßigung.

a) Die Steuer vom Mehreinkommen ist progressiv durchgestaffelt und nähert sich dem Höchstsatz von 50% des Mehreinkommens, § 13. Eine Steuerermäßigung (Erhebungsvorschrift) ist in Anwendung des § 10 KriegsStG. von 1916 Gesellschaften inländischer G. m. b. H. in § 14 eingeräumt.

b) Die Steuer vom Vermögen ist ebenfalls progressiv durchgestaffelt mit dem Höchstsatz von 5% § 19.

V. Abgabepflicht der Gesellschaften:

Das Gesetz entspricht im wesentlichen der Besteuerung der Gesellschaften nach dem Kriegssteuergesetz von 1916.

1. Steuerpflichtige Gesellschaften § 20 vgl. C II, 1 § 28 befreit ausdrücklich inländische gemeinnützige Gesellschaften.

2. Steuerobjekt und Bemessungsgrundlage: Die Kriegsabgabe ist vom Mehrgewinn zu entrichten vgl. C II 2. Als Minuend kommt der im vierten Kriegsgeschäftsjahr erzielte Mehrgewinn in Betracht §§ 20, 21.

a) Mehrgewinn § 21 vgl. C II 2 a.

b) Viertes Kriegsgeschäftsjahr § 23. Als solches gilt das Geschäftsjahr, das auf den nach § 15 des Kriegssteuergesetzes von 1916 erfaßten Zeitraum folgt vgl. C II 2 b. Abgesehen von den Fällen der Neugründung oder der Auflösung der Gesellschaft muß das vierte Kriegsgeschäftsjahr einen Zeitraum von mindestens zwölf Monaten umfassen; ein beim Ablauf der zwölf Monate noch laufendes Geschäftsjahr ist voll zu berücksichtigen, es sei denn, daß für den Zeitpunkt des Ablaufs der zwölf Monate ein Geschäftsabschluß gemacht wird z. B. eine Gesellschaft, deren Geschäftsjahr das Kalenderjahr war, verlegt im Jahre 1917 ihr Geschäftsjahr auf 1. August bis 31. Juli. Als viertes Kriegsgeschäftsjahr gilt der Zeitraum v. 1. Jan. 1917 bis 31. Juli 1918, wenn nicht die Gesellschaft auf den 31. Dez. 1917 eine Bilanz aufstellt.

c) Geschäftsgewinn vgl. C II 2 c.

d) Geschäftsgewinn des vierten Kriegsgeschäftsjahres vgl. C II 2 d. Umfaßt im Falle der Neugründung oder Auflösung einer Gesellschaft das vierte Kriegsgeschäftsjahr einen kürzeren Zeitraum als 12 Monate, so wird für die Berechnung des Mehrgewinns der Gewinn dieses Geschäftsjahres mit einem verhältnismäßigen Teilbetrag des Friedensgewinns verglichen § 26 II; es darf also nicht der Geschäftsgewinn des kürzeren Zeitraums auf einen Jahresgewinn umgerechnet und dieser mit dem Durchschnittsfriedensgewinn verglichen werden. Behandlung der Kriegssteuer und Sonderrücklage § 24 II.

e) Der durchschnittliche frühere Geschäftsgewinn vgl. C II 2 e. Die zur

Klärung bestehender Zweifel aufgenommenen Vorschriften sind oben erörtert. Hervorgehoben werden:

α) Tantieme von Vorstandsmitglieder und Angestellten sowie Aufsichtsrat § 22 Abs. 2, 3.

β) Abzug eines Mindergewinns des vierten Kriegsgeschäftsjahres § 25.

3. Steuersatz und Steuerermäßigung.
   a) für inländische Gesellschaften, entsprechend dem Kriegssteuergesetz von 1916, § 20.
   b) für ausländische Gesellschaften § 31.
   c) Ermäßigungen vgl. C II 3,
4. Veranlagung und Rechtsmittel vgl. §§ 33 ff. und C II 4.

VI. Gemeinsame Vorschriften:

1. Auf Grund rechtskräftiger Entscheidung zurückerstattete Beträge werden mit 5% verzinst, § 37 Abs. 3.
2. Zahlung mit Kriegsanleihen § 38 vgl. C III 2.
3. Härteparagraph in detaillierter Fassung § 40 vgl. G III 3 und Blum-Kahn zu § 40.

E.

Über die die Kriegssteuergesetzgebung abschließenden Entwürfe der Gesetze über eine außerordentliche Kriegsabgabe für das Rechnungsjahr 1919 und über eine Kriegsabgabe vom Vermögenszuwachs (letztere nur für Einzelpersonen) vgl. Kahn, Das Steuerprogramm der Reichsregierung.

---

2. Abschnitt:

Formelles Steuerrecht.

A. Sicherungsgesetze:

In Vorbereitung der Kriegssteuern wurde am 24. Dezember 1915 (RGBl. 837) das sog. Sicherungsgesetz erlassen. Das Gesetz wurde unter dem 9. April 1917 (RGBl. 351) wiederholt. Am 15. November 1918 erließ die Reichsregierung folgende Verordnung mit sofortiger Gesetzeskraft: Die Vorschriften §§ 2 ff. des Gesetzes über die Sicherung der Kriegssteuer vom 9. April 1917 werden auf das fünfte Kriegsgeschäftsjahr mit der Maßgabe ausgedehnt, daß die Gesellschaften in der Kriegssteuerrücklage 80% des im fünften Kriegsgeschäftsjahre erzielten Mehrgewinns einzustellen haben.

Die noch in Kraft befindlichen Bestimmungen, welche auch durch das Steuerfluchtgesetz (§ 5 Abs. 1) nicht berührt werden, sind:

1. Die nach dem Kriegssteuergesetz v. 21. Juli 1916 steuerpflichtigen Einzelpersonen haben vor einer Verlegung ihres Wohnsitzes oder Aufenthaltes in das Ausland auf Verlangen der Steuerbehörde Sicherheit für eine künftige Kriegssteuer zu leisten. Der Betrag der Sicherheit wird nach pflichtgemäßem Ermessen bestimmt. Regelmäßig werden

80 % des Vermögenszuwachses seit 1. Januar 1914 als Sicherheit verlangt. Beschwerde gegen den Sicherungsbescheid unzulässig; nur Aufsichtsbeschwerde.

2. Die kriegssteuerpflichtigen Gesellschaften haben 80 % des im fünften Kriegsgeschäftsjahr erzielten Mehrgewinns in eine neu zu bildende Kriegssteuersonderrücklage einzustellen. Die Berechnung des Mehrgewinns erfolgt nach den Vorschriften des Kriegssteuergesetzes von 1916. Jedoch sind Verwendungen zu ausschließlich gemeinnützigen Zwecken nicht abzugsfähig, da § 22 KRG. von 1916 nicht für entsprechend anwendbar erklärt worden ist. Von der Bildung der Sonderrücklage sind jedoch ausschließlich gemeinnützigen Zwecken dienende Gesellschaften nach Bestimmung des staatlichen Ausschusses befreit.

3. Die Sonderrücklage ist der freien Verfügung der Gesellschaft entzogen, getrennt von dem sonstigen Vermögen zu verwalten und in Schuldverschreibungen des Deutschen Reiches oder eines Bundesstaates anzulegen. Im Falle der Auflösung der Gesellschaft ist sie der freien Verfügung der Liquidatoren entzogen. Zuwiderhandlungen sind strafbar.

Die Sonderrücklage ist tantiemenfrei (vgl. hiezu Deutsche Juristenzeitung 1918, 485). Bei Berechnung des Geschäftsgewinns darf die Sonderrücklage nicht abgezogen werden (vgl. oben S. 38 d γ).

B.

Weitere Steuersicherungsmaßregeln sind zu erblicken in den Verordnungen über Verhinderungen von Kapitalabwanderung v. 21. Nov. 1918 (RGBl. 1325) und v. 15. Jan. 1919 (RGBl. 43), endlich in der Verordnung v. 13. Jan. 1918 (RGBl. 66) über Aufstellung von Vermögensverzeichnisse; VO. über Kapitalabwanderung in das Ausland durch Abschluß von Versicherungen v. 15. Jan. 1919 (RGBl. S. 49).

C.

Das Steuerfluchtgesetz v. 26. Juli 1918 (RGBl. 951) mit den Ausfuhrungsbestimmungen des Bundesrats v. 31. Juli 1918 (BGVBl. 1918 567 ff.); bayer. VollzugsBek. v. 12. Okt. 1918 (BGVBl. 1914, 903), sowie Gesetz v. 24 Juni 1919 zur Ergänzung des Gesetzes gegen die Steuerflucht v. 26. Juli 1918 (RGBl. 583) und Bekanntmachung zu diesem Gesetze v. 24. Juni 1919 (RGBl. 585).

Kommentare: Zimmermann, Stier-Somlo, Buck, Strutz.

Für den Fall der Aufgabe des dauernden Aufenthaltes im Inland (Auswanderung nach Inkrafttreten des Gesetzes) bleiben fortdauernd der inländischen Steuerpflicht (§ 1) unterworfen:

1. alle Deutschen,
2. alle ehemaligen Deutschen, soweit sie noch am 1. August 1914 deutsche Staatsangehörige waren,
3. alle seit dem 1. August 1914 in Deutschland wohnhaften Staatenlosen.

Ausgenommen sind (§ 20) u. a.

1. Personen mit einem Vermögen von nicht mehr als 30 000 Mk.

2. Auslandsdeutsche.

Begriff § 20 Abs. 1 Ziff. 3.

Auch ehemalige Deutsche, die nach ihrer Rückkehr (1914 ff.) die Staatsangehörigkeit wieder erlangt hatten, gelten als Auslandsdeutsche. Die Freilassung tritt nur dann ein, wenn der Auslandsdeutsche innerhalb eines Jahres nach Friedensschluß entweder in das gleiche Land zurückkehrt oder wenn der Zweck des Aufenthaltes im Auslande (z. B. Betreibung eines bestimmten Gewerbes) der gleiche bleibt wie früher.

3. Freistellung nach Antrag, wenn die Auswanderung im deutschen Interesse ist oder bei außergewöhnlicher Härte (§ 21).

Zuständig in Bayern Kreisregierung, K. d. Fin., endgültige Entscheidung durch Reichsfinanzhof. Anrufungsfrist ein Monat (§ 39 mit § 11 RFHO.).

Die fortdauernde Steuerpflicht besteht bezüglich der Personalsteuern der Reichs- und der Bundesstaaten (Einkommen-, Vermögens-, Erbschaftssteuern) (§§ 1 und 2; siehe auch § 1 AusfBek.).

Die bundesstaatlichen Steuern werden im 2 ½ fachen Betrage erhoben.

Dauer der Steuerpflicht (§ 30) bis zum Schlusse des dritten Jahres nach Ablauf des Jahres des Friedensschlusses.

Als steuerpflichtiges Einkommen gilt mindestens das durchschnittliche Einkommen, das sich aus der letzten landesrechtlichen Veranlagung vor der Aufgabe des dauernden Aufenthaltes im Inlande und den zwei ihr vorangegangenen Jahresveranlagungen ergibt (§ 2 Abs. 2 Satz 1).

Das steuerpflichtige Vermögen wird auf den Zeitpunkt der Aufgabe des dauernden Aufenthaltes festgestellt § 2 Abs. 2, 2, § 6.

Die Feststellung des Vermögens erfolgt nach den Vorschriften des BesStG. v. 3. Juli 1913 (RGBl. 524). Stichtag: Zeitpunkt der Aufgabe des dauernden Aufenthaltes, maßgebend sind §§ 2—8 BesStG. Hinzugerechnet werden unter der Voraussetzung, daß die Anlagen noch im Besitz des Steuerpflichtigen befindlich:

1. Beträge, die seit dem 1. Aug. 1914 in ausländischem Grund- oder Betriebsvermögen angelegt worden sind;
2. Beträge, die seit dem 1. Aug. 1914 zum Erwerb von Luxusgegenständen u. dgl. aufgewendet worden sind, bei einem Anschaffungspreis für den einzelnen Gegenstand von 500 Mk. und darüber, für mehrere gleichartige oder zusammengehörige Gegenstände von 1000 Mk. und darüber.

Steuerberechtigt (§ 3) ist der Bundesstaat des letzten Wohnsitzes bzw. gewöhnlichen Aufenthaltes, bei mehrfachem Wohnsitz entscheidet der Reihe nach Dienstwohnsitz, Staatsangehörigkeit, der vorwiegende Aufenthalt, bei mangelndem Wohnsitz oder Aufenthalt entscheidet Staatsangehörigkeit (siehe § 2 AusfBest.).

II. Verfahren:

1. Zuständig ist die Besitzsteuerbehörde (Rentamt).
2. Anzeigepflicht (§ 4) unter Abgabe einer Vermögenserklärung.

Das Muster der Steuererklärung zur außerordentlichen Kriegsabgabe und zur Besitzsteuer für den Veranlagungszeitraum v. 1. Jan. 1914 bis 31. Dez 1916 ist zu verwenden (AusfBest. § 3).

3. Sicherheitsleistungspflicht (§ 5) 20 % des nach § 6 festzustellenden Vermögens, nach § 1 des ErgänzG. kann die Sicherung bis auf 50 % festgesetzt oder auf diesen Betrag erhöht werden.

Persönliche Haftung der gesetzlichen Vertreter, Bevollmächtigter eines Steuerpflichtigen und Testamentsvollstrecker für die Beitreibung der Sicherheit von dem ihrer Verwaltung unterliegenden Vermögen, wenn sie Vermögen in Kenntnis des Umstandes, daß es steuerpflichtig ist, vor der Leistung der Sicherheit ausantworten (§ 5 Abs. 3).

4. Feststellungsbescheid:

Die Feststellung der geschuldeten Sicherheit erfolgt durch vorläufigen und endgültigen Bescheid (§ 9 Abs. 1 § 4 AusfBest.).

Vorläufiger Bescheid nur in dringlichen Fällen auf Antrag des Steuerpflichtigen (§ 9 Abs. 2). Der Bescheid ist vollstreckbar, wenn der Steuerpflichtige seinen dauernden Aufenthalt im Inlande innerhalb eines Monats nach Zustellung des Sicherheitsbescheids aufgegeben hat.

Bei Verdacht der Steuerflucht ergeht durch sofort vollstreckbaren Bescheid (§ 5 AusfBest.) die Feststellung der Sicherheit und zwar in den Fällen des § 11

a) wenn der Steuerpflichtige seinen dauernden Wohnsitz im Inlande aufgegeben hat, ohne die nach § 4 vorgeschriebene Erklärung abgegeben zu haben;

b) wenn Tatsachen vorliegen, die die Annahme rechtfertigen, daß der Steuerpflichtige seinen dauernden Aufenthalt im Inlande aufgeben und sich der Verpflichtung zur Leistung der Sicherheit entziehen will;

c) nach § 2 des ErgänzGes. schon dann, wenn Tatsachen vorliegen, die die Annahme rechtfertigen, daß Vermögenswerte des Steuerpflichtigen dem Steuerzugriff entzogen werden sollen.

Der endgültige Bescheid tritt ein Monat nach der Zustellung außer Kraft, wenn bis dahin der inländische dauernde Aufenthalt noch nicht aufgegeben ist § 10. Der Bescheid nach § 11 Nr. 2 und § 1 ErgGes hingegen ist erst außer Kraft zu setzen, wenn die Voraussetzungen für seine Erteilung weggefallen sind (§ 7 AusfBest., § 3 Abs. 3 ErgänzsGes.).

Rechtsmittel: es gelten die Rechtsmittelvorschriften des BStG. §§ 66 und 69, Rechtsmittel sind nur gegen endgültigen Bescheid zulässig und haben keine aufschiebende Wirkung (§ 13); Reichsfinanzhof letzte Instanz.

5. Leistung der Sicherheit nach Maßgabe §§ 9 ff. AusfBest. Hervorzuheben ist, daß nach § 14 die Sicherheit nach dem Ermessen des Rentamtes auch in anderer Weise geleistet werden kann. Die Sicherheit kann nach den für die Einziehung öffentlicher Abgaben geltenden Vorschriften beigetrieben und das im Lande befindliche Vermögen des Steuerpflichtigen in Höhe der Sicherheit mit Beschlag belegt werden.

Mithaftung von Personen, die seit dem 1. März 1918 Schenkungen oder sonstige ohne entsprechende Gegenleistungen gemachte Zuwendungen erhalten haben (§ 15 Satz 1), ausgenommen sind übliche Gelegenheitsgeschenke und Zuwendungen im Gesamtwerte von nicht mehr als 3000 Mk. § 29. Die oberste Landesfinanzbehörde kann von der Verpflichtung zur Sicherheitsleistung ganz oder teilweise Befreiung gewähren. Die Sicherheit ist in den Fällen des § 22 AusfBest. zurückzuzahlen.

6. Strafen: Nach § 22: Gefängnis nicht unter 3 Monaten, Verlust der bürgerlichen Ehrenrechte und daneben Geldstrafe bis 100 000 Mk., wenn vorsätzliche Zuwiderhandlung gegen §§ 4 oder 5; bei fahrlässiger Zuwiderhandlung § 26. Verlust der Staatsangehörigkeit durch Beschluß der Zentralbehörde (§ 23); nach § 24 Reichsverweisung.

Straffreiheit nach § 25 im Falle der Zahlung der hinterzogenen Steuerbeträge und Leistung der Sicherheit.

III. **Aufhebung des Bankgeheimnisses:** (§ 4 ErgGes.):

Die Banken oder deren Zweiganstalten sind auf Anordnung des Reichsministers der Finanzen verpflichtet:

1. der zuständigen Steuerbehörde binnen einer zu bestimmenden Frist diejenigen Personen unter Angabe des Namens und des Wohnortes anzuzeigen, welche bei ihr seit dem 1. August 1914 Wertsachen (Wertpapiere, Gelder oder Kostbarkeiten) offen oder verschlossen hinterlegt, in Verwahrung gegeben oder verpfändet, ein Konto errichtet oder sich ein Schließfach haben geben lassen;
2. der Steuerbehörde über Tatsachen, die für die Ermittelung von Steueransprüchen oder für die Ausübung der Steueraufstellung von Bedeutung sind, Auskunft zu erteilen.

Zu den Banken gehören auch Sparkassen und alle Personen und Unternehmungen, die geschäftsmäßig Bank- oder Bankgeschäfte betreiben.

Strafvorschr.: § 5 ErgGes. § 6.

Durch Bekanntmachung des Reichsfinanzministers v. 24 Juni 1919 ist dem in dem näher bezeichneten Grenzgebiet (u. a Zweibrücken) befindlichen Banken usw. die Auskunftpflicht nach § 4 Ziff. 1 (ohne weiteres) und nach § 4 Ziff. 2 (auf Anfrage) auferlegt; die Anzeigepflicht geht auf den 1. Okt. 1918 zurück.

Nach § 6 ErgänzGes. ist die Regierung ermächtigt zum Zwecke gegenseitiger Rechtshilfe bei der Feststellung des im Auslande befindlichen beweglichen Vermögens der im Inland wohnenden Personen mit auswärtigen Regierungen Vereinbarungen zu treffen.

D.

1. **Gesetz über die Errichtung eines Reichsfinanzhofes** und über die Reichsaufsicht für Zölle und Steuern v. 26. Juli 1918 (RGBl. 959).
2. **Reichsfinanzhofordnung** v. 21. Sept. 1918 (RGBl. 1119), bayer. AusfVO. v. 30. Sept. 1918 (GVBl. 793 ff.).

Spruchtätigkeit:

Der Reichsfinanzhof ist oberste Spruchbehörde zunächst für Wehrbeitrag, Besitzsteuer, Kriegsabgaben, Erbschaftssteuer, Zuwachssteuer, Reichsstempelabgaben, Wechselstempelabgabe, Abgabe vom Personen- und Güterverkehr, Kohlensteuer (§ 7).

Weiter ausdrücklich vorgesehen in § 23 Abs. 2 UmsStG. v. 26. Juli 1918, § 36 Abs. 1 KrAbg. 1918, § 12 Steuerfluchtgesetz v. 26. Juli 1918.

Der Reichsfinanzhof ist nur letzte Instanz und zur Verbescheidung der nach Eröffnung des landesrechtlich geordneten Rechtsmittelwegs (§§ 8 RF.) eingelegten Rechtsbeschwerde berufen. (Das Verfahren vor dem Reichsfinanzhof schließt sich an den Rechtsmittelzug innerhalb der einzelnen Bundesstaaten an.

In Bayern ist gegen den Bescheid der Berufungskommission die Rechtsbeschwerde an den Reichsfinanzhof zulässig (§ 1 Abs. 2 bayer. VB.); die Rechtsbeschwerde an den Reichsfinanzhof steht auch der Regierung, Kammer der Finanzen, zu, § 23 RFG. Nach § 25 beginnt der Reichsfinanzhof mit seiner Tätigkeit am 1. Oktober 1919. Ist eine Entscheidung, gegen die nach § 25 Abs. 2 der Reichsfinanzhof angerufen werden kann, vor dem 1. Oktober 1918 erlassen, so beginnt die Beschwerdefrist frühestens mit dem 1. Okt. 1918 (§ 72 Abs. 2 RFHO.). Die bisherigen Rechtsmittelvorschriften gelten jedoch in allen den Fällen weiter, in denen gegen eine Veranlagung vor dem 1. Oktober ein anderes Rechtsmittel als die Verwaltungsbeschwerde eingelegt war (s. Begründung zur RFHO. V § 25 Abs. 2 RFG.). Die bayerische Berufungs- und Oberberufungskommission gilt als richterliche unabhängige Spruchbehörde, daher ist in allen Fällen, in denen in Bayern vor dem 1. Oktober 1918 in einer der oben aufgeführten Steuersachen die Berufung gegen einen Steuerbescheid eingelegt wurde, die Rechtsbeschwerde an den Reichsfinanzhof unzulässig (s. Begrd. z. RFHO. zu § 74, amtl. Mitteilungen 9. Jahrg. 133).

Beschwerdefrist 1 Monat (§ 11 RFHO.). Beschwerde ist grundsätzlich bei der 1. Instanz einzureichen, doch genügt auch die Einreichung bei einer Vorinstanz oder dem Reichsfinanzhof selbst § 12 RFG.

Beschwerdeform § 12 Abs. 4 RFHO., Beschwerdebegründung §§ 13, 14 VFHO., kein Anwaltszwang in dem Verfahren vor dem Reichsfinanzhof (§ 6 RFHO.).

Die Rechtsbeschwerde ist nicht auf die Geltendmachung von Rechtsmitteln und wesentliche Mängel des Verfahrens beschränkt, es kann mit ihr auch ein Verstoß wider den klaren Inhalt der Akten geltend gemacht werden (§ 10 RFG.).

Der Reichsfinanzhof ist nicht verpflichtet bei unrichtiger Entscheidung an die Vorinstanz zurückzuweisen, er kann selbst sachlich entscheiden und zu diesem Zwecke Ermittelungen in tatsächlicher Richtung pflegen. (§ 11 Abs. 2 RFG., § 29 Abs. 2 RFO.).

Verfahren vor dem Reichsfinanzhof §§ 21 ff. RFHO. Kosten werden grundsätzlich von den Beteiligten eingehoben, §§ 49 ff. RFHO.; nach § 57 RFHO. kann von der Erhebung von Kosten, die durch eine unrichtige Behandlung der Sache ohne Schuld der Beteiligten entstanden sind, ganz oder teilweise abgesehen werden, ebenso wenn das Verfahren von der Reichsaufsichtsbehörde oder von der Landesbehörde mit Erfolg betrieben wird.

Die Erstattung der Kosten der Zuziehung eines Anwaltes erfolgt nur dann, wenn der Senat die Zuziehung für notwendig erklärt hat (§ 63 Abs. 3 RFHO.).

3. Beschlußtätigkeit nach §§ 13, 14 RFHO. (Freistellungsanträge in Steuerfluchtsachen nach § 21 StFlG., Doppelsteuerbeschwerde nach § 14 RFG usw.).

Doppelsteuerbeschwerde wird eingelegt, wenn von einem Steuerpflichtigen für den Zeitraum, für den er in einem Bundesstaat zu einer direkten Staatssteuer oder Gemeindesteuer herangezogen ist, in einem anderen Bundesstaat eine direkte Staatssteuer oder Gemeindesteuer gefordert wird. Beschwerdefrist nach § 6 Doppelsteuergeſ. ein Jahr.

4. Gutachtliche Tätigkeit:

Der Reichskanzler und die oberste Landesbehörde können Fragen der Auslegung von Vorschriften der Reichsabgabegesetze dem Reichsfinanzhof zur Begutachtung vorlegen (§ 15 RFHG.).

Leitfäden des Kriegsrechts
Herausgegeben vom Bayerischen Anwaltsverband

VII.

Gerichts- und Anwaltskosten, bayer. Vollmachtsstempel.

Stand vom 1. Mai 1919, mit Nachträgen bis 1. September 1919.

Von

Dr. Alfred Bloch II
Rechtsanwalt in München.

1919
München, Berlin und Leipzig
J. Schweitzer Verlag (Arthur Sellier).

Die vom Bayerischen Anwaltsverband herausgegebenen „Leitfäden des Kriegsrechts" sollen in erster Linie den Kriegsteilnehmern und allen denjenigen, welche während der Kriegszeit die neue Rechtsentwicklung nicht oder nicht immer zu verfolgen vermochten, ein Wegweiser durch die wichtigsten Gebiete des Kriegsrechtes sein. Das soll in gedrängtester und zugleich übersichtlichster Form geschehen. Der Leser soll nur auf die Hauptgesichtspunkte der einzelnen Materien hingewiesen, auf die Spezialliteratur aufmerksam, mit den auftauchenden Fragen kurz bekannt gemacht werden. Auch diejenigen Gebiete, auf welchen der Krieg zwar keine neue Gesetzgebung, wohl aber eine belangreiche Rechtsprechung gebracht oder sonst neue Fragen gezeitigt hat (z. B. Erfüllung von Lieferungsverträgen, Unmöglichkeit der Leistung usw.) sollen möglichst Berücksichtigung finden. Die einzelnen Heftchen werden, um ihren Zweck zu erfüllen, von möglichst geringem Umfang und tunlichst wohlfeil sein.

Es sind erschienen:

Handels- und Wechselrecht, bearbeitet von Justizrat Dr. Hch. Frankenburger in München (8°, 22 S. Geh. M. —.80, dazu 35% Teuerungszuschlag),

Bürgerliches Recht einschl. Stundungs-Verordnungen und Einigungsämter, bearbeitet von Rechtsanwalt Ludwig Erlanger in München (8°, 36 S. Geh. M. 1.20, dazu 35% Teuerungszuschlag),

Zivilprozeß, bearbeitet von Justizrat Dr. Bernhard Mayer II in München (8°, 32 S. Geh. M. 1.—, dazu 35% Teuerungszuschlag),

Militärversorgungsrecht, bearbeitet von Rechtsanwalt Chr. Meisner in Würzburg (8°, 44 S. Geh. M. 1.70, dazu 35% Teuerungszuschlag),

Strafrecht und Strafprozeß, bearbeitet von Rechtsanwalt Dr. Fröschmann und Rechtsanwalt Heilmeier in Nürnberg (8°, 32 S. M. 1.20 dazu 35% Teuerungszuschlag),

Anwaltsgebühren, Gerichtskosten und Vollmachtsstempel, bearbeitet von Rechtsanwalt Dr. Alfred Bloch II in München (8°, 47 S. Geh. M. 1.80, dazu 35% Teuerungszuschlag).

In rascher Folge erscheinen:

Direkte Steuern, bearbeitet von Rechtsanwalt Dr. Otto Kahn in München,

Geschäftsaufsicht und Zwangsvergleich, bearbeitet von Justizrat Dr. Hugo Cahn in Nürnberg.

Leitfäden des Kriegsrechts

Herausgegeben vom Bayerischen Anwaltsverband

VII.

Gerichts- und Anwaltskosten, bayer. Vollmachtsstempel.

Stand vom 1. Mai 1919, mit Nachträgen bis 1. September 1919.

Von

Dr. Alfred Bloch II

Rechtsanwalt in München.

1919

München, Berlin und Leipzig

J. Schweitzer Verlag (Arthur Sellier).

Druck von Dr. F. P. Datterer & Cie., München und Freising.

Inhaltsverzeichnis.

Die Abkürzungen sind die allgemein üblichen. Die Verweisungen auf „Wassermann-Erlanger, Die Kriegsgesetze privatrechtl. Inhalts" beziehen sich auf die 3. Auflage, bei Fürst, auf die im Anschluß an die Gebührenordnung für Rechtsanwälte (Fürst-Roth) anhangweise herausgegebenen „Kriegsverordnungen über Gebühren der Rechtsanwälte insbes. das Gesetz über Kriegszuschläge".

A. Spezielle Kostengesetze.

I. Reichsgesetze.

1. Gesetz, betr. Änderungen des Gerichtskostengesetzes, der Gebührenordnung für Rechtsanwälte und der Gebührenordnung für Gerichtsvollzieher. Vom 8. Nov. 1916 (RGBl. 1263). (Erhöhung der Pauschsätze). Vgl. Wassermann-Erlanger 539 ff.

Das Reichsgesetz v. 21. Juni 1916 (RGBl. 577) brachte eine mit den Post- und Telegraphengebühren zu erhebende außerordentliche Reichsabgabe. Nach der Fassung der RAGO. konnte der Anwalt diese von ihm tatsächlich zu leistende Abgabe neben dem Pauschsatz ersetzt verlangen, was zu der alten Pfennigrechnerei führen und den Vorteil der Pauschalierung aufheben mußte (LG. Guben in JW. 1916, 1357). Bei Berechnung der Gerichtskosten und der Auslagenberechnung der Gerichtsvollzieher würde dagegen die Reichsabgabe durch den Pauschsatz mit abgefunden gewesen sein. Das Gesetz ordnet zur Vermeidung dieses unbilligen Zustandes die Abgeltung der Reichsabgabe, indem es alle bisherigen Pauschsätze um 50% erhöht und die §§ 79, 80b GKG., § 76 RAGO., § 13 GebO. f. GV. entsprechend geändert.

Die jetzigen Pauschsätze, mit welchen auch die Reichsabgabe ersetzt wird, betragen.

a) **bei den Gerichtskosten** 15% (früher 10%) der zum Ansatz gelangenden Gebühr, jedoch mindestens 20 Pfg. und höchstens 75 Mk. (früher 50 Mk.); Pfennigbeträge werden auf den nächsthöheren durch 10 teilbaren Betrag aufgerundet. In bürgerlichen Rechtsstreitigkeiten bei Erhebung einer Klage beträgt die Summe der Pauschsätze einer Instanz mindestens 80 Pfg. (früher 50 Pfg.) und höchstens 150 Mk. (früher 100 Mk.). Der Erhebung der Klage steht die Ladung nach Erhebung des Widerspruchs gegen den Zahlungsbefehl oder der Einspruch gegen einen Vollstreckungsbefehl gleich; das Mahnverfahren und der entstehende Rechtsstreit gelten in diesem Falle als eine Instanz. Soweit nach besonderen gesetzlichen Bestimmungen Gebührenfreiheit für Gerichtskosten besteht, kommt auch der Pauschsatz nicht zur Erhebung.

b) **bei den Anwaltskosten 30%** (früher 20%) der zum Ansatz gelangenden Gebühr, jedoch höchstens 45 Mk. (bisher 30 Mk.) und mindestens 80 Pfg. (bisher 50 Pfg.); in der Zwangsvollstreckungsinstanz mindestens 3 Mk. (bisher 2 M.) unter Aufrundung der Pfennigbeträge wie bei den Gerichtskosten. Steht dem als Prozeßbevollmächtigten bestellten Rechtsanwalt nach § 13 Nr. 1, §§ 19, 52 RAGO. die Prozeßgebühr zu, so beträgt die Summe der in einer Instanz anzusetzenden Pauschalsätze mindestens 6 Mk. (bisher 4 Mk.) und höchstens 75 Mk. (früher 50 Mk.) und, wenn dem Rechtsanwalt auch nach § 13 Nr. 4, §§ 19, 52 die Beweisgebühr oder nach § 13 Nr. 3, §§ 19, 52 die Vergleichsgebühr zusteht, mindestens 9 Mk. (früher 6 Mk.) und höchstens 90 Mk. (früher 60 Mk.). Dem als Verteidiger, Vertreter des Privatklägers, eines Nebenklägers oder einer Verwaltungsbehörde bestellten Rechtsanwalte steht bei Anfall der Gebühr für die Hauptverhandlung eine Pauschale von wenigstens 6 Mk. (früher 4 Mk.) zu.

Soweit in Reichs- oder Landesgesetzen auf die Vorschriften der Kostengesetze verwiesen ist, gelten diese in der jetzigen Fassung.

Das Gesetz trat am 16. Nov. 1916 in Kraft und findet auch auf die vor seinem Inkrafttreten anhängig gewordenen Rechtssachen Anwendung, soweit nicht die Instanz vor dem Tage des Inkrafttretens beendet war. Wegen Beendigung der Instanz s. S. 8/9.

Durch Reichsgesetz vom 26. Juli 1918 (RGBl. 975) erfuhr die Reichsabgabe auf den Post- und Telegraphenverkehr eine weitere sehr beträchtliche Erhöhung, so daß nunmehr auch eine neue Hinaufsetzung der Pauschsätze am Platze wäre (Friedländer in JW. 1918, 547)[1].

2. Gesetz über Kriegszuschläge zu den Gebühren der Rechtsanwälte und der Gerichtsvollzieher. Vom 1. April 1918 (RGBl. 173). Kostennovelle.

(Vgl. Friedländer in JW. 1918, 247), Landsberg, ebenda 250, Schlichting, ebenda 254) und Anhang zu Fürst-Roth RAGO.; Herzfelder, BayZ. 1918, 129.

Das Gesetz will den Wünschen der Rechtsanwaltschaft auf eine den Zeitverhältnissen entsprechende Erhöhung der Gebühren entgegenkommen. Es erhöht (§ 1 Abs. 1) mit Wirkung vom 15. April 1918 die Gebührensätze des § 9 RAGebO. um 3/10, das heißt, daß alle Gebühren, welche aus § 9 berechnet werden und nicht zur Berufungs- oder Revisionsinstanz gehören, sich um 3/10 erhöhen, beispielsweise die Gebühren der Beschwerdeinstanz, der Zwangsvollstreckung, des Aufgebotsverfahrens, des Konkursverfahrens. Durch die Hinaufsetzung ergeben sich Gebühren mit Pfennigbeträgen[2]. Der Pauschsatz wird automatisch miterhöht, nicht aber seine Mindest- und Höchstbeträge. Die Inkassogebühren und die Gebühren in

[1]) Durch Bekanntmachungen v. 28. Juni 1919 RGBl. 627, v. 16. u. 18. Sept. 1919 GVBl. 569, 580 wurden die Postgebühren weiter erhöht.

[2]) Diese sind in den Tabellen auf den nächsten Zehner aufgerundet (mit Naumburg in OLG. 1919 II 108 und Walter-Joachim, RAGebO. § 8 Anm. IV; gegen Irmler, JW. 1918, 250).

Strafsachen bleiben unverändert, abgesehen von den in § 75 RAGebO. behandelten Fällen des Kostenfestsetzungsverfahrens und der Zwangsvollstreckung aus Entscheidungen, welche über eine Buße oder über Erstattung von Kosten ergangen sind. Der Mindestsatz einer Gebühr beträgt nach wie vor 1 Mk.

Die Gebührenzuschläge finden auch Anwendung, soweit andere Gesetze als die RAGebO. die Gebührensätze des § 9 zugrunde legen, was insbes. bei den meisten der folgenden Kriegsverordnungen der Fall ist. Das Gesetz enthält darüber zwar nicht eine ausdrückliche Bestimmung, wie sich eine solche im Art. 4 des Ges. über die Erhöhung der Pauschsätze v. 8. Nov. 1916 findet, aber Sinn und Zweck des Gesetzes verlangen eine solche Auslegung.

Für die Geltungsdauer des Gesetzes tritt der § 52 RAGebO. (Fassung v. 22. Mai 1910 RGBl. 767) außer Kraft und es betragen die Gebühren für die Revisionsinstanz und ebenso für die Berufungsinstanz nunmehr $^{15}/_{10}$. Das bedeutet für die Berufungsinstanz gegenüber den bisherigen $^{13}/_{10}$ eine Erhöhung, für die Revisionsinstanz aber keine Veränderung des früheren Satzes.

Die Erhöhungen auf $^{13}/_{10}$ in der ersten Instanz und auf $^{15}/_{10}$ in der Berufungsinstanz treten nicht ein im Falle des § 16 Abs. 1 Satz 1 RAGebO., entfallen also insbesondere für die nicht kontradiktorische Verhandlung bei Versäumnis- und Anerkenntnisurteil. Bei Erwirkung eines Versäumnisurteils erhält somit der Anwalt neben der vollen durch den Zuschlag auf $^{13}/_{10}$ erhöhten Prozeßgebühr erster Instanz für die nicht kontradiktorische Verhandlung nur wie bisher $^{5}/_{10}$ Gebühr (vgl. OLG. Hamburg in JW. 1919, 121; LG. Berlin, ebenda 332). Zweifel ergaben sich über die Art der Berechnung der Verhandlungsgebühr bei Erwirkung eines Versäumnisurteils in der Berufungsinstanz. Nach dem Wortlaut des Gesetzes würden hier wie in erster Instanz nur $^{5}/_{10}$ Gebühr anzusetzen sein. Sinn und Zweck des Gesetzes aber führen zu der Auslegung, daß als Verhandlungsgebühr im Versäumnisverfahren der Berufungsinstanz $^{13}/_{20}$ zu berechnen sind, da gegenüber dem bisherigen Zustand jedenfalls keine Verschlechterung eintreten soll (OLG. Köln in JW. 1918, 571); dementsprechend ergeben sich $^{15}/_{20}$ für das Versäumnisurteil in der Revisionsinstanz. Für die nichtstreitige Verhandlung nach Beweiserhebung (§ 17 RAGebO.) erwächst die $^{5}/_{20}$ Gebühr aus dem durch den Kriegszuschlag erhöhten Satz des § 9.

Der $^{3}/_{10}$ Zuschlag entfällt auch im Mahnverfahren, sofern sich die Tätigkeit des Anwalts auf dieses Verfahren beschränkt (§ 1 Abs. 2). Das Gesetz verweist hier wegen des Mahnverfahrens auf § 38 Abs. 1 RAGebO., welcher aber durch § 17 EntlVO. v. 15. Sept. 1915 ersetzt ist. Sämtliche Gebühren des Mahnverfahrens berechnen sich also ohne den $^{3}/_{10}$ Zuschlag. Geht aber das Mahnverfahren in den ordentlichen Prozeß über, so erwachsen die erhöhten Gebühren und zwar nunmehr auch für die im Mahnverfahren entwickelte Tätigkeit. Das Mahnverfahren schließt mit Zustellung des Vollstreckungsbefehls, bei erhobenen Widerspruch mit der

Terminsbestimmung oder dem Verweisungsbeschluß. Jede folgende Tätigkeit z. B. Empfangnahme der Ladung fällt bereits in das Prozeßverfahren und begründet die Gebührenerhöhung. Das gleiche gilt, wenn der Anwalt bei einem auswärtigen Gericht einen Zahlungsbefehl erwirkt hat und dann als Korrespondenzanwalt im auswärtigen Prozeß tätig bleibt. Betreibt der Anwalt nach Erwirkung des Zahlungs- und Vollstreckungsbefehls die Zwangsvollstreckung, so erhält er für das Mahnverfahren keine Zuschläge, wohl aber für das Vollstreckungsverfahren, da dieses als besondere Instanz gilt.

Das Gesetz (§ 2) erhöht die Vergütung für Reisekosten und zwar erhält der Anwalt an Tagegeld 20 Mk. (früher 12 Mk.), für ein Nachtquatier 8 Mk. (früher 5 Mk.), an Fuhrkosten für Reisen auf Eisenbahnen und Dampfschiff pro km 20 Pfg. (früher 13 Pfg.), bei anderen Reisemitteln pro km 1 Mk. (früher 60 Pfg.).

§ 4 des Gesetzes erhöht die im § 80 Satz 1 des GKG. (Fassung v. 1. Juni 1909 RGBl. 475) bestimmte Schreibgebühr von 20 Pfg. pro Seite auf 40 Pfg. Dafür muß aber auch die Seite statt der bisherigen 20 Zeilen von durchschnittlich 12 Silben = 240 Silben das Doppelte enthalten, nämlich mindestens 32 Zeilen, von durchschnittlich 15 Silben = 480 Silben. Auch jede angefangene Seite wird voll mit 40 Pfg. berechnet. Diese Aenderung wirkt für die Anwalts- wie für die Gerichtskosten. Soweit in Reichsgesetzen oder in Landesgesetzen auf § 80 GKG. verwiesen ist, gilt er mit der jetzigen Aenderung. Das Schreibwerk des Gerichts und des Anwalts ist nach der neuen Vorschrift zu erledigen und zu berechnen, wenn es nach dem Inkrafttreten des Gesetzes hergestellt wurde.

§ 5 des Gesetzes bestimmt den Zeitpunkt seines Inkrafttretens — 15. April 1918 — und besagt weiter, daß die Vorschriften über die anwaltschaftliche Gebührenerhöhung (§§ 1 und 2) Anwendung finden auch auf die vor dem 15. April 1918 anhängig gewordenen Rechtssachen, soweit nicht an diesem Tage die Instanz beendigt war. Mit dem Ablauf von 2 Jahren nach der Beendigung des gegenwärtigen Kriegszustandes soll das Gesetz mit der Maßgabe außer Kraft treten, daß in den vor dem Tage des Außerkrafttretens anhängig gewordenen Rechtssachen bis zur Beendigung der Instanz die Rechtsanwaltsgebühren mit den Zuschlägen des §§ 1 und 2 zu berechnen sind. Die Frage nach der Beendigung der Instanz spielt für die Uebergangsperiode hier wie im Gesetz v. 8. Nov. 1916 über die Erhöhung der Pauschsätze und in den einzelstaatlichen Kostenvorschriften der Kriegszeit eine Rolle. Der Instanzbegriff der RAGO. deckt sich nicht mit demjenigen der ZPO. und des GKG.; er ist unter Beachtung der Besonderheiten der RAGO. (vgl. §§ 25—27, 29—34, 36, 41, 50, 53, 66, 70) zu bestimmen. Die gerichtliche oder behördliche Instanz endet in der Regel mit der Zustellung der Entscheidung (Urteil), (OLG. Posen in JW. 1917, 241; LG. Berlin ebenda 244; OLG. Hamm ebenda 490; OLG. Hamburg ebenda 1918, 742 u. LG. Hirschberg 743). Das Kostenfestsetzungsverfahren[1]) (OLG. Stuttgart in JW. 1918, 315; OLG. Hamm

[1]) Im Erinnerungsverfahren erhält der Anwalt die Gebühr des § 23

ebenda 572) bildet ebenso wie die Zwangsvollstreckung eine besondere Instanz. Mit der Beendigung des Mandats endet für den Anwalt auch die Instanz, § 50 RAGO. Bei außergerichtlicher Tätigkeit (Beratung, Vertragsentwurf usw.) fällt das Ende der Instanz mit der Erledigung des Auftrags durch dessen Ausführung, Mandatskündigung, Tod usw. zusammen.[1])

3. Verordnung über die Gebühren der Rechtsanwälte im Verfahren vor den Militärversorgungsgerichten und dem Reichsmilitärversorgungsgerichte, vom 1. März 1919 (RGBl. 266) und Kosten der Militärversorgungsgerichte §§ 16—22 VO. v. 1. Febr. 1919 RGBl. 156 (Müller in JW. 1919, 297; Meisner ebenda 410).

Die VO. trat am 1. März 1919 gleichzeitig mit der VO. über das Verfahren in Militärversorgungssachen v. 1. Febr. 1919 (RGBl. 149) und den Bestimmungen über die Militärversorgungsgerichte und das Reichsmilitärversorgungsgericht, sowie über das Verfahren vor ihnen v. 18. Febr. 1919 (RGBl. 217) in Kraft. Die bayerische Landesregierung kann für die Tätigkeit der Rechtsanwälte vor den bayerischen Militärversorgungsgerichten und dem bayerischen Landesmilitärversorgungsgerichte auch eine besondere Gebührenordnung erlassen. Das bayerische Staatsministerium der Justiz erklärte auf eine Eingabe des bayerischen Anwaltsverbandes vgl. JW. 1919, 228, daß es eine Sonderregelung für Bayern nicht für angängig halte, aber die Eingabe, soweit sie Änderungen der teilweise unpraktischen und unbilligen Bestimmungen vorschlägt, der Reichsregierung zur Kenntnis bringt. Es wird also auch für Bayern bei der VO. v. 1. März 1919 bleiben.[2])

Die VO. gewährt für die Tätigkeit des Anwalts vor einem Militärversorgungsgericht oder dem Reichsmilitärversorgungsgericht für jede Instanz

a) eine Vergütung von 5 bis 200 Mk., wenn es sich um Ansprüche von Personen, die nach den Versorgungsgesetzen für die Unterklassen des Soldatenstandes oder nach § 35 OffizierspensionG. v. 31. Mai 1906 (RGBl. 565) zu versorgen sind, oder um Ansprüche von Hinterbliebenen olcher Personen handelt,

b) eine Vergütung von 10 bis 500 Mk. in den übrigen Fällen.

Auslagen des Rechtsanwalts, Schreibgebühren, Postgelder, Reisekosten zur Verhandluug oder zu anderen Zwecken, werden nicht besonders

---

RAGO., wenn er sie nicht schon vorher im Kostenfestsetzungsverfahren erhalten hat; Naumburg 29 Nov. 1916 in Z. f. d. JustSekr. 28, 35; LG. Berlin I KGBl. 1917 47.

[1]) Über Einzelheiten vgl. Friedländer in JW. 1918, 248 ff.; Landsberg ebenda 252 f.; Herzfelder Bay. Z. 1918, 132, Anhang Fürst-Roth 11 ff.

[2]) Die jetzt erlassenen Bay. VO. v. 21. Mai 1919 (GVBl. 253) in Kraft seit 2. Juni 1919 stimmt mit den reichsrechtlichen Vorschriften überein.

erstattet, sind jedoch bei Festsetzung der Vergütung in den oben angegebenen Grenzen zu berücksichtigen.

Für die Teilnahme an Beweisverhandlungen außerhalb des Gerichtssitzes kann der Rechtsanwalt, wenn seine Anwesenheit notwendig war, neben der vorerwähnten Vergütung eine besondere Entschädigung verlangen. Werden mehrere Streitfälle zwischen denselben Parteien zu gemeinsamer Entscheidung und Verhandlung verbunden, so wird die Vergütung und Reiseentschädigung für die Instanz nur einmal gewährt.

Eine Vereinbarung über höhere Sätze als sie die Gebührenordnung vorsieht, ist nichtig, Art. II § 22 VO. v. 1. Febr. 1919 (vgl. wegen Vereinbarung und Erstattung von Honoraren Müller).

Die Militärversorgungsgerichte sprechen in der Entscheidung über die Hauptsache oder in besonderem Bescheide aus, ob und welche Gerichtsgebühr (es besteht ein Spielraum von 3 bis 200 Mk.) der unterliegende Kläger zu tragen hat. Ebenso prüft und entscheidet das Militärversorgungsgericht von Amts wegen, ob und in welcher Höhe die unterlegene Partei dem Gegner Kosten zu erstatten hat. Die dem Kläger auferlegten Gebühren und die von der einen Partei zu erstattenden Kosten werden wie Gemeindeabgaben beigetrieben und zwar die Kosten auf Antrag der obsiegenden Partei.

Für Personen, welche auf Grund einer während des Weltkrieges erlittenen Dienstbeschädigung Versorgungsansprüche haben, ist das Verfahren bei Geltendmachung solcher Ansprüche kostenfrei, ausgenommen bei mutwilliger Rechtsverfolgung, Verschleppung des Verfahrens oder Irreführung des Gerichts.

Für privatschriftliche Vollmachten zur Vertretung vor den Militärversorgungsgerichten besteht keine Stempelpflicht (Art. II § 20 VO. v. 1. Febr. 1919 und §§ 137, 138 RVO.).

II. Kostenvorschriften der größeren Bundesstaaten.

1. Preußen:

Gesetz über Kriegszuschläge zu den Gebühren der Notare, Rechtsanwälte und Gerichtsvollzieher und zu den Gerichtskosten. Vom 6. Juli 1918 (GS. 128 vgl. Begründung in JW. 1918, 292).

Die den Notaren und Gerichtsvollziehern nach der Gebührenordnung für Notare v. 25. Juli 1910 (GS. 233) und nach der Landesgebührenordnung für Rechtsanwälte und Gerichtsvollzieher vom 21. März u. 6. Sept. 1910 (GS. 261) zustehenden Gebühren erhöhen sich um $^3/_{10}$.

Die Gebührensätze des Art. 3 der Landesgebührenordnung für Rechtsanwälte und Gerichtsvollzieher (landesgesetzliche Gebührenskala) erhöhen sich ebenfalls um $^3/_{10}$. Soweit in der Landesgebührenordnung für Rechtsanwälte und Gerichtsvollzieher und in der Notariatsgebührenordnung auf Gebührensätze und Auslagen verwiesen ist, welche durch das Reichsgesetz v. 1. April 1918 (RGBl. 173) erhöht worden sind, finden die erhöhten Gebührensätze und Auslagenvergütungen Anwendung. Die Gebühren des preußischen Gerichtskostengesetzes v. 25. Juli 1910 (GS. 184) erhöhen sich für die im Teil 1 Abschnitt 2 und in § 67 Nr. 1 bezeichneten Geschäfte um $^3/_{10}$. Die Schreibgebühr wird allgemein von 20 Pfg. auf 40 Pfg. hinaufgesetzt, wobei aber die Seite wenigstens 32 Zeilen von durchschnittlich 15 Silben enthalten muß. Die Gebührenerhöhung für Notare, Rechtsanwälte und Gerichtsvollzieher findet Anwendung auf alle zur Zeit des Inkrafttretens des Gesetzes noch nicht beendigten Geschäfte; die übrigen Vorschriften gelten für alle in diesem Zeitpunkt noch nicht fällig gewordenen Kosten. Das Gesetz — ausgegeben am 24. Juli 1919 — gilt bis zum Ablauf von 2 Jahren nach der durch Verordnung bestimmten Beendigung des Kriegszustandes. Die Gebühren für die vor dem Tage des Außerkrafttretens erteilten Aufträge und die vor diesem Tage bereits fällig gewordenen Gerichtskosten bemessen sich nach dem erhöhten Gebührensatz.

2. Bayern:

a) Verordnung, Kriegszuschläge zu den Gebühren der Rechtsanwälte in den Angelegenheiten der Rechtspflege und in den Angelegenheiten der Verwaltung und der Verwaltungsrechtspflege betreffend. Vom 27. April 1918 (GVBl. 275).

Die Verordnung gewährt durchwegs einen Kriegszuschlag von $^3/_{10}$ auf alle Gebühren der beiden Landesgebührenordnungen v. 26. März 1912 (GVBl. 133 ff. und 144 ff.).

Ferner erhöht sie für die Tätigkeit in Verwaltungssachen das Tagegeld von 20 Mk. auf 25 Mk. (bei halbem Tag von 10 Mk. auf 12 Mk.) und die Entschädigung für Übernachten von 6 Mk. auf 8 Mk. Die Uebergangsbestimmungen schließen sich dem Reichsgesetz vom 1. April 1918 an. Die Verordnung findet auf die am 1. Mai 1918 laufenden Aufträge Anwendung, soweit an diesem Tage die Instanz noch nicht beendet war, und tritt zwei Jahre nach Kriegsende, welches durch Verordnung festgesetzt wird, außer Kraft, mit der Maßgabe, daß die dann laufenden Aufträge bis zur Beendigung der Instanz mit den Zuschlägen honoriert werden.

b) Verordnung vom 28. März 1919 (GVBl. 128) **über die Gebühren der Rechtsanwälte in den Angelegenheiten der Rechtspflege.**

Diese durch eine Eingabe des bayer. Anwaltsverbands[1]) veranlaßte Verordnung hebt die besondere landesrechtliche Gebührenskala des Art. 5 der Landesgebührenordnung v. 26. März 1902 (GVBl. 1902, 133) auf und ersetzt sie durch die Gebührenskala der Reichsgebührenordnung, so daß nunmehr für Bayern in landesrechtlichen wie in reichsrechtlichen Gebühren-

[1]) Vgl. Friedländer, JW. 1919, 432.

angelegenheiten die volle Gebühr sich immer nach § 9 RAGO. bestimmt. Zu dieser wird auch noch der Kriegszuschlag nach dem Gesetz v. 1. April 1918 und der vorstehenden bayer. VO. v. 27. April 1918 berechnet. Der Pauschsatz erhöht sich automatisch. Die Verordnung trat am 1. Mai 1919 in Kraft und findet auch auf die vor ihrem Inkrafttreten erteilten Aufträge Anwendung, soweit nicht die Instanz vor dem Tage des Inkrafttretens beendigt war.

3. Sachsen:

a) Gesetz zur Änderung der Kostenordnung für Rechtsanwälte und Notare v. 22. Juni 1910. Vom 22. Mai 1918 (GVBl. 67).

Die Sätze der in § 9 KostenO. enthaltenen landesrechtlichen Gebührenskala erhöhen sich um 25 %. Für Aufträge, welche vor dem Inkrafttreten des Gesetzes erteilt worden sind, gelten die bisherigen Gebührensätze. Der 25 %ige Zuschlag fällt weg, sobald der § 1 Kostennovelle v. 1. April 1918 (RGBl. 173) außer Kraft tritt.

Der Kostentarif für Notare erfuhr in einzelnen Nummern eine Fassungsänderung und eine Erhöhung der Gebühren unter gleichzeitiger Hinaufsetzung des Mindest- und des Höchstbetrages der Gebühren. Die Vergütung für Geschäftsreisen ist auf die gleichen Beträge festgesetzt, wie sie die Kostennovelle gewährt; diese Erhöhung fällt weg, sobald § 2 der Kostennovelle außer Kraft tritt.

Das Justizministerium wird ermächtigt, bei Änderung der Gesetzgebung des Reiches oder des Landes dadurch notwendig werdende Änderungen oder Ergänzungen der Kostenvorschriften im Verordnungswege vorzunehmen. Solche Verordnungen sind im Gesetz- und Verordnungsblatt bekannt zu machen und dem nächsten Landtag vorzulegen.

Das Gesetz trat mit seiner Verkündung (22. Mai 1918) in Kraft.

b) Gesetz zur Änderung des Gesetzes über die Gerichtskosten. Vom 21. Juni 1900 (GVBl. 53).

Das Gesetz bringt verschiedene Änderungen für die Gerichtskosten in landesrechtlichen Kostensachen, bestimmt daß der Pauschsatz auch die mit den Postgebühren zu erhebende Reichsabgabe umfaßt, und verfügt Erhöhungen des Gebührentarifs.

4. Württemberg:

Gesetz, betr. Kriegszuschläge zu den landesrechtlichen Gebühren der Rechtsanwälte. Vom 10. August 1918 (RegBl. 169).

Die Gebühren für die in Art. 2 Abs. 1 Ziff. 1—3 württemb. GebO für Rechtsanwälte v. 1. Dez. 1906 (RegBl. 811) bezeichnete Berufstätigkeit, mit Ausnahme der Strafsachen, sowie die in Art. 13 bestimmten Gebühren erhöhen sich um 3/10, in der Beschwerde und Berufungsinstanz um 5/10. Ein Rechtsanwalt, der zugleich öffentlicher Notar ist, bezieht für eine

Tätigkeit der in Art. 13 GebO. bezeichneten Art Gebühren nach der Gebührenordnung für Notare.

Die Erhöhung tritt nicht ein im Falle des § 16 Abs. 1 Satz 1 der deutschen GebO. für Rechtsanwälte, ferner nicht im Mahn- und Schuldklageverfahren, sofern sich die Tätigkeit des Rechtsanwalts auf dieses Verfahren beschränkt.

Bei Reisen in den Fällen der Art. 2 und 4—15 württemb. GebO. finden die Vorschriften des § 78 Abs. 1 deutschen RAGebO. in der Fassung des Reichsgesetzes v. 1. April 1918 (Kostennovelle, RGBl. 173) entsprechende Anwendung.

Die bisherige Schreibgebühr von 20 Pfg. erhöht sich auf 40 Pfg.; doch muß die Seite mindestens 32 Zeilen zu durchschnittlich 15 Silben enthalten.

Das Gesetz trat am 28. August 1919 in Kraft und findet auf die vor dem Inkrafttreten anhängig gewordenen Rechtssachen Anwendung, soweit nicht die Instanz vor dem Tage des Inkrafttretens beendet war. Es tritt gleichzeitig mit der Kostennovelle v. 1. April 1918 außer Kraft mit der Maßgabe, daß es auf die im Zeitpunkt des Außerkrafttretens schwebenden Rechtssachen bis zur Beendigung der Instanz noch Anwendung findet.

5. Baden hat Kostenvorschriften in der Kriegszeit nicht erlassen.

6. Hessen:

Verordnung über Kriegszuschläge zu den Gebühren der Rechtsanwälte. Vom 17. April 1918 (RegBl. 97) und **Bekanntmachung, die Berechnung der Schreibgebühren betreffend,** v. 17. April 1918 (RegBl. 104).

Soweit die besonderen Sätze der Landesgebührenordnung v. 25. Jan. 1902 (RegBl. 19) in Frage kommen, erhöhen sich dieselben um 3/10, zugleich wird für Angelegenheiten der freiwilligen Gerichtsbarkeit die Mindestgebühr auf 3 Mk. (früher 1 Mk. bzw. 1 Mk. 50 Pfg.) festgesetzt. Soweit nach den landesgesetzlichen Gebührenvorschriften die deutsche RAGebO. Anwendung findet, greifen die Erhöhungen Platz, welche in der Kostennovelle v. 1. April 1918 (RGBl. 173) festgesetzt sind. Der für die verwaltungs- und verwaltungsgerichtliche Tätigkeit bestimmte Höchstsatz der einfachen Gebühr ist von 100 Mk. auf 130 Mk., für die Berufungs- und Revisionsinstanz auf 150 Mk. hinaufgesetzt. Die Schreibkosten des Gerichts und des Anwaltes, die Auslagen des Anwalts (Pauschsätze, Reisekosten usw.) bemessen sich nunmehr nach den Vorschriften der Gesetze v. 8. Nov. 1916 und 1. April 1918. Die Verordnung trat am 26. April 1916 in Kraft und hat Geltung für die bei Inkrafttreten noch in der Instanz schwebenden Rechtssachen. Soweit die Kostennovelle auf die Landesgebühren angewendet und im Anschluß daran die 3/10 und 5/10 Gebührenerhöhung verfügt ist, entfällt die Erhöhung wieder mit dem Außerkrafttreten des Reichsgesetzes v. 1. April 1918. Im übrigen enthält die Verordnung (§ 3) eine Neufassung des § 17 der Landesgebührenordnung vom 25. Januar 1902.

B. Kostenbestimmungen in anderen Kriegsgesetzen.

1. Bekanntmachung zur Entlastung der Gerichte. Vom 9. Sept. 1915 RGBl. 562 — in Kraft ab 1. Okt. 1915 —, geändert durch Bekanntmachung v. 18. Mai 1916 RGBl. 393 — in Kraft ab 22. Mai 1916 —, vgl. Wassermann-Erlanger 3. Aufl. 52 ff.; Fürst 19 ff.

Diese sog Entlastungsverordnung führte **das landgerichtliche Mahnverfahren ein,** welches aber durch die Abänderungsbekanntmachung wieder beseitigt wurde.

Sie brachte aber auch die noch geltenden **Neuerungen** für die **Kosten des amtsgerichtlichen Mahnverfahrens.**

1. **Die Gerichtskosten** blieben unverändert. Sie bemessen sich nach § 37 GKG. und sind gleich hoch, ob es sich nun um das ordentliche oder das Urkunden- und Wechselverfahren handelt. Die Entscheidung über das Gesuch um Erlaß des Zahlungsbefehls kostet $^{3}/_{10}$ Gerichtsgebühr, welche auf die Gebühren des später entstehenden Rechtsstreits angerechnet werden; für die Entscheidung über das Gesuch um Vollstreckungsbefehl werden $^{1}/_{10}$ Gerichtsgebühr berechnet. Dazu kommt das Pauschale und zwar ab 16. Nov. 1916 zum erhöhten Satz des Gesetzes v. 8. Nov. 1916.

2. **Die Rechtsanwaltsgebühren** betragen für die Erwirkung des Zahlungsbefehls einschließlich der Mitteilung des Widerspruchs an den Auftraggeber eine $^{10}/_{10}$ Prozeßgebühr im ordentlichen, $^{6}/_{10}$ im Urkunden- und Wechselverfahren, für die Erhebung des Widerspruchs $^{3}/_{10}$ bzw. im Urkunden- und Wechselprozeß $^{3}/_{25}$. Diese Gebühren werden auf die im nachfolgenden Rechtsstreit erwachsende Prozeßgebühr voll angerechnet. Die Erwirkung des Vollstreckungsbefehls ist gebührenrechtlich der Erwirkung eines Versäumnisurteils gleichgestellt und wird also mit $^{5}/_{10}$ bzw. $^{3}/_{10}$ Gebühr abgegolten, wobei Anrechnung auf Gebühren des etwa nachfolgenden Rechtsstreits nicht erfolgt. Eine besondere Kostenfestsetzungsgebühr für die Berechnung der Kosten des Zahlungsbefehls oder des Vollstreckungsbefehls fällt nicht an. Der Anwalt kann die Gebühr für Erwirkung des Zahlungsbefehls bzw. Vollstreckungsbefehls auch ansetzen, wenn der darauf gerichtete Antrag ohne sein Verschulden keinen Erfolg gehabt hat. (LG. Arnsberg in JW. 1918, 236, anders LG. Chemnitz ebenda 743.) Erledigt sich ein Auftrag zum Mahnverfahren vor Einreichung des Antrags an das Gericht, so kommt die Hälfte der für den Antrag selbst bestimmten Gebühr zum Ansatz (§ 14 Abs. 2 RAGO.). Neben den Gebühren fällt der Pauschsatz von jetzt 30% (bis 16. November 1916 20%) an. Streitig ist, ob der Pauschsatz bei der $^{10}/_{10}$ Gebühr für Erwirkung des Zahlungsbefehls sich nach § 76 Abs. 2 (30% der Gebühr) oder § 76 Abs. 3 (30% aber mindestens 6 Mk.) berechnet und ob er bei nachfolgendem Prozeß wiederholt voll angesetzt werden kann, insbesondere

wenn er den Mindestbetrag von 6 Mk. übersteigt (vgl. Wassermann-Erlanger 87). Bei Überleitung des Mahnverfahrens in den ordentlichen Prozeß erhöhen sich die Gebühren des vorausgegangenen Mahnverfahrens um den 8/10 Kriegszuschlag. Die durch die Wahl des Mahnverfahrens verursachten anwaltschaftlichen Mehrkosten sind bei Verweisung an das Landgericht erstattungsfähig. Der Anwalt, welcher das Mahnverfahren betrieben hat, erhält als Korrespondentanwalt im folgenden landgerichtlichen Prozeß 1/2 Prozeßgebühr (OLG. Augsburg in JW. 1917, 936, LG. Arnsberg ebenda 1918, 236).

§ 19 EntlVO. hob für amtsgerichtliche Streitigkeiten mit einem Streitwert von nicht mehr als 50 Mk. und für das Privatklageverfahren die Vorschrift des § 91 Abs. 2 ZPO. (unbedingte Erstattungspflicht der Anwaltskosten des obsiegenden Teils) auf, so daß in diesen beiden Fällen die kostenpflichtige Partei Anwaltskosten nur insoweit zu erstatten hatte, als sie nach der Überzeugung des Gerichts zur zweckentsprechenden Rechtsverfolgung oder Rechtsverteidigung notwendig waren. Die Abänderungsverordnung hat diesen für die Anwaltschaft unerquicklichen Zustand durch Streichung des § 19 EntlVO. wieder beseitigt.

§ 23 EntlVO., wonach bei Vertretung der Parteien durch Rechtsanwälte mit deren Einverständnis ohne mündliche Verhandlung entschieden werden kann, wenn das Gericht die Sache auf Grund einer früheren mündlichen Verhandlung und nach dem Ergebnis einer etwaigen Beweisaufnahme für hinreichend geklärt erachtet, kann Einfluß auf die Anwaltskosten ausüben. Die weitere halbe Verhandlungsgebühr des § 17 RAGO. erwächst nämlich nicht, wenn nach Beweiserhebung die anwaltschaftlichen Parteivertreter ihr Einverständnis zur Entscheidung ohne neuerliche Verhandlung erklären. OLG. München in JW. 1917, 870.

Nach **§ 26 EntlVO.** erfolgt nunmehr, sofern nicht ein anderes beantragt wird, die Ausfertigung der landgerichtlichen ebenso wie der amtsgerichtlichen Urteile unter Weglassung des Tatbestandes und der Entscheidungsgründe. Die Zustellung einer solchen Ausfertigung steht in den Wirkungen der Zustellung des vollständigen Urteils gleich. Zur Vermeidung von Zweifeln darüber, ob das abgekürzte Urteil nur vom Gericht oder auch vom Anwalt hergestellt werden kann (OLG. Augsburg in JW. 1918, 569; München in OLG. 1919 II 49), empfiehlt es sich stets neben dem für die eigene Partei bestimmten abgekürzten oder vollständigen Urteil eine zweite gerichtliche, abgekürzte Ausfertigung zu bestellen und diese zur Zustellung an die Gegenpartei zu verwenden. Die Kosten dieser Ausfertigung sind an sich unbedeutend und jedenfalls erstattungsfähig.

2. Bekanntmachung, betr. Einigungsämter. Vom 15. Dez. 1914 (RGBl. 511) vgl. Wassermann-Erlanger 3. Aufl. S. 111 ff.

Die aus Anlaß dieser Verordnung vorzunehmenden gerichtlichen Handlungen und das Verfahren vor dem Einigungsamt einschließlich aller hiefür erforderlichen Urkunden also auch Vollmachten sind stempel- und gebührenfrei. Bei den Anwaltskosten ist zu unterscheiden, ob das Verfahren vor dem Einigungsamt gemäß § 4 der Verordnung stattfindet oder außerhalb des Rechtsstreits. Im Falle des § 4 bildet das Verfahren vor dem Einigungsamt einen Teil des Rechtsstreits, so daß dafür neben den im Rechtsstreit erwachsenden Gebühren weitere Anwaltsgebühren nicht liquidiert werden können (OLG. Dresden in JW. 1917, 303). Beschränkt sich die Tätigkeit des Anwalts auf das Verfahren vor dem Einigungsamt oder handelt es sich um ein Verfahren außerhalb eines Rechtsstreits, so berechnen sich die Anwaltskosten nach den Gebührenvorschriften für Verwaltungssachen (vgl. Preuß. RAGO. v. 6. Sept. 1910 Art. 8, 10; bayer. RAGO. v. 26. März 1912 Art. 6, 8, 10, 11): Die Anwaltskosten sind im Falle des § 4 der Verordnung erstattungspflichtig; sonst besteht abgesehen von besonderen Vereinbarungen der Beteiligten keine Erstattungspflicht.

3. Bekanntmachung über die gerichtliche Bewilligung von Zahlungsfristen. Vom 7. Aug. 1914 RGBl. 359, in der Fassung v. 20. Mai 1915 RGBl. 288 und 290, neuerdings geändert durch Bekanntmachung v. 8. Juni 1916 (RGBl. 451) und **Bekanntmachung über Bewilligung von Zahlungsfristen an Kriegsteilnehmer.** Vom 8. Juni 1916 (RGBl. 452)[1]; vgl. Wassermann-Erlanger 3. Aufl. 123 u. 375.

§ 6 enthält eine auf die Dauer des Kriegszustandes wirkende Änderung der Gerichts- und Anwaltskosten. Wird ein Rechtsstreit durch einen vor Gericht abgeschlossenen oder außergerichtlich geschlossenen und dem Gericht von den Parteien mitgeteilten Vergleich erledigt und übersteigt der Streitwert nicht einhundert Mark, so werden Gerichtsgebühren nicht erhoben; bei höherem Streitwert ermäßigen sich die Gerichtsgebühren und die dazu gehörenden Pauschsätze auf die Hälfte (§ 6 Abs. 1). Von der Ermäßigung werden alle Gerichtsgebühren betroffen, welche in den während der Geltungsdauer des § 6 schwebenden Rechtsstreitigkeiten erwachsen. Die Ermäßigung tritt für alle Teile des Verfahrens ein, welche durch den Vergleich betroffen werden und nicht schon vor Vergleichsabschluß durch rechtskräftige Entscheidung oder auf andere Weise erledigt waren (OLG. München in JW. 1919, 54). Ein Vergleich in dritter Instanz bringt also die Minderung der Gerichtskosten aller, auch der beiden Vorinstanzen, ein Vergleich im Nachverfahren die Minderung der Kosten des Vorverfahrens, ein Vergleich im Hauptprozeß die Minderung der Kosten eines nicht durch rechtskräftiges Urteil erledigten Arrestverfahrens und eines Beweissicherungsverfahrens (LG. Essen in JW. 1917, 493; LG. Leipzig ebenda 747; OLG. Bamberg in JW. 1918, 313).

Wird durch Endurteil über die Bewilligung einer Zahlungsfrist entschieden oder in einem Vergleich eine Zahlungsfrist bewilligt, so bleiben für die Berechnung der Gerichts- und Anwaltskosten die nur auf die Zahlungsfrist sich beziehenden Verhandlungen und Entscheidungen außer

[1]) An Kriegsflüchtlinge s. S. 18 Nr. 5.

Betracht (§ 6 Abs. 2). Wenn also der Schuldner im Prozeßverfahren oder Mahnverfahren nur um Fristbewilligung nachsucht und die Entscheidung darüber gleichzeitig mit der Entscheidung über die Hauptsache oder wenn Erledigung im Vergleichswege erfolgt, so gilt das Fristbewilligungsverfahren für die Berechnung der Gerichts- und Anwaltskosten sowie für deren Verteilung und Erstattungsfähigkeit als nicht vorhanden. Der Beklagte hat alle Kosten zu tragen, wenn er die Forderung anerkennt und auf seinen Antrag selbst unter Widerspruch des Klägers Frist im Urteil erhält; die Gerichtskosten bei dem ordentlichen Prozeßverfahren betragen in diesem Falle also $^{3}/_{10}$ nebst Pauschale, die Anwaltskosten eine Prozeßgebühr (mit Kriegszuschlag) und $^{1}/_{2}$ Verhandlungsgebühr (ohne Kriegszuschlag) nebst Pauschale, auch wenn über die Fristbewilligung kontradiktorisch verhandelt wurde. Bei Vergleich unter gleichzeitiger gütlicher Regelung der Zahlungsfrist wird die Vergleichsgebühr voll angesetzt. Der Streitwert bestimmt sich nach der Höhe der geltend gemachten Forderung. Wird ein Rechtsmittel nur zwecks Bewilligung oder Aenderung der Frist oder deren Bedingungen eingelegt, so bleiben §§ 91, 92 97 ZPO. maßgebend. Die Kosten des Rechtsmittelverfahrens sind der unterliegenden Partei aufzuerlegen oder bei teilweisem Obsiegen und Unterliegen entsprechend zu verteilen. Den Streitwert des Rechtsmittelverfahrens bildet in diesem Falle das vom Gericht schätzungsweise zu bestimmende Interesse an der Zahlungsfrist und deren Bedingungen.

Wird ein Anerkenntnisurteil nur wegen der Zahlungsfrist durch sofortige Beschwerde angefochten (§ 3), oder verlangt der Schuldner unter Anerkenntnis der Forderung Fristbewilligung durch das Amtsgericht, bei welchem der Gläubiger seinen allgemeinen Gerichtsstand hat (Initiativverfahren des § 4) oder im Wege der Einstellung der Zwangsvollstreckung (§ 5), so betragen die Gerichts- und Anwaltsgebühren $^{2}/_{10}$ des Satzes des § 8 GKostG. u. des § 9 RAGebO. Dabei bestimmt sich der Wert des Streitgegenstandes aber nicht nach dem Betrag der Forderung, er ist vielmehr vom Gericht nach freiem Ermessen und zwar höchstens auf den zwanzigsten Teil der Forderung festzusetzen. Die Kosten des Verfahrens der §§ 3, 4 und 5 können ganz oder teilweise dem Schuldner auferlegt werden, auch wenn sein Antrag auf Fristgewährung durchdringt (§ 6 Abs. 3).

4. Bekanntmachung über die Folgen der nichtrechtzeitigen Zahlung einer Geldforderung. Vom 18. Aug. 1914 (RGBl. 377), in der Fassung v. 20. Mai 1915 (RGBl. 288 und 290), neuerdings geändert durch Bekanntmachung v. 8. Juni 1916 (RGBl. 451); vgl. Wassermann-Erlanger 3. Aufl. 161.

Ordnet das Prozeßgericht im Urteil die Aufhebung der Rechtsfolgen des Zahlungsverzugs an oder bewilligt auf Anrufen des Schuldners das Amtsgericht, bei welchem der Gläubiger seinen allgemeinen Gerichtsstand hat durch Beschluß die Beseitigung der Verzugsfolgen (Initiativverfahren), so kann das Gericht die Prozeßkosten nach freiem billigem Ermessen auch der infolge der Verzugsfolgenaufhebung obsiegenden Partei ganz oder teilweise auferlegen. Im übrigen findet § 6 Abs. 2 und 3 der Verordnung über die gerichtliche Bewilligung von Zahlungsfristen entsprechende Anwendung. Die sich auf Beseitigung der Verzugsfolgen beziehenden Verhandlungen und Entscheidungen bleiben also für die Berechnung der Gerichts- und Anwaltsgebühren außer Betracht; die Festsetzung des Streitwertes und der Gebührensätze erfolgt lediglich aus dem Gegenstandswert (Räumungsanspruch bei Nichtzahlung von Mietzinsen, Betrag des fälligen Kapitals bei Nichtzahlung von Zinsen, Vertragsstrafe, Zinserhöhung). Bezieht sich das Verfahren ausschließlich auf die Frage der Aufhebung der Verzugsfolgen, so ist zu unterscheiden, ob diese Frage im Prozeßverfahren entschieden wird oder auf Anruf des Schuldners durch das Amtsgericht, bei welchem der Gläubiger den allgemeinen Gerichtsstand hat (Initiativverfahren). Im ersteren Falle hat das Gericht den Streitwert gemäß § 3 ZPO. nach freiem Ermessen zu bestimmen und es erwachsen die gewöhnlichen Gerichts- und Anwaltskosten. Im zweiten Falle ist der Streitwert zwar nach freiem Ermessen des Gerichts, aber auf höchstens den zwanzigsten Teil des fälligen Kapitals oder des Räumungsanspruchs festzusetzen und die Gerichts- wie Anwaltsgebühren betragen nur ²/₁₀ der Sätze des § 8 GKG. und § 9 RAGebO.

Verlangt der Schuldner die Beseitigung der Verzugsfolgen gegenüber dem einen Vollstreckungstitel besitzenden Gläubiger durch Einwendungen bei dem Vollstreckungsgericht, so erwächst ¹/₁₀ Gerichtsgebühr gemäß § 38 Nr. 3 GKG. und ²/₁₀ Anwaltsgebühr gemäß § 24 RAGebO. und zwar aus dem vom Gericht nach freiem Ermessen (§ 3 ZPO.) anzusetzenden Streitwert.

5. Bekanntmachung zum Schutze von Kriegsflüchtlingen. Vom 8. Febr. 1917 (RGBl. 113).

Kriegsflüchtlingen kann auch für Geldforderungen, welche nach dem 31. Juli 1914 entstanden sind, gemäß §§ 1, 4, 5 ZahlFrV. eine Zahlungsfrist gewährt oder die Beseitigung der Vollzugsfolgen gemäß Verordnung v. 20. Mai 1915 (RGBl. 1915 292, 1916 451) bewilligt werden. Dabei finden die Kostenbestimmungen dieser beiden (vorstehend behandelten) Verordnungen Anwendung. Auf Antrag des Gläubigers kann das Vollstreckungsgericht die gemäß § 5 ZahlFrV. erfolgte Einstellung der Zwangsvollstreckung wegen Veränderung der Verhältnisse wieder aufheben. Dabei betragen die Gerichts- und Anwaltsgebühren ²/₁₀ des § 8 GKG. und § 9 RAGO. Der Wert des Streitgegenstandes ist vom Gerichte nach freiem Ermessen, höchstens jedoch auf den zwanzigsten Teil der Forderung festzusetzen.

6. Bekanntmachung über die Geltendmachung von Hypotheken, Grundschulden und Rentenschulden. Vom 8. Juni 1916 (RGBl. 454); vgl. Wassermann-Erlanger 170.

Die Kostenbestimmungen der Bekanntmachung (§§ 14—18) entsprechen den Vorschriften der aufgehobenen Verordnungen betreffend die Bewilligung von Zahlungsfristen bei Hypothek- und Grundschulden v. 20. Mai 1915 (RGBl. 293) und die Versagung des Zuschlages bei Immobiliarzwangsversteigerungen v. 10. Dez. 1914 (RGBl. 499). Im übrigen decken sich die Kostenbestimmungen mit denjenigen der Zahlungsfristverordnung, so daß sich folgendes Bild ergibt.

Wird ein Rechtsstreit über eine Hypothek- usw. Schuld durch einen gerichtlichen oder dem Gericht mitgeteilten Vergleich erledigt, so werden bei einem Streitwert bis zu 100 Mk. keine Gerichtsgebühren, bei höherem Streitwert nur die Hälfte der Gerichtsgebühren erhoben. Wird durch Endurteil oder Vergleich die Frage der Bewilligung einer Zahlungsfrist oder der Beseitigung von Verzugsfolgen erledigt, so bleiben bei Berechnung der Gerichts- und Anwaltsgebühren, die nur auf die Zahlungsfrist oder die Beseitigung der Verzugsfolgen sich beziehenden Verhandlungen und Entscheidungen außer Betracht. Der im Prozeßverfahren obsiegenden Partei können die Kosten ganz oder teilweise auferlegt werden, wenn sie auf Grund eines die Verzugsfolgen aufhebenden Urteils obsiegt. Entscheidet auf Antrag des die Forderung anerkennenden Schuldners das Amtsgericht des dinglichen Gerichtsstandes über die Zahlungsfrist bzw. die Aufhebung der Verzugsfolgen (Initiativverfahren), wird ein Anerkenntnisurteil nur wegen der Zahlungsfrist durch sofortige Beschwerde angefochten oder die Einstellung des Zwangsversteigerungsverfahrens vom Schuldner bei dem Vollstreckungsgericht beantragt, so kann das Gericht dem Schuldner die Kosten ganz oder teilweise auferlegen, auch wenn er mit seinem Antrag durchdringt; in diesen Fällen betragen die Gerichts- und Anwaltskosten nur $^{3}/_{10}$ der vollen Gebühr und zwar aus einem nach freiem Ermessen höchstens jedoch auf den zwanzigsten Teil der Forderung festzusetzenden Streitwert.

Erfolgt auf Antrag eines durch das Meistgebot nicht gedeckten Berechtigten, dessen Anspruch innerhalb der ersten drei Vierteile des Wertes des Versteigerungsobjektes liegt, die Versagung des Zuschlages im Zwangsversteigerungsverfahren und Bestimmung eines neuen Termins, so dürfen für den ergebnislosen Versteigerungstermin Gebühren und Auslagen des Gerichts bzw. Notars nicht erhoben werden. Auf die Kostenersatzansprüche der Beteiligten und die Berechnung der anwaltschaftlichen Gebühren und Auslagen hat diese Bestimmung keinen Einfluß.

7. Bekanntmachung über die Zwangsverwaltung von Grundstücken.

Vom 22. April 1915 (RGBl. 233); vgl. Wassermann-Erlanger 3. Aufl. 199.

Bei der Einleitung der Zwangsverwaltung eines Grundstücks kann in erster Linie der Schuldner unter Beigabe einer Aufsichtsperson zum Verwalter bestellt werden. Es steht ihm wie jedem anderen Verwalter ein Anspruch auf eine entsprechende Vergütung zu. Die Aufsichtsperson erhält für ihre Tätigkeit keine Vergütung, den Ersatz von Auslagen kann sie verlangen. Gehört zu den Beteiligten eine unter staatlicher Aufsicht stehende Anstalt, so hat das Gericht auf Vorschlag der Anstalt einen ihrer Angestellten zum Verwalter zu bestellen. Dieser Anstaltszwangsverwalter erhält für seine Tätigkeit keine Vergütung. Endlich kann der Gläubiger als Zwangsverwalter bestimmt werden, wenn er sich erbietet die Zwangsverwaltung ohne Vergütung zu führen. Ist die Zwangsverwaltung angeordnet, weil der Schuldner infolge des Krieges außerstande ist, die aus dem Grundstück zu befriedigenden Ansprüche zu erfüllen, so kommen für die Anordnung und das Verfahren Gebühren nicht zur Erhebung, wohl aber müssen Auslagen des Gerichts erstattet werden. Auf die Berechnung der Anwaltskosten hat die Bekanntmachung keinen Einfluß; doch kann auch ein Anwalt als Aufsichtsperson keine Vergütung aus der Zwangsverwaltungsmasse beanspruchen.

8. Bekanntmachung über die Vertretung des Kriegsteilnehmers in bürgerlichen Rechtsstreitigkeiten. Vom 14. Jan. 1915 (RGBl. 17); vgl. Wassermann-Erlanger 3. Aufl. 334.

Einem Kriegsteilnehmer, der ohne Vertreter ist, kann der Vorsitzende des Prozeßgerichts auf Antrag des Gegners einen geeigneten Vertreter bestellen, der die Rechte und Verpflichtungen des Kriegsteilnehmers im Rechtsstreit wahrzunehmen hat (§ 1). Gerichtsgebühren kommen für einen solchen Beschluß nicht in Ansatz (§ 47, Ziff. 1 GKG.). Für die Bestellung des Vertreters kann kein Kostenvorschuß gefordert werden (Posen in OLG. 35, 211). Beschränkt sich die Tätigkeit des Anwalts auf das Verfahren zur Bestellung eines Kriegsteilnehmervertreters, so erhält er $^{3}/_{10}$ Gebühr (§ 23 RAGO.), im übrigen gehört dieses Verfahren zur Instanz und ist mit der Prozeßgebühr abgegolten (§ 29 Ziff. 6 RAGO.). Soweit durch die Bestellung eines Vertreters *besondere* Kosten entstehen, hat der Gegner des Kriegsteilnehmers sie auch im Falle des Obsiegens zu tragen (§ 2). Die Frage, ob der vom Gerichtsvorsitzenden aufgestellte Vertreter einen Rechtsanspruch auf Vergütung für seine Tätigkeit hat, ist bestritten, ebenso was unter den „besonderen Kosten" im Sinne des § 2 zu verstehen ist (vgl. Wassermann-Erlanger Anm. VI zu § 1 und Anm. zu § 3). Dem Vertreter ist ein Anspruch auf Vergütung, dem anwaltschaftlichen Vertreter auf Gebühren und Kosten gegen den Kriegsteilnehmer jedenfalls dann gegeben, wenn dieser die Vertretung genehmigt hat. Zu den besonderen Kosten eines als Vertreter bestellten Rechtsanwalts sind die Gebühren für die Prozeßführung in der Regel nicht zu rechnen (OLG. Kiel in JW. 1918, 742).

Nach der Bekanntmachung besteht zwar kein Zwang für die Annahme der Kriegsteilnehmervertretung (OLG. Hamburg in LZ. 1915, 1036), dem Anwalt erlaubt aber seine Berufspflicht, abgesehen von Ausnahmefällen, die Ablehnung nicht. Ueber die Pflicht zur Tragung der besonderen Kosten des § 2 der Bekanntmachung entscheidet das Urteil (LG. Frankfurt a. M. in JW. 1915, 1458); welcher Teil der Prozeßkosten als „besondere" Kosten zu gelten hat und inwieweit dieselben erstattungsfähig sind, wird gemäß §§ 91 ff. ZPO. bei der Kostenfestsetzung bestimmt.

9. Bekanntmachung über das Kündigungsrecht der Hinterbliebenen von Kriegsteilnehmern.

Vom 7. Okt. 1915 (RGBl. 642; vgl. Wassermann-Erlanger 3. Aufl. 382).

Ist der Mieter infolge seiner Teilnahme am Kriege gestorben, so steht dem Erben oder der Ehefrau, welche gemeinschaftlich mit dem Verstorbenen gemietet hat, das gesetzliche Kündigungsrecht des § 569 BGB. zu, auch wenn dieses im Mietvertrag wegbedungen sein sollte. Der Vermieter kann gegen eine solche Kündigung binnen einer Woche Widerspruch bei dem Amtsgericht, in dessen Bezirk sich die Mietsache befindet, erheben und dieses entscheidet mit oder ohne mündliche Verhandlung nach billigem Ermessen über die Wirksamkeit der Kündigung durch Beschluß, gegen welchen sofortige Beschwerde zulässig ist. In diesem Beschlußverfahren betragen die Gerichts- und Anwaltsgebühren $^{3}/_{10}$ des Satzes des § 8 GKG. und des § 9 RAGO. Es kann je nach dem Gang des Verfahrens für das Gericht eine Verhandlungs-, Beweis- und Entscheidungsgebühr, für den Anwalt eine Prozeß-, Verhandlungs-, Beweis- und weitere Verhandlungsgebühr oder Vergleichsgebühr zu je $^{3}/_{10}$ der vollen Gebühr mit dem entsprechenden Pauschsatz in Frage kommen.

Bei Vergleich ermäßigen sich die Gerichtsgebühren auf die Hälfte (§ 6 ZFrVO.).

Der Streitwert bemißt sich gemäß § 9a GKG. nach dem Wert des auf die streitige Zeit treffenden Mietzinses aber höchstens auf den Mietzins eines Jahres.

10. Bekanntmachung über die Todeserklärung Kriegsverschollener.

Vom 18. April 1916 (RGBl. 296); vgl. Wassermann-Erlanger 3. Aufl. 358.

Für das Verfahren nach den Vorschriften dieser Verordnung werden Gerichtsgebühren nicht erhoben (§ 18 Abs. 1). Die Anwaltsgebühren bemessen sich nach § 40 RAGO., wonach bei Vertretung des Antragstellers für den Betrieb einschließlich Information, für den Antrag auf Erlaß des Aufgebots und für die Wahrnehmung des Aufgebotstermins je $^{3}/_{10}$, bei Vertretung eines anderen Beteiligten einmal $^{3}/_{10}$ erwachsen. Die gleichen Gebühren entstehen im Antragsverfahren (§§ 11—15), welches der die Todeserklärung überlebende Verschollene veranlassen kann. Für eine im Antragsverfahren etwa stattfindende mündliche Verhandlung erwachsen $^{3}/_{10}$ Gebühr.

Wird die Todeserklärung ausgesprochen, so treffen die Kosten des Verfahrens den Nachlaß (§ 971 ZPO.) und werden durch Gerichtsbeschluß gemäß § 103 ZPO. festgesetzt.. Die Kosten der Anfechtungsklage hat der unterliegende Teil, bei Unterliegen der Staatsanwaltschaft die Staatskasse zu tragen.

Wird ein Ausschlußurteil auf Antrag des die Todeserklärung überlebenden Verschollenen durch Beschluß des Amtsgerichts aufgehoben, so können die dem Antragsteller erwachsenen außergerichtlichen Kosten demjenigen auferlegt werden, welcher das Ausschlußurteil erwirkt hat. Auch kann angeordnet werden, daß derjenige, welcher die Todeserklärung erwirkt hat, die gemäß § 971 ZPO. dem Nachlaß des für tot Erklärten zur Last gefallenen Kosten erstattet.

Der Streitwert des Verfahrens bestimmt sich nach § 10 GKG. (200 Mk. bis 50000 Mk. und für den Regelfall 2000 Mk.).

11. Bekanntmachung, betr. die Anordnung einer Geschäftsaufsicht zur Abwendung des Konkursverfahrens. Vom 8. Aug. 1914 (RGBl. 363), ersetzt mit Wirkung v. 25. Dez. 1916 durch die Bekanntmachung über die Geschäftsaufsicht zur Abwendung des Konkurses. Vom 14. Dez. 1916 (RGBl. 1363); vgl. Jäger in JW. 1917 S. 66, 134, 189, 261, 326, 436, 507, Fürst 20.

Die Bekanntmachung v. 8. Aug. 1914 enthielt eine Kostenbestimmung in § 12 dahingehend, daß für das gerichtliche Verfahren Gebühren und Pauschsätze nicht erhoben werden und auf die Auslagen die Vorschriften des fünften und sechsten Abschnittes des Gerichtskostengesetzes Anwendung finden. Die Anwaltskosten waren entsprechend den Gebühren des Konkursverfahrens §§ 53—62 RAGO. zu bemessen. Die Aufsichtsperson hatte einen Anspruch auf Vergütung und Auslagenersatz (§ 6 Abs. 3), welcher sowohl im Aufsichtsverfahren wie in dem sich etwa anschließenden Konkursverfahren als bevorrechtigt zu gelten hatte (OLG. Dresden in JW. 1916, 684; vgl. Wassermann-Erlanger 252).

Die neue Bekanntmachung findet auch auf Geschäftsaufsichten Anwendung, welche am 25. Dez. 1916 bereits schwebten (Jäger in JW. 1917, 264). Ihre eingehenderen Kostenvorschriften (§§ 78, 79, Jäger 265) sind also jetzt allein maßgebend.

Gerichtskosten kommen für das amtsgerichtliche Verfahren der Geschäftsaufsicht nicht zur Erhebung; auf die Auslagen finden die Vorschriften des fünften und sechsten Abschnittes des GKG. entsprechende Anwendung. Für das Vergleichsverfahren erwächst, wenn der Vergleichstermin abgehalten wird, eine Gebühr von $^5/_{10}$, andernfalls eine solche von $^2/_{10}$ der Sätze des § 8 GKG., berechnet aus der gemäß § 52 GKG. zu bemessenden Aktivmasse. Für die Beschwerdeinstanz (sofortige Beschwerde gegen Festsetzung der Ansprüche der Aufsichtsperson § 27 Abs. 2, gegen Ablehnung des Antrags auf Eröffnung des Vergleichsverfahrens § 42 Abs. 3, gegen Bestätigung oder Verwerfung des Zwangsvergleichs § 59 Abs. 2, gegen Aufhebung des Verfahrens § 68) wird die Gebühr gemäß §§ 45, 46 GKG. erhoben ($^3/_{10}$ und bei Zurücknahme vor Stattfinden eines gebührenpflichtigen Aktes $^1/_{10}$ **davon**, aber mindestens 20 Pfg., § 6 GKG.). In den Fällen des § 42 Abs. 3, § 59 Abs. 2, § 68 sind die Vorschriften des § 52 GKG. über Berechnung der Aktivmasse als Streitwert entsprechend anzuwenden. Soweit das Verfahren gebührenfrei ist, werden auch Pauschsätze nicht erhoben.

Anwaltskosten: Für die Tätigkeit im Vergleichsverfahren für Schuldner oder Gläubiger und ohne Unterschied, ob die Tätigkeit sich auf das ganze Verfahren oder nur einen Teil erstreckt, erhält der Rechtsanwalt $^{16}/_{10}$ der Gebühr des § 9 der RAGO. (mit Kriegszuschlag); für die Tätigkeit des einen Zwangsvergleich betreffenden Beschwerdeverfahrens (§§ 42, 59) erwächst außerdem besonders die $^{3}/_{10}$ Gebühr des § 41 RAGO. und zwar aus $^{16}/_{10}$ also $^{12}/_{25}$. Die Wertberechnung in beiden Fällen erfolgt gemäß § 59 RAGO. Bei Vertretung des Schuldners ist also dafür die Aktivmasse maßgebend, wie sie der Berechnung der Gerichtsgebühren zugrunde gelegt wird (§ 52 GKG., § 11 RAGO.). Ist der Auftrag von einem Gläubiger erteilt, so bestimmt sich die Gebühr aus dem Wert seiner Forderung, welcher nach § 148 KO. unter Berücksichtigung des Verhältnisses der Teilungs- zur Schuldmasse festzusetzen ist. Für anwaltschaftliche Tätigkeit im sonstigen Aufsichtsverfahren erhält die Verordnung besondere Gebührenbestimmungen nicht, so daß also (§ 89 RAGO.) die Vorschriften der §§ 55—62 RAGO. entsprechend anzuwenden sind. Die Vertretung des Schuldners oder des Gläubigers im Aufsichtsverfahren und im Beschwerdeverfahren der §§ 27, 68 werden somit wie eine gleichartige Konkursvertretung honoriert. Die einem Gläubiger im Aufsichtsverfahren erwachsenen Kosten werden wie die ab Eröffnung des Vergleichsverfahrens laufenden Zinsen vom Zwangsvergleich mangels besonderer Vereinbarung nicht berührt. Es empfiehlt sich deshalb den Vergleichsvorschlag so zu fassen, daß die Forderungen mit Einschluß aller Zinsen und Kosten ausgeglichen werden sollen (§ 33 Abs. 2 Ziff. 4 u. 5).

Die Aufsichtsperson hat gegen den Schuldner Anspruch auf Erstattung angemessener barer Auslagen und auf Vergütung. Die Festsetzung erfolgt durch das Gericht in vollstreckbarem, durch sofortige Beschwerde anfechtbarem Beschluß (§ 27 AufsVO. mit 794 Abs 1 Ziff. 3 ZPO.).

Kostenvorrechte: Die gerichtlichen Kosten des Verfahrens sowie die Ansprüche der Aufsichtsperson auf Erstattung von Auslagen und Vergütung werden vom Aufsichtsverfahren und auch von einem Zwangsvergleich nicht betroffen (§§ 13, 33 AufsVO.). Wird im Anschluß an die Geschäftsaufsicht das Konkursverfahren über das Vermögen des Schuldners eröffnet, so sind im Konkurs die gerichtlichen Kosten des Aufsichts- und Vergleichsverfahrens sowie die Gebühren und Auslagen der Aufsichtsperson als Massekosten (§ 58 KO.) zu behandeln (§ 71 AufsVO.).

Beirat: Die Mitglieder eines vom Gericht zur Unterstützung der Aufsichtsperson bestellten Beirats (§ 30 AufsVO.) haben trotz der mit dem Amte verbundenen Mühe und Haftung keinen Anspruch auf Vergütung oder Auslagenersatz (Jäger in JW. 1917, 136, Mangold ebenda 585).

12. Bekanntmachung über Lohnpfändung.

Vom 13. Dez. 1917 (RGBl. 1002); geändert durch Bekanntmachung v. 22. Juni 1919 (RGBl. 587).

Die Pfändung von Arbeits- oder Dienstlohn und des Ruhegeldes aus einem privaten Arbeits- oder Dienstverhältnis ist in größerem oder kleinerem Umfang zulässig, je nachdem der Schuldner seiner Ehefrau und ehelichen Abkömmlinge Unterhalt zu gewähren hat oder nicht. Bei Änderung der

Unterhaltsverhältnisse erweitert oder beschränkt sich die Pfändung nach Maßgabe der eingetretenen Verhältnisse. Auf Antrag des Gläubigers oder des Schuldners hat die Behörde, welche die Pfändung bewirkt hat, den Pfändungsbeschluß entsprechend zu berichtigen. In den meisten Fällen wird als vollstreckende Behörde das Gericht und also die Berichtigung des gerichtlichen Pfändungsbeschlusses in Frage kommen. Besondere Gerichtsgebühren und Pauschale erwachsen durch dieses Berichtigungsverfahren nicht (§ 39 Abs. 2 GKG.), da es sich dabei um den gleichen Anspruch des Gläubigers und denselben Pfändungsgegenstand handelt wie bei dem vorhergehenden Pfändungsbeschluß. Im Sinne von § 31 RAGO. gehört das Berichtigungsverfahren zur Instanz, so daß für den Anwalt keine besondere Gebühr anfällt, wenn er als Vertreter des Gläubigers oder Schuldners die $^{3}/_{10}$ Gebühr mit Pauschale für die Zwangsvollstreckung in den Dienstlohn oder Ruhegehalt erhalten hat. Beschränkt sich die Tätigkeit des Anwalts auf das Berichtigungsverfahren, so steht im $^{3}/_{10}$ Gebühr und Pauschsatz aus dem Betrag als Streitwert zu, um welchen die Erweiterung oder Beschränkung der Pfändung beantragt wird (§ 23 RAGO.).

13. Bekanntmachung über die Wiederherstellung von Lebens- und Krankenversicherungen. Vom 20. Dez. 1917 (RGBl. 1121); Fürst 23.

Der bei einem privaten Versicherungsunternehmen Versicherte, dessen Rechte aus einer Lebens- oder Krankenversicherung infolge des Krieges aufgehoben oder beeinträchtigt worden sind, kann die Wiederherstellung der Rechte aus der Police bis zum Ablauf von 6 Monaten nach Kriegsende bei dem Vorstand des Versicherungsunternehmens beantragen. Kommt eine Einigung zwischen den Beteiligten nicht zustande, so hat das Amtsgericht, bei welchem der Versicherungsnehmer seinen allgemeinen Gerichtsstand hat, auf Antrag über die Wiederherstellung mit oder ohne vorherige mündliche Verhandlung durch Beschluß zu entscheiden, gegen welchen sofortige Beschwerde zulässig ist.

Die Gerichts- und Anwaltsgebühren für das Wiederherstellungsverfahren **erster** Instanz betragen $^{1}/_{2}$ der vollen Gebühr des § 8 GKG. und des § 9 RAGO. und es ist mit dieser einmaligen Gebühr auch die allenfallsige mündliche Verhandlung abgegolten. Findet eine Beweisaufnahme statt, welche nicht nur in Vorlegung der in Händen der Parteien befindlichen Urkunden besteht, so erhöhen sich die Gerichtskosten und, wenn der Anwalt die Partei im Beweisaufnahmeverfahren vertreten hat (wobei Anwesenheit im Termine nicht erforderlich ist, LG. Berlin in JW. 1919, 332), auch die Vergütung des Anwalts auf die volle Gebühr.

Für das Beschwerdeverfahren ist eine besondere Gebührenvorschrift nicht gegeben, hier kommen also § 45 GKG. ($^{5}/_{10}$ aus § 8) und § 41 RAGO. ($^{5}/_{10}$ aus § 9) zur Anwendung.

Ist über die Versicherung bereits ein Rechtsstreit anhängig, so hat auf Antrag das Prozeßgericht in dem Urteil gleichzeitig über die Wiederherstellung der Versicherung zu entscheiden. Kommt es zu einem Endurteil oder Vergleich, so bleiben für die Berechnung der Gerichts- und Anwaltsgebühren die nur auf die Wiederherstellung sich beziehenden Verhandlungen und Entscheidungen außer Betracht.

Der Streitwert ist nach dem Interesse des Versicherungsnehmers an der Wiederherstellung zu bemessen. Maßgebend wird bei Lebensversicherungen der Wertunterschied zwischen der präjudizierten und der wiederhergestellten Police (Differenz der Rückkaufswerte) sein, bei Krankenversicherungen der Wert der für den Versicherungsfall vom Versicherer versprochenen Leistungen.

14. Bekanntmachung zum Schutze der Mieter und Anordnung für das Verfahren vor den Mieteinigungsämtern. Vom 23. Sept. 1918 (RGBl. 1140, 1146). Lehmann „Der Mieterschutz", Schweitzers Verlag 1919.

Die Verordnungen v. 23. Sept. 1918 sind an die Stelle der früheren Mieterschutzverordnungen und Verfahrensanordnungen v. 26. Juli 1917 und 15. Sept. 1917 (RGBl. 659, 661, 834) getreten.

Kosten des Verfahrens: Das Verfahren vor dem Mieteinigungsamt ist gebührenfrei. Ist nach dem Ermessen des Einigungsamtes die Anrufung mutwillig erfolgt, so kann der Partei, welche das Einigungsamt angerufen hat, die Zahlung einer Gebühr auferlegt werden. Die Erhebung einer Gebühr kann ferner angeordnet werden, wenn die Bedeutung der Sache für die Beteiligten es angemessen erscheinen läßt. Das Einigungsamt bestimmt die Höhe der Gebühr und die zahlungspflichtige Partei. Der Gesamtbetrag der Gebühren darf das dreifache der vollen Gebühr des § 8 GKG. und der der Berechnung zugrunde gelegte Wert des Gegenstandes den Betrag des einjährigen Mietzinses nicht übersteigen. Das Einigungsamt bestimmt, wer die baren Auslagen des Verfahrens (Zustellungskosten, Postgelder, Zeugengebühren usw.) zu tragen hat. Die Entscheidung des Einigungsamtes über die Gebühr und die baren Auslagen ist nach den Vorschriften über die Beitreibung von Gemeindeabgaben vollstreckbar. Die Parteien haben keinen Anspruch auf Erstattung ihrer Auslagen. Wenn mangels Bestehens eines Einigungsamtes das Amtsgericht als solches tätig wird, gelten für das amtsgerichtliche Verfahren nicht die Vorschriften der ZPO. u. GKG., sondern die Verfahrens- und Kostenbestimmungen für die Einigungsämter, wobei Vollstreckung der Entscheidung über die Gebühr und die baren Auslagen sich nach den Vorschriften über die Beitreibung von Gerichtskosten richtet.

Rechtsanwaltsgebühren: Die Mieteinigungsämter und auch die Amtsgerichte, soweit sie auf Grund der Mieterschutzverordnung tätig werden, sind Verwaltungsbehörden und keine Sondergerichte (LG. Greiz in JW. 1919, 199; MietEAmt Charlottenburg ebenda 464; vgl. bayer. Staatsanz. v. 19. Mai 1919 Nr. 126 [zweites Blatt] S. 1 Bekanntmachung des Bayer. Min. f. soziale Fürsorge v. 29. April 1919 A 2: „Es handelt sich bei Tätigkeit bei den Mieteinigungsämtern nicht sowohl um eine richterliche als vielmehr um eine Verwaltungstätigkeit, bei der billiges Ermessen maßgebend sein muß'). Die anwaltschaftlichen Gebühren und Auslagen bemessen sich deshalb nach den für die Tätigkeit in Verwaltungssachen geltenden landesgerichtlichen Vorschriften.

15. Bekanntmachung, betr. den Erlaß einer Reichsfinanzhofordnung.

Vom 21. Sept. 1918 (RGBl. 1119); vgl. Lang, Rechtsanwaltsgebühren nach der RFinHO. in JW. 1919, 154 u. Lüdemann ebenda 298.

Der Reichsfinanzhof entscheidet als oberste Behörde in Streitigkeiten über bestimmte Reichs-Abgaben (Wehrbeitrag, Besitzsteuer, Kriegsabgaben usw., §§ 7, 12 RFHO.). auf Rechtsbeschwerde (wegen Rechtsverletzung) im Spruchverfahren durch Urteil und zwar in der Besetzung des Senats von 5 Mitgliedern einschließlich des Vorsitzenden; in anderen Sachen insbesondere Doppelsteuersachen (§§ 13, 14 RFHO.) erfolgt die Entscheidung auf Beschwerde (Zulässigkeit neuer Tatsachen und Beweise) durch Beschluß im Beschlußverfahren und zwar in der Besetzung von 3 Mitgliedern einschließlich des Vorsitzenden. In beiden Verfahren ist in sinngemäßer Anwendung der Vorschriften der §§ 233 ff. 578—583, 586—589 ZPO. die Wiedereinsetzung in den vorigen Stand wegen Versäumung einer Notfrist (Beschwerde- u. Begründungsfrist) und die Wiederaufnahme des Verfahrens möglich. Im Spruch- wie im Beschlußverfahren kann mit oder ohne mündliche Verhandlung entschieden, mit oder ohne solche Beweis erhoben oder auch weitere Verhandlung angeordnet werden. Die Zustellung der Entscheidungen erfolgt von Amts wegen. Jede Endentscheidung hat über die Kosten des Verfahrens zu befinden und den Wert des Streitgegenstandes festzustellen; wird die Sache in eine der Vorinstanzen zurückverwiesen, so kann dieser die Entscheidung über die Kosten des Verfahrens vor dem Finanzhof und die Feststellung des Wertes des Streitgegenstandes übertragen werden (§ 30 RFHO.). Bei Zurücknahme eines Rechtsmittels oder Antrags ist die Verpflichtung zur Kostentragung auf Antrag von Beteiligten in besonderer Entscheidung auszusprechen (§ 68 RFHO.). Über die Kosten des Reichsfinanzhofes, die Kostentragung und Erstattung enthalten §§ 49—73 eingehende Vorschriften, in deren Ergänzung die Rechtsanwaltsgebührenordnung und Gebührenordnung für Zeugen- und Sachverständige, nicht aber das Gerichtskostengesetz sinngemäße Anwendung finden.

1. **Kosten des Reichsfinanzhofes:** Stempelerhebung findet nicht statt; im Verfahren verwendete Urkunden sind stempelflichtig nur insoweit, als sie es ohne diesen Gebrauch sein würden (§ 49 RFHO. entspricht dem § 2 GKG.). Darnach gelten also für den Vollmachtsstempel hier die gleichen Regeln wie für bürgerliche Rechtsstreitigkeiten. Für das Verfahren wird eine einheitliche Gebühr erhoben, welche sich nach § 8 GKG. aus dem Werte des Streitgegenstandes ergibt; die volle Gebühr beträgt mindestens 50 Mk. Der Senat kann bei besonderer Bedeutung des Streitgegenstandes für den Steuerpflichtigen oder bei besonderem Umfang der Sache die Erhöhung der Gebühr bis auf das Doppelte beschließen. Die Gebühr ermäßigt sich auf die Hälfte bei Erledigung des Verfahrens

durch Zurücknahme des Rechtsmittels oder Antrags und verdoppelt sich, wenn eine mündliche Verhandlung oder Beweisaufnahme stattgefunden hat. Neben der Gebühr erwächst ein Pauschale, welches 15 % der erhobenen Gebühr und höchstens 50 Mk. beträgt. Schreibgebühren werden nur erhoben für Ausfertigungen und Abschriften, welche angefertigt werden, weil der Beteiligte es unterläßt einem von Amts wegen zuzustellenden Schriftsatz die erforderliche Zahl von Abschriften beizufügen, oder welche auf Antrag erteilt werden; sie sind vom Besteller oder dem Beteiligten, welcher die erforderliche Zahl von Abschriften nicht eingereicht hat, zu zahlen und werden mit der Herstellung des Schriftstückes fällig. Die Schreibgebühren berechnen sich nach § 80 GKG.; für fremdsprachige Schriftstücke, Tabellen, Verzeichnisse, Listen, Rechnungen, Handzeichnungen usw. bestimmt der Präsident des Reichsfinanzhofes die Schreibgebühr. Als sonstige Auslagen, welche neben der Gebühr und dem Pauschale zu ersetzen sind, kommen in Betracht Telegraphengebühren, Auslagen für Ferngespräche, Kosten der öffentlichen Bekanntmachungen, die nach der Gebührenordnung für Zeugen und Sachverständige diesen Personen bezahlten Beträge, Reisekosten der Finanzhofbeamten bei Geschäften außerhalb des Dienstsitzes und die Beträge, welche der Finanzhof an sonstige im Verfahren zugezogene Personen und an andere Behörden, welche seine Ersuchen erledigen, bezahlt. Reichs- und Bundesstaaten, im Falle des § 14 Ziff. 2 RFHG. auch Gemeinden sind von der Gebührenzahlung befreit. Ein von der Reichsaufsichtsbehörde, einer obersten Landesbehörde oder einer zur Wahrnehmung des streitigen Steueranspruchs dem Steuerpflichtigen gegenüber berufenen Behörde veranlaßtes Verfahren genießt Gebührenfreiheit. In solchen Fällen kann eine Gebühr berechnet werden, wenn der Steuerpflichtige das Verfahren verschuldet, Anordnungen, Ladungen oder andere Verfügungen nicht befolgt oder offenbar unbegründete Anträge oder Einwendungen erhoben hat. Der Senat ist befugt, bei einer ohne Schuld der Beteiligten unrichtigen Sachbehandlung von der Kostenerhebung ganz oder teilweise abzusehen und auch bei Zurücknahme von Anträgen oder Abweisung Gebührenfreiheit zu gewähren, wenn unverschuldete Unkenntnis der Verhältnisse oder Unwissenheit des Kostenschuldners gegeben ist. Die Kosten werden fällig, sobald über sie entschieden oder das Verfahren ohne eine solche Entscheidung beendigt ist. Die Geschäftsstelle des Reichsfinanzhofes setzt die Kosten an. Über Erinnerungen gegen den Kostenansatz entscheidet der Senat ohne mündliche Verhandlung gebührenfrei. Eine Befreiung von Kosten durch Gewährung des Armenrechts ergibt es nicht; andererseits auch nicht die Erhebung von Kostenvorschüssen.

2. **Anwaltskosten:** Der Reichsfinanzhof steht als oberste Spruch- und Beschlußbehörde im Sinne der RAGO. dem Reichsgerichte und bayer. Oberst. Landesgericht gleich. Die sinngemäße Anwendung der RAGO. führt also dazu, daß die Anwaltsgebühren wie im Zivilprozeß dritter Instanz berechnet werden (vgl. Lüdemann in JW. 1919, 298, anders nämlich; 18/10 Lang ebenda 154). Für die Einlegung der Rechtsbeschwerde

oder Beschwerde erwächst die volle Prozeßgebühr (15/10). Kommt es zur Verhandlung, Beweiserhebung und weiteren Verhandlung, so fällt die volle Verhandlungs- und je 1/2 Gebühr für das Beweisverfahren und die weitere Verhandlung an. Da der Finanzhof auch ohne mündliche Verhandlung Beweis anordnen und nach dessen Erhebung ohne oder mit Verhandlung zu entscheiden vermag, ist es auch möglich, daß neben der Prozeßgebühr nur die Beweisgebühr mit oder ohne volle Verhandlungsgebühr anfällt. Die Gebühren erwachsen zur Hälfte des vollen Satzes, wenn sich die Tätigkeit des Anwalts auf das Wiedereinsetzungsverfahren oder das Wiederaufnahmeverfahren beschränkt (§ 20 RAGO.). Neben den Gebühren besteht Anspruch auf das Pauschale. Der vom Finanzhof festgesetzte Streitwert ist auch für die Anwaltsgebühren maßgebend. Erfolgt amtliche Streitwertfestsetzung nicht, so hat der Anwalt den Streitwert selbst zu berechnen. Er deckt sich, wenn die Abgabenpflicht an sich streitig ist, mit dem Betrag der Abgabe; bei Streitigkeit über die Höhe der Abgabe ergibt sich der Streitwert aus der Differenz zwischen dem veranlagten und dem im Verfahren beanspruchten niedrigeren oder höheren Betrag der Abgabe. Auch für die Tätigkeit bei Beratung oder Begutachtung der zur Zuständigkeit des Finanzhofes gehörigen Angelegenheiten ist die RAGO. und ihre Wertskala entsprechend anzuwenden. Eine Besonderheit enthält § 73 Satz 2 wonach für die Gebühren des Rechtsanwalts vor Landesbehörden, welche auf Ersuchen des Finanzhofes tätig werden, die für die Landesbehörden maßgebenden Vorschriften gelten. Für den Anwalt, welcher ausschließlich vor der ersuchten Landesbehörde tätig wird, gestaltet sich die Gebührenberechnung einfach, er berechnet die Kosten nach den für das Verfahren vor der betreffenden Landesbehörde gegebenen Vorschriften (beispielsweise bei Wahrnehmung eines Beweistermins vor einem Rentamte in Bayern (Informations-, Terminsgebühr usw. gemäß VO. v. 26. März 1902 GVBl. 144 ff.). Ist aber der die Sache vor dem Reichsfinanzhof vertretende Anwalt (Prozeßanwalt) auch vor der ersuchten Landesbehörde tätig, so ergeben sich Schwierigkeiten und Zweifel. Der Prozeßanwalt muß, auch wenn er selbst in einem anderen Bundesstaat seinen Sitz hat, seine Kosten nach der Gebührenordnung desjenigen Bundesstaates berechnen, welchem die ersuchte Behörde angehört. Fraglich ist auch ob die Reisekosten zur ersuchten Behörde sich nach der Reichsgebührenordnung für Rechtsanwälte oder nach der betreffenden Landesgebührenordnung berechnen; bei Vernehmungen verschiedener Zeugen vor mehreren ersuchten Behörden oder bei wiederholter Vernehmung eines seinen Wohnsitz wechselnden Zeugen sind möglicherweise verschiedene Landesgebührenordnungen zu beachten. Endlich ergeben sich Zweifel, ob mit Rücksicht auf § 25 RAGO., wonach der Anwalt jede Gebühr des § 13 RAGO. in jeder Instanz rücksichtlich eines jeden Teils des Streitgegenstandes nur einmal beanspruchen kann, neben den für die Tätigkeit am Finanzhof anfallenden Gebühren auch noch gleichartige Gebühren für die gleiche Tätigkeitsart (z. B. Beweisaufnahmen) vor ersuchten Landesbehörden berechnet werden dürfen (so Lang in JW. 1919, 154).

Die Spruchpraxis des Finanzhofes wird diese Fragen klären müssen.

8. **Kostentragung und Kostenerstattung:** Wer zur Tragung der Kosten verurteilt worden ist, gilt als Schuldner der Kosten und hat einem etwaigen Beteiligten dessen notwendige Auslagen zu erstatten. In Ermangelung eines anderen Schuldners gilt derjenige, welcher das Verfahren veranlaßt hat, als Schuldner der Kosten. Die Kosten der Zuziehung eines Rechtsanwalts oder sonstigen Bevollmächtigten sind nur zu erstatten, wenn der Senat die Zuziehung für notwendig erklärt hat. Der Finanzhof spricht sich in der Entscheidung, in welcher er über die Kosten befindet, auch über die Notwendigkeit der Vertretung aus; er darf den Ausspruch darüber nicht der Vorinstanz überlassen. Über die Kostentragung wird, abgesehen von besonderen Einzelfällen, nach den allgemein üblichen Regeln entschieden. Die unterliegende Partei hat die Kosten des Verfahrens zu tragen; wenn jede Partei teils obsiegt, teils unterliegt, so tritt eine verhältnismäßige Teilung der Kosten ein; mehrere Beteiligte haften nach Kopfteilen; bei einer erheblichen Verschiedenheit der Beteiligung kann die Beteiligung zum Maßstab genommen, auch können Beteiligte als Gesamtschuldner der Kosten erklärt werden. Dem obsiegenden Steuerpflichtigen dürfen Kosten auferlegt werden, wenn er solche durch sein eigenes Verhalten verschuldet oder wenn er durch Vorbringen von Tatsachen obsiegt hat, welche er bereits in einer Vorinstanz geltend machen konnte. Der Anspruch auf Kostenerstattung kann nur auf Grund einer Entscheidung über die Kostentragung geltend gemacht werden. Das Gesuch um Festsetzung der zu erstattenden Kosten ist beim Reichsfinanzhof schriftlich oder zu Protokoll anzubringen. Die einzelnen Posten sind glaubhaft zu machen. Die Geschäftsstelle des Reichsfinanzhofes erläßt den Kostenfestsetzungsbeschluß, welcher dem Antragsteller und dem Erstattungspflichtigen, letzterem unter Beifügung einer Abschrift der Kostenrechnung, von Amts wegen zugestellt wird. Gegen den Festsetzungsbeschluß ist innerhalb eines Monats von der Zustellung an Erinnerung beim Finanzhof zulässig, über welche der Senat entscheidet. Aus den Kostenfestsetzungsbeschlüssen findet die Zwangsvollstreckung nach Maßgabe der am Orte der Zwangsvollstreckung für die Beitreibung öffentlichrechtlicher Forderungen geltenden Vorschriften statt. Die Einziehung der Kosten des Reichsfinanzhofes und die Vollstreckung der von ihm festgesetzten Strafen erfolgt durch Vermittlung der Behörden des Bundesstaates, dessen Behörden in erster Instanz über den streitigen Anspruch entschieden haben. Die Landesbehörde ist berechtigt, die Kosten nach Maßgabe der landesrechtlichen Vorschriften zu stunden und niederzuschlagen.

16. Verordnung zum Schutze der Kriegsteilnehmer gegen Zwangsvollstreckungen.

Vom 14. Dez. 1918 (RGBl. 1427) und v. 17. Juni 1919 (RGBl. 521).

Die Zwangsvollstreckung gegen einen Schuldner, der Kriegsteilnehmer ist oder war, ist bis zum 1. Jan. 1920 nur mit Bewilligung des Vollstreckungsgerichtes zulässig. Für das Bewilligungsverfahren werden

Gerichtsgebühren nicht erhoben. Die Anwaltsgebühren betragen 3/10 des Satzes des § 9 der RAGO. Der Wert des Streitgegenstandes ist von dem Gerichte nach freiem Ermessen, höchstens jedoch auf den zwanzigsten Teil des Wertes des zur Vollstreckung stehenden Anspruchs festzusetzen.

Steht dem Anwalt die 3/10 Gebühr für die Vollstreckung zu, welche durch den Beschluß ermöglicht werden soll, so ist damit auch die Tätigkeit für das Bewilligungsverfahren abgegolten.

17. Gesetz zum Schutze gegen die Folgen der Verkehrserschwerung.

Vom 3. März 1919 (RGBl. 281). Stillschweig in JW. 1919, 278.

Einem Schuldner, dessen wirtschaftliche Lage infolge der derzeitigen Verkehrserschwerung mit Teilen des Reichsgebiets wesentlich verschlechtert ist, kann auf Antrag eine Zahlungsfrist gewährt und die Einstellung der Zwangsvollstreckung bewilligt werden (§§ 1, 4, 5 ZahlFristVO. vom 8. Juni 1916).

Auf Antrag des Gläubigers kann das Vollstreckungsgericht die Einstellung der Vollstreckung aufheben, wenn die Einstellung infolge nachträglicher wesentlicher Veränderung der Umstände dem Gläubiger einen unverhältnismäßigen Nachteil bringen würde, insbesondere wenn die spätere Befriedigung des Gläubigers durch andere Zwangsvollstreckungen erheblich gefährdet wird.

Die Gerichts- und Anwaltsgebühren betragen zwei Zehnteile des Satzes des § 8 des Gerichtskostengesetzes und des § 9 der Gebührenordnung für Rechtsanwälte. Der Wert des Streitgegenstandes ist von dem Gerichte nach freiem Ermessen, höchstens jedoch auf den zwanzigsten Teil der Forderung festzusetzen.

18. Die schiedsgerichtlichen Verfahren der Kriegsgesetze.

Der Bundesrat hat auf Grund des § 3 des Gesetzes über die Ermächtigung des Bundesrates zu wirtschaftlichen Maßnahmen usw. v. 4. Aug. 1914 (RGBl. 327), zahlreiche Verordnungen zur Regelung wirtschaftlicher Verhältnisse (betr. Kriegsbedarf, Höchstpreise, Lebensmittel, Webwaren, Papier, Schiffahrt usw.) erlassen und dabei die Beteiligten unter Ausschluß des Rechtsweges zur Schlichtung allenfallsiger Streitfragen vor Schiedsgerichte (Schiedsstellen) verwiesen, vgl. Reichsschiedsgericht für Kriegsbedarf [1]) (RGBl. 1915, 357, 469 und im übrigen s. Inhaltsverzeichnis des Reichsgesetzblattes der Kriegsjahre unter „Schiedgericht")[2]). Die Kosten des Verfahrens vor diesen Schiedsgerichten sind im wesentlichen dahin geordnet, daß bei Freiheit von Gebühren und Stempeln und unter Aus-

[1]) Heißt jetzt Reichsschiedsgericht für Kriegswirtschaft, Reichsanz. 1917, 9.

[2]) Auch die Schlichtungsausschüsse sind solche Schiedsstellen siehe VO. über Tarifverträge usw. v. 23. Dez. 1918 § 15 ff., RGBl. 1456, VO. v. 24. Jan. 1919 u. 3. Sept. 1919, RGBl. 100, 1500, Anweisung v. 25. April 1919 über Zusammensetzung und Verfahren der Schlichtungsausschüsse GVBl. 419.

schluß der Erstattungspflicht von Parteiauslagen das Schiedsgericht bestimmt, wer die baren Auslagen des Verfahrens zu tragen hat. Diese Schiedsgerichte können, da sie nicht auf Parteivereinbarung beruhen, nicht als Schiedsgerichte im Sinne des § 91 RAGO. gelten. Es handelt sich hier um gesetzlich berufene Organe, welche nach billigem Ermessen entscheiden sollen, im gebührenrechtlichen Sinn um Verwaltungsbehörden oder Verwaltungsgerichte. Die Vergütung des Anwalts für die Tätigkeit vor diesen Schiedsgerichten oder Schiedsstellen bemißt sich deshalb nach den für das Verwaltungsverfahren geltenden landesrechtlichen Gebührenvorschriften.

Immerhin bedürfen in jedem einzelnen Fall die Verfahrens- und Gebührenvorschriften der Nachprüfung. Einige Schiedsgerichte nähern sich in der Art der ihnen zugewiesenen Angelegenheiten, dem Einfluß der Beteiligten auf die Zusammensetzung des Gerichts und den Prozeßmodalitäten so sehr dem Schiedsgericht im Sinne der ZPO., daß die analoge Anwendung des § 91 RAGO. angezeigt erscheint. Das gilt insbes. für die Schiedgerichte in der Schuhindustrie (RGBl. 1917, 240, 669), der Seifenindustrie (RGBl. 1917, 490), der Brauereiindustrie (RGBl. 1917, 995, 1003).

Als Gerichte erster Instanz sind die in Art. 13—45 des Privatrechtsabkommens (RGBl. 1918, 1198) zum Frieden von Brest-Litowsk bezeichneten Schiedsgerichte anzusprechen.

Über die Frage, nach welchen Gebührenvorschriften der Anwalt seine Gebühren bemißt, wenn er vor außerhalb seines Heimatstaates amtierenden Gerichten oder Behörden tätig ist, vgl. Neumeyer: Anwaltsvergehen im internationalen Verkehr, Goltdammers Arch. Bd. 64, besprochen von Friedländer in JW. 1917, 832. Wenn (wie beispielsweise in der RFHO.) nichts anderes bestimmt ist, sind die Gebührenvorschriften des Wohnsitzes des Anwalts anzuwenden.

19. Amnestiegesetze.

Während des Krieges ergingen Amnestievorschriften der Einzelstaaten, durch welche Strafverfahren insbesondere gegen Kriegsteilnehmer niedergeschlagen und rechtskräftig erkannte Strafen erlassen wurden (vgl. bayer. Gesetz v. 15. Dez. 1915, GVBl. 727, Gnadenerlaß v. 7. Jan. 1916, 7. Jan. 1917, 7. Jan. 1918, 25. Aug. 1918, Bayer. JMinBl. 1916, 1 u. 2; 1917, 1, 3, 5, 7; 1918, 1, 3, 8, 9). In besonderem Umfange erfolgte eine Amnestie nach der Revolution durch die Verordnungen der Volksbeauftragten über die Gewährung von Straffreiheit und Strafmilderung v. 3. Dez. 1918 (RGBl. 1393), über eine militärische Amnestie v. 7. Dez. 1918 (RGBl. 1415), über politische Delikte im Aufruf an das deutsche Volk v. 12. Nov. 1918 (RGBl. 1303) und die bayerische Bekanntmachung über Niederschlagung von Strafverfahren und den Erlaß von Strafen v. 22. Nov. 1918 (GVBl. 1237). Die Niederschlagung des Verfahrens hat zur Folge, daß die Kosten des Verfahrens einschließlich der Auslagen ebenfalls niedergeschlagen und bereits gezahlte Beträge zurückerstattet werden. Der Erlaß bereits rechtskräftig ausgesprochener Kosten bringt die Befreiung von rückständigen Kosten und Auslagen mit sich; dagegen besteht in diesem Falle ein Anspruch auf Rückvergütung bereits bezahlter Kosten nicht. Bei der Niederschlagung des Verfahrens können dem Angeschuldigten oder einem anderen Beteiligten erwachsene Kosten aus Billigkeitsgründen von der Staatskasse ersetzt werden.

Die Niederschlagung ist insbesonderd im Privatklageverfahren für die Kostenfrage von Belang. Die Gerichtskosten sind hier ebenfalls niederzuschlagen. Die außergerichtlichen Kosten des niedergeschlagenen Privatklageverfahrens treffen gemäß § 503 StPO. den Privatkläger (so bayer. OLG. in JW. 1916, 344 Nr. 2 und 861 Nr. 4, OLG. Oppeln ebenda 1919, 595, Kammergericht in LZ. 1919, 492, Alsberg, Reichsamnestiegesetze S. 7, dagegen OLG. Hamburg in LZ. 1919. 442, 818 u. OLG. Düsseldorf ebenda 443, welche annehmen, daß keine gegenseitige Kostenerstattungspflicht besteht). Auch eine zivile Schadensersatzklage erscheint unzulässig (Alsberg 7); anders Hagemann „Der Amnestieerlaß und die Kosten d. Privatklageverfahrens in LZ. 1919, 766. Der Nebenkläger befindet sich bei der Niederschlagung in der gleichen Lage wie der Privatkläger. Durch den Erlaß einer im Privatklageverfahren rechtskräftig ausgesprochenen Strafe wird aber der urteilsmäßige Kostenersatzanspruch des Privatklägers nicht berührt und ebenso auch nicht der einem Nebenkläger rechtskräftig zugesprochene Kostenersatzanspruch, wenn es infolge eines Gnadenerlasses nicht mehr zum Strafvollzug kommt. Die Amnestie beseitigt nur den staatlichen Anspruch auf Bestrafung und Kostenersatz nicht die Rechte von Privatpersonen (LG. Hirschberg in JW. 1919, 122; LG. Cassel ebenda 259).

C. Der bayrische Vollmachtsstempel.

Stempelgesetz v. 21. Aug. 1914 (GVBl. 488); Vollzugs-Verordnung v. 28. Dez. 1914 (GVBl. 684), Vollzugsbekanntmachung v. 20. Juni 1915 (GVBl. 317). Friedländer, „Der bayrische Vollmachtsstempel", Schweitzers Verlag 1915; Schmidt in Zeitschrift für Rechtspflege i. B. 1916, 53 ff.; Dittrich ebenda 1918, 373 ff.; Sammlung von Entscheidungen des bayr. OLG. Abt. B in Bd. 16, 17 und 18.

Gegenstand der Besteuerung. Die im Tarif des Stempelgesetzes — in Kraft seit 1. Jan. 1915 — bezeichneten Urkunden unterliegen dem darin bezeichneten Stempel zugunsten der Staatskasse (Prinzip der Urkundenbesteuerung), wenn sie in Bayern, sei es auch nur von einem Beteiligten, unterfertigt sind (Art. 1, 2; VB. 2, I). Die Tarifstelle 43, I. nennt als stempelpflichtig „Vollmachten, Ermächtigungen und Aufträge zur Vornahme von Geschäften rechtlicher Natur bei Gericht oder Behörden". Im Gegensatz zum früheren Gebührengesetz (Fassung in der Bekanntmachung v. 13. Juli 1910 GVBl. 312), welches (Art. 172, 176a Abs. 1 S. 2) nur notarielle und notariell beglaubigte Vollmachten mit einer Gebühr (von 2 Mk. bzw. 1 Mk. 50 Pfg.) belegte, trifft jetzt die Steuer alle in einer Urkunde (gerichtliches oder behördliches Protokoll, Privatschrift, Brief, Stenogramm, Telegramm, vgl. Art. 5) durch Rechtsgeschäft erteilten Vollmachten. Gemeint ist dabei das rein abstrakte Geschäft der Vollmachtserteilung. Urkunden über das Bestehen einer nicht rechtsgeschäftlich begründeten Vertretungsmacht (Bestallung des Vormunds, Testamentsvollstreckerzeugnis usw.) sind nicht stempelpflichtig, auch nicht Vollmachten zu rein tatsächlichen Geschäften, wie Einsicht von öffentlichen Büchern und Registern, Erholung von Aufschlüssen, Urkunden oder Akten (Geldempfang und Quittungsleistung sind Geschäfte rechtlicher Natur) und ebenso nicht Vollmachten im Privatverkehr. Als Behörden gelten inländische und ausländische staatliche und gemeindliche Gerichte und Behörden jeder Art. Die Reichsbank, die Staatsbank, die Verwaltung staatlicher und gemeindlicher Betriebe, die Gerichtsvollzieher und die Notare werden nicht als Behörden angesehen, die Notare aber nur, hinsichtlich der von ihnen vorzunehmenden Beurkundungen, Beglaubigungen und der damit zusammenhängenden Geschäfte, im Zwangsversteigerungs- und Auseinandersetzungsverfahren usw. gelten sie als Behörden (VBl. 64, I). Eine Behörde, welche den Fiskus in privatrechtlichen Angelegenheiten verfassungsmäßig zu vertreten berufen ist (Kreisregierung, Eisenbahndirektion), handelt in dieser Eigenschaft nicht als Behörde; sondern als Vertreterin einer Rechtspersönlichkeit im privaten Verkehr (Samml. Bd 18 B 138). Die Stempelpflicht der Vollmachtsurkunde bemißt sich nach ihrem Inhalt (Art. 8 Abs. 1); bei der stempelrechtlichen Beurteilung dürfen Umstände, welche sich nicht aus Urkunde selbst ergeben, keine Berücksichtigung finden, wenn auch der Inhalt der Urkunde gemäß § 133 BGB. ermittelt werden muß (VB. 15 III; Samml. Bd. 17 B 1).

Entstehung der Stempelpflicht. Die Stempelpflicht tritt mit der Vollendung der Errichtung der Urkunde ein (Art. 7 I, VB. 15 I), entsteht also mit der Unterzeichnung einer im übrigen vollständigen Urkunde oder bei einer in blanco ausgestellten Vollmachtsurkunde, sobald die wesentlichen Teile (der Name des Bevollmächtigten, der Betreff) in das Blankett eingesetzt sind. Erfordert die Vollmacht eine besondere Form (öffentliche Beglaubigung bei Grundstücksgeschäften) oder hängt ihre Wirksamkeit von der Genehmigung oder dem Beitritt einer Behörde oder dem Beitritt eines Dritten ab (Vormundschaftsgericht, Gesamtprokura usw.), so erwächst die Stempelpflicht erst mit der Erfüllung der Form oder mit der Beifügung der Genehmigung oder des Beitritts. Ist die Urkunde dann ihrem Inhalte nach zur Vertretung vor Gerichten oder Behörden in Geschäften rechtlicher Natur bestimmt, so bleibt es sich gleich, ob von ihr auch wirklich dieser Gebrauch gemacht wird oder nicht (Samml., Bd. 17 B S. 1). Außerhalb Bayerns ausgestellte Vollmachten unterliegen aber dem Stempel nur, wenn von ihnen in Bayern Gebrauch gemacht wird (Art. 2, III), das heißt, wenn sie bei einem bayerischen Gericht oder einer bayerischen Behörde eingereicht werden.[1]) Dies gilt jedoch nicht in den vor die ordentlichen Gerichte gehörigen Rechtssachen, auf welche die ZPO., StPO. oder KO. Anwendung findet, weil hier (§ 2 GKG.) die Besteuerung einer Urkunde als Folge des bloßen Gebrauchs im Verfahren reichsrechtlich untersagt ist (VB. 11 III). Die vor dem 1. Jan. 1915 ausgestellten Vollmachten werden ebenfalls, soweit nicht wieder § 2 GKG. entgegensteht, stempelpflichtig, wenn von ihnen nach diesem Zeitpunkt Gebrauch gemacht wird (Gesetz über Änderungen im Gebührenwesen, sog. Mantelgesetz v. 21. Aug. 1914 GVBl. 437 Art. 3); wurden solche ältere Vollmachten als notarielle oder notariell beglaubigte Urkunden schon nach dem früheren Gebührengesetz besteuert, so unterliegen sie auch bei Gebrauch nach dem 1. Jan. 1915 keiner weiteren Abgabe mehr (Samml. Bd. 16 B S. 70, 131).

Stempel-Schuld und Haftung. Den Stempel schuldet der Vollmachtgeber, bei notariellen oder notariell beglaubigten Vollmachten jeder, auf dessen Veranlassung die Urkunde aufgenommen oder beglaubigt wurde. Der Vertreter haftet persönlich für alle Stempelbeträge, welche durch die auf Grund seiner Vollmacht abgeschlossenen Rechtsgeschäfte anfallen. Diese weitgehende Haftung beschränkt sich bei dem anwaltschaftlichen Vertreter auf den Vollmachtsstempel (Art. 12, II). Stellt der Auftraggeber die Vollmacht nicht selbst aus, sondern handelt dabei für ihn ein Dritter, so haftet auch dieser für den Vollmachtsstempel. Handelt der Dritte ohne Vertretungsmacht und ohne nachfolgende Genehmigung, so trifft ihn allein die Haftung für den Stempel. Eltern, Vormund, Beistand und Pfleger machen, wenn sie in dieser Eigenschaft Vollmachten ausstellen, nur ihre Pflegebefohlenen, nicht sich selbst stempelpflichtig. Der Konkursverwalter (Bay. OLG. in JW. 1918, 103), Zwangsverwalter, Testamentsvollstrecker usw. geraten aber in die persönliche Stempelhaftung. Juristische Personen (insbesondere Aktiengesellschaften, eingetragene Genossenschaften, Gewerkschaften und Gesellschaften m. b. H.) schulden den Stempel neben ihren Vertretern, Vorständen und Geschäftsführern, wenn diese im Namen oder Auftrag der vertretenen Persönlichkeit Vollmachten ausstellen. Endlich haftet für den Vollmachtsstempel jeder, welcher von einer stempelpflichtigen Urkunde in Bayern Gebrauch macht (Art. 14), das wird in der Regel der Bevollmächtigte selbst sein. Mehrere zur Zahlung Verpflichtete haften dem Staate als Gesamtschuldner, unter ihnen etwa bestehende Vereinbarungen über die Stempelzahlung oder sonstige Rückgriffsansprüche beachtet die Staatskasse nicht (Art. 12, 13, 14). Der Notar, welcher eine Vollmacht ohne Erhebung des Stempels aushändigt oder vorlegt, haftet dafür persönlich, wenn die Abgabe von dem Zahlungspflichtigen nicht beigebracht werden kann (Art. 39).

Steuersatz der Tarifstelle 43. Der Steuersatz stuft sich nach dem

[1]) Das Finanzministerium kann bei Gegenseitigkeit den in einem anderen Staat entrichteten Stempel auf den bayr. Stempel anrechnen lassen (Art. 2, IV; VO. v. 28. Dez. 1914 § 10).

Gegenstandswert der Vollmacht ab. Dieser Wert bemißt sich ausschließlich nach den Bestimmungen des Stempelgesetzes über die Wertberechnung (Art. 27 ff.), welche von den Vorschriften der ZPO. und des GKG. abweichen. Bei Geldforderungen ist der aus der Urkunde ersichtliche Betrag maßgebend (Samml. Bd. 17 B S. 96); Zinsen, Kosten und sonstige Nebenleistungen sind außer Ansatz zu lassen (Art. 29, VB. 24 IV). Vollmachten mit einem Werte unter 150 Mk. sind steuerfrei. Dann steigt der Steuersatz von 50 Pfg. (das ist der geringste Betrag eines jeden Stempels, Art. 23) bis zu 10 Mk.[1]) Generalvollmachten werden wie andere Vollmachten besteuert; übersteigt der Gegenstandswert derselben aber 15 000 Mk., so erhöht sich der Stempel auf 15 Mk., und steigt weiter auf 20 Mk., wenn der Gegenstandswert mehr als 100 000 Mk. beträgt. Eine Generalvollmacht ist dann gegeben, wenn der Vertreter zur Vornahme aller Geschäfte berechtigt ist oder, wenn er innerhalb eines bestimmten, durch sachliche Merkmale begrenzten, größeren Kreises von Vermögensangelegenheiten des Vollmachtgebers handeln darf, innerhalb dieses Kreises und in diesem Umfange aber alle Angelegenheiten und Geschäfte des Vollmachtgebers zu erledigen befugt ist, z. B. Versilberung einer Erbschaft, Führung eines Handelsgeschäftes, Zertrümmerung eines bäuerlichen Anwesens (Samml. Bd. 18 B S. 89), Aufstellung eines anwaltschaftlichen Generalsubstituten.[2]) Der Wert der Generalvollmacht bestimmt sich nach dem Gesamtvermögen des Auftraggebers ohne Abzug der Schulden, bei Beschränkung auf einen bestimmten Geschäftskreis nach dem Werte des betreffenden Vermögenskomplexes ohne Abzug der Schulden. Wenn die Vollmacht nur zu Geschäften außerhalb Bayerns ermächtigt, wird nur die Hälfte der vorbezeichneten Steuer erhoben. Ist die Vollmacht dem Ehegatten, einem Verwandten gerader Linie, einem im Hausstande des Vollmachtgebers befindlichen Angehörigen oder mit Rücksicht auf ein bestehendes privates Dienst-, Anstellungs- oder Gesellschaftsverhältnis erteilt, so beträgt der Stempel höchstens 1.50 Mk. Vollmachten, deren Gegenstandswert nicht schätzbar ist (Familienangelegenheiten, Konzessionen usw.) und Vollmachten zur Vertretung in einem Strafverfahren kosten 2 Mk. (bei Angestellten und Angehörigen 1.50 Mk.). Zu Vollmachten, in welchen mehrere nicht in einer Erben- oder sonstigen Rechtsgemeinschaft oder in einem Gesellschaftsverhältnis stehende Personen einen Bevollmächtigten bestellen, ist der Stempel so oft zu entrichten als Vollmachtgeber vorhanden sind. Die Bestellung mehrerer Bevollmächtigter in einer

---

[1])

Objekt	150	Mk.	bis	600	Mk.	Stempel	0.50	Mk.
„	600	„	„	1000	„	„	1.—	„
„	1000	„	„	3000	„	„	1.50	„
„	3000	„	„	6000	„	„	3.—	„
„	6000	„	„	10 000	„	„	5 —	„
„	10 000	„	„	15 000	„	„	7.50	„
	sonst						10.—	„

[2]) Die Stempelpflicht entsteht hier nur bei schriftlicher Vollmachtserteilung, nicht bei Bestellung durch die Landesjustizverwaltung, Friedländer S. 14.

Urkunde gilt stempelrechtlich als einheitliches und nur einem Stempel unterliegendes Geschäft, es sei denn, daß jeder der Bevollmächtigten zu anderen Rechtshandlungen ermächtigt würde. Der Steuersatz für eine notarielle Vollmachtsbeglaubigung ist der gleiche wie bei einer privatschriftlichen Vollmacht[1]) (Tarifstelle 12 VB. 49); notariell errichtete Vollmachten werden ebenso behandelt, kosten aber wenigstens 2 Mk. (Tarifstelle 30).

Stempelbefreiung und Rückerstattung: Von der Entrichtung des Stempels sind persönlich befreit (Art. 3): Das Reich, der bayerische Staat, ferner öffentliche Anstalten und Kassen, welche für Rechnung des Reiches oder Bayerns verwaltet werden, mit Ausnahme der gewerblichen Betriebe (wie Staatsbank usw.). Dem Fiskus, sowie den öffentlichen Anstalten und Kassen anderer Staaten kann durch das Finanzministerium Befreiung gewährt werden. Die in besonderen Gesetzen oder Verordnungen an natürliche oder juristische Personen zugestandene Stempelfreiheit bleibt bestehen (Armenverband, Hagelversicherungsanstalt usw. VB. 12 II). Vollmachten, welche von Kriegsteilnehmern oder sonstigen Militärpersonen aus Anlaß des gegenwärtigen Kriegszustandes zu ihrer Vertretung bei Gericht und Behörden ausgestellt sind, genießen Stempelfreiheit (Bekanntmachung v. 22. Mai 1915 in JMinBl. S. 45). Die in besonderen Gesetzen und Verordnungen gewährten sachlichen Befreiungen (Brandversicherungswesen, Zwangserziehung, Auflassungsvollmacht des § 31 GBO. usw., VB. 12 VI) bleiben unberührt; ferner besteht Stempelfreiheit für Vollmachten, welche lediglich zur Sicherung von Abgaben des Reiches oder Bayerns beigebracht werden und zur Abtretung von Grundstücken sowie ähnlichen Geschäften zu öffentlichen Zwecken (Art. 4). Durch die Bewilligung des Armenrechtes im Prozesse erlangt die Partei die Befreiung der Stempelsteuer in gleicher Weise wie bei den Gerichtskosten (§ 111 ZPO.). Soweit in den einzelnen Gesetzen das „Verfahren" als stempelfrei bezeichnet wird, ist damit die Befreiung vom Vollmachtsstempel nicht ausgesprochen; dies muß vielmehr besonders verfügt sein (vgl. z. B. oben Kosten im Verfahren vor den Einigungsämtern S. 15, bei der Geschäftsaufsicht S. 22).

Die Tarifstelle 43 VII befreit noch besonders: Vollmachten, welche lediglich zur Entgegennahme von Ladungen, Zusendungen oder Schriftstücken für den Vollmachtgeber ermächtigen (also auch Postvollmachten), dann Vollmachten zur Stellung von Anträgen oder Abgabe von Erklärungen, welche sich ausschließlich auf Verlautbarung im Reichs- oder Staatsschuldbuch beziehen, ferner Untervollmachten (Substitutionen)[2]) sofern die ursprüngliche Vollmacht versteuert oder steuerfrei ist und ein

[1]) Der Stempel entfällt, wenn die privatschriftliche Vollmacht bereits versteuert ist, bei einem Wert unter 150 Mk. kostet die Beglaubigung 50 Pfg.

[2]) Substitution ist gegeben, wenn der Bevollmächtigte im eigenen Namen für diejenigen Rechtshandlungen, zu denen er ermächtigt ist, ganz oder teilweise einen anderen Vertreter bestellt; vgl. Friedländer 13 f. Die Erteilung einer Vollmacht seitens des Generalbevollmächtigten an einen Dritten namens des Vollmachtgebers insbes. auch die Übertragung der gesamten Vollmacht ist stempelpflichtig.

entsprechender Vermerk hierüber sich auf der Untervollmacht befindet, endlich Vollmachten im Postscheckverkehr und im Verfahren vor dem Gewerbe- und Kaufmannsgerichte.

Der Stempel wird auf Antrag zurückerstattet, wenn die Vollmachtserteilung nichtig oder infolge einer Anfechtung von Anfang an als nichtig anzusehen ist. Der Antrag muß binnen zwei Jahren nach der Stempelentrichtung gestellt werden (Art. 48, VB. 30, 92).

Prozeßvollmachten: Die Stempelpflicht der Prozeßvollmachten ist durch § 2 Abs. 2 und 3 GKG. eingeschränkt: „Urkunden, von welchen im Verfahren Gebrauch gemacht wird, sind nur insoweit einem Stempel oder einer anderen Abgabe unterworfen, als sie es ohne diesen Gebrauch sein würden. Urkunden, welche im Verfahren errichtet werden, bleiben, soweit ihr Inhalt über den Gegenstand des Verfahrens hinausgeht, den allgemeinen Vorschriften über Erhebung von Stempeln und anderen Abgaben unterworfen." Darnach bleiben in den vor die ordentlichen Gerichte gehörigen Rechtssachen, auf welche die ZPO., die StPO. oder die KO. Anwendung finden, Vollmachten stempelfrei, wenn sie in einem schon anhängigen Verfahren und beschränkt auf den Gegenstand des Verfahrens erteilt werden, sie unterliegen dagegen der Stempelpflicht, wenn auf Grund der Vollmacht das Verfahren eingeleitet wird oder sonst die Errichtung der Vollmacht dem Verfahren vorausgeht (Samml. Bd. 16 B S. 74; Bd. 17 B S. 68; Bd. 18 B S. 34, 65). Es besteht also die Stempelpflicht für die Vollmacht des Klägers, des Gläubigers im Mahnverfahren, des Gläubigers oder Schuldners zum Antrag auf Konkurseröffnung, des Privatklägers, des Auftraggebers zur Stellung eines Strafantrages. Bei Wechsel des Bevollmächtigten in einem anhängigen Verfahren bleibt die neuerlich ausgestellte Vollmacht steuerfrei. Das gleiche gilt für die Vollmacht des Beklagten, für die Vollmacht zur Einlegung eines Rechtsmittels, für die Vollmacht des Verteidigers, wenn bereits ein Ermittlungsverfahren schwebt (Samml. Bd. 17 B S. 23 und 155). Die Prozeßvollmacht des § 81 ZPO. ermächtigt auch zur Zwangsvollstreckung; eine im Prozesse erteilte und dort steuerfreie Vollmacht wird also nicht dadurch stempelpflichtig, daß auf Grund derselben im Anschluß an den Rechtsstreit eine Zwangsvollstreckung gemäß der ZPO. eingeleitet wird. Auf die Vollstreckung in das unbewegliche Vermögen (Zwangsversteigerung, Zwangsverwaltung, Zwangshypothek) findet das GKG. keine Anwendung. Die Erteilung einer Vollmacht in einem solchen schwebenden Verfahren begründet deshalb die Stempelpflicht, wie auch der Gebrauch einer vorher steuerfreien Vollmacht in einem solchen Verfahren zur Steuerpflicht führt.

Läßt die Vollmacht ihrem urkundlichen Inhalte nach eine Vertretung über den Rahmen des Verfahrens oder über den Gegenstand der anhängigen Sache hinaus zu, so kann dadurch die steuerfreie Vollmacht stempelpflichtig werden oder der Steuersatz sich erhöhen. Die Verwendung von Formularen mit umfangreichen Ermächtigungen erfordert deshalb besondere Vorsicht. Die Vollmacht zum Geldempfang geht über den Rahmen der Zivil- und Strafprozeßvollmacht nicht hinaus (Samml. Bd. 17 B S. 68 u. 89 Bd. 18 B S. 37), dagegen wird ein solches Überschreiten und damit das Eintreten der Stempelpflicht angenommen, wenn die Prozeßvollmacht auch zur Vertretung im Konkursverfahren oder in der freiwilligen Gerichtsbarkeit oder zur Vertretung in den aus der schwebenden Sache entstehenden Zivilprozessen und Zwangsvollstreckungen oder allgemein zur Vertretung vor Gericht oder Behörden ermächtigt (Samml. Bd. 17 B S. 13, 23, 98, 126).[1]) Eine umfangreich gehaltene Vollmacht läßt sich schließlich sogar als Generalvollmacht betrachten, so daß der Stempel sich nach dem gesamten Vermögen des Vollmachtgebers ohne Abzug der Schulden berechnet (Samml. Bd. 18 B S. 89). Die an sich stempelfreie Vollmacht zur Vollstreckung durch den Gerichtsvollzieher wird stempelpflichtig, wenn sie auch zu gerichtlichen Vollstreckungen (Forderungspfändungen usw.) ermächtigt (Samml. Bd. 17 B S. 6). Sind nur Zinsen oder Kosten beizuholen, so darf die Vollmacht bei Meidung des höheren Stempels sich nicht auf die Hauptsache etwa durch Bezeichnung der vollen Streitsumme beziehen (Samml. Bd. 17 B S. 96, Bd. 18 B S. 152). Unterzeichnet der Ehemann, der Vater usw. zum Zeichen der Genehmigung die Vollmacht neben dem eigentlichen Vollmachtgeber, so ist zum Ausschluß der Verstempelung als doppelte Vollmacht dieses Verhältnis zwischen den Unterschriften zum Ausdruck zu bringen (Samml. Bd. 17 B S. 110). Vollmachten zu rechtsgeschäftlichen Erklärungen gegenüber Privatpersonen dürfen sich ihrer Fassung nach nicht zum Gebrauche vor Gericht oder Behörden verwenden lassen (Samml. Bd. 17 B S. 1). Da der Bevollmächtigte für den Stempel selbst haftet und (insbesondere als Anwalt) bei Herbeiführung oder Erhöhung der Steuerpflicht als Folge eines von ihm herrührenden, ungeeigneten Vollmachttextes für den Stempelbetrag oder Stempelmehrbetrag keinen Ersatz beanspruchen darf, ist besondere Vorsicht geboten. Die Verwendung zu umfangreicher Formulare in Zivil- und Strafsachen und insbesondere in Armensachen[2]) kann, zumal durch Häufung der Fälle und bei größeren Streitwerten, zu einer recht unliebsamen Belastung führen. Zwar lassen sich weitgehendere Vollmachten durch Zusätze einschränken (Samml. Bd. 18 B S. 34); doch genügt dazu der bloße Beisatz „in Sachen" nicht; die Einschränkung muß vielmehr deutlich ausgesprochen sein (Samml. Bd. 18 B S. 65). In der Praxis empfiehlt es sich entweder kurz gefaßte Vollmachten zu verwenden, welche nur den notwendigen Inhalt haben und im Bedarfsfalle durch Zusätze entsprechend ergänzt werden können, oder sich von den Parteien Blankette ausstellen zu lassen, welche erst mit der Ausfüllung steuerpflichtig werden.

[1]) Nur in seltenen Fällen werden sich die über den Gegenstand des Verfahrens hinausgehenden Ermächtigungen als gegenstandslos und für die Steuerpflicht einflußlos bezeichnen lassen (Samml. Bd. 17 B S. 68, 89).

[2]) Vgl. auch LG. Berlin in JW. 1917, 982 und 1918, 314, sowie preuß. JMinVerfg. in JW. 1918, 293.

Störend macht sich auch der Umstand bemerkbar, daß die Vollmacht zu den Gerichtsakten übergeben werden und dort verbleiben muß (bei öffentlichen oder öffentlich beglaubigten Vollmachten genügt Übergabe einer beglaubigten Abschrift §§ 80, 435 ZPO.), so daß die weitere Verwendung der Vollmacht nur durch Bezugnahme auf die Akten möglich ist. Dieser Mißstand läßt sich dadurch vermeiden, daß die Vollmacht in mehreren Stücken ausgestellt und auf den Duplikaten, welche keinem besonderen Stempel mehr unterliegen, die Stempelentrichtung vermerkt wird (Art. 11).

Die stempelpflichtige Vertretungsanzeige: Die erstmalige Anzeige des Bevollmächtigten an das Gericht oder die Behörde, daß er im Namen seines Auftraggebers handle, wird, wenn ihr eine schriftliche Vollmacht nicht zugrunde liegt, einer schriftlichen Vollmacht gleichgeachtet.[1]) Eine Anzeige in diesem Sinne ist gegeben, wenn der Bevollmächtigte bekannt gibt, daß ihm die Vertretung übertragen ist, wie auch wenn er ohne solche ausdrückliche Bekanntgabe durch schriftliche Stellung von Anträgen oder Abgabe von Erklärungen rechtlicher Natur als Vertreter gegenüber der Behörde handelt. Der Stempel für die Anzeige ist zu erheben, wenn nicht die ihr zugrunde liegende schriftliche Vollmacht dem Gerichte oder der Behörde bereits vorliegt oder gleichzeitig vorgelegt wird oder wenn nicht vom Bevollmächtigten auf der Anzeige vermerkt ist, daß sich eine schriftliche mit Mk. . . Pfg. . . . versteuerte Vollmacht in seinen Händen befinde. Der Steuerpflicht unterliegt aber nur die erste Anzeige, erfolgte diese bereits vor dem 1. Januar 1915, so kann für eine weitere Erklärung des gleichen Bevollmächtigten später kein Stempel mehr erhoben werden. Der § 2 GKG. schränkt auch die Besteuerung der Vertretungsanzeige ein. Die Anzeige gehört zum Verfahren und ist deshalb in den vor die ordentlichen Gerichte gehörigen Rechtssachen, auf welche die ZPO., die StPO. und die KO. Anwendung finden, in gleichem Umfange wie die Prozeßvollmacht steuerfrei.

Art und Zeit der Stempelentrichtung: Die Entrichtung des Stempels für privatschriftliche Vollmachten erfolgt durch Verwendung von Marken (10, 20, 30, 40 u. 50 Pfg. und 1, 2, 3, 4, 5, 10 u. 20 Mk.), welche bei den Postanstalten zu haben sind. Die Marken werden an einer in die Augen fallenden Stelle der Urkunde, am besten auf der ersten Seite aufgeklebt und dergestalt entwertet, daß sie mit dem Namen des Entwertenden und dem Datum der Verwendung überschrieben werden. Der Name (nicht auch das Datum) kann durch Stempelaufdruck angebracht werden, Abkürzung des Datums (10. III. 15) ist zulässig. Der Entwertungsvermerk muß auf beiden Seiten auf das Papier übergreifen. Mehrere Marken sind gesondert zu entwerten und zu diesem Zwecke so aufzukleben (mit Zwischenraum oder untereinander), daß bei jeder einzelnen der Entwertungsvermerk auf das Papier übergreifen kann. Stempelmarken,

---

[1]) Die erstmalige Anzeige eines Nichtbayern wird wie eine außerbayerische Vollmacht behandelt, von welcher in Bayern Gebrauch gemacht wird, unterliegt also dem Stempel (Samml. Bd. 18 B S. 138).

welche Privatpersonen nicht in der vorgeschriebenen Weise verwendet haben, werden als nicht verwendet angesehen (Art. 15, 49, VB. 19 e, 90, 91).[1]

Ist eine Vollmacht zur alsbaldigen Einreichung bei Gericht od. Behörden bestimmt, so kann sie unversteuert vorgelegt werden. Das Gericht oder die Behörde erhebt dann den Stempel mit den eigenen Kosten und wie diese.

Das Gericht, der Notar oder die Behörde setzt den Stempel an und erhebt ihn auch, wenn vor ihnen die Errichtung bzw. Beglaubigung der Vollmachtsurkunde erfolgt.

Behörden, Beamte und Notare wie auch Privatpersonen haben Vollmachten, hinsichtlich deren ihnen die Sorge für die Erfüllung der Stempelpflicht obliegt, zu versteuern, bevor sie dieselben aus der Hand geben, jedenfalls aber binnen zwei Wochen nach dem Eintritt der Stempelpflicht. Außerhalb Bayerns ausgestellte Vollmachten sind vor dem Gebrauch zu verstempeln (Art. 18, VB. 21). Alle Behörden und Beamten (also auch Gerichtsvollzieher) einschließlich der Notare sind verpflichtet hinsichtlich der ihnen amtlich zu Handen kommenden privatschriftlichen und notariellen beglaubigten Vollmachten auf die Erfüllung der Abgabenpflicht zu achten und von den amtlich zu ihrer Kenntnis gelangenden Verkürzungen und sonstigen Zuwiderhandlungen gegen dieses Gesetz der Steuerstelle ihres Bezirks Mitteilung zu machen (Art. 38 VB. 28). Die Stempelabgabe verjährt nach Maßgabe des Art. 124 AGBGB. in drei Jahren. Zuwiderhandlungen gegen die Vorschriften zur Stempelentrichtung werden mit Geldstrafe geahndet, Umwandlung derselben in Freiheitsstrafe bei Uneinbringlichkeit findet nicht statt (Art. 50—53).

Rechtsmittel: Die Erhebung und Beitreibung der Stempelabgabe obliegt den Rentämtern (Art. 59, VB. § 1). Gegen die Anforderung des Stempels durch das Rentamt findet Beschwerde an das Landgericht statt, in dessen Bezirk das Rentamt seinen Sitz hat. Die Einlegung der Beschwerde ist an eine Frist nicht gebunden und daher so lange möglich, als nicht Verjährung eingetreten ist (Art. 125 AGBGB.). Gegen die Entscheidung des Landgerichtes ist die weitere Beschwerde an das Oberste Landesgericht (Rechtsbeschwerde) binnen einer Notfrist von zwei Wochen von der Zustellung der landgerichtlichen Entscheidung an zulässig. Die weitere Beschwerde kann bei dem Beschwerdegericht oder dem Obersten Landesgericht durch Einreichung einer Beschwerdeschrift, welche von einem Rechtsanwalt (aber nicht gerade von einem bayerischen, Samml. Bd. 18 B S. 138) unterzeichnet sein muß oder durch Erklärung zu Protokoll des Gerichtsschreibers eines der bezeichneten Gerichte oder eines Amtsgerichts eingelegt werden (Art. 41—46). Neben dem Rechtsmittelweg steht dem Stempelpflichtigen die Möglichkeit offen gegen die Stempelforderung die Aufsichtsbeschwerde zur Regierungsfinanzkammer und die Oberaufsichtsbeschwerde zum Finanzministerium zu erheben; die Einlegung dieser Beschwerden ist an keine Frist gebunden (VB. 29 VI).

---

[1]) Für verdorbene Stempelmarken kann Ersatz beansprucht werden, wenn von ihnen noch kein Gebrauch gemacht ist (Art. 47).

Tabelle 1.

D. Anwalts-

Bürgerliche Rechtsstreitigkeiten I. Instanz

Volle Gebühr = 13/10 der

Wertsklasse	Gegenstandswert bis einschließlich ℳ	Volle Gebühr: Gebühr ℳ	Volle Gebühr: Pauschale ℳ	6/10: Gebühr ℳ	6/10: Pauschale ℳ	5/10: Gebühr ℳ	5/10: Pauschale ℳ	4/10: Gebühr ℳ	4/10: Pauschale ℳ	3/10: Gebühr ℳ	3/10: Pauschale ℳ
1	20	2.60	—.80	1.60	—.80	1.30	—.80	1.10	—.80	1.—	—.80
2	60	3.90	1.20	2.40	—.80	2.—	—.80	1.60	—.80	1.20	—.80
3	120	5.20	1.60	3.20	1.—	2.60	—.90	2.10	—.80	1 60	—.80
4	200	9.10	2.80	5.50	1.70	4 60	1.40	3.70	1.20	2 80	—.90
5	300	13.—	3.90	7.80	2.40	6.50	2.—	5 20	1.60	3.90	1.20
6	450	18.20	5.50	11.—	3 30	9.10	2.80	7.30	2.20	5 50	1.70
7	650	24.70	7.50	14 90	4 50	12.40	3.80	9.90	3.—	7.50	2.30
8	900	31.20	9.40	18.80	5.70	15.60	4.70	12.50	3.80	9.40	2.90
9	1200	36.40	11.—	21.90	6.60	18.20	5.50	14.60	4.40	11.—	3.30
10	1600	41.60	12.50	25.—	7.50	20.80	6.30	16.70	5.10	12.50	3.80
11	2100	46.80	14.10	28.10	8.50	23.40	7.10	18.80	7.70	14.10	4.30
12	2700	52.—	15.60	31.20	9.40	26.—	7.80	20.80	6.30	15 60	4.70
13	3400	57.20	17.20	34.40	10.40	28.60	8.60	22.90	6.90	17.20	5.20
14	4300	62.40	18.80	37.50	11.30	31.20	9.40	25.—	7.50	18 80	5.70
15	5400	67.60	20.30	40.60	12.20	33.80	10.20	27.10	8.20	20.30	6.10
16	6700	72.80	21.90	43.70	13.20	36.40	11.—	29.20	8.80	21.90	6.60
17	8200	78.—	23.40	46.80	14.10	39.—	11.70	31.20	9.40	23.40	7.10
18	10 000	83.20	25.—	50.—	15.—	41.60	12.50	33.30	10.—	25.—	7.50
19	12 000	88.40	26.60	53.10	16.—	44.20	13 30	35.40	10.70	26.60	8.—
20	14 000	93.60	28.10	56.20	16.90	46.80	14.10	37.50	11.30	28.10	8.50
21	16 000	98.80	29.70	59.30	17.80	49.40	14.90	39.60	11.90	29.70	9.—
22	18 000	104.—	31.20	62.40	18.90	52.—	15.60	41.60	12.50	31.20	9.40
23	20 000	109.20	32.80	65.60	19.70	54.60	16.40	43.70	13.20	32.80	9.90
24	22 000	114.40	34 40	68.70	20.70	57.20	17.20	45 80	13.80	34.40	10.40
25	24 000	119.60	35.90	71.80	21.60	59.80	18.—	47.90	14.40	35.90	10 80
26	26 000	124.80	37.50	74.90	22 50	62.40	18.80	50.—	15.—	37.50	11.30
27	28 000	130 —	39.—	78.—	23.40	65.—	19.50	52.—	15.60	39.—	11.70
28	30 000	135.20	40.60	81.20	24.40	67.60	20.30	54.10	16.30	40.60	12.20
29	32 000	140 40	42.20	84.30	25.30	70.20	21.10	56.20	16.90	42.20	12.70
30	34 000	145.60	43.70	87.40	26.30	72.80	21.90	58.30	17 50	43.70	13.20
31	36 000	150.80	45.—	90.50	27 20	75.40	22.70	60.40	18.20	45.30	13.60
32	38 000	156.—	"	93.60	28.10	78.—	23.40	62.40	18.80	46.80	14.10
33	40 000	161.20	"	96 80	29.10	80.60	24.20	64.50	19.40	48.40	14.60
34	42 000	166.40	"	99.90	30.—	84.20	25.30	66.60	20.—	50.—	15.—
35	44 000	171.60	"	103.—	30.90	85.80	25.80	68.70	20.70	51.50	15.50
36	46 000	176.80	"	106.10	31.90	88.40	26.60	70.80	21.30	53.10	16.—
37	48 000	182.—	"	109.20	32 80	91.—	27.30	72.60	21.80	54.60	16.40
38	50 000	187.20	"	112.40	33.80	93.60	28.10	74.90	22.50	56.20	16.90
	Von je weiteren 2000 ℳ mehr	2.60		1.56		1.30	—.46	1.08	— 32	—.78	—.22

Der Pauschsatz beträgt 30% jeder Gebühr, aber mindestens 80 ₰ und höchstens 45 ℳ.

Dem Prozeßbevollmächtigen, welcher die Prozeßgebühr des § 13 Nr. 1, §§ 19, 52 erhält, Beweis- oder Vergleichsgebühr (§ 13 Nr. 3 u. 4, §§ 19, 52) auf mindestens 9 ℳ und höchstens

Der Pauschsatz in der Zwangsvollstreckung beträgt mindestens 3 ℳ und höchstens 45 ℳ.

gebühren.

Tabelle 1.

und Konkurssachen (Geschäftsaufsicht)

Sätze des § 9 RAGO.

$^{2}/_{10}$		$^{1}/_{10}$		$^{5}/_{20}$		$^{3}/_{20}$		$^{16}/_{10}$		$^{12}/_{25} = {}^{3}/_{10}$ aus $^{16}/_{10}$	
Gebühr ℳ	Pau-schale ℳ	Gebühr ℳ	Pau-schale ℳ	Gebühr ℳ	Pau-schale ℳ	Gebühr ℳ	Pau-schale ℳ	Gebühr ℳ	Pau-schale ℳ	Gebühr ℳ	Pau-schale ℳ
1.—	—.80	1.—	—.80	1.—	—.80	1.—	—.80	3.30	1.—	1.—	—.80
1.—	—.80	1.—	—.80	1.—	—.80	1.—	—.80	5 —	1.50	1.50	—.80
1.10	—.80	1.—	—.80	1.30	—.80	1.—	—.80	6 60	2.—	2.—	—.80
1.90	—.80	1.—	—.80	2.30	—.80	1.40	—.80	11.60	3.50	3.50	1.10
2.60	—.90	1.30	—.80	3.30	1.—	2.—	—.80	16.50	5.—	5.—	1.50
3.70	1.20	1.90	—.80	4.60	1.40	2.80	—.90	23.10	7.—	7.—	2.10
5.—	1.50	2.50	—.80	6.20	1.90	3.80	1.20	31.40	9.50	9.50	2.90
6.30	1.90	3.20	1.—	7.80	2.40	4.70	1.50	39.60	11.90	11.90	3.50
7.30	2.20	3.70	1.20	9.10	2.80	5.50	1.70	46.20	13.90	13.90	3.80
8.40	2.60	4.20	1.30	10.40	3.20	6.30	1.90	52.80	15.90	15.90	4.80
9.40	2.90	4.70	1.50	11.70	3.60	7.10	2.20	59.40	17.90	17.90	5.30
10.40	3.20	5.20	1.60	13.—	3.90	7.80	2.40	66.—	19.80	19.80	6.—
11.50	3.50	5.80	1.80	14.30	4.30	8.60	2.60	72.60	21.80	21.80	6.60
12.50	3.80	6.30	1.90	15.60	4.70	9.40	2.90	79.20	23.80	23.80	7.20
13.60	4.10	6.80	2.10	16.90	5.10	10.20	3.10	85.80	25.80	25.80	7.80
14.60	4.40	7.30	2.20	18.20	5.50	11.—	3.30	92.40	27.80	27.80	8.40
15.60	4.70	7.80	2.40	19.50	5.90	11.70	3.60	99.—	29.70	29.70	9.—
16.70	5.10	8.40	2.60	20.80	6.30	12.50	3.80	105.60	31.70	31.70	9.50
17.70	5.40	8.90	2.70	22.10	6.70	13.30	4.—	112.20	33.70	33.70	10.10
18.80	5.70	9.40	2.90	23.40	7.10	14.10	4.30	118.80	35.70	35.70	10.70
19.80	6.—	9.90	3.—	24.70	7.50	14.90	4.50	125.40	37.70	37.70	11.30
20.80	6.30	10.40	3.20	26.—	7.80	15.60	4.70	132.—	39.60	39.60	11.90
21.90	6.60	11.—	3.30	27.30	8.20	16.90	5.10	138.60	41.60	41.60	12.50
22.90	6.90	11.50	3.50	28.60	8.60	17.20	5.20	145.20	43.60	43.60	13.10
24.—	7.20	12.—	3.60	29.90	9.—	18.—	5.40	151.80	45.—	45.60	13.70
25.—	7.50	12.50	3.80	31.30	9.40	18.80	5.70	158.40	"	47.60	14.30
26.—	7.80	13.—	3.90	32.50	9.80	19.50	5.90	165.—	"	49.50	14.90
27.10	8.20	13.60	4.10	33.80	10.20	20.30	6.10	171.60	"	51.50	15.50
28.10	8.50	14.10	4.30	35.10	10.60	21.10	6.40	178.20	"	53.50	16.10
29.20	8.80	14.60	4.40	36.40	11.—	21.90	6.60	184.80	"	55.40	16.70
30.20	9.10	15.10	4.60	37.70	11.40	22.70	6.90	191.40	"	57.50	17.30
31.20	9.40	15.60	4.70	39.—	11.70	23.40	7.20	198.—	"	59.40	17.90
32.30	9.70	16.20	4.90	40.30	12.10	24.20	7.30	204.60	"	61.40	18.50
33.30	10.—	16.70	5.10	42.10	12.70	25.—	7.50	211.20	"	63.40	19.—
34.40	10.40	17.20	5.20	42.90	12.90	25.80	7.80	217.80	"	65.40	19.60
35.40	10.70	17.70	5.40	44.20	13.30	26.60	8.—	224.40	"	67.40	20.20
36.40	11.—	18.20	5.50	45.50	13.70	27.30	8.20	231.—	"	69.30	20.80
37.50	11.30	18.80	5.70	46.80	14.10	28.10	8.50	237.60	"	71.30	21.40
—.54	—.16	—.27	—.08	—.65	—.19	—.39	—.11	3.30	—.99	—.99	—.29

steht ein Pauschsatz von mindestens 6 ℳ und höchstens 75 ℳ zu, welcher sich bei Anfall der 90 ℳ erhöht.

Tabelle 2.

Berufungs- und

Volle Gebühr = 15/10 der

Wertklasse	Wertgegenstand bis einschließlich ℳ	Volle Gebühr: Gebühr ℳ	Volle Gebühr: Pauschale ℳ	6/10: Gebühr ℳ	6/10: Pauschale ℳ	5/10: Gebühr ℳ	5/10: Pauschale ℳ
1	20	3.—	—.90	1.80	—.80	1.50	—.80
2	60	4.50	1.40	2.70	—.90	2.30	—.80
3	120	6.—	1.80	3.60	1.10	3.—	—.90
4	200	10.50	3.20	6.30	1.90	5.30	1.60
5	300	15.—	4.50	9.—	2.70	7.50	2.30
6	450	21.—	6.30	12.60	4.—	10.50	3.20
7	650	28.50	8.60	17.10	5.20	14.30	4.30
8	900	36.—	10.80	21.60	6.50	18.—	5.40
9	1200	42.—	12.60	25.20	7.60	21.—	6.30
10	1600	48.—	14.40	28.80	8.70	24.—	7.20
11	2100	54.—	16.20	32.40	9.80	27.—	8.10
12	2700	60.—	18.—	36.—	10.80	30.—	9.—
13	3400	66.—	19.80	39.60	11.90	33.—	9.90
14	4300	72.—	21.60	43.20	13.—	36.—	10.80
15	5400	78.—	23.40	46.80	14.10	39.—	11.70
16	6700	84.—	25.20	50.40	15.20	42.—	12.60
17	8200	90.—	27.—	54.—	16.20	45.—	13.50
18	10 000	96.—	28.80	57.60	17.30	48.—	14.40
19	12 000	102.—	30.60	61.20	18.40	51.—	15.30
20	14 000	108.—	32.40	64.80	19.50	54.—	16.20
21	16 000	114.—	34.20	68.40	20.60	57.—	17.10
22	18 000	120.—	36.—	72.—	21.60	60.—	18.—
23	20 000	126.—	37.80	75.60	22.70	63.—	18.90
24	22 000	132.—	39.60	79.20	23.80	66.—	19.80
25	24 000	138.—	41.40	82.80	24.90	69.—	20.70
26	26 000	144.—	43.20	86.40	26.—	72.—	21.60
27	28 000	150.—	45.—	90.—	27.—	75.—	22.50
28	30 000	156.—	"	93.60	28.10	78.—	23.40
29	32 000	162.—	"	97.20	29.20	81.—	24.30
30	34 000	168.—	"	100.80	30.30	84.—	25.20
31	36 000	174.—	"	104.40	31.40	87.—	26.10
32	38 000	180.—	"	108.—	32.40	90.—	27.—
33	40 000	186.—	"	111.60	33.50	93.—	27.90
34	42 000	192.—	"	115.20	34.60	96.—	28.80
35	44 000	198.—	"	118.80	35.70	99.—	29.70
36	46 000	204.—	"	122.40	36.80	102.—	30.60
37	48 000	210.—	"	126.—	37.80	105.—	31.50
38	50 000	216.—	"	129.60	38.90	108.—	32.40
	Von je weiteren 2000 ℳ mehr	3.—		1.80	—.54	1.50	—.45

Der Pauschsatz beträgt 30% jeder Gebühr, aber mindestens 80 ₰ und höchstens 45 ℳ.

Dem Prozeßbevollmächtigten, welcher die Prozeßgebühr des § 13 Nr. 1 §§ 19, 52 erhält, Beweis- oder Vergleichsgebühr (§ 13 Nr. 3 und 4, §§ 19, 52) auf mindestens 9 ℳ und höchstens

Revisionsinstanz **Tabelle 2.**

Sätze des § 9 RAGO.

$^3/_{10}$		$^2/_{10}$		$^5/_{20}$		$^3/_{20}$	
Gebühr ℳ	Pau-schale ℳ	Gebühr ℳ	Pau-schale ℳ	Gebühr ℳ	Pau-schale ℳ	Gebühr ℳ	Pau-schale ℳ
1.—	—.80	1.—	—.80	1.—	—.80	1.—	—.80
1.40	—.80	1.—	—.80	1.20	—.80	1.—	—.80
1.80	—.80	1.20	—.80	1.50	—.80	1.—	—.80
3.20	1.—	2.10	—.80	2.70	—.90	1.60	—.80
4.50	1.40	3.—	—.90	3.80	1.20	2.30	—.80
6.30	1.90	4.20	1.30	5.30	1.60	3.20	1.—
8.60	2.60	5.70	1.80	7.10	2.20	4.30	1.30
10.80	3.30	7.20	2.20	9.—	2.70	5.40	1.70
12.60	3.80	8.40	2.60	10.50	3.20	6.30	1.90
14.40	4.40	9.60	2.90	12.—	3.60	7.20	2.20
16.20	4.90	10.80	3.30	13.50	4.10	8.10	2.50
18.—	5.40	12.—	3.60	15.—	4.50	9.—	2.70
19.80	6.—	13.20	4.—	16.50	5.—	9.90	3.—
21.60	6.50	14.40	4.40	18.—	5.40	10.80	3.30
23.40	7.10	15.60	4.70	19.50	5.90	11.70	3.60
25.20	7.60	16.80	5.10	21.—	6.30	12.60	3.80
27.—	8.10	18.—	5.40	22.50	6.80	13.50	4.10
28.80	8.70	19.20	5.80	24.—	7.20	14.40	4.40
30.60	9.20	20.40	6.20	25.50	7.70	15.30	4.60
32.40	9.80	21.60	6.50	27.—	8.10	16.20	4.90
34.20	10.30	22.80	6.90	28.50	8.60	17.10	5.20
36.—	10.80	24.—	7.20	30.—	9.—	18.—	5.40
37.80	11.40	25.20	7.60	31.50	9.50	18.90	5.70
39.60	11.90	26.40	8.—	33.—	9.90	19.80	6.—
41.40	12.50	27.60	8.30	34.50	10.40	20.70	6.30
43.20	13.—	28.80	8.70	36.—	10.80	21.60	6.50
45.—	13.50	30.—	9.—	37.50	11.30	22.50	6.80
46.80	14.10	31.20	9.40	39.—	11.70	23.40	7.10
48.60	14.60	32.40	9.80	40.50	12.20	24.30	7.30
50.40	15.20	33.60	10.10	42.—	12.60	25.20	7.60
52.20	15.70	34.80	10.50	43.50	13.10	26.10	7.90
54.—	16.20	36.—	10.80	45.—	13.50	27.—	8.10
55.80	16.80	37.20	11.20	46.50	14.—	27.90	8.40
57.60	17.30	38.40	11.60	48.—	14.40	28.80	8.70
59.40	17.90	39.60	11.90	49.50	14.90	29.70	9.—
61.20	18.40	40.80	12.30	51.—	15.30	30.60	9.20
63.—	18.90	42.—	12.60	52.50	15.80	31.50	9.50
64.80	19.50	43.20	13.—	54.—	16.20	32.40	9.80
—.90	—.27	—.60	—.18	—.75	—.22	—.45	—.13

steht ein Pauschsatz von mindestens 6 ℳ und höchstens 75 ℳ zu, welcher sich bei Anfall der 90 ℳ erhöht.

Tabelle 3. **Mahnverfahren und nicht-**

Volle 10/10 Gebühr = dem

Wertsklasse	Wertgegenstand bis einschließlich ℳ	Mahnverfahren 10/10 Gebühr ℳ	Mahnverfahren 10/10 Pauschale ℳ	Urk.-Mahnverfahren 6/10 Gebühr ℳ	Urk.-Mahnverfahren 6/10 Pauschale ℳ	Nichtstreitige Verhandlung I. Instanz 5/10 Gebühr ℳ	Nichtstreitige Verhandlung I. Instanz 5/10 Pauschale ℳ	Nichtstr. Verh. I. Inst. i. Urk.-Prozeß 3/10 Gebühr ℳ	Nichtstr. Verh. I. Inst. i. Urk.-Prozeß 3/10 Pauschale ℳ	Widerspruch gegen Zahlbefehl 2/10 Gebühr ℳ	Widerspruch gegen Zahlbefehl 2/10 Pauschale ℳ
1	20	2.—	—.80	1.20	—.80	1.—	—.80	1.—	—.80	1.—	—.80
2	60	3.—	—.90	1.80	—.80	1.50	—.80	1.—	—.80	1.—	—.80
3	120	4.—	1.20	2.40	—.90	2.—	—.80	1.20	—.80	1.—	—.80
4	200	7.—	2.10	4.20	1.30	3.50	1.10	2.10	—.80	1.40	—.80
5	300	10.—	3.—	6.—	1.80	5.—	1.50	3.—	—.90	2.—	—.80
6	450	14.—	4.20	8.40	2.60	7.—	2.10	4.20	1.30	2.80	—.90
7	650	19.—	5.70	11.40	3.50	9.50	2.90	5.70	1.80	3.80	1.20
8	900	24.—	7.20	14.40	4.40	12.—	3.60	7.20	2.20	4.80	1.50
9	1200	28.—	8.40	16.80	5.10	14.—	4.20	8.40	2.60	5.60	1.70
10	1600	32.—	9.60	19.20	5.80	16.—	4.80	9.60	2.90	6.40	2.—
11	2100	36.—	10.80	21.60	6.50	18.—	5.40	10.80	3.30	7.20	2.20
12	2700	40.—	12.—	24.—	7.20	20.—	6.—	12.—	3.60	8.—	2.40
13	3400	44.—	13.20	26.40	8.—	22.—	6.60	13.20	4.—	8.80	2.70
14	4300	48.—	14.40	28.80	8.70	24.—	7.20	14.40	4.40	9.60	2.90
15	5400	52.—	15.60	31.20	9.40	26.—	7.80	15.60	4.70	10.40	3.20
16	6700	56.—	16.80	33.60	10.10	28.—	8.40	16.80	5.10	11.20	3.40
17	8200	60.—	18.—	36.—	10.80	30.—	9.—	18.—	5.40	12.—	3.60
18	10 000	64.—	19.20	38.40	11.60	32.—	9.60	19.20	5.80	12.80	3.90
19	12 000	68.—	20.40	40.80	12.30	34.—	10.20	20.40	6.20	13.60	4.10
20	14 000	72.—	21.60	43.20	13.—	36.—	10.80	21.60	6.50	14.40	4.40
21	16 000	76.—	22.80	45.60	13.70	38.—	11.40	22.80	6.90	15.20	4.60
22	18 000	80.—	24.—	48.—	14.40	40.—	12.—	24.—	7.20	16.—	4.80
23	20 000	84.—	25.20	50.40	15.20	42.—	12.60	25.20	7.60	16.80	5.10
24	22 000	88.—	26.40	52.80	15.90	44.—	13.20	26.40	8.—	17.60	5.30
25	24 000	92.—	27.60	55.20	16.60	46.—	13.80	27.60	8.30	18.40	5.60
26	26 000	96.—	28.80	57.60	17.30	48.—	14.40	28.80	8.70	19.20	5.80
27	28 000	100.—	30.—	60.—	18.—	50.—	15.—	30.—	9.—	20.—	6.—
28	30 000	104.—	31.20	62.40	18.80	52.—	15.60	31.20	9.40	20.80	6.30
29	32 000	108.—	32.40	64.80	19.50	54.—	16.20	32.40	9.80	21.60	6.50
30	34 000	112.—	33.60	67.20	20.20	56.—	16.80	33.60	10.10	22.40	6.80
31	36 000	116.—	34.80	69.60	20.90	58.—	17.40	34.80	10.50	23.20	7.—
32	38 000	120.—	36.—	72.—	21.60	60.—	18.—	36.—	10.80	24.—	7.20
33	40 000	124.—	37.20	74.40	22.40	62.—	18.60	37.70	11.40	24.80	7.50
34	42 000	128.—	38.40	76.80	23.10	64.—	19.20	38.40	11.60	25.60	7.70
35	44 000	132.—	39.60	79.20	23.80	66.—	19.80	39.60	11.90	26.40	8.—
36	46 000	136.—	40.80	81.60	24.50	68.—	20.40	40.80	12.30	27.20	8.20
37	48 000	140.—	42.—	84.—	25.20	70.—	21.—	42.—	12.60	28.—	8.40
38	50 000	144.	43.20	86.40	26.—	72.—	21.60	43.20	13.—	28.80	8.70
	Von je weiteren 2000 ℳ mehr	2.—	—.60	1.20	—.36	1.—	—.30	—.60	—.18	—.40	—.12

Der Pauschsatz beträgt 30% jeder Gebühr, aber mindestens 80 ₰ und höchstens 45 ℳ.

Dem Prozeßbevollmächtigen, welcher die Prozeßgebühr der § 13 Nr. 1, §§ 19, 52 erhält, Beweis- oder Vergleichsgebühr (§ 13 Ziff. 3 und 4; §§ 19, 52) auf mindestens 9 ℳ und

streitige Verhandlungen. Tabelle 3.

Sätze des § 9 RAGO.

Widerspruch gegen Urk.-Zahlbefehl 3/25		Nichtstr. Verhdlg. II. Instz. 13/20		Nichtstr. Verhdlg. II. Instz. i. Urk.-Prozeß 39/100		Nichtstreitige Verhandlung III. Instanz 15/20		Nichtstr. Verhdlg. III. Instz. i. Urk.-Proz. 45/100	
Gebühr M	Pauschale M	Gebühr M	Pauschale M	Gebühr M	Pauschale M	Gebühr M	Pauschale M	Gebühr M	Pauschale M
1.—	—.80	1.30	—.80	1.—	—.80	1.50	—.80	1.—	—.80
1.—	—.80	2.—	—.80	1.20	—.80	2.30	—.80	1.40	—.80
1.—	—.80	2.60	—.90	1.60	—.80	3.—	—.90	1.80	—.80
1.—	—.80	4.60	1.40	2.80	—.90	5.30	1.60	3.20	1.—
1.20	—.80	6.50	2.—	3.90	1.20	7.50	2.30	4.50	1.40
1.70	—.80	9.10	2.80	5.50	1.70	10.50	3.20	6.30	1.90
2.30	—.80	12.40	3.80	7.50	2.30	14.30	4.30	8.60	2.60
2.90	—.90	15.60	4.70	9.40	2.90	18.—	5.40	10.80	3.30
3.40	1.10	18.20	5.50	11.—	3.30	21.—	6.30	12.60	3.80
3.90	1.20	20.80	6.30	12.50	3.80	24.—	7.20	14.40	4.40
4.40	1.30	23.40	7.10	14.10	4.30	27.—	8.10	16.20	4.90
4.80	1.50	26.—	7.80	15.60	4.70	30.—	9.—	18.—	5.40
5.30	1.60	28.60	8.60	17.10	5.20	33.—	9.90	19.80	6.—
5.80	1.80	31.20	9.40	18.80	5.70	36.—	10.80	21.60	6.50
6.30	1.90	33.80	10.20	20.30	6.10	39.—	11.70	23.40	7.10
6.80	2.10	36.40	11.—	21.90	6.60	42.—	12.60	25.20	7.60
7.20	2.20	39.—	11.70	23.40	7.10	45.—	13.50	27.—	8.10
7.70	2.40	41.60	12.50	25.—	7.50	48.—	14.40	28.80	8.70
8.20	2.50	44.20	13.30	26.60	8.—	51.—	15.30	30.60	9.20
8.70	2.60	46.80	14.10	28.10	8.50	54.—	16.20	32.40	9.80
9.20	2.80	49.40	14.90	29.70	9.—	57.—	17.10	34.20	10.30
9.60	2.90	52.—	15.60	31.20	9.40	60.—	18.—	36.—	10.80
10.10	3.10	54.60	16.40	32.80	9.90	63.—	18.90	37.80	11.40
10.60	3.20	57.20	17.20	34.40	10.40	66.—	19.80	39.60	11.90
11.10	3.40	59.80	18.—	35.90	10.80	69.—	20.70	41.40	12.50
11.60	3.50	62.40	18.80	37.50	11.30	72.—	21.60	43.20	13.—
12.—	3.60	65.—	19.50	39.—	11.70	75.—	22.50	45.—	13.50
12.50	3.80	67.60	20.30	40.60	12.20	78.—	23.40	46.80	14.10
13.—	3.90	70.20	21.10	42.20	12.70	81.—	24.30	48.60	14.60
13.50	4.10	72.80	21.90	43.70	13.20	84.—	25.20	50.40	15.20
14.—	4.20	75.40	22.70	45.30	13.60	87.—	26.10	52.20	15.70
14.40	4.40	78.—	23.40	46.80	14.10	90.—	27.—	54.—	16.20
14.90	4.50	80.60	24.20	48.40	14.60	93.—	27.90	55.80	16.80
15.40	4.70	84.20	25.30	50.—	15.10	96.—	28.80	57.60	17.30
15.90	4.80	85.80	25.80	51.50	15.50	99.—	29.70	59.40	17.90
16.40	4.90	88.40	26.60	53.10	16.—	102.—	30.60	61.20	18,40
16.80	5.10	91.—	27.30	54.60	16.40	105.—	31.50	63.—	18.90
17.30	5.20	93.60	28.10	56.20	16.90	108.—	32.40	64.80	19.50
—.24	—.07	1.30	—.39	—.39	—.11	1.50	—.45	—.90	—.27

steht ein Pauschsatz von mindestens 6 M und höchstens 75 M zu, welcher sich bei Anfall der höchstens 90 M erhöht.

Leitfäden des Kriegsrechts

Herausgegeben vom Bayerischen Anwaltsverband

VIII.

Geschäftsaufsicht u. Zwangsvergleich.

Von

Dr. Hugo Cahn

Justizrat, Rechtsanwalt u. Dozent an der Handelshochschule, Nürnberg.

1919

München, Berlin und Leipzig

J. Schweitzer Verlag (Arthur Sellier).

Die vom Bayerischen Anwaltsverband herausgegebenen „Leitfäden des Kriegsrechts" sollen in erster Linie den Kriegsteilnehmern und allen denjenigen, welche während der Kriegszeit die neue Rechtsentwicklung nicht oder nicht immer zu verfolgen vermochten, ein Wegweiser durch die wichtigsten Gebiete des Kriegsrechtes sein. Das soll in gedrängtester und zugleich übersichtlichster Form geschehen. Der Leser soll nur auf die Hauptgesichtspunkte der einzelnen Materien hingewiesen, auf die Spezialliteratur aufmerksam, mit den auftauchenden Fragen kurz bekannt gemacht werden. Auch diejenigen Gebiete, auf welchen der Krieg zwar keine neue Gesetzgebung, wohl aber eine belangreiche Rechtsprechung gebracht oder sonst neue Fragen gezeitigt hat (z. B. Erfüllung von Lieferungsverträgen, Unmöglichkeit der Leistung usw.) sollen möglichst Berücksichtigung finden. Die einzelnen Heftchen werden, um ihren Zweck zu erfüllen, von möglichst geringem Umfang und tunlichst wohlfeil sein.

Es sind erschienen:

Handels- und Wechselrecht, bearbeitet von Justizrat Dr. Hch. Frankenburger in München (8°, 22 S. Geh. M. —.80),

Bürgerliches Recht einschl. Stundungs-Verordnungen und Einigungsämter, bearbeitet von Rechtsanwalt Ludwig Erlanger in München (8°, 36 S. Geh. M. 1.20),

Zivilprozeß, bearbeitet von Justizrat Dr. Bernhard Mayer II in München (8°, 32 S. Geh. M. 1.—),

Militärversorgungsrecht, bearbeitet von Rechtsanwalt Chr. Meisner in Würzburg (8°, 44 S. Geh. M. 1.70),

Strafrecht und Strafprozeß, bearbeitet von Rechtsanwalt Dr. Fröschmann und Rechtsanwalt Heilmeier in Nürnberg (8°, 32 S. M. 1.20),

Direkte Steuern, bearbeitet von Rechtsanwalt Dr. Otto Kahn in München, (8°, 52 S. Geh. M. 1.80),

Anwaltsgebühren, Gerichtskosten und Vollmachtsstempel, bearbeitet von Rechtsanwalt Dr. Alfred Bloch II in München (8°, 47 S. Geh. M. 1.80),

Geschäftsaufsicht und Zwangsvergleich, bearbeitet von Justizrat Dr. Hugo Cahn in Nürnberg (8°, 40 S. Geh. M. 1.70).

Zu diesen Preisen 35% Teuerungszuschläge.

Leitfäden des Kriegsrechts
Herausgegeben vom Bayerischen Anwaltsverband

VIII.

Geschäftsaufsicht u. Zwangsvergleich.

Von

Dr. Hugo Cahn

Justizrat, Rechtsanwalt u. Dozent an der Handelshochschule, Nürnberg.

1919
München, Berlin und Leipzig
J. Schweitzer Verlag (Arthur Sellier).

Druck von Dr. F. P. Datterer & Cie., München und Freising.

Inhaltsverzeichnis.

Die Einrichtung der Geschäftsaufsicht.

Statt dem Zwange einer allgemeinen Stundung, die die schuldnerischen Pflichtenbegriffe entsittlicht, wählte die Deutsche Regierung zu Beginn des Krieges die Einrichtung der Geschäftsaufsicht. Die VO. v. 8. Aug. 1914 bildet eine der ersten auf Grund des Ermächtigungs-Gesetzes v. 4. Aug. 1914 durch den Bundesrat erlassenen Bekanntmachungen. Gegenüber der durch den Krieg geschaffenen Unsicherheit der Verhältnisse, den zahlreichen Einberufungen, der plötzlichen Ausschaltung des Auslandsverkehrs und der Umstülpung der gewerblichen Beziehungen, genügten die einfachen Mittel der Bewilligung von Zahlungsfristen bei einzelnen Schuldverhältnissen nicht. Der allgemein Zahlungsunfähige mußte geschützt und vor dem Konkurs bewahrt werden. Zwei Voraussetzungen knüpfte die VO. v. 8. Aug. 1914 mit ihren nur 13 Paragraphen an die Geschäftsaufsicht: Zahlungsunfähigkeit infolge des Krieges und Aussicht ihrer Behebung nach Beendigung desselben. Wenn man auch mit gutem Grund die Möglichkeit ausschloß, daß auf Antrag eines Gläubigers die Maßregel verhängt werde, so zielte gleichwohl der Sinn der VO. auf eine Schonung der Gläubigerschaft ab, für die das Konkursverfahren die nämlichen Gefahren bringen kann, wie für den Schuldner. Während der Dauer der Geschäftsaufsicht war demnach das Konkursverfahren über das schuldnerische Vermögen auszuschalten und die Einzelvollstreckung bloß in Ausnahmefällen zugelassen. Die Überwachung oblag einer Aufsichtsperson, deren Zuständigkeit aber zu allgemein gehalten war. Die Geschäftsfähigkeit des Schuldners ferner war nur wenig eingeengt, nach außen beinahe überhaupt nicht. Bezüglich der Verwendung der vorhandenen Mittel bestanden Vorschriften, die der Aufsichtsperson und dem Schuldner ziemlich freie Hand ließen. Man hatte eben an einen kurzen Krieg gedacht. Das wirtschaftliche Leben hat sich aber in den folgenden Jahren, im Verhältnis zum August 1914, ganz anders gestaltet. So bildeten sich Bedürfnisse heraus, denen Rechnung zu tragen war. Konnte der Schuldner für Heeres- oder Kriegsbedarf nicht Verwendung finden, so kam er trotz der G.-A. nicht vorwärts. Die Vermögen der Beaufsichtigten wurden mehr und mehr aufgezehrt. Mißlichkeiten entstanden, wo die A.-P. nicht tüchtig, die Gläubiger nicht einsichtig, die Schuldner nicht gewissenhaft, die Aufsichtsrichter nicht großzügig genug verfügten und handelten. Dazu kamen manche vergebliche gütliche Vergleichsversuche mit den Akkordstörern, die man vom

Frieden her kennt. Man rief nun erst recht nach dem Majoritätszwang. Die Mißbräuche der Arrangements sind bekannt: die Heimlichkeiten, Cliquen, Extravergütungen. Die konkursrechtlichen Anfechtungsfristen konnten während der G.-A. zum Schaden der Gläubigerschaft weiter- und ablaufen. So wartete man immer wieder auf das Kriegsende, welches, wenn nicht den privaten Vergleich, den Konkurs mit seinen sattsam bekannten Folgen, als Abschluß so und so vieler G.-A., bringen mußte. Denn der Konkurs infamiert den Schuldner in der öffentlichen Meinung, schreckt seine Angehörigen von Unterstützungen und Verbürgungen ab, zeitigt die Ausverkäufe und Verschleuderungen, zieht sich meist lange hin und schädigt so die Gläubiger im besonderen und den normalen Handel im allgemeinen. Darum soll, zwischen der Szylla des privaten Vergleiches und der Charybdis des Konkurses, das konkurslose Zwangsvergleichsverfahren die Beteiligten hindurchführen. Die Mehrheit soll durch dieses vor Akkordstörungen und Begünstigungen, die Minderheit vor Schiebungen in der Vermögensaufstellung und Abstimmung, geschützt werden. Längst kannte das Ausland die Einrichtung und die Deutsche Gemeinschuldordnung enthielt, wenn auch nur im Entwurfe, den Vorschlag eines Konkurs-Verhütungs-Verfahrens. Der Handelstag und Anwaltstag in Berlin 1905 nahmen sich des Vergleiches außerhalb des Konkurses an. Die österreichische Ausgleichsordnung v. 10. Dez. 1914 wurde der Ausgangspunkt neuer Abhandlungen und Vorschläge. Das deutsche Reichsjustizamt, daß am 1. Dez. 1906 den Zwangsvergleich außerhalb des Konkurses noch scharf bekämpft hatte, legte am 22. Aug. 1916 Sachverständigen einen Entwurf vor, der das G.-A.-Verfahren durch Zwangsvergleich zum Abschluß bringt. Schon bei dieser Gelegenheit bekämpfte ich den unlösbaren Zusammenhang zwischen G.-A. und Zwangsausgleich. Diese Verkettung der 2 Einrichtungen bildete und bildet den Krebsschaden der VO. v. 14. Dez. 1916, mit der wir uns hente zu beschäftigen haben. Jetzt erst recht, nachdem der Krieg ein für Deutschland entsetzliches Ende nahm und wirtschaftlich der Zustand schlimmer ist, denn je, wäre es förderlich, wenn ohne die Zwangsjacke der Geschäftsaufsicht der Ausgleich sich bewegen, mit anderen Worten: auch den Nichtbeaufsichtigten zugute kommen würde. Der Bundesrat begründet den engen Zusammenhang zwischen den beiden Einrichtungen damit, daß der Grundsatz der Nichtöffentlichkeit laut § 19 VO. aus dem Verfahren der G.-A. in das des Zwangsvergleichs herüber geholt, und, weil dies geschehen, anderweitig für eine verlässige Ermittlung der Gläubiger zu sorgen sei. Letztere werde durch die dem Zwangsvergleich vorherzuschickende G.-A. mit den in § 20 VO. vorgeschriebenen Unterlagen des Aufsichtsantrags (Verzeichnis der Gläubiger, Übersicht des Vermögensstandes) erleichtert. —

Die Voraussetzungen der Geschäftsaufsicht.

Um den Grundsatz, daß ein Nichtbeaufsichtigter nicht des Zwangsvergleiches teilhaftig werden kann, einigermaßen zu mildern, hat der § 1

VO. den Schlußsatz aufgenommen: „Dem Antrag auf Anordnung einer G.-A. ist stattzugeben, wenn Aussicht besteht, daß der Konkurs durch ein Übereinkommen mit den Gläubigern abgewendet werden wird. Da nämlich im übrigen dem G.-A.-Antrag nicht stattzugeben ist, wenn die Behebung der Zahlungsunfähigkeit oder der Überschuldung nach dem Kriege nicht in Aussicht genommen werden kann, so könnten, ohne den Schlußsatz § 1, die diese Zuversicht vermissenden Unternehmungen einen Zwangsausgleich nicht erlangen, sondern müßten dem Konkurs verfallen.

Wie eben erwähnt, ist die Überschuldung nunmehr der Zahlungseinstellung gleichgestellt. Sie kommt aber nur in Betracht, soweit das Konkursverfahren im Falle der Überschuldung stattfindet, d. h. bei juristischen Personen, zumal Aktiengesellschaften, Gesellschaften m. b. H., eingetragene Genossenschaften, auch bei einem Nachlaß. Zahlungsunfähigkeit bzw. Überschuldung müssen infolge des Krieges eingetreten sein. Die VO. spricht, im Gegensatz zu derjenigen v. 8. Aug. 1914, nicht von der Beendigung des Krieges, sondern in weiser Voraussicht, erweitert, vom Wegfall der Kriegsverhältnisse d. h. wenn die Rohstoff-Schwierigkeiten, die Blockade, die Stornierung des Handels, aufgehoben oder wenigstens erleichtert sein werden. Beantragen kann die G.-A. jede physische und juristische Person, nicht nur der Kaufmann oder Gewerbetreibende. Denn die Bezeichnung G.-A. ist im weitesten Sinne aufzufassen: Beamte, Landwirte, Arbeiter, Soldaten aller Chargen, ob Kriegsteilnehmer oder nicht, können der G.-A. teilhaftig werden. Nach § 73 ist die G.-A. über einen Nachlaß und das Gesamtgut einer fortgesetzten Gütergemeinschaft verhängbar. Nichtrechtsfähige Vereine können unter Aufsicht gestellt werden. Gesellschaften des bürgerlichen Rechts können nicht unter Aufsicht gestellt werden. Eingetragene Genossenschaften sind unter Aufsicht stellbar. Auch ist der Zwangsvergleich nach § 35 Abs. 2 für die eingetragene Genossenschaft auf Stundung (nicht Erlaß des Kapitals) zulässig. Einzelheiten über die Genossenschaft enthält § 76. Die Vorschriften der G.-A. finden gemäß § 74 auf Versicherungsunternehmungen auf Gegenseitigkeit nicht Anwendung.

Verfahren der Geschäftsaufsicht.

Zuständig für die Verbescheidung ist das Amtsgericht, an dem der Schuldner seine Niederlassung, in Ermanglung einer solchen, seinen Wohnsitz, event. seinen Aufenthaltsort, hat. Das Gericht entscheidet über den Aufsichtsantrag nach freiem Ermessen und soll, je nach der Berufsart des Schuldners, für Nachforschungen die zuständige Vertretung des Handels, Gewerbes oder der Landwirtschaft oder einen Sachverständigen gemäß § 21 hören. Seine Entscheidung ist gemäß § 19 unanfechtbar, weil die Unanfechtbarkeit der Entscheidungen die Regel bildet. Die Würdigkeit des Antragstellers wird erst im Zwangsvergleichs-Verfahren gemäß § 42, unter Zuziehung der A.-P. geprüft. Zu betonen ist, daß den *Antrag auf G.-A. nur der Schuldner*, für den in erster Linie diese Rechtswohltat geschaffen ist, *nicht der Gläubiger*, stellen kann. Aber der Gläubiger kann indirekt den Schuldner zwingen, die G.-A. zu beantragen, indem der Gläubiger Konkursantrag stellt, den der Schuldner mit dem Antrag auf G.-A. bekämpft. Den Antrag kann auch ein Bevollmächtigter stellen. Bei Aktiengesellschaften kann gemäß § 72 jedes Vorstandsmitglied, bei den Handelsgesellschaften jeder Gesellschafter, bei den Genossenschaften jedes Vorstandsmitglied, den Antrag stellen. Wird die G.-A. durchgesetzt, so entfällt die Obliegenheit dieser Vorstandsmitglieder usw. juristischer Personen, den Konkurs zu beantragen. Eine Verordnung v. 8. Aug. 1914 RGBl. 365 hat für die Vertreter solcher Gesellschaften die Obliegenheit des Konkursantrags zunächst erlassen, soweit es sich um Zahlungsunfähigkeit dreht. Gemäß § 1 G.-A.-VO. haben diese Vertreter, auch wo Überschuldung vorliegt, Gelegenheit, den Konkursantrag mittels Beantragung der G.-A. zu vermeiden. Das Gericht verbescheidet in allen Fällen *zunächst den Antrag auf G.-A.*, darnach erst den Konkurs-Antrag des Gläubigers. Das nämliche gilt, wenn der eine Vertreter einer juristischen Person den Konkurs, der andere die G.-A., beim Gerichte anregt, oder wenn bei einem Nachlaß der eine Miterbe den Konkurs beantragt, der andere nach § 73 die G.-A. *Immer geht der Aufsichtsantrag vor*; darauf läuft die VO. hinaus. Konkurse sollen möglichst verhütet werden. Hat das Gericht hinsichtlich der Anordnung Bedenken, dann kann es zur Aufklärung aller das Verfahren betreffenden Verhältnisse gemäß § 16 Ermittlungen anstellen und Vernehmungs-Personen beeidigt hören. Denn auf das Verfahren finden, wenn die VO. nichts anderes vorschreibt, die Vorschriften der ZPO. gemäß § 14 Anwendung. Das Gericht kann auch in jeder Lage des Verfahrens gemäß § 16 zur Erörterung der Verhältnisse eine Gläubiger-Versammlung berufen. Das Gericht kann seine Entscheidungen ohne eine mündliche Verhandlung erlassen. Sie ist also nicht obligatorisch, sie ist sonstigen prozessualen Beschlüssen (nicht Urteilen) gleichwertig, d. i. bei Erlaß rechtswirksam. Die *Anordnung der G.-A. und sonstige Entscheidungen* über dieselbe werden *nicht öffentlich* bekannt gemacht. Der § 18 regelt damit einen der Kernpunkte der ganzen Idee, Verhütung des Bekanntwerdens der Aufsicht, behufs Schonung des Schuldners und Ermöglichung des Weiterbetriebs. Hierin liegt ein prinzipieller Unterschied zwischen Konkurs- und Aufsichts-Verfahren. Die Befürworter der neuen Einrichtungen sprachen sich vielfach gegen die Degradierung des Schuldners aus, die durch eine Nichtveröffentlichung hintangehalten wird. Um aber den die Aufsichtsanordnung erlassenden Beschluß seiner Wirksamkeit nach auch zeitlich festzulegen, erhalten gemäß § 22 alle Gläubiger, d. h. die Gläubiger ohne Ausnahme, ob sie vom Verfahren betroffen sind oder nicht, Mitteilung von der Anordnung der G.-A. und davon, wer als A.-P. aufgestellt ist. Die nämliche Mitteilung erhalten die amtlichen Vertretungen des Handels, Gewerbes und der Landwirtschaft, je nach der Berufsart des Schuldners. Diese Mitteilungen können formlos sein.

Der § 100 KO., wonach der Eröffnungsbeschluß die Stunde der Eröffnung anzugeben hat und wonach, im Falle der Versäumung dieser Angabe, als Zeitpunkt der Eröffnung die Mittagsstunde des Tages gilt, an welchem der Beschluß erlassen ist, ist in die VO. nicht herübergenommen, wohl aber in seiner Anwendung empfehlenswert, da der Zeitpunkt vor oder nach Anordnung der G.-A. bei der Kennzeichnung der Gläubiger- und Schuldenart sowie bei sonstigen Fragen eine Rolle spielt. Die Anordnung der G.-A. ist nicht in das Grundbuch und nicht in das Handelsregister oder Vereinsregister einzutragen. Immerhin würde sich als Ausgleich gegen die fehlende Veröffentlichung, diese keine Schädigung des Schuldners bedeutende Bekanntmachung empfehlen, wie auch solche gegenüber den Gerichten und Gerichtsvollziehereien des Bezirkes empfehlenswert wäre, wenn es sich um Rechtsstreite und Zwangsvollstreckungen sowie Fragen aus §§ 6, 12 und 13 VO dreht.

Die Aufsichtsperson und ihr Verhältnis zu den anderen Beteiligten.

Eines der wichtigsten Organe der G.-A. ist die A.-P. Ihre Funktionen sind namentlich in den §§ 2, 3, 22—28, auch in den Stadien des Zwangsvergleiches, vorgesehen. Der Schuldner bleibt — im Gegensatz zum Gemeinschuldner — weiterhin geschäftsfähig. Aber die A.-P. wirkt mit, sobald sie vom Gericht nach dessen freiem Ermessen aufgestellt ist. Das Verhältnis zwischen A.-P. und Schuldner ist in den §§ 2 und 3 geregelt. Die Beziehungen der A.-P. und des Gerichts sind in den §§ 22 – 28 geregelt. Hier ist die Rede von der Bestellung (§ 22), Bestallung und Bescheinigung (§ 23), Verantwortlichkeit (§ 24), gerichtlichen Beaufsichtigung, Disziplinierung und Entlassung (§ 25), Unterstützung durch das Gericht durch dessen Autorität und unter dessen Mitverantwortung (§ 26), Vergütung und Festsetzung derselben in einem ausnahmsweise der sofortigen Beschwerde unterliegenden Beschluß (§ 27), Berichterstattung über Überwachung und Ermittlung (in dem wichtigen § 28), Schlichtung von Streitfällen (§ 29), während die §§ 30—32 den dem Gläubigerausschuß ähnlichen Gläubigerbeirat, der die A.-P. unterstützt und berät, und in § 32 als Kollegium beschließt, zum Gegenstand haben. Dadurch, daß die A.-P., der Pfleger des Aufsichtsrechts, der nicht die Verwaltereigenschaften des Konkursrechtes ausübt, auch kein Beamter ist, die Fortführung des geschäftlichen Betriebs überwacht, ist er zugleich ein Schützer der Gläubigerschaft, so daß die Einrichtung in zweiter Linie auch eine Wohltat zugunsten der Gläubiger in sich birgt. Die A.-P. ordnet den Stand der Schulden und ist bemüht, die Existenz des Schuldners tunlichst aufrecht zu erhalten. Dies gebieten die §§ 5 (Verwendung der Mittel, zunächst für das Geschäft und eine bescheidene Lebensführung, dann zur Befriedigung der Gläubiger, normalerweise nach der konkursrechtlichen Reihenfolge) und § 28 (Nichtschmälerung des Vermögens, dessen Einzelverhältnisse immer wieder von der A.-P. zu prüfen und dem Gericht von Zeit zu Zeit zu melden sind). Auch die neuen Geschäfte des Schuldners kommen — im Gegensatz zum Konkurs — der Gläubigerschaft zugute. Schiebungen des Schuldners zugunsten von Angehörigen usw. sind von der A.-P. hintanzuhalten; im Weigerungsfalle ist das Gericht zuzuziehen, wie immer, wenn die erforderlichen Maßnahmen, welche die A.-P. gemäß § 2 trifft, nicht Beachtung des Schuldners finden. Nützt alles nichts und verletzt der Schuldner erheblich seine Pflichten oder handelt er den Interessen seiner Gläubiger zuwider, so kann gemäß § 66 die Geschäftsaufsicht aufgehoben werden. Das nichtvermögensrechtliche Gebiet fällt nicht unter die G.-A., ebensowenig Vermögen, das dem Schuldner nicht gehört und das er nur verwaltet (sei es als Vorstand oder Geschäftsführer einer juristischen Person, sei es als Pfleger, sei es als Vormund). Die A.-P. unterstützt den Schuldner, wenn er kauft und verkauft, wenn er Bücher führt, wenn er mit dem Gericht zu tuen hat, bei Rechtsstreiten, beim Grundbuchamt usw. Die A.-P. hat ein gewichtiges Wort zu sprechen, falls die Erfüllung gegenseitiger Verträge durch den Schuldner mit Ermächtigung des Gerichts abgelehnt wird. Die zweite Art der Tätigkeit der A.-P. kennzeichnet sich als Kontrolle der Willenserklärungen und Handlungen des Schuldners sowie seiner Vertreter. Nach dem § 2, 2. Satz, kann die A.-P. dem Schuldner Instruktionen erteilen, weiter aber auch die Geschäftsführung ganz oder teilweise selbst übernehmen bzw. einer dritten Person übertragen. *Die A.-P. kann somit den Schuldner* in seinen geschäftlichen Angelegenheiten *allgemein, auch ohne besondere Vollmacht, vertreten*, sie kann Verträge mit seinen Angestellten, Kunden und Lieferanten schließen. Gebietet es der Aufsichtszweck, so kann nötigenfalls der Schuldner gänzlich eliminiert werden. Dies ist möglich, wenn der Schuldner Kriegsteilnehmer oder kriegsgefangen, sonst landesabwesend, krank, unfähig oder nicht gewissenhaft ist. In solchen Fällen gilt unter Umständen der § 53 ZPO.: „Wird in einem Rechtsstreit eine prozeßfähige Person durch einen Pfleger vertreten, so steht sie für den Rechtsstreit einer nicht prozeßfähigen Person gleich." *Das Geschäft gänzlich schließen* bzw. den Geschäftsbetrieb gänzlich einstellen *kann die A.-P. nicht*. In solchem Falle gilt vielmehr der § 28, daß jeder Bericht der A.-P. an das Gericht eine Äußerung enthalten soll, ob die Voraussetzungen für eine Fortdauer der G.-A. noch vorliegen. Ferner gilt der § 66 letzter Absatz, daß die G.-A. — in unserem Falle auf Antrag der A.-P. — aufzuheben ist, wenn die Voraussetzungen für die Anordnung der G.-A. nachträglich weggefallen sind.

Wenn mehrere A.-P. bestellt werden, was bei Geschäftsbetrieben verschiedenen Orte oder mehrerer Sparten oder sonst größeren und verzweigteren Umfangs erforderlich sein kann, so hat das Gericht zu bestimmen, ob die A.-P. die Aufsicht gemeinschaftlich betreiben oder ob sie nach getrennten sachlichen oder örtlichen Gebieten handeln sollen. Wenn auch im allgemeinen das Gericht sich in der Auswahl der A.-P. nichts einreden zu lassen braucht, so können doch der Schuldner und jeder von dem Verfahren betroffene Gläubiger innerhalb einer Ausschlußfrist von 3 Wochen nach Bestellung der A.-P. unter Darlegung der Gründe die Bestellung anderer oder weiterer A.-P. beantragen (§ 22 letzter Absatz). Die amtlichen Vertretungen werden im Sinne des § 21 bloß als Berater herangezogen. Während im Interesse der Promptheit und zur Vermeidung eines langwierigen Instanzenzugs hinsichtlich der Bestellung der A.-P. kein Beschwerderecht vorliegt, ist solches im Falle des § 27 gegeben. Die A.-P. hat nämlich gegen den Schuldner Anspruch auf Erstattung angemessener barer Auslagen und auf Vergütung die das Gericht, — nicht die Gerichtsschreiberei — festsetzt. Gegen den Beschluß findet sofortige Beschwerde binnen einer Notfrist von 14 Tagen statt. Der Auslagenersatz ist selbstverständlich Die Höhe der Vergütung, richtet sich nach Art, Ort, Größe, Zeitaufwand, Schwierigkeit, Erfolg und Verantwortlichkeit. Auch die Vorbildung, die Erwerbs- und Einkommens-Verhältnisse, der A.-P. können mit ausschlaggebend sein. Zu Beginn des Kriegs haben die Ministerien eine möglichst ehrenamtliche Tätigkeit angeregt. Die Länge des Krieges, die Zeitverhältnisse, die Teuerung, machen den wenigsten Aufsichtsbeamten eine nur ehrenamtliche Funktion möglich. (Unbegreiflich ist vollends, wie man dem Gläubiger-Beirat, dessen Verantwortung auch keine geringe ist, unentgeltliche Tätigkeit zumutet). Ein Tarif für die Vergütung besteht nicht. Die Liquidierung ist nach gewissen Zeitabschnitten, nicht erst nach Beendigung des Amtes, zu empfehlen, da die allmähliche Vergütung den Schuldner entlastet. Die Tätigkeit, die ein Anwalt oder Notar als A.-P. in anwaltschaftlichen oder notariellen Diensten entwickelt, wird durch die Vergütung des § 27 nicht mit abgegolten. Nach § 13 Nr. 6 ist die A.-P. wegen ihrer Ansprüche auf Erstattung von Auslagen und auf Vergütung als vom Verfahren nicht betroffen bezeichnet. Im Falle eines sich an die G.-A. anschließenden Konkurses sind die Gebühren und Auslagen der A.-P. gemäß §§ 71 der VO. und 58 KO. als Massekosten privilegiert.

Eine allzu altruistische Behandlung der Gebührenfrage dürfte schon deshalb nicht veranlaßt sein, weil die A.-P. in der strengen Bestimmung des § 24 für die Erfüllung der ihr obliegenden Pflichten allen Personen verantwortlich gemacht wird, deren Interessen sie kraft ihres Amtes zu berücksichtigen hat. Auch die vom Verfahren nicht betroffenen Gläubiger können die A.-P. verantwortlich machen, wenn sie z. B. Schuld daran trägt, daß die Reihenfolge der Befriedigung den Grundsätzen der KO. zuwiderläuft, ohne daß die Abweichung von diesen Grundsätzen gerichtliche Zustimmung erfährt. Die A.-P. darf nur dem Schuldner gehörendes Vermögen als solches behandeln und muß ihr bekannt werdende fremde Ansprüche (etwa von Aussonderungs- oder Absonderungsberechtigten) bei richtiger Erfüllung ihrer Aufgabe beachten. Infolgedessen kann auch ein derartiger vom Verfahren nicht betroffener Gläubiger des § 13 Abs. 3 und 4 die A.-P. zur Verantwortung heranziehen. Mehrere A.-P. haften korreal für den schuldhaft herbeigeführten Schaden. Sobald das Amt von der A.-P. übernommen ist, nimmt die Haftung ihren

Anfang. Das Amt, zu dessen Übernahme die A.-P. nicht verpflichtet ist' endet entweder, wenn die G.-A. gemäß §§ 66—69 rechtskräftig aufgehoben ist, oder mittels Entlassung. Die A.-P. haftet für Vorsatz und Fahrlässigkeit. Insbesondere sind Ersatzansprüche aus Verfehlungen gegen § 28 möglich. § 22 letzter Absatz (auf Vorschlag eines Beteiligten) oder § 25 zweiter Absatz (auf Verfügung des Gerichts). Selbstredend kann die A.-P. auch ihr Amt niederlegen; nach herrschender Anschauung nur, wenn ein wichtiger Grnnd vorliegt.

Das Verhältnis des Aufsichtsgerichts zur A.-P., ist ähnlich, wie dasjenige des Vormundschaftsgerichts zum Vormund. Das Gericht kann die A.-P. zur Vollziehung ihrer Pflichten anhalten. Dies trifft beispielsweise bei § 5 (Reihenfolge der Befriedigung der Gläubiger) und § 9 (Prüfung des Ablehnungsrecht bei zweiseitigen Verträgen) zu. In Ermessensfragen werden der A.-P. keine Vorschriften gemacht. Das Aufsichtsgericht hat im allgemeinen in die Verwaltung nicht einzugreifen. Es wird mitwirken, sobald die Aufsichtsperson gemäß § 26 es beantragt, zumal wenn der Schuldner unbotmäßig sich benimmt, freilich auch dann, wenn die A.-P. selbst — nach Vorbringen des Schuldners, des Gläubigerbeirats oder einzelner Gläubiger — nicht das Richtige trifft. Gewisse Rechtsgeschäfte soll der Schuldner nur mit Zustimmung der A.-P. vornehmen. Eine Beschränkung der Verfügungsbefugnis bedeutet diese Sollvorschrift nicht. Der Schuldner bleibt geschäftsfähig, selbst wenn im Sinne der §§ 2 und 3 die A.-P. gewisse selbständige Maßnahmen trifft, oder wenn das Gericht (im Sinne des § 3 letzter Absatz) besondere Verfügungen zur Sicherung der Gläubiger dem Schuldner auferlegt, etwa derart, daß er neue Bestellungen nur mit Genehmigung der A.-P. vornehmen darf. —

Pflichten des beaufsichtigten Schuldners.

Die Pflichten des Schuldners sind zunächst in § 3 geregelt. Er hat der A.-P. Einsicht in seine Bücher und sein Schreibwerk zu gewähren. Er hat ihr jede Auskunft über den Status und die Geschäfte seines Betriebs zu geben. Damit ist nicht gesagt, daß der Schuldner auch den Gläubigern solche Einsicht zu gewähren und derartige Auskunft zu erteilen hat. Dagegen können die Mitglieder des Beirats sich von dem Gang der Geschäfte unterrichten (§ 31), die Bücher und Schriften der A.-P. und des Schuldners einsehen und den Bestand der Kasse untersuchen. Dem einzelnen Gläubiger ist bloß gestattet, auf ausdrückliche Erlaubnis des Gerichts, gemäß § 18 zweiter Satz, die Gerichtsakten einzusehen und Abschriften aus denselben sich erteilen zu lassen, während die Einsicht in die Berichte der A.-P. keinem Gläubiger verweigert werden darf. Das Gericht kann auch wenn die A.-P. oder der Schuldner es anregt, gewisse Gerichtsakten oder Schriftstücke von der Einsicht durch den betreffenden Gläubiger ausschließen, zumal wenn derselbe ein Konkurrent des Schuldners ist. Die Auskunft des Schuldners kann mündlich und schriftlich sein. **Zwangsmittel**, wie sie die KO. vorsieht (Nichtberechtigung, den Wohnsitz zu wechseln, Postsperre, Vorführung, Haft), **kennt die Aufsichtsverordnung nicht.**

Der wichtigste Teil des § 3 ist die wichtigste **Gebundenheit des Schuldners**, ohne Zustimmung der A.-P. weder unentgeltliche Verfügungen oder Verfügungen über Grundstücke vorzunehmen, noch Ansprüche zu befriedigen oder sicherzustellen, noch andere als solche Verbindlichkeiten einzugehen, die zur Fortführung des Geschäfts oder zu einer bescheidenen Lebensführung des Schuldners erforderlich sind. Dieser zweite Absatz des § 3 enthält nun aber leider nur eine Sollvorschrift. **Die Verfügung hat** somit keine dingliche, sondern **nur eine persönliche Wirkung**, wie dies mangels der Veröffentlichung (§ 18) im Interesse eines verlässigen geschäftlichen Verkehrs — so lautet die Begründung der Anhänger der Sollvorschrift — für allein möglich erachtet wird. Handelt somit der Schuldner eigenmächtig, so wird **das Rechtsgeschäft**, zu dem der Schuldner die Zustimmung der A.-P. hätte einholen sollen, **nicht rechtsunwirksam.** Freilich büßt der Vertragsgegner, wenn der Schuldner eigenmächtig gehandelt hat, gemäß § 13 erster Absatz das Privileg eines von dem Verfahren nicht betroffenen Gläubigers ein. Er kann keine Einzelvollstreckung vornehmen, unterliegt vielmehr dem Verbote des § 6, das für die vom Verfahren betroffenen Gläubiger gilt.

Erfüllung gegenseitiger Verträge.

Nach der VO. v. 8. Aug. 1914 hatte die Anordnung der G.-A. auf bereits abgeschlossene Verträge keinerlei Einfluß. Dies schädigte viele notleidende Geschäfte. Einmal weil langfristige Verträge (hohe Mieten usw.) das knappe Vermögen aufzehrten, dann weil die Ansprüche, die nach Anordnung der G.-A. entstanden, vom Verfahren nicht betroffen wurden, somit vor den gewöhnlichen Forderungen zu befriedigen waren. Damit nun die Masse nicht aufgebraucht werde, was den Zweck der G.-A. (§ 28) vereitelt, damit ferner der Schuldner durch solche Sachlage nicht zum Konkurs getrieben werde, brachten die §§ 9—11 der neuen VO. die Abhilfe, daß **der Schuldner mit Ermächtigung des Gerichts die Erfüllung gegenseitiger Verträge ablehnen konnte**, die zur Zeit der Anordnung der G.-A. noch nicht oder nicht vollständig erfüllt waren. Weil jedoch hier ein starker Eingriff in die Rechtssphäre der Gläubiger vorliegen kann, soll dem Schuldner allein, bzw. der A.-P., von der sonderbarerweise bei der wichtigen Materie der §§ 9—11 gar nicht die Rede ist, die Vertragslösung nicht anheimgestellt sein. Es ist vielmehr stets die Ermächtigung des A.-G. einzuholen. Das Gericht hat hiebei zu prüfen, inwieweit die Existenz des Beaufsichtigten durch den Fortbestand des Vertrags erheblich gefährdet ist, wohl aber auch, welche Nachteile der Kontrahent des Beaufsichtigten durch die Vertragslösung erleidet. Letztere dürfen nicht unverhältnismäßig sein. Vor- und Nachteile sind vom Aufsichtsrichter genau gegeneinander abzuwägen. Der

Kontrahent selbst darf die Lösung nicht herbeiführen, sondern nur der Beaufsichtigte. Der Schuldner hat dem anderen Teile den Schaden wegen Nichterfüllung zu ersetzen. Der so entstehende Ersatzanspruch ist freilich eine vom Verfahren betroffene und nicht bevorzugte Forderung (§ 9 letzter Satz). Es war angeregt, auch dem Kontrahenten das Recht der Lösung zu geben. M. E. hat die vorzugsweise ein Benefizium des Beaufsichtigten bildende Aufsichtsverordnung eine solche Befugnis des Kontrahenten des Beaufsichtigten mit Recht nicht aufgenommen. Der § 9 hat Verträge im Auge, die auf Leistung und Gegenleistung im Sinne der §§ 320 ff. BGB. gerichtet sind: Kauf-, Tausch-, Miet-, Pacht-, Dienst-, Werk-, Gesellschafts-, Kommissions-, Speditions-, Fracht-, Verwahrungs-, Depot-, Lager-, Lebensversicherungs-, Agentur-, Insertions-, Verlags-, Mäkler-, Werklieferungs-, Trödel-Vertrag, nicht aber Darlehen, Schenkung, Bürgschaft, Rechtsgeschäfte bei dem nur dem einen Kontrahenten eine Leistung obliegt. Der Schuldner muß nicht unverzüglich, wie im § 17 KO. der Konkursverwalter, sich entscheiden. Die §§ 10, 11 beziehen sich nur auf diejenige Miete und Pacht, bei welcher der Beaufsichtigte Mieter und Pächter ist, ferner nur auf die Dienstverhältnisse im Haushalt, Wirtschaftsbetrieb oder Erwerbsgeschäft des Beaufsichtigten in seiner Eigenschaft als Dienstgeber. Für die Miete und Pacht gelten im Auflösungsfalle des § 10 die Fristen der §§ 565, 595 BGB. Je nach der rechtlichen Eigenart des Angestellten, ist die Kündigungsfrist verschieden.

Die Gläubigerarten.

Die Aufsichtsverordnung kennt zwei hauptsächliche Gläubigersorten. Es sind dies:

1. Die vom Verfahren betroffenen, die gemäß § 6 Arreste und Zwangsvollstreckungen nicht vornehmen und eine Vormerkung auf Grund einer einstweiligen Verfügung nicht eintragen dürfen, solange die G.-A. besteht. Ein von dem Verfahren betroffener Gläubiger kann während der G.-A. nicht aufrechnen (§ 8) wenn er dem Schuldner erst nach Anordnung der G.-A. etwas schuldig wurde, oder vor Anordnung schuldig war, nachher aber erst seine Forderung erwarb. Zugunsten des Betroffenen ist nach § 7 die Verjährung seines Anspruchs während der G.-A. gehemmt.

   Dann aber

2. die in 6 Abteilungen des § 13 aufgeführten Gläubiger, die von dem Verfahren nicht betroffen werden. Zu ihnen zählen nicht bloß die bevorrechtigten Gläubiger im engerem Sinne, sondern auch Aussonderungsberechtigte (§ 13 Abs. 3), Absonderungsberechtigte (§ 13 Abs. 4) und Massegläubiger. Die vom Verfahren nicht betroffenen Gläubiger sind in Wirklichkeit — wenn auch nicht in dem Maße, wie die gewöhnlichen Gläubiger — doch einigermaßen vom Verfahren betroffen. Auch sie können den Konkurs über das Vermögen des Beaufsichtigten nicht verhängen lassen (§ 6). Auch sie werden von der Anordnung der G.-A. und den weiteren Stadien be-

nachrichtigt, da man dem Schuldner nicht zutrauen kann, hier richtig den Unterschied der Gläubiger-Eigenschaft zu erkennen. Auch sie werden in das Verzeichnis der Gläubiger gemäß § 20 Abs. 2 aufgenommen. Auch sie müssen gemäß § 5 Abweichungen von der konkursrechtlichen Reihenfolge unter Umständen sich gefallen lassen. Gemäß § 4 werden von dem Verfahren alle persönlichen Gläubiger betroffen, die einen vermögensrechtlichen Anspruch gegen den Schuldner haben; die Ausnahme bestimmt der § 13. Unwesentlich ist prinzipiell, soweit eben nicht der § 13 eine Ausnahme macht, ob die Forderungen vor Anordnung der G.-A. erwachsen sind oder nach derselben. Ansprüche auf Vornahme nicht vertretbarer Handlungen, zur Ausstellung eines Zeugnisses, zur Rechnungslegung, zur Aufstellung und Mitteilung eines Inventars, fallen nach der herrschenden Anschauung nicht unter § 6. Wird statt der Erfüllung Entschädigung verlangt, so werden die so entstehenden Ansprüche vom Verfahren betroffen. Dies gilt auch für Geldstrafen gemäß §§ 888 ff. ZPO., während das Vorgehen selbst an der Hand dieser Paragraphen durch den § 6 nicht gehindert ist.

Verhältnis der privilegierten Gläubiger zum Geschäftsaufsichts-Verfahren.

Das Verhältnis der privilegierten Gläubiger zum G.-A.-Verfahren ist im § 13 geregelt. Die A.-P. muß sich wohl oder übel auch um die privilegierten Gläubiger bekümmern. Reichen die Mittel, um diese, die ja jederzeit vollstrecken können, zu befriedigen, so wird und muß der Schuldner (mit ihm die A.-P.) selbstredend in erster Linie für die Privilegierten sorgen. Der § 5, der den Zusatz enthält: „auch soweit die Gläubiger von dem Verfahren nicht betroffen werden", läßt keinen Zweifel hierüber. Die A.-P. kann (nicht muß) den Konkurs eröffnen lassen, wenn das schuldnerische Vermögen nicht genügt, um die Privilegierten zu befriedigen. Die im § 13 aufgeführten Privilegierten sind nicht ohne weiteres mit den Bevorrechtigten des Konkursrechtes identisch. Der § 13 umfaßt weitere Kategorien. Der Gläubiger, der als vom Verfahren nicht Betroffener behandelt werden will, muß den Beweis für seine bevorzugte Eigenschaft führen, sonst fällt er unter die nach § 6 Behandelten.

Die 5 Kategorien der privilegierten Gläubiger.

Der § 13 enthält 6 Unterabteilungen von privilegierten Gläubigern, die ich in 5 größere Kategorien von Forderungen, welche nicht unter das Verfahren fallen, scheide:

a) Forderungen aus Rechtsgeschäften, zu welchen der Aufsichtsführer seine Zustimmung erteilte;

b) Forderungen, die aus der Berechtigung des Schuldners

im Sinne der §§ 3 und 5 entstanden sind, sein Geschäft fortzuführen und die Mittel zur Lebensführung bereit zu stellen;

c) die auf gegenseitigen Verträgen beruhenden Forderungen;

d) die auf den Normen des 4., 5., 7. und 8. Titels (§ 61, 1–5) KO. beruhenden Forderungen;

e) Forderungen der Staatskasse wegen der Kosten des Aufsichtsverfahrens sowie Forderungen der A.-P.

Entscheidend ist für diese 5 Kategorien lediglich der objektive Bevorzugungsgrund und nicht die subjektive Auffassung des angeblich zu Privilegierenden. Der Irrtum oder die Unkenntnis des Gläubigers als Vertragsgegners des Beaufsichtigten ist bedeutungslos. Der Beaufsichtigte wird daher aus den Prolongations-Wechseln, ohne Rücksicht auf die Zustimmung der A.-P., wechselmäßig verpflichtet; die Unkenntnis des Wechselgäubigers von der bestehenden G.-A. ändert an der Vollstrecknngsmöglichkeit nichts. Zu Kategorie d ist auszuführen, daß leider der Beaufsichtigte rechtsgeschäftlich Aus- und Absonderungsrechte während Bestehens der G.-A. an seinen Vermögensteilen begründen kann, da der § 3 Abs. 2 und 3 bedauerlicherweise nur eine Soll-Vorschrift enthält. Der § 13 Nr. 2, der sich mit den gegenseitigen Verträgen beschäftigt, setzt voraus, daß der Vertrag noch nicht oder noch nicht vollständig von der einen oder anderen Seite erfüllt ist. Der § 13 Nr. 4 (Aussonderungsrechte) bedeutet eine Erweiterung des alten § 9 Nr. 2 der VO. v. 8. Aug. 1914. Denn in der alten VO. wurden nur die nach § 43 KO. im Falle des Konkurses Aussonderungsberechtigten unter die Privilegierten einbegriffen. Die neue Nummer 3 des § 13 begreift schlechthin die im Konkursfalle Aussonderungsberechtigten ein. Es rangieren also unter Nr. 3 auch die Aussonderungs-Ansprüche der §§ 44, 45 und 46 KO. Der § 44 KO. behandelt das Verfolgungsrecht des Verkäufers oder Einkauf-Kommissionärs. Der § 45 KO. behandelt den Aussonderungs-Anspruch der Ehefrau in beschränkter Form. Der § 46 KO. behandelt die sogenannte Ersatz-Aussonderung. Eine Aussonderang können die Gläubiger ansprechen, welche einen ihnen, aber nicht dem Schuldner, gehörigen Gegenstand, den der Schuldner besitzt, sei es auf Grund persönlichen, sei es auf Grund dinglichen Rechtes, beanspruchen. Erhoben werden kann dieser Aussonderungs-Anspruch erst nach Fälligkeit.

Absonderungsberechtigt sind die Gläubiger mit einem vertragsmäßigen Pfandrecht und die ihnen gleichstehenden Vermieter und Verpächter bezgl. der eingebrachten Gegenstände, die Gläubiger mit einem Zurückbehaltungsrecht handelsrechtlicher Art, die Gläubiger mit einem gesetzlichen oder Pfändungspfandrecht, die Gläubiger, welche infolge Verwendung auf die Sache sie zurückbehalten können, die öffentlichen Kassen wegen beschlagnahmter oder zurückgehaltener Gegenstände, die Gläubiger, die sich durch Zwangsvollstreckung in das unbewegliche Vermögen befriedigen können.

Der § 13 Nr. 5 hat die im § 61 Nr. 1—5 KO. bezeichneten Gläubiger und die ihnen gesetzlich gleichstehenden Gläubiger im Auge. Darunter fallen auch die nach der Anordnung der G.-A. fällig gewordenen Forderungen. Im § 9 Nr. 4 der VO. v. 8. Aug. 1914 waren nur die beiden ersten bevorrechtigten Konkurs-Kategorien als privilegiert aufgeführt. Der Absatz 5 der VO. v. 14. Dez. 1916 zählt auch die Klassen 3, 4 und 5 des § 61 KO. auf, weil bei der Kriegslänge diesen Kategorien eine weitere Hintansetzung nicht zugemutet werden konnte. Die Ausdehnung bezieht sich auch auf ein vor dem 25. Dez. 1916 (d. i. nach § 80 dem Tag der Inkrafttretung der VO.) angeordnetes Aufsichtsverfahren. Die Konkurs-Forderungen des § 61 werden genau nach dem Range der 5 Kategorien berichtigt und zwar bei gleichem Range nach Verhältnis ihrer Beträge.

Das Verfahren nach den Grundregeln der Konkurs- und Zivilprozeß-Ordnung.

Was das Verfahren anbetrifft, das in den §§ 14 ff. behandelt ist, so gelten die Grundregeln der KO. und, wie nunmehr — im Gegensatz zur alten VO. — ausdrücklich bestimmt ist, der ZPO. Das Verfahren soll sich mehr und mehr innerhalb der 4 Wände des Gerichts abspielen. Maßgebend ist der § 18, wonach öffentliche Bekanntmachungen nicht stattfinden. Die amtliche Erläuterung gibt zu, daß es sich hier um eine grundsätzliche Frage dreht. Eine Veröffentlichung der Anordnung des Verfahrens und gerichtlicher Entscheidungen würde den schuldnerischen Geschäftsbetrieb lahmlegen. Der § 15 enthält eine Besonderheit für das Geschäfts-Aufsichts-Verfahren, indem er die mündliche Verhandlung — im Gegensatz zu § 128 ZPO. — dem richterlichen Ermessen unterstellt. Zu laden sind, je nach der Art des Falles, Schuldner, A.-P. und Gläubiger. Schriftliche Äußerungen der Beteiligten sind zulässig, ohne die Pflicht des Erscheinens grundsätzlich aufzuheben. Die Entscheidungen im G.-A.-Verfahren sind deshalb keine Urteile, sondern Beschlüsse.

Die sofortige Beschwerde.

Die Anfechtbarkeit ist im allgemeinen ausgeschlossen (§ 19). In einigen wenigen Fällen (§§ 27, 42, 59, 68) ist sie zulässig. Zunächst im Falle der Festsetzung der Auslagen und Vergütung der A.-P. Einschneidend ist sodann auf dem Zwangsvergleichsgebiete die Verbescheidung des Antrags auf Eröffnung des Vergleichsverfahrens. Gegen den Zurückweisungs- (nicht gegen den Zulassungs-Beschluß) ist die sofortige Beschwerde zulässig. Gegen den Beschluß, durch den der Vergleich bestätigt oder verworfen wird, steht dem Schuldner und jedem beteiligten Gläubiger die sofortige Beschwerde zu. Gegen den Beschluß, durch den das Vergleichsverfahren eingestellt wird, steht dem Schuldner die sofortige Beschwerde zu. Die Beschlüsse werden erst mit der Rechtskraft wirksam.

Die Frage schließlich, ob eine G.-A. aus den Gründen des § 66 aufgehoben wird, ist durch sofortige Beschwerde anfechtbar. Damit genug. Die landgerichtlichen Beschlüsse beschreiten die Rechtskraft. Die Entscheidungen des zweiten Rechtszugs sind unanfechtbar.

Der gerichtliche Schutz.

Das neue Verfahren der VO. v. 14. Dez. 1916 ist unter gerichtlichen Schutz gestellt, obschon die Mitwirkung des Gerichts von verschiedenen maßgebenden Seiten vor Erlassung der VO. eingeengt werden wollte. Das Aufsichtsgericht ist berechtigt und verpflichtet, zur Aufklärung aller das Verfahren betreffenden Verhältnisse, die erforderlichen Ermittlungen, insbesondere die Vernehmung von Zeugen und Sachverständigen, anzuordnen. Es kann sich an andere Gerichte und Behörden wenden, feststellen, inwieweit Gläubiger vom Verfahren betroffen werden oder nicht, die Berechtigung eines Standpunktes des Schuldners oder (vielleicht im Gegensatz dazu) der A.-P. klären, Akten zuziehen, Auskünfte einholen, Auszüge sich verschaffen, Beamte, Angestellte, Geschäftsführer, Fachgenossen des Beaufsichtigten abhören. Die übrigen prozessualen Normen (Beeidigung oder Nichtbeeidigung, Ablehnung des Sachverständigen, Zeugnisverweigerungsrecht, Entschädigung, Zwangsmittel gegen Zeugen) schlagen ebenfalls ein. Das Zustellungswesen ist erfreulicherweise vereinfacht. Das Gericht, der Schuldner und die Gläubigerschaft werden durch solche Vereinfachungen, die auch sonst im Rahmen der ZPO. durchführbar wären, entlastet. Einer Beglaubigung des zuzustellenden Schriftstückes bedarf es gemäß § 17 nicht. Eine zweite Erleichterung ist für die Zustellung an Personen, die sich im Auslande befinden, vorgeschrieben. An Stelle der Vorschriften der §§ 199 ff. ZPO. tritt eine einfache Zustellung durch Aufgabe zur Post. Die betreffenden Schriftstücke erfolgen eingeschrieben. Gläubiger mit unbekannten Aufenthalt erhalten überhaupt keine Zustellung. Das Nämliche gilt, wenn der Aufenthalt eines Gläubigers zwar bekannt, aber durch die Deutsche Post auf dem Einschreibewege die Zustellung nicht erreichbar ist.

Anordnung und Unterlagen der Geschäftsaufsicht. Gläubigerverzeichnis und Vermögensaufstellung.

Die Anordnung der G.-A. wird durch einen Antrag des Schuldners beim zuständigen Gericht eingeleitet (§ 1 und vor allem § 20). Die Anordnung erfolgt also nicht ex officio und nicht auf Antrag eines Gläubigers. Die Aufsicht ist eine Wohltat für den Schuldner, die er aufgeben kann, wenn und wann er will (§ 66). Die Unterlagen des Aufsichtsantrags regelt der § 20: das Verzeichnis der Gläubiger und die schuldnerische Vermögensaufstellung, auf die dann wieder bei § 41 (Antrag auf Eröffnung des Zwangsvergleichs-Verfahrens) Bezug genommen wird. Das Gläubiger-Verzeichnis darf ausnahmsweise auch erst nach Anordnung der G.-A. vorgelegt werden. Die Einreichung des Gläubiger-Verzeichnisses ist unumgänglich („hat der Schuldner"). Das Gläubiger-Verzeichnis „soll" die und die Gläubiger enthalten, d. h. hier ist nur eine instruktionelle Vorschrift gegeben.

Nachdem keine öffentliche Bekanntmachung erfolgt (§ 18), muß der Schuldner, so verlässig und genau, wie nur möglich, über Zahl, Name, Anschrift, Art und Bedeutung des Gläubigers orientieren. Die von dem Verfahren nicht betroffenen Gläubiger sind ebenfalls aufzuführen, und zwar getrennt von den gewöhnlichen Gläubigern. Unbestrittene und bestrittene Posten sind separat aufzuführen. Bei den Gläubigern, die gemäß § 13 Nr. 4 abgesonderte Befriedigung ansprechen, ist die Höhe des mutmaßlichen Ausfalls anzugeben. Die schuldnerische Vermögens-Aufstellung enthält zweckgemäß eine gruppenartige Aufführung der Vermögens-Bestandteile. Man muß sich sofort auskennen. Die Angaben müssen wahrhaftig sein, nicht oberflächlich und unüberlegt. Unrichtige Vermögens-Übersichten sind um so gefährlicher, wenn sie späterhin eine Grundlage im Sinne des § 41 (Antrag auf Eröffnung des Vergleichsverfahrens) bilden sollen. Der Anlaß der kasuistischen Form des § 20 ist also tunlichste Verhütung unheilvoller Ungenauigkeiten oder gar wesentlicher Unrichtigkeiten und Verschleierungen. Muß doch ein Vergleich verworfen werden (§ 54), wenn die für das Verfahren gegebenen wesentlichen Vorschriften nicht beobachtet sind, wenn der Schuldner seine Pflichten verletzt und die Vermögenslage des Schuldners so verworren ist, daß sie ein Urteil über den Vergleich ohne zeitraubende Ermittlungen nicht ermöglicht. Dem Kaufmann darf man eine bilanzartige Gegenüberstellung von Soll und Haben zumuten. Die letzte Jahresbilanz ist der Vollkaufmann vorzulegen verpflichtet. M. E. sind auch die Schuldner und Schulden im Einzelnen anzugeben. Die nämliche Verpflichtung, die dem Schuldner selbst obliegt, trifft, wenn er unter Vormundschaft steht oder eine juristische Person ist, seinen Gewalthaber, Vertreter, Vormund, Pfleger, Geschäftsführer, Vorstand, Liquidator. Rigoros darf der Richter nicht handeln, wenn auch zweifellos die Vermögens-Aufstellung ersehen lassen muß, wie es mit der Überschuldung, eventl. auch, wie es mit der Zahlungseinstellung steht. Machen der Schuldner und sein Antrag keinen ungünstigen oder gar auffälligen Eindruck, drängen Gläubiger, so genügen unter Umständen auch minder genaue Verzeichnisse und Aufstellungen, zumal wenn die Einzelaufstellung vielleicht eine Arbeit von Wochen erfordern würde.

Zwangsvergleich außerhalb des Konkurses.

Der Zwangsvergleich war bisher mit dem Konkurse eng verbunden. Von den Vorzügen jedes Zwangsvergleichs, also auch des konkursmäßigen, sind herauszugreifen: Die größere Dividende, weil dem Schuldner nahestehende Personen ein Übriges tuen, um die Durchführung des eigentlichen Konkurses zu verhindern, die raschere Beendigung durch Verbilligung, allenfalls die Erhaltung des Geschäfts und der schuldnerischen Werte, die Fähigkeit der Gründung einer frischen Existenz, der Zwangsnachlaß bezüglich der unbezahlten Prozente. Mit einer qualifizierten Summen- und Personen-Mehrheit vereinbart der Schuldner die Tilgung seiner Schulden. Speziell der außerkonkursliche Zwangsvergleich ist als Mittel zur Beendigung der Geschäftsaufsicht eingeführt, die vor dem 25. Dez. 1916 in einer Reihe von praktischen Fällen nicht leben und nicht sterben konnte. Denn in den seltensten Fällen wird die G.-A., durch Vollzahlung infolge unvorhergesehener besserer Bewertung der Masse selbst, oder Glückzufälle, zur Beendigung gebracht. Der außerkonkursliche Zwangsvergleich kann auch eine moralische Pression bilden, wenn die zur Vergleichsstörung geneigten Gläubiger ihre Gegnerschaft gegen einen Privatvergleich, angesichts der drohenden Überstimmung für den Fall eines Zwangsvergleiches, aufgeben. Da die Reichsregierung leider den unlösbaren Konnex von G.-A. und Zwangsvergleich beliebt hat, werden Geschäftsaufsichten nunmehr wohl meist angeordnet, um als Vorstufe den Zwangsvergleich zu ermöglichen.

Ausnahmen vom gleichen Recht für alle Gläubiger.

Im großen und ganzen ist die Regelung der KO. beibehalten worden, doch der Grundsatz des gleichen Rechts für Alle ist etwas mehr durchbrochen. Auch nach der KO. ist eine ungleiche Bestimmung der Rechte mit ausdrücklicher Einwilligung — freilich sämtlicher — zurückgesetzter Gläubiger statthaft. Die VO. v. 14. Dez. 1916 nimmt diese Bestimmung auf, geht aber über sie noch hinaus und legt die Möglichkeit der Majorisierung der zurückgesetzten Gläubiger fest. Das Gericht kann eine ungleiche Bestimmung der Rechte zulassen, wenn die Mehrheit der Gläubiger, die weniger bekommen, zustimmt und die Gesamtsumme der zustimmenden Gläubiger wenigstens ³/₄ der Gesamtsumme der weniger bekommenden Gläubiger beträgt (§ 34).

Inhalt des Vergleichs. Der Vergleich ein Vertrag.

Ist der Schuldner eine eingetragene Genossenschaft, so darf der Vergleich nur auf Stundung gerichtet sein (§ 35). Der Vergleich bringt einen Teilerlaß, meist unter Sicherung des nicht erlassenen Teiles der Forderung, oder eine Stundung oder beides zusammen. Nach der herrschenden Lehre ist der Zwangsvergleich ein Vertrag.

Die Vergleichsbestätigung.

Den Abschluß besorgt die gerichtliche Vergleichsbestätigung. Das Gericht entscheidet über die Bestätigung des von den Gläubigern angenommenen Zwangsvergleichs, nachdem es die Gläubiger, den Schuldner, die A.-P. und den Gläubigerbeirat in dem Vergleichstermin oder einem zu verkündenden Termine gehört hat (§ 53). Der Beschluß, durch den der Vergleich bestätigt oder verworfen wird, ist zu verkünden. Der Beschluß, durch den das Vergleichsverfahren eingestellt wird, ist dem Schuldner, der A.-P. und allen Gläubigern zuzustellen. In diesen Fällen ist auch ausnahmsweise das Rechtsmittel der sofortigen Beschwerde, mit dem Abmaß des § 59, gegeben. Die Beschlüsse werden erst mit der Rechtskraft wirksam, damit der zweite Instanzenzug die insbesondere dem Schuldner zu gewährenden Garantien überprüfen kann. Die Bestätigung des Gerichts ist eine dem Urteile äquale, den Verfügungen der freiwilligen Gerichtsbarkeit verwandte, Maßnahme. Sie bedeutet die Konstatierung, daß der Vergleich nach den Vorschriften der §§ 33 ff. zustande gekommen ist.

Der Zwangsvergleichsschuldner.

Nur der geschäftsbeaufsichtigte Schuldner kann einen Vergleichsvorschlag bringen. Eine andere Persönlichkeit, die nicht unter G.-A. steht, aber notleidend ist, kann leider gemäß § 33 den Zwangsvergleichsvorschlag nicht bringen. Allein es besteht ein Ausweg. Es ist nämlich dem Antrag auf Anordnung der G.-A. stattzugeben, wenn Aussicht besteht, daß der Konkurs durch ein Übereinkommen mit den Gläubigern abgewendet werden wird. Ist also ein notleidender Schuldner, der nicht unter G.-A. steht, soweit, das er Zusagen maßgebender Gläubiger zur Hand hat oder gar die bald zu erlangende Mehrheit (Mehrzahl der beteiligten Gläubiger und ³/₄ der Gesamtsumme) gemäß § 37 plausibel machen kann, so kann er der G.-A., auch ohne den Nachweis der Behebbarkeit der Zahlungsunfähigkeit oder Überschuldung, teilhaftig werden. Der beaufsichtigte Schuldner oder sein Vertreter muß den Vorschlag bringen, nicht die A.-P., nicht ein Bürge, nicht eine Gläubigermehrheit. Für den nicht prozeßfähigen Schuldner bringt sein gesetzlicher Vertreter, für den Mündel sein Vormund, für die juristische Person der Vorstand oder Geschäftsführer oder Liquidator, den Vergleichsvorschlag ein. Mehrere kollektiv auftretende Direktoren, Geschäftsführer, Liquidatoren und Sozien können nur einheitlich den Vorschlag einbringen. Die A.-P., das Gericht, der Gläubiger-Beirat (§ 30), die Gläubiger-Versammlung (§ 16) können die Anregung zu einem Antrag des Schuldners im Sinne des § 33 geben.

Zeitpunkt des Zwangsvergleichsvorschlags.

Über den Zeitpunkt der Einreichung des Antrages ist nichts vorgesehen. Daß er grundsätzlich zugleich mit dem Aufsichtsantrag, jedenfalls sehr rasch nach Anordnung der G.-A., eingereicht werden kann, zeigt der Abs. 2 des § 1. Selbstredend wird er vernünftigerweise erst gebracht, wenn die Vorschriften und Voraussetzungen der §§ 34, 35, 37, 38, 41 usw, erfüllt werden können. Wenn der Konkurs eröffnet ist, kann der Zwangsvergleich außerhalb des Konkurses nicht mehr eingereicht werden. Der Schuldner, dessen Vergleichsvorschlag zurückgenommen worden ist, so daß das Gericht das Vergleichsverfahren einstellt, was nur bis zur Annahme des Vergleichs zulässig ist (§ 56), dessen Vergleichsvorschlag zurückgewiesen worden ist, wenn vertrauensunwürdige Tatsachen vorliegen oder seine Vorlagen zum Vergleichsantrag ungenügend sind (§§ 41 und 42), dessen Vergleichsvorschlag abgelehnt oder verworfen worden ist (letzteres wegen der 5 Voraussetzungen des § 54, Vorschriftenverletzung, Pflichtenverletzung, verworrenen Vermögenslage, Gläubigerbegünstigung, dem gemeinsamen Gläubigerinteresse widersprechenden Vergleichsinhalts) kann, falls das G.=A. fortdauert, Zurückweisungsgründe des § 42 oder Verwerfungsgründe des § 54 aber nicht bzw. nicht mehr vorliegen, den Antrag von Neuem bringen. Der Schuldner, der einen Vergleich beantragt, kann Kaufmann oder Gewerbetreibender sein oder nicht.

Die Zwangsvergleichsgläubiger.

Zu den Gläubigern zählen auch ausländische Gläubiger, ja sogar Angehörige feindlicher Staaten, entgegen den Tendenzen der BundesratsVO. v. 7. Aug. 1914 über Ansprüche der im Ausland wohnenden Gläubiger. Nach der VO. über die zwangsweise Verwaltung ausländischer Unternehmungen v. 10. Febr. 1916 können, mit Zustimmung des Reichskanzlers, Forderungen feindlicher Gläubiger zwangsweise unter Verwaltung gestellt werden. Der Verwalter hat ohne weiteres seine Zustimmung an Stelle des ausländischen Gläubigers zu erteilen. Ist der Aufenthalt von Gläubigern unbekannt oder sind sie nicht zu erreichen, so kann ein Abwesenheitspfleger bestellt werden. Nicht alle die Gläubiger, welche von der G.=A. betroffen sind, nicht die, deren Ansprüche zum Gegenstand haben Geldstrafen, Unterhaltsleistungen für den Zeitpunkt seit Eröffnung des Zwangsvergleichsverfahrens, Leistungen aus einer Freigebigkeit des Schuldners, die seit der Eröffnung des Vergleichsverfahrens laufenden Zinsen, die Kosten, die durch die Teilnahme an dem Vergleichsverfahren erwachsen sind, sind an dem Vergleichsverfahren beteiligt. Von dem Verfahren zur Abwendung des Konkurses über einen Nachlaß werden, außer den in § 13 der VO. bezeichneten Gläubigern, auch die Gläubiger der in § 224 KO. bezeichneten Ansprüche nicht betroffen. Ein Gläubiger, welcher abgesonderte Befriedigung beansprucht, kann die Forderung, wenn der Schuldner auch persönlich für sie haftet, geltend machen, aus derselben aber nur für den Betrag verhältnismäßige Befriedigung verlangen, zu welchem er auf abgesonderte Befriedigung verzichtet oder mit welchem er bei der letzteren ausgefallen ist (§ 36 VO., § 64 KO.). Betagte Forderungen gelten als fällig. Auch sonst gilt § 65 KO., §§ 68, 69 und 70 KO. sind entsprechend anzuwenden (§ 36 VO.). Die vom Verfahren nicht betroffenen Ansprüche können gegen den Schuldner geltend gemacht werden und zwar gleichviel, ob es zu einem Zwangsvergleiche kommt oder nicht. Dagegen gelten gemäß § 62 für den Fall eines perfekten Zwangsvergleichs die Kosten, die den Gläubigern durch

Teilnahme an dem Vergleichsvorschlage erwachsen, als erlassen. Leistungen aus Freigebigkeit, die für den Fall der G.=A. allein vom Verfahren nicht betroffen werden, unterliegen gemäß § 62 dem Vergleiche.

Die am Zwangsvergleich nicht beteiligten Gläubiger.

Die im § 33 zweiten Absatz genannten Gläubiger nehmen an dem Zwangsvergleichsverfahren nicht teil. Der Vergleich ist für und gegen dieselben nicht wirksam. (Gegenteil des § 60). Bei der Prüfung der Frage, ob das Vermögen des Schuldners zu der den beteiligten Gläubigern angebotenen Befriedigung oder Sicherung ausreicht, sind aber gemäß § 48 auch die Ansprüche der nichtbeteiligten Gläubiger, mit Ausnahme der sich auf die Kosten der Teilnahme an dem Vergleichsverfahren beziehenden, zu berücksichtigen. Reicht das Vermögen nicht aus, so ist der Vergleich gemäß § 54 zu verwerfen.

Die im Verzeichnis nicht aufgeführten Gläubiger.

Eine besondere Kategorie sind die von dem Schuldner in den vorgelegten Verzeichnissen nicht aufgeführten Gläubiger, welche eigentlich am Vergleiche beteiligt gewesen wären. Sie bleiben durch den Zwangsvergleich unberührt.

Behandlung der am Zwangsvergleich beteiligten Gläubiger.

Geschützt werden also durch die Einrichtung des Zwangsvergleichs die vom Verfahren betroffenen Gläubiger, welchen gemäß § 6 der Zugriff in das Vermögen des Schuldners während der Dauer der G.=A. versagt ist. Von dem Zwangsvergleichsverfahren werden, vorbehaltlich der vorhin erwähnten Ausnahme des § 13, alle persönlichen Schuldner betroffen, die einen vermögensrechtlichen Anspruch gegen den Schuldner haben (§ 4), einschließlich der erst nach Eröffnung des Verfahrens zu Gläubigern gewordenen. Diesen vom Verfahren betroffenen Gläubigern müssen — von der Ausnahme des § 34 abgesehen — gleiche Rechte gewährt werden. Ihre Forderungen allein zählen bei der Kopf= und Summenmehrheit gemäß § 37 mit und kommen alle in Betracht, bis auf die im § 40 ausgenommenen Ehegatten des Schuldners und deren Zessionare, wenn sie dem Vergleiche zustimmen, falls die Zession ein Jahr vor oder während der G.=A. erfolgte und falls das Stimmrecht auf der Zession beruht. Diese Vorschrift des § 40 entfällt, wenn der Gatte zu der Abtretung durch das Gesetz oder einen Vertrag verpflichtet war, der früher als ein Jahr vor der Anordnung der G.=A. beschlossen wurde. Der bestimmte Vergleichsvorschlag des beaufsichtigten Schuldners, wie er in § 41 geregelt ist, hat sich nur auf die am Vergleichsverfahren beteiligten Gläubiger zu beziehen. Ihre Erklärungen allein, daß sie der Eröffnung des Vergleichs=

verfahrens auf Grundlage des schuldnerischen Vorschlages zustimmen, sind ausschlaggebend und beizubringen (§ 41 Nr. 2). Für gewöhnlich sind auch nur die am Zwangsvergleichsverfahren beteiligten Gläubiger im Gläubigerbeirat vertreten, so daß die Anhörung ihrer diesbezüglichen Delegierten — außer der A.-P. — für den Fall des Bestehens des Gläubigerbeirats, vor Entscheidung über den Antrag zu erfolgen hat (§ 42). Die Verhandlung über das Stimmrecht in dem Vergleichstermine, das, soweit es bestritten wird, festzustellen ist (§ 46) und die Erörterung der Forderungen an der Hand des gemäß § 41 anzulegenden Verzeichnisses, über welche sich der Schuldner zu erklären hat (§ 47), bezieht sich — von den Ausfallforderungen des § 47 Abs. 3, deren Stimmberechtigung das Gericht entscheidet, abgesehen — nur auf die am Verfahren beteiligten Gläubiger. Im Falle des § 55 (Unredlichkeit oder Leichtsinn des Schuldners), muß oder kann der Vergleich verworfen werden, wenn die am Zwangsvergleichsverfahren beteiligten Gläubiger nicht mindestens eine Zwangsvergleichsquote von 20 % gewährt erhalten. Der rechtskräftig bestätigte Vergleich ist für und gegen sie wirksam, auch wenn sie in dem Verfahren Erklärungen nicht abgegeben oder gegen den Vergleich gestimmt haben (§ 60).

Anfechtung und Aufhebung des abgeschlossenen Zwangsvergleichs.

Unbeschadet der durch den Vergleich gewährten Rechte, kann jeder der am Vergleichsverfahren beteiligten Gläubiger den vergleichsmäßigen Erlaß oder die vergleichsmäßige Stundung seiner Forderung anfechten, wenn der Vergleich durch Betrug zustande gebracht ist oder wenn durch die Geltendmachung des Anspruchs eines im Sinne des § 60 Abs 1 Satz 2 übergegangenen und so durch den Vergleich nicht betroffenen, eigentlich vergleichsbeteiligten, Gläubigers die Rechte der durch den Vergleich betroffenen Gläubiger gefährdet werden (§ 64). Die rechtskräftige Verurteilung des Schuldners wegen betrügerischen Bankerotts oder vorsätzlicher Verletzung des Vergleichseides gemäß § 50 hebt für die Gläubiger, welche vom Verfahren betroffen sind, Erlaß und Stundung wieder auf, unbeschadet der ihnen durch den Vergleich gewährten Rechte (§ 65).

Ungleiche Bestimmung der Gläubigerrechte.

Der Grundsatz der Parität der beteiligten Gläubiger, welche eine Sonderbegünstigung nicht erhalten dürfen (weder materiell noch wirtschaftlich, weder in Haupt- noch in Nebensache, weder nach Art, noch Höhe, noch Zeitpunkt der Raten) wird durch eine (oben bereits erwähnte) Bestimmung des § 34 unterbrochen. Während nämlich im allgemeinen eine ungleiche Bestimmung der Rechte nur mit ausdrücklicher Einwilligung der zurückgesetzten Gläubiger zulässig ist, kann das Gericht eine ungleiche Bestimmung der Rechte zulassen, wenn einerseits die Mehrheit der zurückgesetzten Gläubiger zustimmt und andererseits die

Gesamtsumme der Forderungen der zustimmenden Gläubiger wenigstens $^{3}/_{4}$ der Gesamtsumme der Forderungen der zurückgesetzten Gläubiger beträgt. Hier sind insbesondere **die kleinen Gläubiger** im Auge gehabt, die eine Voll- oder Mehrzahlung erhalten, wie dies auch bei Privatabkommen üblich ist. Es ist rätlich, bereits in die Erklärung der Zustimmung zur Eröffnung des Vergleichsverfahrens im Sinne des § 41, die der Schuldner seitens seiner Gläubiger zu erbringen hat, die Zustimmung zur ungleichen Behandlung gemäß § 34 mit vorzulegen.

Welcher Zwangsvergleich ist zulässig?

Sonderabkommen sind schlechthin nichtig (§ 34 letzter Absatz). Der Vergleich darf nur auf Erlaß oder Stundung oder beides zugleich gerichtet sein. Tertium non datur. Im übrigen darf er nur Bestimmungen enthalten, die der Sicherung seiner Durchführung dienen (etwa Übermittlung des schuldnerischen Vermögens an eine Treuhandgesellschaft, die für Verwertung und Erfüllung der vergleichsmäßigen Ansprüche sorgt). Der Vergleich einer schuldnerischen eingetragenen Genossenschaft darf nur auf Stundung allein oder in Verbindung mit einem Erlasse von Zinsen für die Dauer der Stundung, gerichtet sein. Dieser Satz ist so zu erklären, daß die nach dem Genossenschaftsgesetz bestehende persönliche Haftpflicht der Einzelmitglieder, welche der Gläubigerschaft im Fall einer Krisis für die vollständige Befriedigung Gewähr leisten soll, durch den Zwangsvergleich beeinflußt wird. Wenn nun bloß ein Zahlungsaufschub und kein Erlaß den Inhalt des Zwangsvergleichs bildet, sind die Einzelmitglieder materiell nicht in Mitleidenschaft gezogen. Der § 76 bildet eine Ergänzung dieser Bestimmung, indem die Möglichkeit des Ausscheidens von Genossen während des Laufes der Stundung, und damit ihre Befreiung von der Haftpflicht, zum Schaden der Gläubigerschaft verhütet wird. Der § 37 setzt die Kopf- und Summenmehrheit fest und zwar etwas verschieden von dem § 182 KO, da nicht die Mehrzahl der in dem Termin anwesenden stimmberechtigten Gläubiger entscheidend ist, sondern die **Mehrzahl der beteiligten Gläubiger**, da ferner die Gesamtsumme der Forderungen der zustimmenden Gläubiger wenigstens $^{3}/_{4}$ der Gesammtsumme der Forderungen der beteiligten Gläubiger (nicht aller zum Stimmen berechtigenden Forderungen) betragen muß. Diese Änderung ist zu bedauern, weil so die gleichgültigen und unbekannten Gläubiger als Gegenstimmen anzusehen sind, was den Schuldner schlechter stellt. Von einer Mindestquote, zu deren Verlangen intern manche Gläubigerschutzverbände ihre Mitglieder anhalten, hat man erfreulicherweise Umgang genommen. Doch bestimmt der § 55, daß der Vergleich zu verwerfen ist, wenn er den Gläubigern nicht mindestens 20% gewährt und dieses Ergebnis auf ein unredliches Verhalten des Schuldners zurückzuführen ist. Der Vergleich kann auch dann verworfen werden, wenn das gleiche Ergebnis auf ein leichtsinniges Verhalten des Schuldners zurückzuführen ist. Hierin und in den Voraussetzungen für die Zurückweisung eines Antrags (§ 42) sowie einer Verwerfung des Vergleiches (§ 54) liegen immerhin ausreichende Handhaben gegen unredliche schuldnerische Maßregeln, so daß es einer obligatorischen Mindestquote nicht bedarf. Freilich kann ein Vergleich unter 20 % nach der Sachlage anzuempfehlen sein, obschon der Schuldner nicht nur leichtsinnig, sondern sogar unredlich, manipuliert hat. Werden die beiden Mehrheiten erreicht, wird über den Vergleichsvorschlag gemäß § 46 rite verhandelt und abgestimmt (§ 46), werden die Forderungen der beteiligten Gläubiger an der Hand des Verzeichnisses erörtert und das Stimmrecht im Sinne des § 47 aufgestellt, wird dann der angenommene Zwangsvergleich — nach Anhörung der Gläubiger, der A.-P. und des Gläubigerbeirats, im Vergleichstermin oder einem zu verkündenden Termin — bestätigt (§ 53) so ist der Vertrag im Sinne des § 60 für und gegen alle beteiligten Gläubiger wirksam. Ein nur einjähriges, verzinstes oder zinsenloses Moratorium hat keine für die Gläubigerschaft so weittragende Bedeutung, daß die strengere Summenmehrheit des § 37 Nr. 2 erreicht werden muß. Hier ist die Hälfte der Gesamtsumme gemäß § 38 ausreichend. Nur derjenige Gläubiger, der ein Opfer irgend welcher Art, sei es durch Erlaß, sei es durch Stundung. bringen soll, wird bei der einen oder anderen Mehrheit des § 37 Nr. 1 eingerechnet. Werden gemäß § 34 gewisse Gläubiger oder Kategorien derselben voll bedacht, so werden diese glücklicheren Gläubiger den Mehrheiten nicht zugezählt. Auch die Gläubiger mit betagten Forderungen (§ 36 VO. und KO. § 65) haben auszuscheiden bei der Kopf- und Summenmehrheit, falls die betagten Forderungen erst nach dem Zeitpunkt eines den Gegenstand des Zwangsvergleichsvorschlags bildenden Moratoriums fällig werden.

Struktur des außerkonkurslichen Zwangsvergleichs im Gegensatz zum konkurslichen.

Das Verfahren des außerkonkurslichen Zwangsvergleichs unterscheidet sich von dem konkursrechtlichen nicht wesentlich in Bezug auf die verlangten Mehrheiten, nicht wesentlich in Bezug auf die Wirkungen, nicht wesentlich in Bezug auf die ihm entgegenstehenden Hemmungen, wohl aber in Bezug auf die ganze Struktur. Schon vor dem gerichtlichen Termine, der sich mit dem Zwangsvergleiche beschäftigt, finden im Konkursverfahren Termine statt. Zuerst wird eine Gläubigerversammlung abgehalten. Dann folgt der allgemeine Prüfungstermin. So ist im Konkursverfahren schon ein gewisser Unterbau vorhanden. Dazu kommt die Anmeldung im Konkursverfahren, welche die österreich. Ausgleichsordnung v. 10. Dez. 1914 wohlweislich beibehalten hat. Die Tabelle orientiert über die Forderungen, ihre Art, ihre Belege, ihre Richtigkeit, ihre Bedenken. Alles dies ist bei dem sich an das Geschäftsaufsichtsverfahren anlehnenden Zwangsvergleichsverfahren für gewöhnlich noch nicht bekannt, noch nicht vorbereitet, noch nicht übersehbar. Um so dringender ist, im Interesse der Ordnung, Verlässigkeit und Kontrollierbarkeit, das Erfordernis eines bestimmten Vorschlages, wie die Befriedigung und wie die Sicherheit erfolgen soll, ferner aber — im Gegensatz zum Konkursverfahren, das die Vorlage der Erklärungen der Gläubiger erheischt — die Erbringung des Nachweises, daß die gläubigerischen Mehrheiten dem Vorschlage zustimmen, und der Glaubhaftmachung des Vermögensverzeichnisses. Unstimmigkeiten können zur Zurückweisung des Antrags gemäß § 42 Nr. 2 führen, Ungenauigkeiten freilich nur das Gericht veranlassen, Nachholung gemäß § 41 letztem Absatz anzuordnen. Zur Nachholung fehlender Erfordernisse kann das Gericht eine Frist bewilligen. Es kann zulassen, daß an Stelle eines neuzufertigenden Vermögensverzeichnisses ein Nachtrag zu der gemäß § 20 mit dem Antrag auf G.-A. eingereichten Aufstellung vorgelegt wird.

Vorlage des Nachweises der Mehrheit.

Der § 41 Nr. 2 schreibt die Vorlage informatorischer Behelfe vor. Das Gericht, die A.-P., und die Gläubigerschaft soll sich durch die vom Schuldner vorzulegenden schriftlichen Erklärungen der zum Abschluß des Vergleichs erforderlichen Mehrheit, daß sie der Eröffnung des Vergleichsvorschlages zustimmen werden, ein Bild machen, ob es einen Zweck hat, das Vergleichsverfahren überhaupt zu eröffnen. Diese Bestimmung ist für uns neu, sie dient zur Vermeidung ganz erfolgloser Zwangsvergleichsvorschläge. Die A.-P. und der Gläubigerrat, die vor der Entscheidung über den Antrag gehört werden, bereiten durch Prüfung der schuldnerischen Vorlagen, gemäß § 42, die gerichtliche Verbescheidung des Antrags vor. Die A.-P. würdigt das schuldnerische Vorbringen, zumal von dem Gesichtspunkt aus, daß unlautere Machenschaften und heimliche Abmachungen aufgedeckt werden. Durch die Erklärung gemäß § 41 Nr. 2 wird der endgültigen Stellungnahme der Gläubiger nicht vorgegriffen. Denn nach § 51 gilt nur dann die vorherige schriftliche Erklärung als Zustimmung, wenn der Gläubiger in dem Vergleichstermin nicht erschienen ist und die Erklärung bis zu dem Termin nicht widerrufen hat. Dreht es sich um die Frage, ob die erforderlichen Zustimmungserklärungen gegeben sind, sind die Gläubiger bestrittener Forderungen, soweit nicht das Bestreiten offenbar unbegründet ist, und die Gläubiger aufschiebend bedingter Forderungen nicht mitzuzählen, Absonderungsberechtigte zu dem mutmaßlichen Ausfall.

Der § 41 Nr. 3 bringt eigentlich nur eine Wiederholung des § 20. Die dortige Vermögensaufstellung muß erneuert werden, weil seit dem Antrag auf G.-A. andere Verhältnisse eingetreten sein können. Da die Behelfe der konkurslichen obligatorischen Gläubiger-Versammlungen, Inventuren, nebst fakultativem Offenbarungseid im G.-A. fehlen, soll das Verzeichnis des Vermögens beim Vergleichsantrag tunlichst glaubhaft gemacht werden. Die A.-P. und der Beirat können, gestützt auf §§ 2 und 31, dem Schuldner diese Glaubhaftmachung gewähren. Die A.-P. kann und soll sich überhaupt in diesem Stadium besonders bewähren. Sie würdigt die für den Ausgleich maßgebenden Verhältnisse, ermittelt den Schuldenstand, begutachtet die Aussichten des Vorschlags, untersucht die Erklärungen der Gläubiger und spricht sich über den Status aus. Der Beirat ist der A.-P. behilflich und berät ihn.

Vertrauensunwürdigkeit des Schuldners.

Es wäre nicht ratsam, einen Zwangsvergleichsvorschlag, der der Gläubigerschaft förderlich ist, zurückzuweisen, weil der Schuldner eine suspekte Persönlichkeit ist. Mit anderen Worten: Zwischen der Vertrauensunwürdigkeit des Schuldners (§ 42) und dem Vorschlage selbst muß ein Zusammenhang bestehen. Mit einem Zurückweisungsantrag des § 42 greift unter Umständen das Gericht stark in die schuldnerische Existenz ein. Um so sorgfältiger wird in Zweifelsfällen das Gericht, gemäß §§ 16, 21 ff., sich informieren. Da die Zurückweisung des Antrags von Bedeutung ist, steht dem Schuldner gegen dieselbe die sofortige Beschwerde zu.

Eröffnung des Zwangsvergleichsverfahrens.

Beschließt das Gericht die Eröffnung des Vergleichsverfahrens, so hat es einen Vergleichstermin nicht über einen Monat festzusetzen. Mangels einer Veröffentlichung (§ 18) ist der förmliche, diesbezügliche gerichtliche Beschluß den sämtlichen Interessenten zuzustellen. (Schuldner, A.-P. und Gläubigerschaft ohne Ausnahme; § 44). Den privilegierten Gläubigern soll dadurch Gelegenheit gegeben werden, zur rechten Zeit zur Frage eines etwa unzulänglichen Vermögens Stellung zu nehmen (§ 48 Schlußpassus). Die beteiligten Gläubiger werden dadurch anders behandelt, daß ihnen auch der Zwangsvergleichsvorschlag mitbekannt gegeben wird (§ 44). Die Vereinfachungen des § 17 sind zu berücksichtigen. Für den Regelfall ist es dem am Vergleichsverfahren beteiligten Gläubiger unbenommen, die in § 41 vorgeschriebenen schuldnerischen Vorlagen einzusehen, aber nicht ohne die Ermächtigung des Gerichts, gemäß § 18 zweiter Absatz.

Unterhandlung der Aufsichtsperson mit den Gläubigern.

Jetzt setzt markant wieder die Tätigkeit der A.-P. ein. Niemand ist berufener, mit den Gläubigern zu konferieren, ehe es zu den gerichtlichen Erörterungen des Vergleichsantrags (§§ 46 ff.) kommt. Die hauptsächliche Tätigkeit der A.-P. erstreckt sich in diesem Zeitpunkt auf die Unterhandlung mit Gläubigern, bezüglich deren irgend welche Komplikation vorliegt, die die A.-P. zu beseitigen imstande ist. Vielleicht findet die A.-P. den Weg, um Meinungsverschiedenheiten wegen anfechtbarer Rechtsgeschäfte zu begegnen, so daß der Vergleich nicht abgelehnt und verworfen wird. Schließlich werden die Unterhandlungen auch mit nichtbeteiligten Gläubigern zu führen sein. Die A.-P. kann natürlich auch schriftlich (mit Rundschreiben usw.) sich betätigen. Über das Ergebnis wird das Amtsgericht allenfalls einen Bericht nebst Aufstellung von der A.-P. einfordern.

Der Vergleichstermin.

Der Vergleichstermin, der den Höhepunkt des ganzen Verfahrens bedeutet, von welchem ab normalerweise das Zwangsvergleichs- und Geschäftsaufsichtsverfahren wieder ihrem Ende zuneigen, wird vom Gericht geleitet. Eine Bestimmung, daß der Schuldner persönlich zu erscheinen hat, kennt die VO. nicht, würde auch angesichts der Einberufungen und sonstiger Landesabwesenheit nicht immer durchzuführen sein. Immerhin wird dieses persönliche Erscheinen des Schuldners rätlich und tunlichst vom Gerichte anzuordnen sein, denn die § 47 (der Schuldner hat sich über die Forderungen der beteiligten Gläubiger an der Hand der Verzeichnisse zu erklären; er hat das Recht des Widerspruchs), § 48 (Schuldner hat glaubhaft zu machen, daß die Vergleichserfüllung gesichert ist) schreiben die Abgabe von Erklärungen, der § 50 eine dem Gerichte überlassene schuldnerische Eidesleistung, mit eventl. Ergänzung der Aufstellungen des Verzeichnisses, vor. Ist der Schuldner minderjährig oder bevormundet, oder eine juristische Person, so wird wiederum das persönliche Erscheinen seines gesetzlichen Vertreters die Regel sein. Die A.-P. hat erst recht im Vergleichstermin anwesend zu sein, denn sie hat sich gemäß § 49 im Termin über die Sachlage und über die Sicherheiten zu äußern. Sie hat das Recht und die Pflicht, gegen das ihr nicht zutreffend erscheinende Stimmrecht Widerspruch zu erheben (§ 47). Bevor der Gerichtsschreiber das Ergebnis der Abstimmung in das Verzeichnis der Gläubiger einträgt (§ 47), kann und muß die A.-P., falls die Forderung nicht in Ordnung geht, Widerspruch erheben. Sind der Schuldner oder die A.-P. aus wichtigen Gründen abgehalten, zu erscheinen, so liegen die besonderen Gründe vor, welche eine Vertagung des Termines rechtfertigen (§ 52 letzter Absatz). Die Gläubiger müssen nicht erscheinen. Sie können auch schriftlich sich beteiligen.

Schriftliche, bestrittene Stimmen.

Hat ein Gläubiger vor Eröffnung des Vergleichsvorschlages eine dem § 41 Nr. 2 entsprechende schriftliche Erklärung bereits abgegeben, so gilt diese, wenn er im Vergleichstermine nicht kommt, und die erstmalige Erklärung bis zum Vergleichstermin nicht widerruft, als Zustimmung zum Vergleiche (§ 51). Zunächst sind die Fragen der Vollmacht und Vertretungsmacht zu erledigen. Der Gläubiger einer bestrittenen Forderung scheidet nicht ohne weiteres als stimmberechtigt aus. Im Falle des Widerspruchs ist über die Frage, ob und in welcher Höhe ihm ein Stimmrecht zu gewähren sei, zu verhandeln. Mangels Einigung *stimmt er zunächst mit*. Kommt es auf die bestrittene Stimme an, so entscheidet das Gericht über die Frage des Stimmrechts (§ 47). Diese Entscheidung gilt auch für den allenfallsigen zweiten Termin. Hält nämlich das Gericht oder die Mehrheit der erschienenen stimmberechtigten Gläubiger eine Vertagung zum Zwecke weiterer Verhandlungeu oder Ermittelungen, oder behufs Stellungnahme zu einer Änderung des Vorschlags für erforderlich, so ist ein neuer, nicht über einen Monat hinausgehender Termin zur Fortsetzung der Verhandlung anzuberaumen, wie auch dann, wenn eine Vertagung aus besonderen Gründen geboten erscheint (§ 52). Durch die Zustellung des Gerichtsbeschlusses und die Mitteilung des Vergleichsvorschlages sind die Gläubiger über den Gegenstand der Verhandlung unterrichtet.

Erörterung der Forderung. Anerkenntnisvermerk.

Die Erörterung der Forderung geht analog dem Verfahren im Prüfungstermin vor sich. Maßgebend ist das Gläubigerverzeichnis. Ein Widerspruch im Termin kann später schriftlich zurückgenommen werden. Das Gläubigerverzeichnis wird in solchem Fall berichtigt (§§ 47, 61). Der Gerichtsschreiber nimmt eine Niederschrift über die Erörterung auf. Ihr werden das Verzeichnis der Gläubiger und das Ergebnis der Erörterung beigefügt (§ 47). Soweit gegen eine Forderung weder von dem Schuldner noch von einem beteiligten Gläubiger, noch von einer A.-P., Widerspruch erhoben ist, hat der Gerichtsschreiber zu vermerken, daß die Forderung anerkannt ist. Wird der Zwangsvergleich rechtskräftig bestätigt, so findet aus dem Anerkennungsvermerk, gemäß § 61, durch Verbindung mit einem Auszuge aus dem Gläubigerverzeichnis oder seinen Nachträgen, wegen der in denselben als anerkannt vorgemerkten Forderungen, gegen den Schuldner und seine Garanten die Zwangsvollstreckung statt. Durch die rechtskräftige Bestätigung wird der Anerkennungsvermerk des § 47 zu einem rechtskräftigen Titel bereift. Wird ein Widerspruch gegen ein Stimmrecht erhoben, so findet hierüber Erörterung statt. In Ermangelung einer Einigung stimmt der Gläubiger, dessen Stimmrecht streitig ist, zunächst mit. Kommt es auf die bestrittene Simme an, so entscheidet das Gericht, aber nur über das Stimmrecht. Ebenso, ob und wie hoch, Absonderungsberechtigte bezüglich des Ausfalls mitstimmen. Die Stimme des Ehegatten des Schuldners und seines Rechtsnachfolgers, mit dem Abmaße des § 40 Abs. 2, zählt nicht mit, wenn er dem Vergleiche zugestimmt hat. Auch bei Feststellung der Gesamtsumme kommt die Stimme dann nicht in Betracht.

Reicht die Masse aus? Die Sicherungen.

Die Abstimmung hat nur einen Wert, wenn das Angebotene wirklich vom Schuldner geleistet werden kann. Was in der unter G.-A. befindlichen Masse liegt, muß dem Schuldner und einer rührigen A.-P. bekannt sein. Beide müssen sich daher vor dem Vergleichstermin ein Bild machen, ob in der Tat der Schuldner das im Vorschlage Versprochene erfüllen kann. Reicht die schuldnerische Masse nicht zu, so müssen sie sich nach Bürgen umsehen. Auf diese Weise oder durch Hinterlegung oder Verpfändung kann Sicherheit geleistet werden. Liegt die Bürgschafts- oder Hinterlegungs- oder Verpfändungsurkunde im Termin vor, so ist die im

§ 48 dem Schuldner zur Pflicht gemachte Glaubhaftmachung einfach. Ergeben sich aber Bedenken, so obliegt dem Schuldner die Darlegung seiner Vermögenslage und Rechtfertigung seiner Aufstellung. Ihm wird die A.-P. zur Seite stehen, oder widersprechen. Dem Aufsichtsrichter ist überlassen, mit Rücksicht auf den einzelnen Fall, zu ermessen, ob die bescheinigten Tatsachen genügend glaubhaft gemacht sind. Die Quote für eine aufschiebend bedingte Forderung gibt dem Zwangsvergleichsverfahren ein Recht auf Sicherung durch Hinterlegung der fällig gewordenen Vergleichsrate, es sei denn, daß die Anwartschaft des betreffenden Gläubigers aussichtslos ist. Dem Ermessen des Gerichts unterstehen ferner die Fragen, ob der Anteil für bestrittene Forderungen sicherzustellen ist (§ 48). Der gutachtliche Bericht der A.-P. (§ 49) unterstützt das Gericht.

Der Eid im Vergleichsverfahren.

Dazu kommt der Eid des § 50, den die Erläuterung nicht Offenbarungseid genannt haben will, der aber doch einer ist. Freilich kann er nicht erzwungen werden. Weigert der Schuldner die Leistung, so ist das Vergleichsverfahren gemäß § 57 Abs. 2 eingestellt. Nimmt das Gericht an, daß das Vergleichsverfahren überhaupt einzustellen ist oder der Vergleich zu verwerfen ist, so ist der Eid nicht abzunehmen. Nur auf gerichtliches Verlangen, nicht auf dasjenige eines Gläubigers oder der A.-P., nicht auf schuldnerisches Erbieten soll oder gar muß der Schuldner den Eid dahin leisten, daß er nach bestem Wissen sein Vermögen und seine Gläubiger so vollständig angegeben habe, als er dazu imstande ist. Die Gläubiger sind also — im Gegensatz zum § 807 ZPO. — in die Formel eingeschlossen. Folgt man dem Gedanken, daß unnötige Eide zu vermeiden sind, so ist eine Eidesleistung nur veranlaßt, wenn die anderen Anhaltspunkte für die Wahrhaftigkeit des schuldnerischen Vorbringens versagen. Die A.-P. und der Gläubigerbeirat, auch Gläubiger, die zu dem Beschluß des Gerichts Anlaß gegeben haben und allenfallsige Vorhaltungen machen, sind zum Eidestermin zu laden. Ich sehe den Eid nur als ultima ratio an. Im Vollstreckungsverfahren ist der Eid eine Vollstreckungsart, hier ist er ein Auskunfts- und Zwangsmittel. Ist der Schuldner prozeßunfähig, so leistet sein gesetzlicher Vertreter den Eid. Der Erbe leistet den Eid bei der G.-A. über einen Nachlaß (§ 73). Die Mitglieder einer Handelsgesellschaft, die unter Aufsicht steht, leisten sämtlich den Eid des § 50. Wenn sich Unvollständigkeiten im Eidestermin ergeben, der normalerweise mit dem Vergleichstermin verbunden ist, so sind Aktiva und Passiva zu ergänzen.

Der Gerichtsentscheid als Bestätigung. Anfechtung und Aufhebung des Vergleichs.

Der endgültige Abschluß des Vergleichs erfolgt in der Weise, daß der Parteivertrag durch einen Gerichtsentscheid bestätigt wird (§ 53).

Mit der Bestätigung, die sich auf das ganze Vergleichsverfahren erstreckt, wird ein etwa nicht beachteter Mangel geheilt. Anders die §§ 64 und 65. Unbeschadet der durch den Vergleich gewährten Rechte, kann nämlich ein beteiligter Gläubiger den Erlaß oder die Stundung anfechten, wenn der Vergleich durch Betrug zustande gebracht ist, oder wenn durch die Geltendmachung des Anspruchs eines übergegangenen Gläubigers die Rechte der durch den Vergleich betroffenen Gläubiger gefährdet werden, ersteres freilich nur, wenn der Gläubiger ohne Verschulden außerstande war, den Anfechtungsgrund im Vergleichsverfahren vorzubringen. Ferner hebt die rechtskräftige Verurteilung des Schuldners wegen betrügerischen Bankerotts oder vorsätzlicher Verletzung des vorhin erwähnten Eides für alle Gläubiger den Erlaß und die Stundung auf, unbeschadet der den Gläubigern durch den Vergleich gewährten Rechte. Die Bestätigung des Gerichts muß erteilt werden, wenn kein gesetzlicher Grund dagegen spricht. Ist die Bestätigung erteilt, so kann das Bestätigungsgericht eine Änderung nicht mehr vornehmen. Aber die Beteiligten haben, gemäß § 59 Abs. 2, das Recht der sofortigen Beschwerde. Das Gericht kann in einem Vergleichstermin oder einem neuen Termin, der im Vergleichstermin zu verkünden ist, die Bestätigung erteilen. Die Bestätigung oder Verwerfung erfolgt. nachdem die Aufsichtsorgane und alle Beteiligten Gelegenheit bekommen haben, sich gegenüber dem Gericht auszusprechen.

§ Die gerichtliche Verwerfung des Vergleichs.

Die §§ 54 und 55 regeln die Verwerfungsgründe. Dem Ermessen des Gerichts ist die Würdigung der 5 Hauptanlässe des § 54 anheim gestellt. Die Folge der Verwerfung auf Grund des § 54 Abs. 2 ist schwerwiegend; der § 66 Nr. 1 bezeichnet gerade die Verfehlung des § 54 Nr. 2 (erhebliche Pflichtenverletzung des Schuldners oder die gläubigerischen Interessen schädigende Handlungsweise desselben) als wichtigen Grund für die Aufhebung der G.-A., die Begleiterscheinung der Verwerfung des Vergleiches. Der Verwerfungsgrund des § 54 Nr. 3 (verworrene schuldnerische Vermögenslage) darf nicht rigoros behandelt werden. Die Verwerfung des § 188 KO. (Gäubigerbegünstigung und widersprechendes Interesse der Gläubigerschaft) setzt den Antrag eines Konkursgläubigers voraus. Diese Kautel wird in den Nummern 4 und 5 des § 54 vermißt. Freilich wird ein vorsichtiger Richter die schwerwiegenden Entschließungen der Nr. 4 und 5 des § 54 kaum ohne gläubigerische Anträge treffen. Dem gemeinsamen Interesse der Gläubiger widerspricht ein Vergleich, wenn der Konkurs den beteiligten Gläubigern günstigere Aussichten bieten würde, vielleicht weil er Anfechtungsmöglichkeiten gewährleistet, die dem G.-A.-Verfahren versagt sind. Der § 57, welcher die Einstellung des Vergleichsverfahrens zum Gegenstand hat, will die Aufbietung des Apparats verhüten, falls gröbliche Pflichtverletzungen vorliegen, oder keinerlei Aussichten bestehen.

Gerichtliche Einstellung des Vergleichsverfahrens.

Die Einstellung ist die dritte Form der Ablehnung. die erste ist die Zurückweisung (§ 42), die zweite ist die Verwerfung (§§ 54 und 55). Nach dem gewöhnlichen Verlauf der Dinge, muß sich die Einstellung zwischen die Zurückweisung und Verwerfung zeitlich einschieben. Das Gericht muß auch einstellen, wenn der Vergleichseid verweigert wird. In den Einstellungsfällen hat der Schuldner das Rechtsmittel der sofortigen Beschwerde, die aufschiebende Wirkung hat. Nach § 66 ist es als wichtiger Grund der Aufhebung der G.-A. anzusehen, wenn der Schuldner erheblich seine Pflichten verletzt oder den Interessen der Gläubiger zuwiderhandelt, ferner wenn die Voraussetzungen gegen die Anordnung der G.-A. weggefallen sind. Für die Einstellungs- und Verwerfungsfälle wird daher einer der wichtigen Gründe des § 66, der zur Aufhebung der G.-A. führt, einschlägig sein. Immerhin kann, trotz Einstellung oder Verwerfung, grundsätzlich die Aussicht bestehen, daß die Zahlungsunfähigkeit oder Überschuldung nach Wegfall der Kriegsverhältnisse behoben wird. Der § 58 überläßt dem Gericht die Entschließung. Gegen den Beschluß der Aufhebung hat der Schuldner, gemäß § 68, die sofortige Beschwerde. Der Bestätigungs- oder Verwerfungsbeschluß ist zu verkünden. Der Einstellungsbeschluß ist dem Schuldner, der A.-P. und allen Gläubigern zuzustellen.

Wirkung des rechtskräftig bestätigten Vergleichs.

Der rechtskräftig bestätigte Vergleich wirkt zugunsten aller in den schuldnerischen Verzeichnissen aufgeführten Gläubiger, gleichviel, ob sie in dem Vergleichstermin anwesend oder vertreten waren, gleichviel, ob sie für oder gegen den Vergleich gestimmt haben, gleichviel, ob sie bekannt oder unbekannt waren oder sind, gleichviel, ob sie selbst keine Kenntnis von dem Verfahren erhalten haben. Entscheidend ist somit die Aufführung der Gläubiger in den Verzeichnissen der §§ 20 und 41 Nr. 3. Der Vergleich wirkt aber auch gegen diese sämtlichen Gläubigerarten, falls sie in den schuldnerischen Verzeichnissen aufgeführt waren. Die in den Verzeichnissen des Schuldners nicht genannten Gläubiger büßen ihren vollen Anspruch auch nach Rechtskraft des Zwangsvergleichs nicht ein. Der Schuldner soll eben seine Verzeichnisse tunlichst vervollständigen. Die Bestimmung ist ein Gegengewicht gegen die Ausschaltung der Veröffentlichung. Freilich kann auf diese Weise der Schuldner einen Gläubiger absichtlich in die Liste nicht aufnehmen und so begünstigen. Der Schuldner ist von der späteren Erstattung des Ausfalls befreit. Die erlassene Restforderung bleibt aber als natürliche Verbindlichkeit zurück. Dafür, daß die erlassene Forderung nicht vollkommen erloschen ist, spricht auch der Fortbestand der Rechte der Gläubiger gegen Mitschuldner und Bürgen des Schuldners sowie der Rechte aus einem Pfandrecht, einer Hypothek und einer Vormerkung (§ 60).

Nicht vom Zwangsvergleich betroffen.

Die bevorrechtigten Forderungen der §§ 13 und 33 werden vom Zwangsvergleich nicht betroffen. Hat einer dieser Gläubiger schriftlich der Vergleicheröffnung zugestimmt (§ 41 Nr. 2) und hat er sich an der Verhandlung sowie Abstimmung beteiligt (§§ 46 ff.), so liegt in dieser Erklärung und Beteiligung kein Verzicht auf sein Vorrecht, wenn es ihm z. Zt. der Erklärung, Verhandlung und Abstimmung unbekannt war. Durch den Zwangsvergleich wird weder die persönliche noch die sachliche Haftung Dritter berührt. Bürgen und Mitschuldner des geschäftsbeaufsichtigten Schuldners haften weiter. Im § 33 Abs. 2 Nr. 3 sind, als an dem Vergleichsverfahren nicht beteiligt, auch Leistungen aus einer Freigebigkeit des Schuldners aufgeführt. Gegen diese ist der Erlaß oder die Stundung gemäß § 62 wirksam. Die Kosten, welche durch die Teilnahme an dem Zwangsvergleichsverfahren erwachsen, gelten, was diesen Anspruch gegen den Schuldner anbetrifft, im Falle rechtskräftiger Bestätigung des Vergleichs, als erlassen.

Das Vollstreckungsverfahren auf Grund des Gläubigerverzeichnisses.

Im Geschäftsaufsichtsverfahren ist das Gläubigerverzeichnis, mit seinen etwaigen Nachträgen, die Urkunde, deren sich der Gläubiger im Vollstreckungsverfahren bedient. Vollstreckungstitel ist die Anerkennung der Forderung im Vergleichstermine, die von dem Gerichtsschreiber in das Verzeichnis der Gläubiger vermerkt wird. Ihr kommt Urteilskraft zu und zwar im Zusammenhalt mit dem Wortlaut des Vergleichs, welcher die Einzelheiten ersehen läßt. Der Anerkennungsvermerk im Gläubigerverzeichnis wirkt sowohl gegen den Schuldner, als auch gegen die Garanten des Zwangsvergleichs. Der Anerkennungsvermerk wird freilich erst mit dem rechtskräftig bestätigten Vergleich gemäß § 61 vollstreckbar. Wenn in dem Vergleichstermin dritte Personen Verpflichtungen zur Erfüllung des Zwangsvergleichs gegen den Schuldner übernommen haben, so bedarf es einer weiteren Unterwerfung unter die sofortige Zwangsvollstreckung nicht.

Ausfallgläubiger im Vollstreckungsverfahren.

Ausfallgläubiger, deren Ausfall bis zum Vergleichstermin nicht feststand, müssen erst die Höhe ihres Ausfalls beweisen. Hernach müssen sie wie Gläubiger, deren Forderung nicht anerkannt ist, wenn der Schuldner nicht freiwillig zahlt, gegen diesen und seine Garanten Klage stellen. Die Vollstreckungsbefriedigung für einen Ausfallgläubiger kann aus dem Vergleich nur auf den Betrag ausgesprochen werden, zu welchem der Ausfallgläubiger auf abgesonderte Befriedigung verzichtet hat oder mit welchem er bereits vor den Vergleichstermin ausgefallen war.

Die kassatorische Klausel.

Im Vergleiche kann ausgemacht werden, daß, wenn der Vergleich nicht erfüllt wird, die ganze vor dem Vergleich bestandene Forderung wieder auflebt (kassatorische Klausel). Die kassatorische Klausel wirkt aber nur vertraglich. Eine Klage auf Aufhebung des Vergleichs wegen Nichterfüllung findet nicht statt (§ 63).

Aufhebung der Geschäftsaufsicht. Der Antrag des Schuldners. Wichtige Gründe.

Die G.-A. bildet ein Benefizium des Schuldners. Gegen seinen Willen kann und darf das Verfahren nicht stattfinden oder fortdauern. Stellt der Schuldner den Antrag auf Aufhebung der G.-A., so erfolgt keine weitere Prüfung seines Gesuchs. Der Antrag des Schuldners kann in jedem Stadium des Aufsichtsverfahrens gestellt werden, mit und ohne Zwangsvergleichsverfahren, vor und nach dem Antrag auf Eröffnung, vor und nach der Verbescheidung desselben, vor, in und nach dem Vergleichstermin, vor und nach der Eidesleistung, vor und nach Zurückweisung, Einstellung, Bestätigung und Verwerfung. Abgesehen von dem schuldnerischen Antrag kann das Gericht aus wichtigen Gründen die Aufhebung beschließen. Die Gründe, welche hiefür der § 66 anführt, sind nur Beispiele: wenn der Schuldner erheblich die Pflichten verletzt oder den Interessen der Gläubiger zuwiderhandelt, ferner wenn die Voraussetzungen gegen die Anordnung der G.-A. nachträglich weggefallen sind. Die Tatbestände des § 66 Satz 2 sind dem Ermessen des Gerichts unterstellt. Die G.-A. soll nicht fortdauern, wenn sie nutzlos ist. Dieses Kriterium soll aber mild ausgelegt werden. Denn die wirtschaftlichen Zukunftsaussichten sind unklar. Wenn aber der Schuldner, statt für die Wohltat der Verordnung dankbar zu sein, sich auflehnend, widerspenstig und grobnachlässig verhält, seine Obliegenheiten versäumt usw., auf die A.-P., den Beirat und das Gericht nicht hört, so bleibt schließlich nichts anderes übrig, als den § 66 anzuwenden. Wenn ferner heute nicht mehr die richtige Prognose zutrifft, oder die frühere Prognose irrig war, ist ebenfalls die G.-A. aufzuheben. Bei dieser Würdigung darf nicht streng verfahren werden. Daß dies auch der Absicht der Verordnung entspricht, ergibt ein Blick auf § 67; einerseits ist dem Schuldner immer Gelegenheit gegeben, sich zu rechtfertigen, andererseits sichert die Aussicht auf Vergleichsverhandlungen mit der Gläubigerschaft dem Schuldner, trotz der mangelnden Voraussetzungen, die Fortdauer der G.-A. Der Schuldner kann auf derzeitige private oder Zwangs-Vergleichsanbahnung verweisen und sie dem Gericht glaubhaft machen. Dieses hat, zur Vermeidung der Verschleppung, dem Schuldner eine geeignete Frist zu stecken. Nach fruchtlosem Ablauf erfolgt die Aufhebung der G.-A. Offensichtlich ist auch hier eine wohlwollende Auslegung von der Verordnung gewünscht.

Bei Gesellschaften und Nachlässen sind sämtliche Gesellschafter Vorstände usw., Miterben zu hören, bevor die G.-A. über das Vermögen der Gesellschaften und Nachlässe aufgehoben wird.

Stirbt der Schuldner, so kann die G.-A. zur Abwendung des Konkurses über den Nachlaß gemäß § 73 angeordnet werden.

Dem Schuldner ist das Rechtsmittel der sofortigen Beschwerde gegen die Aufhebung der G.-A. gegeben (§ 68). Ergreift der Schuldner keine sofortige Beschwerde, oder wird solche von der zweiten Instanz verworfen, so nimmt die G.-A., mit Ablauf der Frist, bzw. Verbescheidung der Beschwerde, ihr Ende. Die normalste und befriedigendste Abschließung der G.-A. ist aber — von einer Vollzahlung oder erfolgreichen privaten Vergleichsabwicklung abgesehen — die mit der Rechtskraft des Beschlusses, durch welche der Zwangsvergleich bestätigt wird. Die amtliche Erläuterung fügt mit Recht an, daß die G.-A. damit ihre Aufgabe erfüllt hat (§ 69).

Mitteilung der Aufhebung der Geschäftsaufsicht.

Der § 70 korrespondiert mit dem § 22. Der § 22 bestimmt, daß die Anordnung der G.-A. allen Gläubigern, der A.-P. und den amtlichen Stellen, je nach dem Beruf des Schuldners, mitzuteilen ist. Genau so, bei der rechtskräftigen Beendigung der G.-A. Der § 70 gibt zwar nicht an, daß auch der A.-P. die Beendigung mitzuteilen ist, aber der Ordnung halber hat dies zweifellos zu geschehen. Ihre Tätigkeit ist damit beendigt, Sie hat die Bestallungsurkunde dem Gericht zurückzugeben (§ 23). Auch die vom Verfahren nicht betroffenen Gläubiger erhalten eine Zustellung über die Beendigung der G.-A. Auch sie haben das größte Interesse daran, dies zu erfahren.

Schlußvorschriften. Gerichtskosten und Gebühren der Aufsichtsperson sind Massekosten im Konkursverfahren.

In den Schlußvorschriften §§ 71—80 sind ganz verschiedene Stoffe, die bis zum § 70 nicht geregelt sind, gehäuft. Gerichtskosten des Aufsichtsverfahrens und Gebühren der A.-P. sind Massekosten im Konkursfall. Der § 71 findet nicht Anwendung, wenn es sich um einen späteren Konkurs dreht, der mit gegenwärtiger G.-A. nur die Person des Schuldners gemeinsam hat. Mit anderen Worten: es muß, behuf Anwendung des Privilegs der § 71, derjenige Konkurs sein, der ausbricht, weil die G.-A. aus einem der Gründe des § 66 aufgehoben wird. Es kann der Konkurs sein, der dadurch entsteht, daß der Eid des § 50 verweigert und daraufhin die G.-A. aufgehoben wird. Es kann der Konkurs sein, der nach Zurücknahme, oder Zurückweisung, oder Einstellung, oder Verwerfung, oder Aufhebung des Vergleichs beantragt oder eröffnet wird. Es kann auch der Konkurs sein, der ausbricht, weil der Schuldner oder der Bürge den Vergleich nicht, oder nicht recht erfüllt haben. Aber es darf nicht der Konkurs sein, welcher nach Einigung des Schuldners mit seinen Gläudigern, bzw. nach Bestätigung nud Erfüllung des Zwangsvergleichs, sowie der Aufhebung der G.-A., deshalb entsteht, weil der Schuldner sich bei der früheren Krisis zu stark verausgabt hat.

Die Höhe der Gerichtskosten.

Unter den gerichtlichen Kosten der G.-A. werden die Gebühren und Auslagen verstanden. Das amtsgerichtliche Verfahren der G.-A. war und ist gebührenfrei (§ 78). Die Auslagen sind nach den Vorschriften des Gerichtskostengesetzes zu behandeln. Nicht frei ist das Zwangsvergleichsverfahren. Es erfordert vielmehr, wenn der Vergleichstermin abgehalten wird, 5 Zehnteile, andernfalls 2 Zehnteile der Sätze des § 8 GKG. Für die Beschwerdeinstanz werden die Gebühren der §§ 45, 46 GKG. erhoben. Pauschsätze werden nicht erhoben, für das amtsgerichtliche Gebiet des G.-A.Verfahrens. Durch den § 71 wird zwischen dem durch das GA.-Verfahren erwachsenen Kostenaufwand und demjenigen des eigentlichen Konkurses ein Konnex hergestellt.

Unterarten der Aufsichtsverfahren (Gesellschaften, Nachlaß, Gütergemeinschaft).

Die §§ 72, 73, 74 und 76 regeln Unterarten der Aufsichtverfahren; der § 72 die Gesellschaften m. b. H., die Erwerbs- und Wirtschaftsgenossenschaften, bezüglich deren dann der § 76 noch Näheres bringt, die Handelsgesellschaften, Kommanditgesellschaften und Kommanditgesellschaften auf Aktien; der § 73 den Nachlaß und das Gesamtgut bei fortgesetzter Gütergemeinschaft; der § 74 negativ die Versicherungsunternehmungen gemäß Gesetz v. 12. Mai 1901. Die Vorschriften der §§ 207—211, 213 KO. § 63 des Gesetzes betreffend die Genossenschaften m. b. H., die §§ 98, 100 Abs. 1 u. 2 des Gesetzes betreffend die Genossenschaften sind auf die G.-A. und das Vergleichsverfahren entsprechend anzuwenden (§ 72). Eine Anordnung der G.-A. ist möglich während des Bestehens der Aktiengesellschaft und während ihrer Liquidation. Jedes Mitglied des Vorstands und jeder Liquidator, nicht aber ein Gläubiger, sind antragsberechtigt (§§ 1 und 72). Der Antrag braucht nicht von allen Mitgliedern des Vorstands gestellt zu werden. Im Falle der Zahlungsunfähigkeit oder Überschuldung einer Gesellschaft findet über das Gesellschaftsvermögen ein selbständiges Aufsichtsverfahren statt. Der G.-A. untersteht das Gesellschaftsvermögen. Ein Zwangsvergleich kann nur auf Vorschlag aller persönlich haftenden Gesellschafter geschlossen werden. Die Gläubigerschaft des G.-A.- bzw. Zwangsvergleichsverfahrens über die Privatgant hat Anspruch auf die Forderungen des Gesellschafters gegenüber der Gesellschaft. Die Gesellschaft hat Anspruch gegenüber dem Aufsichts- bzw. Vergleichverfahren des Gesellschafters, soweit der letztere Schuldner der Gesellschaft ist. Es nehmen außerdem an der Privatgant des Gesellschafters die Gläubiger der Gesellschaft teil. Treffen beide Ganten zusammen, so nehmen die Gesellschaftsgläubiger an der Privatgant bloß mit ihrem Ausfall teil. Schließlich darf freilich aus der Masse der Privatgant nicht mehr ausbezahlt werden, wie die Quote aus dem Ausfall bei der Gesellschaftsgant.

Die Nachlaßkonkurse haben sich in den letzten 20 Jahren immermehr gehäuft. Die VO. hat deshalb und zur Schonung der Verlassenschaft der Kriegsteilnehmer den Nachlaß in den Bereich der G.=A. aufgenommen. Den Antrag kann nur der Schuldner stellen. Darunter ist zunächst jeder Erbe zu verstehen. Die Ehefrau kann Antrag auf Anordnung der G.=A. über einen zum eingebrachten Gut oder zum Gesamtgut gehörenden Nachlaß stellen. Antragsrecht besitzen weiterhin der Nachlaßverwalter und ein anderer Nachlaßpfleger, die den Erben und nicht den Nachlaß zu vertreten haben. Solange die G.=A. dauert, ist die Haftung der Erben auf den Bestand des Nachlasses beschränkt, so daß eine Inventarfrist nicht versäumt werden kann. Zahlungsunfähigkeit und Überschuldung kann die Nachlaßaufsicht rechtfertigen. Nach Ableben des Schuldners braucht das Aufgebotsverfahren dem Antrag auf G.=A. nicht vorauszugehen. Das Vergleichsverfahren ist aber erst möglich, wenn das Aufgebot der Nachlaßgläubiger erfolgt ist (§ 73).

Außer den in § 13 angeführten Gläubigern werden von der G.=A. über den Nachlaß die im § 224 KO. bezeichneten Ansprüche nicht betroffen. Am Vergleichsverfahren sind alle Nachlaßgläubiger, mit Ausnahme der im § 226 Abs. 2 und 4 KO. bezeichneten, beteiligt. Nach bestätigtem Zwangsvergleich kann der Erbe die Beschränkung der Haftung für die Nachlaßverbindlichkeiten nicht mehr einbüßen. Für später bekannt werdende Nachlaßverbindlichkeiten haftet der Erbe nur, soweit ihm nach Vereinigung der Verbindlichkeiten ein Überschuß geblieben ist. Wenn der Schuldner nach Anordnung der G.=A. stirbt, so findet ein Übergang der G.=A. in eine Nachlaßgeschäftsaufsicht statt. Wenn der Tod des Schuldners erst nach Annahme des Vergleichsvorschlags eintritt, so kann gleichwohl, wenn die Voraussetzungen der §§ 53 und 59 vorliegen, der Zwangsvergleich bestätigt werden.

Bezüglich des Gesamtguts der fortgesetzten Gütergemeinschaft ist nur der überlebende Ehegatte antragsberechtigt. Zu seinem Antrag sind die anteilsberechtigten Abkömmlinge zu hören. An dem Vergleichsverfahren nehmen nur die Gesamtgutsgläubiger teil, deren Forderungen bereits zur Zeit des Eintritts der fortgesetzten Gütergemeinschaft bestanden haben. Pflichtteile, Vermächtnisse und Auflagen sind daher bei den Zwangsvergleichsverfahren über das Gesamtgut nicht beteiligt. Die nach dem Eintritt der fortgesetzten Gütergemeinschaft entstandenen Forderungen sind ebenfalls nicht teilnahmeberechtigt. Am Zwangsvergleichverfahren kann auch der überlebende Ehegatte selbst beteiligt sein und zwar mit Ansprüchen, die er, wie ein Dritter, gegenüber dem Gesamtgut hat, ferner auf Grund der Berichtigung einer Gesamtforderung.

Versicherungsunternehmungen.

Die VO. hat nicht die Absicht, in die Rechtssphäre der Versicherungsaufsichtsbehörde einzugreifen. Die Vorschriften der VO. finden daher auf Versicherungsunternehmungen, die der Beaufsichtigung nach dem Gesetz v. 19. Mai 1901 unterliegen, keine Anwendung. So bildet der § 74 eine Ausnahme der Regel, daß juristische Personen die G.-A. beantragen können.

Die konkurslichen Anfechtungsfristen.

Bald nach Erlaß der alten Bekanntmachung v. 8. Aug. 1914 wurde die Besorgnis laut, es könnten die konkurslichen Anfechtungsfristen während einer G.-A. verstreichen, so daß bei einem hinterher ausbrechendem Konkurse von denselben kein Gebrauch gemacht werden könnte. Ich habe bereits 1914 in der Zeitschrift Recht und Wirtschaft darauf hingewiesen.

Die Zeitpunkte, um die es sich dreht, sind die Eröffnung des Konkursverfahrens (§ 29 KO.), die Zahlungseinstellung, der Antrag auf Eröffnung des Verfahrens (§§ 30, 31 KO.), die Rechtshängigkeit des Anfechtungsanspruchs (§ 3 AnfechtG.). Hinsichtlich der Fristen vor diesen sämtlichen Zeitepochen gilt die Bestimmung, daß die Zeit nicht mitgerechnet wird, während der die G.-A. besteht. Die Anfechtung im Konkurswege ist während der Dauer der G.-A. allen Gläubigern verwehrt. Die Anfechtbarkeit nach dem Anfechtungsgesetz ist während der Dauer der G.-A. den privilegierten Gläubigern gemäß §§ 6 und 13 unverwehrt.

Die Genossenschaften.

Den Genossenschaften obliegt die Förderung des Erwerbes und der Wirtschaft ihrer Mitglieder durch gemeinschaftlichen Geschäftsbetrieb. Die Gesetzgebung hat strikte Vorschriften erlassen, um der Schwächung des gemeinschaftlichen Vermögens abzuhelfen. Vor allem muß der Anreiz gesetzlich bekämpft werden, sich durch den Austritt Geld zu beschaffen. Das Verbleiben in der Genossenschaft muß begünstigt werden. Die Aufkündigungsgründe sollen, in Verfolgung des § 76 Abs. 1 VO., erst am Ende des Geschäftsjahrs ihrer Wirkung üben, in welchem die G.-A. endet, oder das Moratorium des Zwangsvergleichs abläuft. Der § 76 Abs. 2 betrifft nicht den Fall, daß der Genosse bereits bei Anordnung der G.-A. ausgeschieden und in die diesbezügliche Liste eingetragen war. Infolge die fur Eintragung scheidet der Genosse mit dem in der Liste vermerkten Jahresschlusse, wenn jedoch die Eintragung erst im Laufe eines späteren Geschäftsjahres bewirkt wird, mit dem Schlusse des letzteren, aus der Genossenschaft aus. Treffen die Voraussetzungen des § 76 zu, ist also der Genosse bei Anordnung der G.-A. noch nicht ausgetreten, so muß, dem § 70 Genossenschaftsgesetz entsprechend, die Eintragung in die Liste nach Beendigung der G.-A. erfolgen. Ist die Eintragung des Jahresschlusses, zu welchem das Ausscheiden des Genossen erfolge, bereits vor sich gegangen, so ist hinterher zu vermerken, daß die Anordnung der G.-A. erfolgt ist.

Stimmenkauf.

Der § 77 enthält die einzige Strafbestimmung der VO. Sie trifft den Stimmenkauf beim Zwangsvergleich. Fraglich ist, ob die übrigen Strafbestimmungen der KO. ausgeschaltet sind, was ich, mangels einer gesetzlichen Bestimmung, die ja doch auch für den Stimmenkauf wohlweislich gegeben ist, bejahe.

Gebühren des Rechtsanwalts im Vergleichverfahren.

Für die Tätigkeit im G.-A.-Verfahren an sich ist irgend eine Gebührenbestimmung für Rechtsanwälte nicht getroffen. Es wird also im allgemeinen der § 89 GebO. einschlagen, wenn nicht, was näher liegt, eine freie Vereinbarung getroffen wird. Der § 79 bezieht sich nur auf die Tätigkeit des Rechtsanwalts für das Zwangsvergleichsverfahren, gleichviel ob er den Schuldner, oder einen Gläubiger vertritt. Für diese Tätigkeit im Vergleichsverfahren erhält der Rechtsanwalt $^{16}/_{10}$ des im § 9 GebO. festgelegten Simplum.

In- und Außer-Krafttreten der Verordnung. Rückwirkende Kraft.

Die VO. ist am 25. Dez. 1916 in Kraft getreten. Um aber der Anfechtungsbestimmung des § 75 rückwirkende Kraft zu verleihen und zwar ungefähr vom Anbeginn der alten VO. v. 8. Aug. 1914, hat der einzige § 75 (Nichtberechnung der Anfechtungsfristen während der G.-A.) Wirkung bereits v. 10. Aug. 1914. Um den Umstand tunlichst zu heilen, daß die alte VO. keine Bestimmung über den Zwangsvergleich enthielt, und daß die Einrichtung des Zwangsvergleichs erst $2^{1}/_{2}$ Jahre nach Kriegsbeginn geschaffen wurde, hat man die Übergangsnorm gebracht, daß eine vor dem 25. Dez. 1916 abgegebene schriftliche Erklärung der Zustimmung eines Gläubigers zu irgend einem schuldnerischen Vergleichsvorschlag (einem privaten) der schriftlichen Erklärung des Gläubigers im Vorstadium des Zwangsvergleichs (§ 41) ebenbürtig sein soll. Den Zeitpunkt und Umfang des Außerkrafttretens bestimmt der B desrat, der nun freilich meines Wissens nicht mehr existiert. Es dürfte nach Friedensschluß eine Übergangsvorschrift zu erwarten sein. Insbesondere ist zu erwarten, daß für die bestehenden G.-A., und zumal Zwangsvergleichsverfahren, auch nach Beendigung des Kriegszustandes die Bestimmung der V.-O., mindestens teilweise, in Kraft bleiben. Dann wird chohl hoffentlich bald eine eigentliche Zwangsvergleichsordnung einsetzen, damit der ohnedies schwer kranke Handel und das ohnedies stark geschwächte Gewerbe der Segnungen des außergerichtlichen Zwangsvergleichs erst recht nach dem Kriege teilhaftig werde.

FSC
www.fsc.org
MIX
Papier | Fördert gute Waldnutzung
FSC® C083411

Kolibri 360 GmbH
Ferdinand-Jühlke-Straße 7
99095 Erfurt, Deutschland
produktsicherheit@kolibri360.de